만정당집

이 책은 2018 · 2019년도 정부(교육부)의 재원으로 한국고전번역원의 지원을 받아 수행된 '권역별거점연구소협동번역사업'의 결과물임.

This work was supported by Institute for the Translation of Korean Classics - Grant funded by the Korean Government.

한국고전번역원 한국문집번역총서/단국대학교 동양학연구원

만정당집 3

晩靜堂集

서종태 지음
徐宗泰

최예심 옮김
장유승
권신옥
이승용

일러두기

1. 이 책의 번역은 한국고전번역원에서 간행한 한국문집총간 163집 소재《만정당집(晚靜堂集)》을 대본으로 하였다. 번역 대본의 원문 텍스트와 원문 이미지는 한국고전종합DB(http://db.itkc.or.kr)에서 확인할 수 있다.
2. 내용이 간단한 역주는 간주(間註)로, 긴 역주는 각주(脚註)로 처리하였다.
3. 대본의 본문과 원주의 구분이 명확하지 않은 경우는 역자가 임의로 조정하였다.
4. 한자는 필요한 경우 이해를 돕기 위하여 넣었으며, 운문(韻文)은 원문을 병기하였다.
5. 맞춤법과 띄어쓰기는 한글 맞춤법과 표준어 규정을 따랐다.
6. 이 책에서 사용한 부호는 다음과 같다.
   ( ) : 번역문과 음이 같은 한자를 묶는다.
   〔 〕: 번역문과 뜻은 같으나 음이 다른 한자를 묶는다.
   " " : 대화 등의 인용문을 묶는다.
   ' ' : " " 안의 재인용 또는 강조 문구를 묶는다.
   「 」: ' ' 안의 재인용을 묶는다.
   『 』: 「 」 안의 재인용을 묶는다.
   《 》: 책명 및 각주의 전거(典據)를 묶는다.
   〈 〉: 책의 편명 및 운문·산문의 제목을 묶는다.

차례

일러두기 • 4

만정당집 제5권

소차疏箚

홍문관 정자를 사직하는 소 임술년 3월 辭弘文正字疏 壬戌三月 • 17

호당을 사면하는 소 5월 湖堂辭免疏 五月 • 20

옥당에서 봉조하 송 시열 을 만류하도록 청한 차자 계해년 5월
玉堂請留奉朝賀宋 時烈 箚 癸亥五月 • 23

사정을 아뢰고 해직되어 병든 모친을 간호하고 봉양하기를 청하는 소
윤6월 陳情乞解職護養病母疏 閏六月 • 29

사직하고 또 소회를 아뢰는 소 辭職且陳所懷疏 獻納時 • 36

권도를 따르도록 청한 차자 12월 請從權制箚 十二月 • 40

옥당에서 일을 논한 차자 갑자년 3월 玉堂論事箚 甲子三月 • 44

사정을 아뢰고 다시 해직을 청한 소 6월 陳情更乞解職疏 六月 • 47

시폐를 아뢴 소 병인년 2월 陳時弊疏 丙寅二月 • 50

일을 논한 소 4월 論事疏 四月 • 81

만정당집 제6권

소차疏箚

옥당에서 성상의 유지에 응하여 시폐를 진달하는 차자 병인년 6월
玉堂應旨陳時弊箚 丙寅六月 • 89

이조 참의를 사양하는 소 갑술년 6월 辭吏曹參議疏 甲戌六月 • 105

옥당에서 재이로 인하여 임금의 덕을 권면하는 차자 병자년 12월
玉堂因災異陳勉君德箚 丙子十二月 • 108

신임의 상소로 인하여 사직을 청하는 소 무인년 4월
因申銋疏乞免疏 戊寅四月 • 126

성인을 배알하는 길일을 뒤로 물려 정하기를 청하는 소 7월
請退定謁聖吉日疏 七月 • 131

대제학을 사직하는 소 8월 辭大提學疏 八月 • 133

두 번째 소 9월 再疏 九月 • 137

정호와 신임이 상소하여 배척한 일로 인해 사직하는 소 10월
因鄭澔申銋疏斥辭疏 十月 • 141

민진후가 상소하여 배척한 일로 인해 사직하는 소 12월
因閔鎭厚疏斥辭疏 十二月 • 143

어버이의 병을 이유로 심정을 아뢰어 사직을 청하고 이어 더 이상 직임에 제수하지 말라고 청하는 소 을묘년 2월
以親疾陳情乞解仍請不復除職疏 己卯二月 • 147

우참찬을 사직하는 소 신사년 6월 辭右參贊疏 辛巳六月 • 152

이 좌상 세백 의 차자로 인하여 죄를 청하는 소 8월
因李左相 世白 箚請罪疏 八月 • 156

상신에게 논척당하여 죄를 청하는 소 9월 以被斥相臣請罪疏 九月 • 160

병을 아뢰어 사직하고 겸하여 찬집청 상전을 사양하는 소 12월

陳病辭職兼辭撰輯廳賞典疏 十二月 • 164

재차 이조 판서를 사직하는 소 을유년 2월
再辭吏曹判書疏 乙酉二月 • 167

만정당집 제7권

소차疏箚

우의정을 사직하는 상소 을유년 12월 辭右議政疏 乙酉十二月 • 173

두 번째 상소 再疏 • 176

세 번째 상소 三疏 • 179

여덟 번째 상소 八疏 • 183

열 번째 상소 병술년 1월 十疏 丙戌 正月 • 186

열한 번째 상소 十一疏 • 189

정사하여 승지가 돈유한 뒤에 사직하고 이어 이동언의 일을 논한 차자 6월 呈辭承旨敦諭後辭職仍論李東彦事箚 六月 • 192

진연을 거행한 뒤에 추은하여 은혜를 베푸는 일에 대해 논하고 겸하여 더욱 권면하기를 청하는 차자 8월
進宴後論推恩施惠之節兼請加勉箚 八月 • 197

대각의 상소로 인하여 사직한 두 번째 상소 정해년 1월
因臺疏辭職再疏 丁亥正月 • 200

좌의정의 상소로 인해 또 견책을 청하는 상소 2월
因左相疏又請譴疏 二月 • 204

유지를 내려 부르는 명을 거두어 주기를 바라는 상소 5월
乞寢諭召之命疏 五月 • 208

세 번째 상소 6월 第三疏 六月 • 212

우의정을 사직하는 상소 10월 辭右議政疏 十月 • 214

네 번째 상소 11월 第四疏 十一月 • 218

불안함으로 인해 사직하는 여섯 번째 차자 무자년 3월
因不安辭職第六箚 戊子三月 • 223

열여섯 번째 차자 4월
因不安辭職第十六箚 四月 • 227

좌의정을 사직하는 상소 기축년 4월 辭左議政疏 己丑四月 • 229

두 번째 상소 再疏 • 232

일을 논하고 허물을 인책하는 차자 경인년 1월
論事引咎箚 庚寅正月 • 235

네 번째 사직소를 올리고 특별히 유시하여 승지를 보내어 돈유한 뒤에 사직하는 차자 4월
四度呈辭特諭承旨臨諭後辭職箚 四月 • 239

사직하고 겸하여 면려하기를 아뢰는 차자 辭職兼附陳勉箚 • 242

견책을 청하고 겸하여 소회를 아뢰는 상소 윤 7월
請譴兼陳所懷疏 閏七月 • 246

다시 좌의정에 제수되어 사직하는 상소 10월 復拜左議政辭疏 十月 • 249

청나라의 자문으로 인해 민심을 진정시키고 편안히 하는 일의 마땅함에 대해 논한 차자
因北咨論鎭安事宜箚 • 252

통신사 이제의 유임을 청하는 차자 請留通信使李濟箚 • 256

만정당집 제8권

계사啓辭

영의정을 사직하는 차자 신묘년 4월 辭領議政箚 辛卯四月 • 261

두 번째 차자 再箚 • 264

일을 논하며 사직하는 차자 7월 論事辭職箚 七月 • 267

사직하는 차자 8월 辭職箚 八月 • 272

겨울에 천둥이 친 일로 인하여 면직을 청하는 차자 10월 以冬雷請免箚 十月 • 274

사직하는 차자 辭職箚 • 276

일곱 번째 차자 11월 第七箚 十一月 • 278

첫 번째 정사하고서 승지가 전한 돈유를 받은 뒤에 올린 사직 차자 임진년 1월 初度呈辭承旨敦諭後辭箚 壬辰正月 • 282

일을 논한 차자 論事箚 • 285

다시 영의정에 제수되어 사면을 청하는 두 번째 차자 4월 復拜領議政辭免再箚 四月 • 287

이세덕의 일을 논한 차자 9월 論李世德事箚 九月 • 291

존호를 받지 말 것을 청하는 차자 계사년 1월 請勿受尊號箚 癸巳正月 • 295

다시 영의정에 제수되어 돈유를 받은 후에 다시 올린 사직 상소 갑오년 10월 復拜領議政敦諭後復辭疏 甲午十月 • 299

여덟 번째 차자 第八箚 • 302

일을 논한 차자 을미년 11월 論事箚 乙未十一月 • 306

일을 논한 차자 12월 論事箚 十二月 • 309

권응의 일을 논한 차자 병신년 5월 論權膺事箚 丙申五月 • 312

일을 논한 차자 6월 論事箚 六月 • 315

네 번째 올린 사직상소에 대한 특유을 받은 후에 올린 사직 상소 7월 四度呈辭特諭後辭疏 七月 • 318

문경공 윤 선거 유집의 판본을 헐라는 명을 거두기를 청하는 차자 9월 시절 請寢文敬公尹 宣擧 遺集毁板之命箚 九月 • 320

죄를 인책하는 상소 引罪疏 • 325

약원 도제조의 체직을 청하는 상소 10월 乞遞藥院都提調疏 十月 • 328

겸직의 해임을 청하고 또 견책을 청하는 상소 정유년 6월 乞解兼帶且請譴疏 丁酉六月 • 331

소회를 아뢰고 또 견책을 청하는 상소 7월 陳懷且請譴疏 七月 • 335

빈궁 삼도감 도제조의 해임을 청하는 상소 무술년 2월 殯宮三都監都提調乞解上書 戊戌二月 • 338

민회빈 시책문 제술관을 사직하는 차자 5월 愍懷嬪諡冊製述辭箚 五月 • 341

돈유를 받은 후 죄를 청하는 차자 9월 敦諭後請罪箚 九月 • 344

만정당집 제9권

계사 啓辭

사간원에서 피혐한 계사 계해년 諫院避嫌啓辭 癸亥 • 351

사헌부에서 호조 참의에 특별히 제수하라는 명을 도로 거두어들이도록 청한 계사 병인년 1월 憲府請還收戶曹參議特除之命啓 丙寅正月 • 353

사헌부에서 네 가지 일을 논한 계사 4월 憲府論四事啓 四月 • 355

동지 사신을 논죄하라는 계사 論罪冬至使臣啓 • 359

피혐하는 계사 避嫌啓辭 • 360

함경 감사를 파직하도록 청한 계사 請罷咸鏡監司啓 • 362

처치하는 계사 處置啓辭 • 363

승정원에서 전라 감사의 추고를 청한 계사 병인년 가을
政院請推全羅監司啓辭 丙寅秋 • 365

김 귀인의 작질을 올리는 일을 중지하도록 청한 계사 병인년 11월
請寢金貴人進秩啓辭 丙寅十一月 • 366

소강 첨사 조세웅을 추고하도록 청한 계사
請推所江僉使趙世雄啓辭 • 368

경기 감사 김덕원을 추고하도록 청한 계사 무진년 5월
請推京畿監司金德遠啓辭 戊辰五月 • 369

두 대신을 안치하고 이조 판서에게 내린 엄한 전지를 도로 거두도록 청한 두 번째 계사 7월
請還收兩大臣安置吏曹判書處嚴旨再啓 七月 • 370

예조의 계사 을해년 7월 禮曹啓辭 乙亥七月 • 373

사헌부에서 피혐한 계사 임오년 憲府避嫌啓辭 壬午 • 375

비변사에서 사간원의 계사로 인하여 품처한 계사
備局因院啓稟處啓辭 • 378

비변사에서 전교로 인하여 올린 회계 備局因傳敎回啓 • 381

비변사에서 청나라 자문으로 인하여 마땅한 조처를 논하여 올린 계사 경인년 10월
備局因北咨論措處事宜啓辭 庚寅十月 • 383

또 올린 계사 11월 又 十一月 • 385

비변사에서 봉황성에 모여 조사하는 일로 인하여 대응할 마땅한 방법을 논하여 올린 계사 신묘년 4월
備局因鳳城會查論策應事宜啓辭 辛卯四月 • 388

또 올린 계사 5월 又 五月 • 390

또 올린 계사 又 • 392

또 올린 계사 6월 又 六月 • 394

또 올린 계사 又 • 396

또 올린 계사 又 • 398

비변사에서 통신사의 서계를 다시 보내는 일을 논하여 올린 계사 6월
備局論信使書契改送事啓辭 六月 • 402

비변사에서 좌의정이 일을 논한 차자에 대해 성상의 뜻을 여쭈어 처리하는 일로 올린 계사
備局因左相論事箚子稟處啓辭 • 405

비변사에서 양역을 변통할 마땅할 방법을 논하여 올린 계사 12월
備局論良役變通事宜啓辭 十二月 • 408

비변사에서 응사군을 혁파하고 산꿩의 공물을 변통하는 일을 논하여 올린 계사 을미년 12월
備局論革罷鷹師軍變通生雉貢物事啓辭 乙未十二月 • 412

서계書啓

데리러 온 사관이 돈유한 뒤 올린 서계 병술년 1월
偕來承旨敦諭後書啓 丙戌正月 • 414

어찰을 전하여 선포한 뒤 올린 서계 御札傳宣後書啓 • 416

데리러 온 사관이 선유한 뒤 올린 서계 정해년 5월
偕來史官宣諭後書啓 丁亥五月 • 418

승지가 돈유한 뒤 올린 서계 11월 承旨敦諭後書啓 十一月 • 420

승지가 돈유한 뒤 올린 서계 무자년 3월 承旨敦諭後書啓 戊子三月 • 422

데리러 온 사관이 전유한 뒤 올린 서계 偕來史官傳諭後書啓 • 424

데리러 온 사관이 전유한 뒤 올린 서계 4월
偕來史官傳諭後書啓 四月 • 426

또 올린 서계 又 • 428

데리러 온 사관이 선유한 뒤 올린 서계 신묘년 10월
偕來史官宣諭後書啓 辛卯十月 • 430

승지가 돈유한 뒤 올린 서계 임진년 10월 承旨敦諭後書啓 壬辰十月 • 432

만정당집

제5권

소차 疏箚

홍문관 정자를 사직하는 소[1] 임술년(1682, 숙종8)

辭弘文正字疏 壬戌三月

삼가 아룁니다. 신은 어리석고 누추하며 형편없어 남보다 한참 아래에 있는데 사관의 직임을 맡은 지 이미 한 해가 지났습니다. 신은 항상 반성하며 돌아보며 부끄럽고 두려워 몸둘 바를 모르겠습니다. 그러나 단지 직임이 낮고 사람이 미천하여 사면하는 글을 올리기 부족하다는 이유로 분의가 두려워 묵묵히 반열을 따르며 그저 날마다 벌을 받기만 기다렸습니다. 뜻밖에 이러한 때에 새로 제수하는 명이 또 천만 뜻밖에 나왔으니, 신은 명을 듣고 황공하고 두려워 더욱 몸둘 바를 모르겠습니다.

신이 노둔하고 졸렬하여 이 직임에 전혀 맞지 않는다는 실상은 신이 아뢰기를 기다릴 필요가 없습니다. 이는 성상께서 통촉하고 계시며 온 조정 관원들이 다 알고 있는 사실입니다. 위축되어 사가(私家)에 엎드린 채 탄핵하는 일을 삼가 기다리고 있었는데, 이미 여러 날이 지나도록 아무런 처분이 없었습니다. 신은 버젓이 글을 올리는 것 또한 참람하다는 사실을 모르지 않으나, 기량과 분수를 헤아리면 실로 죽음을 무릅쓰고 감히 외람되게 맡을 수 없는 점이 있습니다. 어쩔 수 없이 피를 토하며 천지 부모와 같은 성상께 호소하니, 삼가 바라건대, 현명하신 성상께서는 불쌍히 여겨 살펴주소서.

1 홍문관……소 : 이 글은 1682년(숙종8) 저자가 홍문관 정자를 사직하며 올린 상소이다. 저자는 이해 3월 6일 홍문관 정자에 임명되었다. 《肅宗實錄 8年 3月 6日》

경연의 직임은 논사(論思)[2]하는 책임을 지고 성상과 가까운 직책이니, 임무가 가볍지 않습니다. 참하관(參下官)[3]으로서 그 반열에 끼는 사람으로 말하자면, 이는 신진(新進)의 특별한 선발이며 문단의 성대한 영예입니다. 수십 년 이래로 조정에서 오랫동안 비워두고 어쩌다 임명한 것은 그 선발을 중시하여 신중히 하는 뜻에서 나온 것입니다. 이 때문에 선배들을 두루 살펴보면 문학으로 명성이 난 자가 아니면 차지한 사람이 없었으니, 아무나 함부로 맡을 수 없음이 분명합니다.

지금 신은 어리석어 일을 잘 모르고 명망도 평소 가벼우며 학식도 없고 글재주도 없어 거의 복렵 시랑(伏獵侍郞)[4]에 가까우니, 이러한 직임을 기대한 적이 없습니다. 더구나 지금 맑고 밝은 조정에 재주와 학식이 있는 신진의 선비가 숲처럼 무성한데, 되레 선발된 사람들 속에서 재주도 없이 구차하게 끼어 있다면 신의 낯뜨겁고 부끄러운 마음을 풀 수 없을 뿐만 아니라 여론을 의심하고 놀라게 하며 사람들의 비웃음을 받는 정도가 더욱 어떠하겠습니까.

또 신이 관직에 오른 지 겨우 1년이 넘었으니, 경력이 오래지 않고 견문이 많지 않습니다. 그런데 보잘것없는 미천한 신이 갑자기 강관(講官)이라 일컬으며 나아가 경연에서 성상과 함께 읽는 반열에 낀다면,

2 논사(論思) : 군주와 학문을 토론하는 것을 말한다. 반고(班固)의 〈양도부서(兩都賦序)〉에 "아침과 저녁으로 논사하고 날과 달로 충언(忠言)을 올린다.〔朝夕論思, 日月獻納.〕" 하였다. 조선시대에는 홍문관의 직무를 말한다.

3 참하관(參下官) : 정7품 이하의 관원을 말한다.

4 복렵 시랑(伏獵侍郞) : 문자에 어두운 사람이라는 말이다. 당(唐)나라 호부 시랑(戶部侍郞) 소경(蕭炅)은 문자에 어두워 '복랍(伏臘)'을 '복렵(伏獵)'으로 읽어 조롱을 받았다. 《舊唐書 卷99 嚴挺之列傳》

만약 신이 조금 견딜 수 있고 형편없고 무식하기가 이 정도에 이르지는 않더라도, 과연 일의 체모와 사적인 분의는 모두 어떻겠습니까. 신이 낭패를 당하는 것이야 본디 말하기 부족하지만, 이 일이 비록 작으나 맑은 조정의 한 가지 잘못된 조처가 될까 두렵습니다. 신은 차라리 잘못 내려진 은혜를 힘껏 사양하다가 명을 어긴 벌을 거듭 받겠으니, 이처럼 더럽고 누추한 자취로 결코 감히 태연하게 명을 받들어 성상의 조정을 거듭 속이고 관직을 더럽힌 죄를 보탤 수는 없습니다.

삼가 바라건대, 현명하신 성상께서는 신에게 새로 제수한 직명을 속히 고치라 명하여 관직을 중시하고 미천한 신의 분의를 편안케 해 주신다면 더없이 다행이겠습니다.

호당을 사면하는 소[5] 5월

湖堂辭免疏 五月

대교(待敎)로 있을 때이다.

삼가 아룁니다. 신은 참으로 지극히 어리석고 누추하여 모든 일이 남만 못하니, 맑은 조정에서 부리는 사람의 말석을 채우기 부족합니다. 그런데 태평성대를 만나 사관(史館)의 직임을 맡는 잘못된 은혜를 입었으니 이미 걸맞지 않아 두려웠는데, 경연에 임명하는 명령이 또 사람들의 기대하지 않은 가운데 나왔습니다. 신이 스스로 반성해보니 황송하고 두려워 결코 받들 수 없다는 것을 알겠습니다. 그러나 매번 낮은 관원의 분의를 생각하고 엄한 명이 두려워 끝내 모두 염치를 무릅쓰고 반열에 나아가며 마치 자기 분수상 마땅히 얻어야 할 것처럼 여겼으니, 몹시 수치를 모르는 짓이었습니다. 아침저녁으로 걱정하고 두려워하며 오직 벌이 내리기만 삼가 기다렸습니다. 그런데 삼가 근래 호당의 초계(抄啓)를 보니, 신의 이름도 그 말단에 끼어 있었습니다. 신은 이에 더욱 놀라고 두려우며 걱정스럽고 해괴하여 몸둘 곳을 몰라 곧장 달아나고자 하였으나 그럴 수 없었습니다.

이 호당의 선발은 국가에서 문신을 양성하기 위한 제도이니, 참으로

5 호당을 사면하는 소 : 이 글은 1682년(숙종8) 저자가 사가독서의 선발을 사양하며 올린 상소이다. 호당은 사가독서가 이루어지는 독서당(讀書堂)을 말한다. 저자는 이해 5월 2일 조지겸(趙持謙), 임영(林泳), 오도일(吳道一), 박태보(朴泰輔), 이여(李畬)와 함께 사가독서에 선발되었다. 《肅宗實錄 8年 5月 2日》

태평성대의 아름다운 광경이며 문단의 성대한 영예입니다. 선배들을 두루 보건대, 재주와 학식이 남달리 우월하며 글재주가 넉넉하고 민첩한 자가 아니면 그 선발에 끼지 못했습니다. 그러므로 말하는 자들이 영주(瀛州)에 오른 일[6]에 비견하니, 그 선발이 중요하다는 사실을 알 수 있습니다. 지금 성상께서 오랫동안 폐지된 뒤에 특별히 다시 설치하라고 명령하신 것은 참으로 성대한 일입니다.

그러나 신처럼 글재주 없고 열등한 자가 무슨 이유로 선발하는 대상에 구차하게 재주도 없이 끼어 있는 것입니까. 비단 신이 낯뜨거워 부끄러운 마음이 풀리지 않을 뿐만 아니라 여론을 놀라게 하고 세상을 부끄럽게 하는 정도가 어떻겠습니까. 신이 낭패를 당하는 일이야 본디 말할 겨를도 없지만, 이것이 맑은 조정의 조처에 있어서 몹시 큰 잘못이 될까 두렵습니다. 간절한 사정을 번거롭게 아뢰는 것이 실로 참람하고 외람되지만, 지금 신의 위태롭고 다급한 사정은 몹시 아픈 정도에 그치지 않으니, 어찌 감히 천지 부모와 같은 성상 앞에서 숨길 수 있겠습니까.

신은 젊어서 불치병을 앓아 공부할 시기를 놓치고 스스로 포기하였으니 책 한 권도 숙독한 적이 없으며, 삼경(三經) 역시 읽지 못한 부분이 있습니다. 아둔하고 꽉 막힌 데다 글짓기는 더욱 서투르니, 만약 지금의 신진 중에서 재주 없고 학문이 부족하기가 심한 자를 따져 내쫓

6 영주(瀛州)에 오른 일 : 당 태종(唐太宗)이 문학관(文學館)을 설치하고 방현령(房玄齡), 두여회(杜如晦) 등 18명을 선발하여 교대로 숙직하며 경전을 토론하게 하였는데, 사람들이 신선이 사는 영주에 오른 것과 같다며 영광으로 여겼다. 《資治通鑑 唐高祖 武德4年》

는다면, 미천한 신을 우선해야 마땅합니다. 요행히 과거에 급제하여 이를 계기로 관직을 훔쳐 오늘에 이르러 맑은 조정의 특별한 선발을 욕되게 하고 문단의 이름난 이들 사이에 끼었습니다. 신이 비록 형편없으나 제 자신은 잘 알고 있으며, 한 조각 염치는 완전히 잃어버리지 않았습니다. 어찌 감히 분수에 넘는 직임을 맡아 스스로 낭패를 초래하며 태평성대의 인재를 선발하는 방법을 무너뜨리고 영예를 탐하고 윗사람을 속이는 죄를 거듭 저지르겠습니까.

신이 즉시 아뢰면 사면하는 길이 있겠지만, 함부로 소장을 올리는 것 또한 외람된 일이므로 묵묵히 두려워하며 위축되어 있으면서 탄핵하는 일이 생기기를 삼가 기다렸습니다. 구구하고 사적인 분의를 스스로 생각해보면 만 번 주벌을 받더라도 결코 얼굴을 들고 받들 이치가 없습니다. 단지 엄한 명이 두려워 끝내 스스로 논열하지 않는다면, 이 또한 신의 의리상 감히 편안히 있을 수 없습니다. 마음이 급하여 참람하게 분의를 잊고 어쩔 수 없이 만 번 죽기를 무릅쓰고 지엄하신 성상께 우러러 호소합니다.

삼가 바라건대, 현명하신 성상께서는 간절한 진심을 굽어 헤아리고 신이 글재주 없고 용렬한 실상을 살펴 속히 호당의 초계에서 신의 이름을 깎아내라고 명하여 미천한 분의를 편안케 해 주시고 맑은 시대에 문신을 선발하는 일을 중시하신다면 천만다행이겠습니다.

옥당에서 봉조하 송시열을 만류하도록 청한 차자[7]

계해년(1683, 숙종9) 5월

玉堂請留奉朝賀宋時烈箚 癸亥五月

박사로 있을 때이다. 심수량(沈壽亮), 황윤(黃玧)과 연명하였다.

"삼가 아뢰니다. 신들이 엊그제 삼가 들으니, 봉조하 신 송시열이 동쪽 고을에서 소명을 받고 도성으로 왔다가 근기 지역에 이르러서는 불안한 형세를 상소로 아뢰고[8] 마침내 발걸음을 돌려 동쪽 여강(驪江)으로 갔는데 훌쩍 물러나 숨을 생각이 있었다고 합니다. 신들은 삼가 국가를 위해서 서운하고 한탄스러운 마음을 견디지 못하였습니다. 즉시 서로 이끌고 입대하여 권면하여 만류하라는 뜻을 아뢰어야 마땅하였으나, 삼가 보니 상소가 들어온 뒤 즉시 비답을 내리고 특별히 승지를 보냈는데 하유하는 말씀이 간곡하였으며, 내리신 은혜와 예우가 참으로 융숭하고 지극하였습니다. 그러므로 우선 감히 갑자기 번거롭게 청하지 못하였습니다. 지금은 송시열의 행차가 과연 이미 강을 건넜으니, 소명을 받고 나올 기약이 없습니다.

아, 사림은 모범 삼을 사람이 없고, 성군은 스승을 잃었습니다. 나라의 어려움은 날이 갈수록 심해지는데 더 이상 바로잡고 구제할

7 옥당에서……차자 : 이 글은 1683년(숙종9) 5월 11일 송시열을 만류하도록 청하며 홍문관 관원으로서 연명하여 올린 차자이다. 《승정원일기》 해당 날짜에 비답만 실려 있다.

8 불안한……아뢰고 : 이달 9일 송시열이 대간들의 피혐 계사 및 이상(李翔)이 서울을 떠난 일로 올린 사직 상소를 말한다. 《肅宗實錄 9年 5月 9日》

가망이 없습니다. 신들은 어쩔 수 없이 대략 이렇게 차자를 갖추어 아뢰어 우리 현명하신 성상께서 불러서 반드시 오게 하는 정성을 돕고자 합니다.

지금 송시열은 덕망과 학문으로 따지자면 분명히 한 시대의 종사(宗師)이고, 그 지위와 대우를 말하자면 우뚝한 세 조정의 원로 신하입니다. 성상께서 이미 그가 현명하다는 사실을 잘 알고 예우하셨고, 그의 학문을 독실히 믿어 존경하고 스승으로 삼으셨습니다. 그가 올봄 조정에 나온 것은 누차 하유와 소명을 내렸기에 감히 계속해서 힘껏 사양할 수 없었기 때문입니다. 또 그의 원대한 기약과 처한 상황은 본디 재야에 있는 다른 신하에 비할 바 아니니, 어찌 이 세상과 이 백성에 정성을 다하지 않겠습니까. 간혹 강연을 출입하여 성상의 학문을 계발하고, 사안에 따라 봉사로 아뢰어 빠진 부분을 보충하였습니다.

더구나 지금은 어진 이들이 무리지어 나와 마음을 합하여 나랏일을 도모하여 우뚝히 한 시대의 정신을 새롭게 하고 있으니, 조야에서 눈을 비비고 한창 큰 일을 하기를 기대하고 있습니다. 송시열은 나이가 비록 많으나 정신은 아직 왕성하니, 나라에서 만약 그를 조정에 단정히 앉아 그 온축한 경륜을 다 베풀게 한다면, 정신과 근력이 미치지 못한다고 걱정할 필요는 없을 것입니다.

그런데 얼마 전 여관에서 우연히 병에 걸리자 성상께서 그가 아뢰는 말을 지나치게 들어주시고 병중에 간절한 사정을 기원하는 마음을 위로하고자 마침내 늙었다는 이유로 벼슬을 그만두겠다는 청을 허락하셨습니다.[9] 이는 비록 위로하고 유념하는 지극한 뜻에서 나온 것이지만 두루 살피지 못하여 갑작스러운 처분을 내리는 잘못을 저질렀습니다. 앞으로 송시열은 비록 부지런히 전지를 내리면 감히 '나랏일이 어려우니 어찌 감히 갑자기 돌아가겠습니까.'라고 대답하지 않을 수 없겠지만, 그의 진퇴는 비로소 여유가 생기고 편리해졌습니다.

마침내 형제간의 사정 때문에 갑자기 도성문을 나가 멀리 동쪽 골짜기로 가서 머뭇거리며 돌아오지 않은 지가 이미 한 달이 넘었습니다.[10] 얼마 전 다행히 성상의 전지를 유념하여 서울로 오고 있었는데, 갑자기 이렇게 길에서 상소를 올리고 마침내 길을 바꾸어 동쪽으로 갔습니다. 신들이 삼가 그 상소를 보니, 그가 스스로 논열하며 인혐하고 물러날 단서로 삼은 것은 단지 일시적이고 미세한 일입니다. 어찌 이것으로 스스로 허물하면서 그 거취를 결정하기까지 할 리가 있겠습니까.

예로부터 선비가 나아가기를 어려워하고 쉽게 물러난 것은 이와 같으니, 오직 당시 임금이 정성과 예의를 돈독히 하여 반드시 자기 지위를 편안히 여기며 그 쓰임을 다하게 만드는 데 달려 있을 뿐입니다. 오늘날 현명하신 성상께서 송시열을 대우할 적에 예모는 비록 융숭하나 그 성의는 오히려 부족한 점이 있어 송시열이 인혐한 말이 제사 고기 때문에 노(魯)나라를 떠난 공자(孔子)와 같은 점이 있는 것이 아니겠습니까.[11] 비록 송시열이 과연 그의 상소 내용대로 감히

9 마침내……허락하셨습니다 : 숙종은 이해 3월 5일 송시열의 치사(致仕)를 허락하고 봉조하(奉朝賀)에 임명하였다. 《肅宗實錄 9年 3月 5日》

10 마침내……넘었습니다 : 송시열은 이해 4월 누이를 문병하려고 김화(金化)에 갔다. 《肅宗實錄 9年 4月 4日》

멀리 떠나지 못하고 오랫동안 경기 고을에 있더라도, 가까이 서울에 있으면서 은연중에 세도를 중하게 하는 것과 같겠습니까. 비록 송시열이 과연 옛사람처럼 비록 몸은 물러나 쉬더라도 사안에 따라 아뢰어 조정에 있는 것과 다름없게 만들더라도, 어찌 성상과 가까운 자리에 있으면서 우리의 치도를 돕는 것과 같겠습니까.

아, 전하의 원로 신하 중에 송시열과 같은 자는 우뚝한 영광전(靈光殿)[12]과 같으니, 오늘날 뒤늦게 만나게 된 것은 하늘과 조종이 우리 성대한 시기를 돌아보고 실로 전하에게 치국(治國) 평천하(平天下)를 이룰 기회를 주신 것이니, 어찌 우연이겠습니까.

전하께서 처음에는 해나 달과 같은 빛이 잠시 어두워져 반드시 죽을 영해(嶺海)로 쫓아내셨습니다. 중간에는 환하게 깨달아 가장 먼저 불러 등용하여 예우가 두루 지극하였으나 끝내 나랏일을 맡기고 말을 들어준 실상은 없었습니다. 지금은 시의를 헤아리지 못하고 함부로 그의 치사를 허락하였으며, 또 그가 도성을 떠나 재야에서 헛되이 늙도록 내버려둔 채 지성으로 억지로 일으키지 않았습니다. 이는 전하의 조정에 송시열과 같은 어진 이가 있었으나 끝내 하루도 쓰지 못하여 나라의 형세가 갈수록 위태롭고 망하는 지경에 빠지게

11 제사……아니겠습니까 : 다른 이유가 있다는 말이다. 공자가 노(魯)나라의 사구(司寇)가 되었으나 노나라 군주 정공(定公)과 실권자 계환자(季桓子)가 여악(女樂)에 빠져 공자의 말을 받아들이지 않자, 교제(郊祭)를 지내는 데 올린 제사 고기〔燔肉〕를 대부(大夫)인 자신에게 나누어 주지 않았다는 핑계로 노나라를 떠났다. 《孟子 告子下》

12 영광전(靈光殿) : 국가의 원로를 비유한다. 한 경제(漢景帝)의 아들 노 공왕(魯恭王)이 세운 궁전으로, 다른 궁전은 모두 무너졌으나 홀로 남아 있었다. 《文選 魯靈光殿賦》

만들고도 구제하지 못한 것입니다. 신들은 후세에 오늘날을 논하는 자가 필시 송(宋)나라 신종(神宗)이 정자(程子)를 등용하지 못하고 효종(孝宗)이 주자(朱子)를 등용하지 못한 일에 비견할까 두렵습니다. 어찌 몹시 애석하지 않겠습니까.

지금 전하께서 참으로 더욱 정성과 예의를 돈독히 하여 비단 부질없는 형식에 연연해하지 않을 뿐 아니라 특별히 손수 쓰신 하유를 내려 멀리 떠나려는 마음을 힘껏 붙잡아 반드시 환하게 조정으로 돌아오기를 기약한다면, 송시열이 비록 이미 지레 물러났지만 어찌 결연히 제 뜻을 이루어 끝내 우리 현명하신 성상을 버리겠습니까. 옛적 문순공(文純公) 이황(李滉)이 도성에 왔다가 돌아가려 할 적에 문성공(文成公) 이이(李珥)가 편지를 보내 말하기를 '가령 명공께서 문을 닫고 병조리하며 궐문을 들여다보지 않더라도 만약 서울에 있다면 선비의 기운이 저절로 갑절이 되어 치세를 기대할 가망이 있을 것입니다.'[13]라고 하였습니다. 유현이 사업을 시행하기를 기다리지 않더라도 백성과 나라에 도움이 되는 것이 이와 같습니다.

더구나 지금은 기근이 거듭된 뒤 가뭄이 또 혹독합니다. 한창 농사짓는 계절에 한 달이 넘도록 비가 내리지 않으니, 만약 이 며칠 동안 하늘이 적셔주는 은택을 입지 못한다면 황무지가 천 리에 이어지고 백성이 전부 죽을 것입니다. 전하는 이러한 때에 더욱 마음 아파하며 경계하고 흠칫 놀라 두려워하여 속히 대로(大老 송시열)를 돌아오게 하여 덕을 닦고 수신성찰하며 하늘에 천명이 영원하기를

13 가령……것입니다 : 한국문집총간 제44집 《율곡전서(栗谷全書)》 권9 〈상퇴계선생(上退溪先生)〉에 보인다.

도모하지 않을 수 있겠습니까. 삼가 바라건대, 현명하신 성상께서는 깊이 유념하여 속히 시행하신다면 더없이 다행이겠습니다. 성상의 재결을 바랍니다."

하니, 답하기를,

"차자를 보고 잘 알았다. 이번에 대로가 훌쩍 동쪽으로 돌아간 것은 참으로 정성과 예의가 독실하지 못한 소치이다. 허전하고 부끄럽기가 이루 말할 수가 없다. 차자에 나라를 걱정하여 어진 이를 만류하라는 뜻이 말 밖으로 넘치니 내가 가상히 여긴다. 유념하지 않을 수 있겠는가."

하였다.

사정을 아뢰고 해직되어 병든 모친을 간호하고 봉양하기를 청하는 소[14] 윤6월

陳情乞解職護養病母疏 閏六月

헌납으로 있을 때이다.

"삼가 아룁니다. 신은 어리석고 졸렬하여 뛰어난 재주가 하나도 없습니다. 젊어서 학문을 하지 못하여 거의 장두(杕杜)[15]와 같으니, 본디 맑은 조정에서 부리는 신하의 말석을 채우는 일을 감당할 수 없습니다. 요행히 태평성대를 만나 잘못된 은혜를 입어 그간 차지한 관직이 모두 분수를 넘었으나 엄한 명이 두려워 달아나지 못하고 끝내 모두 나가서 받으며 마치 자기 분수상 마땅히 얻어야 할 것처럼 여겼습니다. 모기가 산을 짊어지고 사다새가 어장에 앉은 것처럼[16] 이미 몹시 부끄럽고 두렵습니다. 더구나 신의 지금 정세는 결코 억지로 힘을 쓰기 어려운 상황이니, 비단 재주가 미치지 못할 뿐만 아니라 병 때문에 억지로 나가기가 어렵습니다. 삼가 구구하고 답답하며 근심스러운 마음이 있으니, 어쩔 수 없이 죽음을 무릅쓰고 불쌍히 여겨

14 사정을……소 : 이 글은 1683년(숙종9) 윤6월 16일 저자가 모친의 병을 이유로 사직을 청한 상소이다. 《승정원일기》 해당 날짜에 상소의 개략과 비답이 실려 있다. 《承政院日記 肅宗9 閏6月 16日》

15 장두(杕杜) : 당(唐)나라 이임보(李林甫)가 '체두(杕杜)'라는 글을 '장두(杖杜)'로 잘못 읽었다는 고사에서 나온 말로, 무식하다는 뜻이다. 《舊唐書 卷106 李林甫列傳》

16 사다새가……것처럼 : 사다새가 어장에 있으면 깃이 젖어야 하는데 젖지 않은 것처럼 직위에 걸맞지 않다는 뜻이다. 《詩經 曹風 候人》

덮어주시는 성상께 외람되게 아룁니다.

신의 편모는 나이가 비록 아주 늙지는 않았지만 젊어서 기이한 질병에 걸려 갈수록 시름시름 앓고 있습니다. 심신이 삭고 기혈이 말라 침상에 누워 움직이려면 남의 도움이 필요한데, 겨우 약물로 간신히 연명하고 있습니다. 조섭하기 어렵기가 팔순, 구순의 몹시 늙은 사람과 비슷합니다. 춥고 더운 날씨에 옷을 입고 벗으며, 목마르고 배고플 때 먹고 마시는 것도 모두 신이 입으로 알려주고 손수 움직여야 합니다. 한번이라도 그 절차를 잘못하면 몇 달 동안 조리한 공로를 잃게 됩니다. 신은 또 대신 지키고 함께 간호할 다른 형제도 없습니다. 3년 동안 대궐에서 숙직하며 심정이 위태롭고 다급하였으나 분의가 두려워 끝내 감히 힘껏 사양하지 못하고 억지로 지체하며 오늘에 이르렀습니다. 아침 저녁으로 맛난 음식을 바치는 일도 다하지 못했고, 좌우에서 부축하고 간호하는 일도 못하는 경우가 많으니, 마주할 때마다 기쁜 마음이 돌연 쓸쓸해집니다. 오직 바라는 것은 오랫동안 벼슬하며 노고를 쌓아 요행히 작은 고을 하나를 얻어 수령으로 봉양하는 소원을 이루는 것이니, 까마귀와 같은 미천한 정성[17]을 조금 펼 수 있을 것입니다. 병든 모친이 밤낮으로 바라는 것도 이것이기에 손가락을 꼽아 헤아리며 스스로 위안하였습니다.

그런데 뜻하지 않게 미천한 종적이 밝은 시대를 심하게 속여 청요직을 모두 외람되게 차지하였으니, 평소의 뜻을 돌아보면 망연자실합니다. 지금 모친의 병은 세월과 더불어 심해져 구제하는 길은 전에

17 까마귀와……정성 : 까마귀가 어미에게 먹이를 갖다주어 길러준 은혜를 갚다는 반포지효(反哺之孝)를 말한 것이다.

비해 더욱 어려운데 신의 종적이 또 창피하게도 여기에 이르렀습니다. 매번 조정의 명령을 받을 때마다 모자가 머리를 맞대고 감히 은혜를 영광으로 여기지 않을 수 없습니다. 그러나 병든 사람의 마음은 감정이 변하기 쉽고, 또 평소의 계책이 어긋나 슬퍼하여 답답한 마음을 풀 길이 없어 그저 병을 더할 뿐입니다. 신의 사정이 이 지경에 이르러 또다시 벼슬할 마음이 있겠습니까. 옛사람이 이른바 '어버이를 섬길 날은 짧고 임금을 섬길 날은 길다.'[18]라는 말은 참으로 신을 위해 한 말 같습니다.

미천한 신의 나이는 아직 젊으니, 신이 어버이를 정성껏 봉양하여 살 날이 얼마 남지 않은 어버이에게 유감이 없게 하고 효성으로 다스리는 성상께 죄를 짓지 않는다면, 앞으로는 모두 전하를 섬기는 날이 될 것입니다. 신은 이미 뜻을 굳게 지키지 못하고 처지가 분수를 넘었는데, 지금처럼 하루도 곁을 떠나기 어려운 형편으로 아침부터 저녁까지 근무하는 자리에 묶여 있으니, 신이 직차에서 마음이 편안하지 못하고 그저 병든 모친이 의지할 곳 없게 만들었습니다. 어버이를 섬기는 도리가 이처럼 소홀한데 어찌 감히 일에 대해 생각을 내어 성상의 부족함을 보충하는 책임을 다할 수 있겠습니까.

삼가 바라건대, 천지 부모와 같은 성상께서는 미천한 신의 간절한 사정이 실로 진심에서 나왔다는 점을 굽어살피고 특별히 신의 직명을 체직하여 관원 명단에 끼지 않도록 하여 모친을 모시고 고향으로

18 어버이……길다 : 이밀(李密)의 〈진정표(陳情表)〉에 나오는 "신이 폐하에게 충성을 다할 날은 많고, 할머니 유씨(劉氏)에게 보답할 날은 짧습니다."라는 말을 인용한 것이다.

돌아가 봉양하며 전야에서 유유자적하면서 간호에 전념하며 모친의 여생을 마치도록 해 주소서. 신도 여가를 얻어 옛책을 대충 읽고 오늘날 불학무식한 수치를 조금이나마 갚는다면 시종일관 낳아주고 길러주는 성상의 덕은 신이 비록 분골쇄신하더라도 어떻게든 갚을 것입니다. 감정이 넘치고 말이 위축되어 참람한 죄를 저질렀으니, 신의 죄는 만 번 죽어 마땅합니다. 신의 죄는 만 번 죽어 마땅합니다.

신이 급박한 사정이 있어 염치를 무릅쓰고 호소하면서 참으로 다른 말을 감히 덧붙일 수는 없습니다. 그러나 예전부터 마음 속으로 개탄하는 일이 한두 가지 있으니 이에 감히 상소의 말미에 덧붙여 아룁니다. 삼가 바라건대, 헤아려 주소서.

신이 삼가 생각건대, 경력이 많지 않은 자가 너무 갑작스럽게 승진하니, 이 때문에 인사가 문란해지고 관직이 가벼워져 벼슬을 바라고 다투는 풍조가 성행하는 것이 오늘날의 고질적인 폐단입니다. 그중에서도 대각의 선발은 더욱 심합니다. 대간의 직임은 위로 군주의 덕을 바로잡고 아래로 관원의 잘못을 규찰하니, 조정의 잘잘못에 관여하지 않는 것이 없습니다. 당(唐)나라와 송(宋)나라의 제도를 보면 선발하고 등용하는 방법이 지극하였으니, 옛사람이 이른바 '도를 행하는 직임'[19]이라고 한 말이 참으로 옳은 말이 아니겠습니까.

삼가 보니 근래에 선발할 때는 전혀 신중히 하지 않습니다. 서울 출신으로 과거에 급제한 자는 모두 빠르게 선발하고, 그 사람이 현명한지 여부를 따지지 않아 대부분 구차하게 채워 의망합니다. 제수와

19 도를 행하는 직임 : 《우계집(牛溪集)》 권2 〈소명을 사양하는 상소〔辭召命疏〕〉에 "도를 행하는 간의의 직임〔諫議行道之職〕"이라는 말이 보인다.

천거가 조금 늦으면 친구들이 억울하겠다고 하면서 마치 격식에 따라 제수되는 것처럼 여기니, 어찌 한심하지 않겠습니까. 신처럼 형편 없는 자는 타고난 성품이 소홀하고 연약하며 또 견문도 많지 않은데 대간의 직임을 차지한 지 거의 반 달이 넘도록 아직까지 전하께 한 가지 일을 논하거나 한 가지 말을 아뢴 적 없이 조용합니다. 대간을 욕되게 한 벌을 필시 면하지 못할 것이니, 참으로 태거(汰去)되는 대상에 먼저 들어가야 마땅합니다. 바라건대, 현명하신 성상께서는 전조(銓曹)를 엄하게 신칙하여 그 선발을 더욱 신중히 하고, 반드시 식견과 풍도가 있는 자를 제수하여 성상의 귀와 눈을 맡기는 직임을 중시하소서.

신이 또 생각건대, 사람이 현명한지 여부는 애당초 과거 한 가지 길에 달린 것이 아닙니다. 그런데 대각의 직임은 항상 문관의 자리가 되니, 명성이 맑고 곧고 바른 선비가 간혹 침체되어 아래에 있는 경우가 있습니다. 간혹 음직으로 제수되는 자가 있으나 이것은 한번에 한두 사람에 불과하며 또 항상 있는 것도 아니니, 선발하는 길이 몹시 협소하지 않겠습니까. 중고(中古) 이후로 우리 조종조(祖宗朝)에 이르기까지 이미 법제가 되었으니, 비록 갑자기 변경할 수는 없으나 어찌 그 사이에서 조금 변통하지 않을 수 있겠습니까. 또한 바라건대, 전조로 하여금 서울과 지방에서 널리 찾고 공론을 따르도록 힘써 과거에 구애받지 말고 논의가 공정하고 청렴하며 몸가짐이 굳세고 바른 선비를 정밀히 가려 뽑게 하소서. 그들의 이력과 명성이 쌓인 뒤에 대각의 반열에 많이 두고 규찰하는 효과를 요구한다면 어찌 진작하고 가다듬어 성조에 보답하려 하지 않겠습니까.

신이 또 삼가 보건대, 근래 벼슬아치 사이에 풍속이 날로 야박해지고 기상이 각박하여 대각이 인피하면서 서로 지척하고 모욕하니 마치 장사꾼이 쟁론하는 것 같습니다. 경재(卿宰)를 논척하는 말에서 곧장 성자(姓字)를 빼서 큰 소인(小人)을 부를 때처럼 합니다. 옳고 그름을 논쟁할 적에는 일에 근거하여 논박하고 바로잡는 데 저절로 도리가 있습니다. 강직한 가운데서도 화평을 보존해야 하니, 어찌 반드시 이와 같이 한 뒤에야 격탁양청(激濁揚淸)[20]하는 기풍을 얻겠습니까. 서경(西京 전한(前漢))의 아름다운 풍속은 반드시 풍류가 돈독하다는 점을 일컬었고,[21] 옛 현인이 시무를 논할 적에도 반드시 풍속을 후하게 만드는 것을 우선으로 하였습니다.[22] 한 시대 사대부의 풍습이 순박하고 아름다워 서로 화합하고 공경하기에 힘쓰며, 충후하고 관대한 기풍이 있고 각박하고 배척하는 버릇이 없어 여유롭고 느긋하게 여지가 있어야 국가의 원기를 배양할 수 있기 때문입니다. 그런데 오늘날 이러한 일이 생겼으니 신은 실로 부끄럽습니다. 근래의 풍속을 후하게 만드는 것은 오직 윗자리에 있는 사람이 인도하기에 달려 있으니, 아울러 바라건대, 현명하신 성상께서는 깊이 유념하소서. 신은 지극히 두렵고 애타는 마음으로 성상을 바라보며 간절히 바라는 마음을 견디지 못하겠습니다."

20 격탁양청(激濁揚淸) : 탁한 물을 밀어내어 맑은 물을 끌어올리는 것처럼 악한 이를 내치고 선한 이를 등용한다는 뜻이다. 《尸子 君治》

21 서경(西京)의……일컬었고 : 《한서(漢書)》 권23 〈형법지(刑法志)〉에 문제(文帝)가 즉위한 뒤 교화가 시행되어 풍류가 돈독하였다고 하였다.

22 옛……하였습니다 : 정자(程子)가 "천하의 인심을 다스리기 위해서는 종족을 거두고 풍속을 후하게 하여 사람들로 하여금 근본을 잊지 않게 하여야 한다.〔管攝天下人心, 收宗族, 厚風俗, 使人不忘本.〕"라고 하였다. 《近思錄 卷9 治法》

하니, 답하기를,

"상소를 보고 잘 알았다. 아뢴 한 가지 일은 해당 조(曹)로 하여금 내게 물어 처리하게 하겠다. 상소 말단의 내용은 몹시 절실하니, 유념하지 않을 수 있겠는가. 그대의 정리는 내가 측은히 여긴다. 해당 조로 하여금 고을 하나를 주어 지극한 마음을 펴게 할 것이다. 그대는 사직하지 말고 직임을 살피라."

하였다.

사직하고 또 소회를 아뢰는 소[23]

辭職且陳所懷疏 獻納時

헌납(獻納)으로 있을 때이다.

"삼가 아룁니다. 신은 사흘 전 직차(職次)에 나아갔다 집으로 돌아온 뒤 제때 밥을 먹지 못하여 갑자기 곽란(霍亂)을 앓아 흉격(胸膈)이 막히고 찌르는 듯한 통증을 느꼈습니다. 약을 먹어도 내려가지 않아 괴로이 앓으며 뒹구느라 물 한 모금 입에 넣지 못한 지 지금 이미 사흘이 되었습니다. 증세가 줄곧 위독하고 기운이 없어 마치 곧 죽을 듯하니, 이는 우연히 나타난 증세가 아닙니다. 신은 타고난 자질이 본디 허약한데 더위를 무릅쓰고 직무를 수행하다가 비위(脾胃)가 상하여 식사를 전폐한 결과 피로가 쌓여 병이 되었으니 짧은 시일 내에는 결코 몸을 일으켜 힘을 쓸 가망이 없습니다. 그러나 맡고 있는 직임은 잠시도 비울 수 없습니다.

또 신이 삼가 들으니, 어제 연석에서 처치(處置)[24]가 마땅하지 않다는 이유로 장관(長官)을 특별히 체직하라는 명을 내렸다고 합니다. 신은 이에 대해 지극히 송구하고 위축된 마음을 견디지 못하겠습니다. 신이 얼마 전 피혐 계사에서 박태유(朴泰維)에게 비록 잘못이

23 사직하고……소 : 이 글은 1683년(숙종9) 윤6월 27일 저자가 사직하고 소회를 말한 상소이다. 상소를 올린 다음날 《승정원일기》에 비답만 실려 있다. 《承政院日記 肅宗 9年 閏6月 27日, 28日》

24 처치(處置) : 대간(臺諫)이 인피할 경우 인피가 정당한지 판단하여 출사 또는 체차를 청하는 절차이다.

있으나 대각이 탄핵하여 감죄(勘罪)한 것은 지나친 일이라는 뜻을 대략 언급하였습니다.[25] 박태유를 출사하도록 청한 것도 마땅하지 않은 일에 속하니, 참으로 어찌 감히 태연하게 직차에 있을 수 있겠습니까. 삼가 바라건대, 현명하신 성상께서는 미천한 신의 병세와 정세가 모두 직차에 있기 어렵다는 점을 굽어살피고 속히 체직하여 공적으로나 사적으로나 편리하게 하신다면 더없이 다행이겠습니다.

신이 이어서 삼가 생각건대, 경연과 대각의 신하를 일시에 파직하여 위엄이 진동하였습니다. 연석의 이야기는 비밀스럽고 한창 병으로 칩거하고 있는 중이라 들을 길이 없어 비록 몇 사람의 신하가 무슨 일에 연좌되었는지 모르겠으나 죄목이 널리 드러나지 않았고 논죄와 감률이 탄핵하는 글을 통하지도 않았습니다. 그런데 한나절 동안 어전에서 아래에서는 대신이 아뢰고 위에서는 성상이 결단하여 조금도 의심하거나 어려워하지 않고 처분을 결정하였으니, 대간을 포용하는 군주의 도리가 손상될까 참으로 두렵습니다.

옥당 관원의 직임은 논사(論思)이며, 성상의 귀와 눈이 되는 사헌부 관원의 책임은 규찰하여 바로잡는 것입니다. 임무가 중요하니 대우도 달라야 합니다. 만약 한때 논의가 치우치고 행위가 경박한 잘못을 저지르면 서로 규찰하고 탄핵하게 하는 것은 공론에 맡기기 위해서입니다. 그렇다면 대신이 비록 아뢰는 일이 있더라도 그 잘잘

25 신이……언급하였습니다 : 이해 6월 송시열이 태조(太祖)와 태종(太宗)에게 휘호(徽號)를 더하도록 청하였다. 박태유는 이에 반대하며 송시열을 배척하는 상소를 올리려 하였으나 결국 올리지 못했는데, 상소의 내용이 전파되어 박태유가 탄핵을 받았다. 서종태의 피혐 계사는 《승정원일기》 숙종 9년 윤6월 23일 기사에 실려 있다.

못만 가리켜 말해야 할 뿐입니다. 그런데 벌을 주고 체차하기를 청하며 마치 보통 관원을 내쫓는 것처럼 하였으니, 조정의 체모에 있어서 어떻겠습니까. 미천한 신의 이 말은 비단 오늘의 일 때문에 나온 것이 아니라 평소의 구구한 소회를 감히 숨길 수 없어서입니다.

삼가 바라건대, 현명하신 성상께서는 유념하여 살펴 덮어주는 도량을 특별히 넓히고 속히 허물을 고쳐 부제학 조지겸(趙持謙) 등 몇 사람의 신하를 특별히 파직하여 외직에 보임하라는 명[26]을 거두신다면 더없이 다행이겠습니다.

신이 또 삼가 생각건대, 말세의 풍속이 야박하여 근거 없는 말이 많습니다. 한 가지 논의에 관한 일로 서로 다투며 이기려 하고 서로 명분을 내세우니, 경색이 갈수록 걱정스럽고 더 이상 멈추어 진정될 가망이 없습니다. 조정의 처치는 그저 힘써 포용하고 공평하게 대우하여 암암리에 사그러들게 하여 싹이 길게 자라는 데 이르지 않게 해야 합니다. 지금 느닷없이 진노하고 지레 법을 적용하여 시종신이 잇달아 벌을 받아 중외에서 들은 사람들이 모두 의아해하고 있으니, 진정시키는 방도는 여기에 있지 않고 단지 분란의 단서를 더할 뿐입니다. 신처럼 형편없는 자도 비록 식견이 없으나 마음 속으로 걱정하는데, 전하께서 이 점에 대해 어찌 깊이 염려하지 않으십니까. 아울러 바라건대, 성상께서는 깊이 유념하소서."

하니, 답하기를,

26 부제학……명 : 이해 윤6월 26일 숙종은 대사간 신완(申琓)을 체차하고 부제학 조지겸과 교리 한태동(韓泰東)을 파직하며 사간 오도일(吳道一)을 평해 군수(平海郡守)에 보임하라고 하교하였다.《承政院日記 肅宗 9年 閏6月 26日》

"상소를 보고 잘 알았다. 이번에 조지겸 등 몇 사람이 연좌된 일은 실로 한때 논의가 우연히 과격해진 데 비할 바 아니다. 뿌리가 이미 깊고 보합할 기약이 없으니, 만약 엄하게 막지 않는다면 장래의 우환을 이루 말할 수 없을 것이다. 이것이 대신이 깊이 우려하고 멀리 염려하며 청대하여 아뢰지 않을 수 없었던 까닭이다. 그런데 유신과 간신이 잇달아 구원하며 마치 죄가 없는데 견책을 받은 것처럼 여기니 참으로 이상하다. 사직하지 말고 직임을 살피라."

하였다.

권도를 따르도록 청한 차자[27] 12월

請從權制箚 十二月

교리 박치도(朴致道), 부교리 김길(金吉), 수찬 목임일(睦林一)·홍만조(洪萬朝), 부수찬 남치훈(南致熏)·김구(金構)와 연명하였다.

삼가 아뢰옵니다. 하늘이 우리나라에 재앙을 내려 온누리 백성의 슬픔이 부모를 잃은 것처럼 간절합니다. 우리 전하께서는 타고난 효성으로 슬퍼하는 절차가 대부분 통상적인 제도를 뛰어넘었으니, 조정에 있는 신하가 누군들 감동하지 않겠습니까. 그러나 이 점에 대해 삼가 구구히 걱정하고 두려워하는 마음을 견디지 못하겠습니다.

신들이 삼가 생각건대, 효성을 온전히 하는 도리는 반드시 몸을 보전하는 것이 중요합니다. 그러므로 몸을 상하여 상(喪)을 견디지 못하는 것을 군자는 불효라고 하였으며, 병이 나서 고기를 먹는 일에 대해서도 성인이 분명한 교훈을 남겼습니다.[28] 더구나 존귀한 제왕은 거처와 봉양이 자별하여 상례에 대처하는 절차도 서민과 다르지 않을 수 없으니, 이는 일의 형세가 본디 그러하기 때문입니다.

시험삼아 우리나라의 일로 말해보겠습니다. 매번 대상(大喪)을 당

27 권도를……차자 : 이 글은 1683년(숙종9) 12월 5일 현종비 명성왕후(明聖王后)가 승하한 뒤 지은 것이다.

28 몸을……남겼습니다 : 《예기》 〈곡례 상(曲禮上)〉에 "상을 치를 때 병이 있으면 술을 마시고 고기를 먹으며, 병이 나으면 다시 상을 치른다. 상을 견디지 못하는 것은 자애롭지 못하고 효도하지 못하는 것에 견준다.〔居喪之禮, 有疾則飮酒食肉, 疾止復初, 不勝喪, 乃比於不慈不孝.〕"라는 말에서 유래하였다.

한 초기에 신하들은 반드시 권도를 따르라고 청하기에 급급하였으며, 열성조(列聖朝) 역시 모두 지극한 마음을 힘써 억누르고 여러 신하들의 청을 따랐습니다. 더구나 오늘날 성상께서 몸을 조섭하는 방도는 일각이 시급하고, 온나라 신민의 애타고 다급한 상황은 전에 비해 만 배나 됩니다.

사람의 질병이 무엇인들 근심스럽지 않겠습니까마는 천연두 증상은 가장 위중한 것입니다. 지금 백성의 집에서도 이 병을 앓는 사람은 비록 순조롭게 겪더라도 마치 아기를 돌보는 것처럼 몇 달 동안 조섭하고, 절대 아무 일 없는 사람으로 자처하지 않습니다. 혹시 조금이라도 조섭을 잘못하면 위태로운 증상이 곧 나타나서 후회를 초래하는 사람이 많습니다.

우러러 생각건대, 우리 전하께서는 체질이 맑고 여위어 늘 질환이 많으니, 신민이 벌벌 떨며 걱정하고 두려워하는 마음을 잠시도 놓을 때가 없습니다. 더구나 지금 이 병을 심하게 앓은 지 겨우 열흘에서 보름 정도 지났는데, 남은 증상이 없어지지 않고 원기가 몹시 허합니다. 체후가 건강히 회복되는 일은 참으로 짧은 시일 내에 기약할 수 없습니다. 그런데 여러 날 간호하느라 애태우고 근심하다가 갑자기 큰 슬픔을 당하셨습니다. 거친 밥과 물도 좀처럼 드시지 않고 시도 때도 없이 슬피 통곡하며 침식과 기거가 갑자기 평소와 달라졌습니다. 비위가 제대로 길러지지 않고 기혈을 채울 길이 없어 암암리에 사그러지기를 기다리지 않아도 병세가 갑자기 심해지는 것은 필연적인 이치입니다. 더구나 지금 여러 가지 이미 드러난 증상이 모두 몹시 걱정스러운 것이니, 몸을 보양하는 방도를 참으로 잠시도 늦출 수 없습니다. 어찌 통상적인 제도를 고수하면서 변통할 방법을 생각하지 않을 수 있겠습니까.

아, 조종(祖宗)의 부탁이 전하에게 달려 있고, 만백성의 기대가 전하에게 달려 있습니다. 전하 한 몸의 안부에 종묘사직의 존망이 달려 있습니다. 지금 시세가 위태위태하여 실낱처럼 위험합니다. 전하께서는 비록 스스로를 가볍게 여겨 감정에 따라 필부의 절개를 따르고자 하시는데, 위로 종묘사직의 중요함을 유념하지 않고 아래로 만백성의 기대를 돌아보지 않으십니까. 더구나 우리 자전께서 평소 우리 전하를 유념하여 모든 방도를 다하셨습니다. 전하께서 한 끼를 거르면 곧장 근심을 드러냈고, 한 가지 병을 앓으면 거의 침식을 잊으셨습니다. 지금 전하께서 이를 돌이켜 생각하신다면 어찌 때맞추어 자신의 몸을 지키고 오직 병들까 걱정하는 어버이의 마음을 유념하며 끝까지 효도할 방도를 차마 생각하지 않을 수 있겠습니까.

체력이 결코 지탱하기 어렵다는 점과 병세가 반드시 심해지리라는 점은 신들이 비록 말하지 않더라도 아마 전하께서도 이미 스스로 헤아리고 계실 것입니다. 지금 때를 놓치고 천천히 도모한다면 뒤늦게 후회해도 미치기 어렵습니다. 침과 약물을 장차 쓸 곳이 없을 것이니, 어찌 몹시 두렵지 않겠습니까.

또 신들이 삼가 대왕대비전께서 약방에 내리신 하교를 보니, 성상의 몸을 보호하고 병세를 우려하시는 뜻이 간곡하고 지극하여 전하께서 속히 권도를 따르기를 몹시 바라고 계십니다. 비록 신들이 오늘 청하지 않았더라도 전하께서는 이 상황에서 더욱 자전의 뜻을 힘써 따르고 자신의 뜻을 조금 굽혀야 합니다.

삼가 바라건대, 전하께서는 목숨을 상하면 안 된다는 성인의 경계를 유념하고, 열성조에서 이미 시행한 전례를 따라 병을 조심하고 훗날을 위해 몸을 보존하는 방도를 깊이 유념하여 속히 권도를 따라 여러 신하의 간절한 바람에 부응하신다면 더없이 다행이겠습니다. 성상의 재결을 바랍니다.

옥당에서 일을 논한 차자[29] 갑자년(1684, 숙종10) 3월

玉堂論事箚 甲子三月

수찬(修撰)으로 있을 때이다.

"삼가 아룁니다. 신이 방금 삼가 비망기를 보았더니, 집의 한태동(韓泰東)을 삭탈관직하고 문외출송하라는 명이 있었습니다. 성상의 분노가 진동하여 말뜻이 지극히 엄격하고, 심지어 '임금을 잊고 당파를 옹호하여 남의 나라를 망하게 한다.'라고 하교하셨습니다. 신은 두렵고 놀라 떨리는 마음을 견디지 못하고, 이어서 탄식하였습니다. 현명하신 성상께서 관대하고 온화한 도량으로 갑자기 이처럼 격노하여 중도를 지나친 행동을 하실 줄은 생각지도 못하였습니다.

신이 삼가 한태동의 상소 내용을 보니, 말에 온화함이 부족하고 걸맞지 않는 부분이 많아 과격한 잘못이 참으로 있기는 합니다. 다만 그가 몇해 전 대신 지은 글은 단지 어구를 쓰면서 자세히 살피지 않은 데서 나왔으니, 애당초 그 사이에 다른 뜻이 있었던 것은 아닙니다. 지금 상소는 그저 당시의 실정을 아뢴 것뿐이니, 어찌 대신을 배척하려는 뜻이 있겠습니까.

김익훈(金益勳)을 논한 일로 말하자면, 조어(措語)가 각박하게

29 옥당에서……차자 : 이 글은 1684년(숙종10) 3월 27일 한태동이 김익훈(金益勳)에 대한 일로 상소하였다가 삭탈관직과 문외출송의 처분을 받자 올린 상소이다. 김익훈은 1682년 어영대장으로서 허새(許璽)의 역모를 방조한 혐의를 받고 있었다. 《肅宗實錄 10年 3月 27日》

파헤치는 데 가까우니 역시 지나칩니다. 그러나 그의 의견은 본디 이와 같고, 조목별로 열거한 내용도 모두 근거가 있으니, 그가 갑자기 거짓으로 지어내어 남을 모함하려는 뜻이 있는 것은 아닙니다. 더구나 지금 시종일관 처음의 견해를 바꾸지 않아 분발하고 강직한 기운은 있고 얼버무리거나 아부하는 태도는 없으니, 더욱 가상히 여길 만한 지조가 아니겠습니까. 대각의 말이 비록 화평을 잃었더라도 지나치게 강직한 것은 문제가 되지 않습니다. 윗자리에 있는 사람은 아울러 듣고 너그러이 용납하여 언로를 넓혀야 합니다. 갑자기 분노하며 인정을 벗어난 벌을 억지로 시행한다면, 이것이 어찌 말한 사람을 너그러이 용납하고 공평한 마음으로 남을 다스리는 도이겠습니까.

비록 진정시키는 방도로 말하더라도 오직 조용히 양해하고 마땅히 처분하여 융화하고 탕평에 이르게 해야 미땅합니다. 어찌 기뻐하고 성내고 좋아하고 미워하는 마음을 한결같이 치우치게 하여 민심이 만족하지 못하게 하여 그 분란의 단서를 보태서야 되겠습니까. 그리하여 별지가 내리자 들은 사람들이 의심하고 놀라며 기상이 시름겹고 참담하니, 신은 성상의 덕이 손상되고 언로가 막혀 그 근심이 이루 말할 수 없을까 두렵습니다. 삼가 바라건대, 현명하신 성상께서는 마음을 가라앉히고 서서히 따지며 속히 진노를 그치고 집의 한태동을 특별히 체직하여 삭탈관직하고 문외출송하라는 명을 도로 거두어 들이소서. 성상의 재결을 바랍니다."

하니, 답하기를,

"차자를 보고 잘 알았다. 한태동이 대신을 침척하고 사람을 모함한 죄는 국법으로 논하자면 중벌을 받아야 마땅하니, 이번에 삭출한 벌은 실로 관대하게 처리하는 뜻에서 나온 것이다. 그런데 승정원과 옥당에서 잇달아 구원하며 마치 죄가 없는데 견책을 받은 것처럼 여기니 몹시 해괴하다. 번거롭게 하지 말라."

하였다.

사정을 아뢰고 다시 해직을 청한 소 6월

陳情更乞解職疏 六月

수찬(修撰)으로 있을 때이다.

"삼가 아룁니다. 신은 얼마 전 북병사의 막료로 임명되었으나 삼가 사정상 실로 위태롭고 급박한 점이 있었지만, 그저 마음을 억누르며 어쩔 줄 몰라 하였습니다. 다행히 성상께서 불쌍히 여겨 살피시고 특별히 체직을 허락하셨습니다. 하늘 같은 은혜로 제 뜻을 펴게 하셨으니, 신은 감격하는 마음을 새기며 그저 눈물을 흘릴 뿐입니다. 이는 효성으로 다스리는 태평성대에 아랫사람을 제몸처럼 여기는 성대한 덕이지만, 사사로운 분의로 말하자면 남의 신하가 되고 조정에 이름을 올리고서 이처럼 제 몸을 바치지 못하였으니, 그저 힘껏 인혐하고 물러나 관직을 그만두고 스스로 버려져야 속죄할 수 있을 것입니다. 그러나 신은 엄한 명이 두려워 염치와 분의를 돌아보지 않고 다시 영예로운 반열에 끼어 조금 스스로 편안히 여겼는데, 부끄럽고 두려운 마음은 항상 속에 쌓여 있습니다.

삼가 들으니 엊그제 연석에서 사헌부의 신하가 근래 북병영의 직임을 분분하게 체직하는 일이 나라의 기강과 관계된다는 실상을 자세히 아뢰고, 변방의 직임에서 체직된 뒤 그대로 청요직에 자리한 것은 몹시 잘못이라고 하였습니다. 아뢴 논의가 강개하고 말뜻이 엄격하였으니, 신은 이에 두려워 땀이 등을 적시고 몸둘 곳을 모르겠습니다. 그의 말이 비록 신의 이름을 함께 거론하지는 않았으나, 변방 군막의 직임을 사정 때문에 체직한 사람은 신이며, 체직된 뒤에 그대로 한가한 청요직에 자리한 자는 신입니다. 신의 앞뒤로 체직된 사람과 일에 차이가 없고, 대신이 논열한 내용은 곧 탄핵하는 글과 같으니, 신이 먼 곳을 꺼리고 편안한 곳으로 나아가며 분의를 잊고 의리를 멸시한 죄는 여기서 더욱 분명히 드러났습니다.

생각건대, 이 군막의 직임은 애당초 나쁜 자리가 아니고, 또 순서대로 차임하여 보내는 데서 나왔으니, 의리상 집에 가는 것처럼 달려가 마음을 다해 직분을 수행해야 마땅합니다. 다만 병든 모친을 멀리 떠나는 일을 정리상 차마 하기 어려웠기 때문에 명을 받은 이후 곧장 근심하고 실망하였습니다. 중신이 상소의 말미에서 언급하고 성상께서 미천한 신의 사정을 각별히 유념하는 일은 갑자기 뜻밖에 나온 것이었습니다. 비록 신이 감히 요청하고 애걸하여 얻은 것은 아니지만, 변방의 외직에 제수하자마자 곧장 바꾸었으니, 조정의 체모가 몹시 손상되었습니다. 늘상 청요직을 훔치면서도 사양하고 회피한 적이 없었는데, 한 번 변방의 직임에 임명되자 마침내 사면하여 스스로 편의를 도모하는 결과가 되고 말았으니, 관직을 골라서 나아가고 물러난다는 혐의를 신도 해명할 말이 없습니다. 논척을 받는 일을 어떻게 면하겠습니까. 정세가 근심스럽고 위축되어 결코 감히 얼굴을 들고 그대로 직차에 있을 수 없습니다.

삼가 바라건대, 현명하신 성상께서는 간절한 심정을 굽어살펴 속히 신을 파직하고 신의 죄를 따지라고 명하여, 공론에 답하고 조정의 기강을 엄숙히 하며 사사로운 분의를 편안케 해 주신다면 더없이 다행이겠습니다.

아, 신의 사정은 신도 차마 말할 수 없습니다. 잘못 받은 은혜는 산처럼 크지만 돌아갈 땅이 없어 녹록하게 시위소찬(尸位素餐)하면서 터럭만큼도 보답한 적이 없습니다. 모친이 병들어 자리에 누워 있는데 세월이 갈수록 병이 심해져 잠시만 집을 떠나도 곧 치료를 거르게 됩니다. 만약 이 때문에 사사로운 은혜를 조금 펴고자 하면 곧 이와 같이 방해를 받아 진퇴양난(進退兩難)에 빠져 스스로 처신할 방법이 없습니다.

더구나 근래에는 속박이 더욱 굳어져 한 고을에 제수되는 은혜를 받들자마자 곧 중지되었습니다. 제몸은 몇 년 동안 영화를 누렸지만 모친은 하루도 봉양을 받지 못하였습니다. 이렇게 하다가 끝내 충성과 효도를 모두 잃은 사람이 되고 말까 두렵습니다. 한밤에 조용히 생각하면 저도 모르게 눈물이 턱에서 교차합니다.

지금 신은 실로 부리는 자리를 채울 만한 작은 선(善)도 없이 조정의 반열에 머물러 있으면서 그저 관직을 더럽히고 있습니다. 손해만 있고 보탬이 없으니, 그 마음은 위태롭고 슬픕니다. 아울러 바라건대, 영원히 조정의 명단에서 삭제하고 다시는 수록하지 말아서 때맞추어 간호하고 편의에 따라 유감이 없도록 하여 성조의 낳아주고 길러주는 큰 은혜를 시종일관 입을 수 있게 해 주시는 것이 신에게는 이루 말할 수 없는 큰 소원입니다. 신은 지극히 두렵고 간절히 바라는 마음을 견디지 못하겠습니다."

하니, 답하기를,

"상소를 보고 잘 알았다. 그대의 사정은 내가 불쌍히 여긴다. 사직하지 말고 직임을 살피라."

하였다.

시폐를 아뢴 소[30] 병인년(1686, 숙종12) 2월

陳時弊疏 丙寅二月

교리(校理)으로 있을 때이다.

"삼가 아룁니다. 신은 타고난 기운이 몹시 약하여 나이가 겨우 장년이 넘었는데 형체와 정신이 시들었습니다. 담화(痰火)와 정충(怔忡)[31] 등의 증세가 주된 근원인데 점차 고질이 되어 온갖 병이 몸에서 떠나지 않습니다. 평소에도 정신이 가물가물하여 남과 이야기할 적에는 말이 이어지지 않고, 일에 임하면 마음이 더욱 어두워집니다. 이 때문에 감히 아무 일 없는 사람으로 자처하지 못하였습니다. 게다가 모친이 병으로 오랫동안 침상에 누워 있으니 신은 놀라고 두려워 몸을 상하고 마음이 사그러들어 부지런히 몸을 움직여 벼슬하는 일은 바랄 수 없습니다. 그러나 영예와 녹봉에 연연해하여 아직도 이렇게 삼사(三司)의 반열을 차지하고 있습니다.

몇 달 전부터는 몸이 더욱 상하고 추위를 쏘여 병이 생겨 온갖 증세가 번갈아 공격하니 시름시름 앓아누워 원기가 크게 빠졌습니다. 열기가 올라와 밤에는 잠을 이루지 못하고, 흉격이 막혀 물과 음식을 삼키지 못합니다. 이와 같은 병세는 오래 몸을 상한 소치이

30 시폐를 아뢴 소 : 이 글은 1686년(숙종12) 2월 29일 당시의 폐단 9조목으로 아뢴 상소이다. 《숙종실록》에 축약되어 실려 있다. 《肅宗實錄 12年 2月 29日》

31 담화(痰火)와 정충(怔忡) : 담화는 가래로 생기는 열이며 정충은 가슴이 울렁거리는 증상이다.

니, 만약 때맞추어 조리한다면 비록 갑자기 죽는 지경에 이르지는 않겠지만, 짧은 시일 내에 일어나 움직이기 어렵다는 점은 분명합니다. 중요한 경연의 자리는 오래 비울 수 없으니, 조정에서는 신이 호소하기를 기다리지 말고 일찌감치 처분을 내려야 마땅합니다. 삼가 바라건대, 천지 부모와 같은 성상께서는 간절한 심정을 헤아려 신의 본직과 겸직을 속히 체차하여 공적으로나 사적으로나 다행하게 해 주신다면 더없이 다행이겠습니다.

그리고 삼가 생각건대, 미천한 신이 받은 잘못된 은혜가 근래에 이르러 더욱 깊어졌고, 직책을 저버린 잘못도 근래에 이르러 더욱 커졌으니, 항상 몹시 부끄럽고 두려워 마치 큰 죄를 지은 듯하였습니다. 다만 재주가 범상하고 식견이 얕아서 비록 사안에 따라 아뢰어 성상의 부족한 점을 보충하고 싶어도, 실로 분명히 말하고 좋은 의논을 내어 시무의 핵심을 적중하지 못하고, 그저 묵묵히 있으면서 근심하고 탄식할 뿐입니다. 지금 사면을 청하는 글을 계기로 감히 그 구구한 소회를 아뢰니, 삼가 바라건대, 현명하신 성상께서는 헤아려 주소서.

아, 전하는 어린 시절부터 근면하고 민첩하며 학문을 좋아하였으니 천성에서 나온 것입니다. 자주 강연에 나오시어 날마다 경전과 사서를 가까이 하여 삼경과 사서를 거의 다 꿰뚫으셨습니다. 게다가 나랏일을 분명히 익히고 부지런히 듣고 결단하며 신하를 격려하여 공업을 이루기에 힘썼습니다. 성상께서 학문을 부지런히 하지 않았다고 할 수 없고, 성상의 뜻이 서지 않았다고 할 수 없습니다.

그러나 즉위한 이래 십여 년 동안 덕업(德業)이 날마다 나아지는 것을 보지 못했고, 치도(治道)가 날마다 올라가는 것을 보지 못했습니다. 천하의 일은 나아가지 않으면 물러나게 되니,[32] 이는 필연적인 이치입니다. 날마다 새로워지고 풍부하게 소유하는 성대함은[33] 이미 바랄 수 없는데, 하늘의 노여움은 갈수록 심해지고 백성의 원망은 갈수록 불어나며, 기강은 갈수록 실추되고 풍속은 갈수록 무너지며, 조정은 갈수록 흩어지고 변방의 근심은 갈수록 심해지니, 오늘날에 이르러 더 이상 남은 것이 없습니다. 비유하자면 고황(膏肓)에 병이 든 사람이 조만간 죽을 것 같고, 피부 한 조각, 머리카락 한 가닥까지 모두 병이 든 것과 같으니, 유부(兪跗)와 편작(扁鵲)이 아니더라도 필시 멀리서 보고 달아날 것입니다.[34]

이는 비단 신하들이 가만히 통탄하며 마음속으로 이해하지 못할 뿐만이 아닙니다. 우러러 생각건대, 현명하신 성상께서도 반드시 평상시 일이 없어 편안한 때에 오늘날 기상이 어떠하며 시세가 어떠하며 이렇게 된 것은 무엇 때문이며 장차 이를 구제할 방법이 무엇인

32 천하의……되니 : 정자(程子)의 《역전(易傳)》 〈기제(旣濟)〉에 나오는 "천하의 일은 나아가지 않으면 물러나니 일정한 이치가 없다.〔天下之事, 不進則退, 无一定之理.〕"라는 말을 인용한 것이다.

33 날마다……성대함은 : 《주역》 〈계사전 상(繫辭傳上)〉의 "풍부하게 소유하는 것을 대업(大業)이라고 하고, 날로 새로워지는 것을 성덕(盛德)이라고 한다. 〔富有之謂大業, 日新之謂盛德.〕"라는 말을 인용한 것이다.

34 유부(兪跗)와……것입니다 : 유부는 황제(黃帝) 때의 명의이며, 편작은 전국시대의 명의이다. 편작이 채 환공(蔡桓公)을 만나보고 피부에 병이 있으니 치료하라고 하였으나 환공은 듣지 않았다. 10일 뒤 병이 근육에 이르렀으니 치료하라고 하였으나 역시 듣지 않았다. 10일 뒤 병이 내장에 이르렀으니 치료하라고 하였으나 마찬가지였다. 10일 뒤 편작이 환공을 보자마자 몸을 돌려 달아났다. 환공이 사람을 보내 이유를 물으니 병이 이미 골수에 이르러 치료할 수 없다고 하였다. 《韓非子 喩老》

지 시험삼아 생각해 보신다면, 서글피 길게 탄식하며 근심과 두려움을 견디지 못할 것입니다.

신이 성상과 가까운 반열에 있으면서 조정의 논의에 참여한 지도 오래입니다. 함부로 생각하기에 성상께서 비록 부지런히 학문을 하시지만 아직도 그 요점을 얻지 못하였고, 성상의 뜻이 이미 섰으나 아직도 그 실제를 다하지 못한 점이 있다고 봅니다. 무엇 때문이겠습니까.

신이 삼가 보건대, 전하께서 비록 경연을 자주 열지만 겉치레가 너무 지나칩니다. 엄숙히 침묵하고 예법이 엄격하며, 한 번 책을 펼쳐 읽은 뒤로는 뜻을 토론한 적도 없습니다. 안색과 말씀이 온화하지 않고 정분이 도탑지 않으므로 위엄 있는 용안 아래에서 두려워하며 어쩔 줄 몰라하지 않는 사람이 드뭅니다. 하물며 정신을 펼쳐 말을 다하기를 바랄 수 있겠습니까. 그간 묻고 논란하기를 청한 사가 많았으나 끝내 들어주어 시행한 실상이 없습니다. 우러러 생각건대, 성상의 학문이 고명하여 깊고 은미한 뜻이 있는 말도 한 번 보면 이해하고 더 이상 막히는 것이 없어 그러한 것입니까. 아니면 함께 읽는 신하들에게 정밀하고 박식한 논의가 없어 질문에 대답하기 부족하다고 여겨 그러한 것입니까.

만약 전자라면 더욱 큰 걱정입니다. 정자(程子)가 말하기를, '배우는 사람은 먼저 의심할 줄 알아야 한다.' 하였고, 주자 역시 말하기를, '책을 처음 읽을 적에는 의심이 있는 줄 모르다가, 그 다음에는 구절마다 의심이 생긴다. 이러한 과정을 한 번 거치면 의심이 점점 풀리니, 이로써 관통하여 의심이 모두 없어져 비로소 배운 것이 된다.' 하였습니다.[35] 《중용》에서 자세히 묻고〔審問〕 분명히 분별하는 것〔明辨〕은 널리 배우고〔博學〕 독실히 실천하는 데〔篤行〕 달려 있다고 하였으니, 비록 성현의 경지라도 학문은 익숙히 강론하는 것을 싫어하지 않습니다. 논변하고 질문하는 것은 계발하는 효과가 가장 많습니다. 과연 정심하게 연구한다면 의심이 없을 수 없습니다. 만약 의심이 있는데 애매하게 얼버무린 채 밑바닥까지 환하게 궁구하여 얼음이 녹듯 의심을 풀 방법을 생각하지 않는다면, 학문이 어떻게 진보하겠습니까. 이러한 병통은 스스로를 훌륭하다 여기는 조짐을 조장하고, 깊이 나아가는 길을 끊는 것이 아니겠습니까.

또 생각건대, 제왕의 학문이 비록 포의(布衣)와는 다르지만, 독서하여 이치를 궁구하며 경(敬)에 처하여 뜻을 지키는 실제는 다르지 않습니다. 학문을 하는 데는 이치를 궁구하는 것이 무엇보다 우선이며, 이치를 궁구하는 요점은 독서를 벗어나지 않습니다. 독서하는 방법은 순서에 따라 정밀하게 하고 경에 처하여 뜻을 지키는 것이 중요하니, 이로써 수신, 제가, 치국, 평천하의 근본으로 삼습니다. 그 공부의 차례는 주자의 〈갑인행궁편전주차(甲寅行宮便殿奏箚)〉에 자세합니다. 선유(先儒) 진덕수(眞德秀) 역시 자기 임금에게 말하기를, '오직 학문만이 이 마음을 기를 수 있고, 오직 경(敬)만이 이 마음을 보존할 수 있으며, 오직 군자를 가까이 해야만 이 마음을 유지할 수 있습니다. 세 가지 공부를 번갈아 다하면 성상의 마음이 깨끗해지고 의리가 항상 주인이 되어 물욕이 빼앗을 수 없을 것입니다.' 하였으니, 이 말이 지극합니다. 현명하신 성상께서는 《심경(心

35 정자(程子)가……하였습니다 : 정자와 주자의 말은 《근사록(近思錄)》 권3 〈치지(致知)〉에 보인다.

經)》 등의 책을 이미 익숙히 강론하셨습니다. 모르겠습니다만, 경연에 임어하여 송독하는 일 외에 과연 중대한 근원을 자신의 몸에 돌이켜 체험하고 내면을 향해 공부하여 정일집중(精一執中)[36]의 효과가 옛 성왕의 학문과 한결같습니까. 아니면 글뜻을 강구하고 식견이 해박하게 통달하였으니 제왕의 학문은 여기에 그칠 뿐 여기서 더 이상 나아갈 곳이 없다고 여기십니까. 행여 이와 같다면 육경의 깊은 뜻을 전부 강구하고 수많은 성인의 책을 다 읽더라도 신은 몸과 마음에 무익하고 다스리는 도에 보탬이 없을까 걱정입니다.

한 달 중에도 경연을 여는 날은 많지 않고, 하루 안에도 신하를 인접하는 시간은 오래지 않습니다. 신은 한가로이 홀로 계실 때 현명하신 성상께서 일상생활의 모든 언행을 조존성찰(操存省察)하실 때 그 법도의 방종하고 엄격하기가 어떠하며, 공부를 하고 멈추기가 어떠한지 모르겠습니다. 외간의 신하가 엿보고 헤아릴 수 있는 바가 아니지만, 말씀으로 나오고 정사와 행위로 드러나는 것을 삼가 살피건대, 신의 생각에는 궁리하고 격물한 실제가 여전히 지극하지 않은 듯하고, 함양하는 힘이 여전히 깊지 않은 듯하며, 천리와 인욕 사이에서 이기고 다스리며 보존하고 막는 공부가 아직도 성실하고 치밀하지 못한 듯합니다. 이것이 신이 이른바 성상께서 부지런히 학문을 하시지만 여전히 그 요령을 얻지 못한다고 말한 이유입니다.

신이 삼가 보니, 전하께서는 총명하고 영특한 자질을 지니셨고,

36 정일집중(精一執中) : 순(舜)임금이 우(禹)에게 전수한 "인심은 위태하고 도심은 은미하니, 정밀하고 한결같이 해야 중도를 지킬 수 있다.〔人心惟危 道心惟微 惟精惟一 允執厥中〕"라는 비결을 말한다. 《書經 大禹謨》

또 춘추가 한창인 때를 만났습니다. 평범한 군주가 되는 것을 부끄러워하여 뜻을 넓히고 분발하여 조종(祖宗)의 성대한 공렬을 계승하고 융성한 대업을 넓히기를 기약하십니다. 자주 신료를 인접하니 시무를 아뢰는 일이 지연된 적이 없고, 깊은 밤에도 잠들지 않으시니 문서를 올리는 일이 적체된 적이 없습니다. 모든 일을 다스리실 적에 비록 지나치게 예리한 잘못은 간혹 있지만 방치하는 우환은 없었으며, 비록 지나치게 조급한 잘못은 간혹 있지만 해이한 폐단은 없었습니다. 현명하신 성상께서 다스리고자 하는 뜻은 참으로 이미 부지런하고 수고롭습니다.

비록 그러하나 정신과 취향이 대체로 편안한 데서 나오지 않으므로 항상 정해진 궤도를 따르니, 크게 경장하고 큰일을 하여 한 시대를 일신하고 비상한 공업을 세울 수 있는 광대하고 심원한 계책은 없었습니다. 간혹 비근한 공리(功利)의 설에 흔들리기도 하고, 간혹 말단적인 사소한 사물과 겉치레에 얽매이기도 합니다.

또 경험한 일이 많아 생각이 익숙하고, 먼 도(道)를 바라보다가 마음 속으로 스스로 포기하여 구차하게 넘기고 대충 안주하려는 생각이 그 사이에 섞여 있는 결과를 면하지 못합니다. 각고하려는 의지는 날마다 사그러들고 다스림을 세우는 법도는 날마다 낮아집니다. 이야기하고 본뜨는 것은 비록 고원한 경지에 있지 않은 적이 없었으나, 평소 그 행위를 살펴보면 매번 한(漢)나라와 당(唐)나라의 보통 군주보다 못합니다. 이 때문에 학문에 힘쓰려는 뜻은 있지만 통렬히 공부하여 몸에 도를 쌓지 못하고, 비록 간언을 받아들이려는 뜻은 있지만 곧은 말을 즐겁게 들으며 자기 의견을 버리고 남의 의견을 따르지 못합니다. 자신의 사욕을 끊어버리려는 뜻은 있었으나 내수사의 사적인 재물을 혁파하지 못하였고, 사치를 제거하고 검약을 숭상하려는 뜻은 있었으나 검은 명주의 교화[37]를 끝내 솔선수범하지 못하였습니다. 이밖의 모든 법도가 모두 추락하고 무너지는 결과를 면하지 못하니 진작하고 가다듬는 뜻이 전혀 없습니다. 이는 구구하고 상투적인 범주 안의 일인데도 허물을 바로잡기에 충분치 않을까 걱정인데, 하물며 고원한 경지를 바라보고 근래의 습속을 돌이켜 옛날의 다스림을 회복할 수 있겠습니까. 이것이 신이 이른바 성상의 뜻은 비록 섰으나 아직도 그 실제를 다하지 못한 점이 있다고 말한 이유입니다.

근래에 들어 경연을 완전히 폐지하지는 않았으나 슬픈 마음과 초췌한 몸으로 상을 치르는 중이라 강독이 저절로 드물어졌습니다. 이는 일의 형세 때문이기는 하지만 열흘 동안 춥게 하는 걱정[38]을 이미 이루 말할 수 없습니다. 지금은 성상의 상제(喪制)가 거우 끝났으니 허전한 마음이 더할 것입니다. 덕업을 권면하고 진전시켜 끝까지 효도를 다하는 방도를 생각하는 데 어찌 끝이 있겠습니까. 그러나 지금 상복을 벗고 길복(吉服)을 입는 때 역시 새로운 교화를 도모하여 이루는 단서가 됩니다. 더욱 올바른 학문에 힘써서 덕을 쌓고 학문을 닦으며, 큰뜻을 더욱 넓히고 분발하여 큰일을 하여 온 나라

37 검은 명주의 교화 : 한 문제(漢文帝)는 검은 명주로 만든 옷을 입었으며, 그가 총애하는 신 부인(愼夫人)은 땅에 끌리지 않는 옷을 입어 검소함을 보였다.《漢書 卷4 文帝紀》

38 열흘……걱정 :《맹자》〈고자 상〉에 "비록 천하에 쉽게 생장하는 물건이 있더라도 하루 햇볕을 쪼이고 열흘 동안 춥게 하면 자랄 수 있는 것이 없다.〔雖有天下易生之物也, 一日暴之, 十日寒之, 未有能生者也.〕"라고 한 말을 인용한 것이다.

신민이 기대하는 마음에 부응하지 않을 수 있겠습니까.

아, 학문에 나아가고 뜻을 세우는 것이 오늘날 가장 중요한 의리라는 점은 신이 서두에 이미 말하였습니다. 그리고 마음 속으로 가만히 생각한 근래의 일을 가지고 현명하신 성상을 위해 세어보면 모두 몇 조목이 있으니, 모두 현명하신 성상께서 경계하고 반성하며 다시 도모해야 하고 하나라도 빠뜨릴 수 없는 것입니다. 감히 아래에 조목별로 나열하겠습니다.

첫째는 내치(內治)를 엄격히 하여 대궐을 엄숙히 하는 일입니다. 신이 듣기로 집안에서 모범이 된 뒤에야 나라를 다스릴 수 있다고 하였습니다.[39] 집안을 가지런히 하는 것〔齊家〕이 시작을 바로잡는 근본이며 왕화(王化)의 바탕입니다. 지금 가법이 엄격한 사대부조차 집안의 말이 바깥으로 나가지 않게 하고, 바깥의 말은 집안으로 들어오지 않게 합니다. 더구나 존귀한 제왕과 비밀스러운 대궐은 어떻겠습니까.

근래 들으니, 민간의 자질구레한 말이 모두 궁궐 안으로 흘러들어 간다고 합니다. 외간의 말이 이미 들어갔으니, 궐안의 말이 어떻게 밖으로 전파되지 않을 수 있겠습니까. 대궐 안의 한 걸음 땅이 어찌 바깥의 사인(私人)이 쉽게 발을 들일 곳이겠습니까. 그런데 외척의 여러 집안에서는 문안하거나 사사로이 물건을 바친다고 하여 대궐 안에 여종이 잡다합니다. 이것이 어찌 현명하신 성상께서 전부 아시

39 집안에서……하였습니다 : 《시경》 〈사제(思齊)〉의 "나의 아내에게 모범이 되고 형제에게까지 미쳐서, 집과 나라를 잘 다스렸다.〔刑于寡妻, 至于兄弟, 以御于家邦.〕"라는 말을 인용한 것이다.

는 일이겠습니까마는 성상의 덕에 큰 누를 끼치니, 식견 있는 자들이 가만히 탄식합니다.

또 신이 성상의 가까이에서 시중드는 무리를 보니, 모시거나 인도할 때 엄숙하고 공경하는 태도가 제법 부족합니다. 그런데도 전하께서 낯빛과 목소리를 누그러뜨리시니 역시 지나치게 관대한 듯합니다. 엄숙하게 대하는 방도[40]가 평소에 부족한 듯하니, 총애를 열고 모욕을 초래하는 조짐을 엄격히 막지 않으면 안 됩니다. 명(明)나라 우신행(于愼行)이 말하기를, '송(宋)나라에 이르자 대궐이 숙연해져 바깥의 조정과는 소식이 서로 통하지 않았으니, 올바른 가법(家法)은 삼대(三代) 이하로 이와 비교할 나라가 없었다. 우리나라(명나라)는 더욱 심하여 후비(后妃)가 일단 궐문으로 들어오면 그의 부형과 자질은 죽을 때까지 한 번도 만나지 못하니, 규방 법도의 엄숙함이 지극하다고 하겠다.' 하였습니다. 이로 보건대, 명나라가 집안을 다스리는 법도는 천고에 탁월하다고 할 수 있으니, 지금도 상상해 볼 수 있습니다. 삼가 바라건대, 전하께서는 가인괘(家人卦)의 '위엄이 있으면 길하다.'[41]라는 말을 유념하여 인척으로 하여금 영구히 사사로운 길을 끊게 하고 좌우의 근시로 하여금 위엄을 보이지 않아도 숙연해지도록 하여 안팎을 엄격히 구분하고 대궐을 정숙하게 하소서.

40 엄숙하게 대하는 방도 : 《논어》 〈위정(爲政)〉의 "백성을 엄숙하게 대하면 공경한다.〔臨之以莊則敬〕"라는 말을 인용한 것이다.

41 위엄이 있으면 길하다 : 《주역》 〈가인괘(家人卦) 상육(上六)〉의 "믿음을 갖고 위엄이 있으면 마침내 길하다.〔有孚, 威如終吉.〕"라는 말을 인용한 것이다.

둘째는 다스림의 본체를 세워 기강을 밝히는 일입니다. 신이 듣기로 다스림에는 반드시 법도가 있어야 하니, 다스림의 본체가 이것입니다. 옛날 태평성대에는 반드시 먼저 그 다스림의 본체를 세워 한 시대의 제도로 삼은 뒤에 다스리는 순서와 다스리는 도구, 교화와 형정이 모두 질서정연하고 표리일체가 되어 삼강(三綱)과 사유(四維)가 시행되었습니다.

《주례(周禮)》에 따르면, 삼공(三公)의 직임은 도를 논하는 것이며, 환관과 시녀 따위는 모두 총재(冢宰)의 지휘를 받으니, 성인이 세운 제도를 알 수 있습니다. 군주는 재상의 적임자를 논하고 재상은 군주를 바로잡으니 이미 직분이 있고, 높고 낮은 여러 관원에 이르기까지 모두 각기 맡은 직분이 있었습니다. 가까이는 궁중에서 멀리 조정에 이르기까지 모두 일체가 되어 터럭만큼도 가려진 것 없이 환하였습니다. 이 때문에 존귀한 자는 비천한 자를 다스리고, 안에서부터 밖에 이르러 기강이 바로잡히고 나라의 체모가 높아졌으며, 권세가 한곳에서 나오고 법률이 분명해져 권력이 아랫사람에게 가거나 옆에서 나오는 우환이 없었습니다. 그리고 다스림의 도는 맑고 밝아 순수하게 한결같이 정도에서 나왔습니다.

아래로 한(漢), 당(唐), 송(宋)에 이르러서는 그 다스림이 비록 순수하지는 못했으나 또한 각기 한 시대 다스림의 본체가 있었습니다. 예컨대 한나라의 승상은 형옥(刑獄)과 전곡(錢穀)에 대한 질문에 대답하지 않았으며,[42] 대궐에서 총애받는 자를 격문으로 불러 죽

42 한나라의……않았으며 : 한 문제(漢文帝) 때 진평(陳平)이 승상이 되었는데, 문제가 한 해 동안 처결한 옥사와 전곡의 출납을 물었더니 진평은 "담당자가 따로 있습니다."

이고자 하였으니,[43] 이 몇 가지 일에서도 그 한 가지 단서를 볼 수 있습니다.

오늘날에는 체통이 문란하고 명령이 여러 곳에서 나와 혼란하고 복잡하여 정해진 방향이 없어 궁중과 조정의 정사가 완전히 둘로 갈라졌습니다. 지극히 미세한 일도 성상의 귀를 거치지 않는 것이 없으며, 사물을 다스리는 재상의 업무는 단지 문서 사이에만 있습니다. 전장제도(典章制度) 중에 엄밀한 곳은 너무 엄밀하고 허술한 곳은 너무 허술합니다. 이처럼 본체가 서지 않았으니, 어떻게 통솔하고 정돈하여 다스림을 이루겠습니까. 오늘날 대신의 체모가 엄중하지 못하고, 조정의 기강이 문란해진 것도 여기서 말미암은 것입니다.

삼가 바라건대, 전하께서는 높은 곳에서 이 점을 살피시고, 다스림을 이루고자 하신다면 먼저 본체를 세우소서. 위임하고 성과를 요구하여 정승의 직임을 맡은 사람을 관리의 일에만 전념하게 하지 말고, 사사로운 인연을 제거하여 궁중과 조정의 권세가 갈라지게 하지 마소서. 관직을 침해하는 폐단이 없게 하고, 공명정대한 다스림을 밝히소서.

셋째는 은택을 아껴서 비용을 절약하는 것입니다. 신이 듣기로 옛글에 '은혜가 다하면 태만해진다.'[44]라고 하였습니다. 군주의 은택

라며 답하지 않았다. 《史記 卷56 陳丞相世家》

43 격문으로……하였으니 : 한 문제 때 등통(鄧通)이 문제의 총애를 받았는데, 승상 신도가(申屠嘉)가 조정에 들어갔을 적에 등통이 문제 곁에서 오만한 짓을 하였다. 신도가는 물러 나와서는 즉시 격문을 보내 승상부(丞相府)로 불러 목을 베려고 하였다. 《漢書 卷42 申屠嘉傳》

또한 세상을 다스리고 고무하는 도구입니다. 만약 시행할 적에 남용하고 절도가 없으면 사람들은 그것을 소홀히 여길 것이니 계속할 수가 없어 그 폐단은 필시 태만해지는 데 이를 것입니다. 이것이 현명한 왕이 반드시 찡그림과 웃음을 아낀 까닭입니다.[45] 또 국가의 재물은 아주 작은 것까지 모두 백성에게서 나오니, 만약 절약하지 않아 비용이 고갈되면 명목 없는 세금을 갑자기 거두는 짓이 반드시 백성에게까지 미칠 것이니, 비록 백성을 사랑하는 마음이 있더라도 백성이 그 은택을 입지 못합니다. 신은 얼마 전 홍문관의 고사(故事)에 대해서 대략 이러한 뜻을 아뢰었습니다.

삼가 보건대, 현명하신 성상께서 아랫사람을 대할 적에는 은수(恩數)가 매번 보통 정도를 넘어섭니다. -2자 빠짐- 하사하는 물건이 분수에 넘쳐 받아서는 안 되는데 받는 자가 많습니다. 한두 가지 일로 말하자면, 근래 고귀하고 친근한 외척과 부마 집안에 예장(禮葬)을 하사하는 일이 겹쳤으나 대부분 금석처럼 변함없고 아름다운 법이 아니었습니다. 요전상(澆奠床)[46]을 하사한 일도 몹시 많아 경기 고을과 경기 백성이 더욱 피폐하여 지탱하기 어렵게 만들었습니

44 은혜가 다하면 태만해진다 : 제갈량(諸葛亮)이 촉(蜀)을 다스릴 적에 몹시 엄격하였다. 법정(法政)이 너그럽게 다스리기를 청하자 제갈량은 "지위로 총애하다가 지위가 극에 달하면 해치고, 은혜로 대우하다가 은혜가 다하면 태만해진다.〔寵之以位, 位極則殘, 順之以恩,,恩竭則慢.〕"라고 하였다. 《三國志 卷35 蜀書 諸葛亮傳》

45 현명한……까닭입니다 : 상벌을 신중히 한다는 뜻이다. 《한비자(韓非子)》〈내저설(內儲說)〉의 "현명한 군주는 한 번 찡그리고 한 번 웃는 것도 아낀다.〔明主之愛一嚬一笑〕"라는 말을 인용한 것이다.

46 요전상(澆奠床) : 무덤 앞에 차려놓는 제물상(祭物床)이다.

다. 의원에게 문병하라는 명령도 공주 집안의 어린 손자에게 미치고, 내국의 약물을 평소 하사하는 수량이 전에 비해 갑절이나 늘어나 성상께 바치는 진귀한 약제가 항상 부족하여 걱정입니다. 또 들으니 대궐 안의 온갖 쓸모없는 비용을 절약하는 방도가 전혀 없다고 합니다.

지금 여러 해 연이어 흉년이 들어 국고가 고갈되었습니다. 위로는 종묘의 제향과 대궐의 주방에 바치는 것부터 아래로 각 관사의 경비에 이르기까지 모두 이미 절감하여 매번 정축년(1637, 인조15) 남한산성에서 항복하였을 때의 일을 기준으로 삼습니다. 그런데 유독 이러한 따위의 일들에 있어서는 한결같이 풍성하게 하니, 도대체 무엇 때문입니까. 신의 이 말은 단지 재물이 아까워 하는 것이 아닙니다. 삼가 바라건대, 전하께서는 은택에 관계된 모든 일을 반드시 중도에 맞도록 힘쓰소서. 그리고 법식에 정해져 있고 시행해야 하는 길흉사(吉凶事)의 은전과 그만둘 수 없는 크고 작은 비용을 모두 살피고 아껴서 혹시라도 과도하지 않도록 하소서. 이밖의 긴급하지 않은 비용은 일절 중지하고 시행하지 말아서 재물을 절약하고 백성에게 혜택을 베푸는 바탕으로 삼으소서.

넷째는 지조를 굳게 지켜서 강건함을 세우는 일입니다. 신이 삼가 보니 정무를 계획할 적에 입대한 신하들이 한 가지 일에 대해 편하다고 하면서 시행하도록 청하는 자가 있으면 전하께서 허락하시고, 그 뒤에 다시 그것이 불편하다고 하면서 고치도록 청하는 자가 있으면 전하께서 또 허락하십니다. 이렇게 하는 것이 한 가지 일에 그치지 않습니다. 굳게 지키지 않고 무상하게 바꾸니, 이 때문에 총괄하여 살피고 신속하게 결단하는 기틀이 성상께 있지 않은 경우가 항상 많아서 강건한 덕이 간혹 부족합니다. 옛사람이 말하기를, '한 고조(漢高祖)가 인장을 새겼다가 인장을 녹인 일은 성인에게 아집이 없다는 것을 밝히기에 충분하다.'[47] 하였습니다. 이러한 일에서 또한 현명하신 성상께서 널리 받아들이는 도량을 볼 수 있습니다. 비록 그러하나 현명하신 성상께서 이미 국가의 정무에 밝고 익숙하며 분명한 결단을 내리시는데, 어찌하여 그 이해와 편리 여부를 처음에 널리 묻고 자세히 헤아리지 못하고 일정한 주관이 없어 신하들로 하여금 그 깊고 얕음을 엿보게 하고 정령(政令)이 백성에게 믿음을 얻지 못하게 만드는 것입니까.

신의 이 말은 전하로 하여금 과감히 자기 생각대로 하고 좋은 방법을 고르는 미덕이 없게 만들려는 것이 아닙니다. 삼가 바라건대, 전하께서는 시행하실 때 비록 여러 사람의 말을 널리 받아들이더라도 항상 자신에게 있는 표준을 정밀하고 확고하게 하여 함부로 시행하지 마시고, 지조를 굳게 지켜 함부로 흔들리지 마소서. 운용하는 권한을 항상 위에서 잡고 있어야 양강(陽剛)의 덕이 설 수 있습니다.

다섯째는 호오(好惡)를 공정하게 하여 조정을 화합하는 일입니다. 신이 삼가 보건대, 오늘날 조정의 논의가 분열되고 기상이 어그러졌으며 말세의 풍속이 야박하여 표방하는 자들이 떼지어 일어납니다. 마치 물이 스미는 듯, 불이 퍼지는 듯하니 조정하여 멈출 기약

47 한 고조(漢高祖)가……충분하다 : 이 말은 소식(蘇軾)의 〈상신종황제서(上神宗皇帝書)〉에 나온다. 한 고조는 육국(六國)의 후손들을 왕으로 세우라는 역이기(酈食其)의 말을 듣고 인장을 새기게 하였다. 그러다가 장량(張良)이 반대하자 그 인장을 다시 녹이게 하였다. 《史記 卷55 留侯世家》

이 없습니다. 아, 분당(分黨)의 논의가 이미 백여 년 동안 고질적인 폐단이 되었는데 이것이 또 그 사이에서 파란을 조장하니, 참으로 망국의 조짐입니다. 신은 삼가 마음 속으로 애통해 합니다. 그 단서는 노숙한 선배들에게서 시작되었는데, 젊은 사류가 각기 다른 논의를 주장하여 마음이 멀어졌으므로 점차 심해지고 사단이 더해져 이 지경에 이른 것입니다. 경중의 차이에 대해 서로 옳고 그름을 따지는 일은 있어도, 이를 두고 사악하거나〔邪〕과 올바르다〔正〕고 하면 몹시 잘못입니다. 위에 있는 사람은 그저 공정한 호오를 지키고 포용하는 도량에 힘쓰며 조용히 살펴서 한결같이 관대하고 공평하게 대우해야 합니다. 선한 말과 악한 말을 듣고 받아들일 적에는 이치에 따라 순응하고 사안에 따라 처분해야 합니다. 그 사람 때문에 그 자취를 지레 의심하지 말고, 그 말을 가지고 그 마음을 억측하지 않는다면, 저절로 융화하여 탕평을 이루는 경지에 도달할 것입니다.

그런데 현명하신 성상의 대처는 한결같이 이와 반대입니다. 호오가 편중되어 여러 사람의 마음을 감복시킬 수 없고, 의심하고 성내는 마음이 먼저 속에 붙어 있으므로 비슷한 것을 더 이상 분변하고 살피지 않습니다. 때로는 위엄과 분노가 너무 갑작스럽고 억지로 법을 적용하시는데, 신은 당파를 깨뜨리고 당쟁을 진정시키는 방도가 여기에 있지 않으며, 억제하는 것은 단지 과격하게 만드는 단서가 될까 걱정입니다. 선유(先儒) 장식(張栻)이 자기 임금에게 말하기를, '호오는 천하의 이치에 맞게 공평하게 해야 합니다.'라고 하였습니다.

삼가 바라건대, 전하께서는 마음을 저울처럼 지켜 혹시라도 치우치지 않도록 하며, 사물은 각기 사물에 맡기고 처분을 마땅하게 하여 윗사람과 아랫사람의 마음이 통하고 조정이 화합하게 하신다면 국가의 복이겠습니다.

신은 이에 대해 마음 속으로 개탄하던 점이 있으니, 덧붙여 아뢰고자 합니다. 묘당과 대각이 일을 논할 적에는 서로 어긋나는 경우가 많으니, 이는 예로부터 그러하였습니다. 신진의 예리한 논의는 지나치게 강직하고, 신중을 지키려는 계책은 여러 사람을 두루 따르기에 힘쓰니, 원래 형세가 그렇습니다. 그들이 하는 말은 비록 같지 않지만, 그 마음은 똑같이 공정에서 나왔으니, 조절하고 참고하여 결국 화평하게 귀결되어야 국가도 반드시 의지할 수 있습니다.

삼가 보니, 근래에는 대각의 신하가 논의하는 일이 만약 묘당의 논의와 어긋나면 정승 자리에 있는 사람은 남의 일 보듯 하면서 곁에서 비웃고 간혹 흠을 찾아내 곧장 성상께 아뢰기까지 하여 성상께서 윤허하시는 길을 막고 공론이 불쾌하게 여기는 단서를 초래합니다. 가령 대간의 말에 작은 착오가 있더라도 이미 공론에서 나왔으니, 그저 그 대의를 뽑아 반복하여 자세히 살펴보고 도와서 아뢰어 간언을 받아들이는 우리 임금의 미덕을 이루어야 합니다. 비유하자면 한 집안 사람이 한 집안 일을 함께 도모하는 모양과 같습니다. 이와 같다면 어찌 마음이 멀어지고 언로가 단절되는 일이 있겠습니까.

여섯째는 언로를 넓혀서 강직한 기상을 기르는 것입니다. 언로가 열리고 막힘에 나라의 흥망이 달려 있습니다. 삼대 이후로 세상의 군주가 누군들 간언을 받아들이면 흥성을 이루고 간언을 거부하면 난리를 초래한다는 사실을 모르겠습니까. 그러나 인지상정은 받들고 따르는 말은 받아들이기 쉽지만 귀에 거슬리는 말은 반드시 거역하기 마련입니다. 만약 마음을 비우고 받아들이는 도량이 없다면 자기의 사욕에 마음을 빼앗기지 않는 사람이 드무니, 이것이 충직한 선비가 항상 조정에서 용납받지 못하고 나라가 따라서 망하는 이유입니다. 지금 전하의 자질은 온화하고 순수하며 깊고 아름다우니 본디 자신을 훌륭히 여기고 남을 무시하는 병통이 없습니다. 그러나 유독 간언을 받아들이는 한 가지 일만은 말세의 보통 군주만도 못하니, 신은 삼가 괴이하게 여깁니다.

지금의 대각에 참으로 소매를 붙잡고 난간을 부수는 기풍[48]은 없지만, 조정에서 이미 임금의 귀와 눈 역할을 맡겼으니 사안에 따라 논열하는 것이 바로 그 직책입니다. 그런데 전하께서는 해당 사안의 시비를 따지지 않고 반드시 듣기 싫어하는 기색부터 먼저 보이십니다. 관원의 악행을 탄핵하면 모함한다고 의심하고, 사안이 궁궐에 관계되면 정직을 과시한다고 성내시며, 말이 정승에게 미치면 동요할까 걱정합니다. 따르지 않을 뿐만 아니라 엄한 비답을 내려 묵살하고, 묵살할 뿐만 아니라 쫓아내고 파직하여 오랫동안 서용하지 않습니다. 이 때문에 대각에는 강직한 기운이 사라지고 청론이 갈수록 고립됩니다. 사안을 처음 논할 적에는 그 크고 작음에 따라 사람들이 반드시 '이 사안은 성상께서 반드시 엄한 비지를 내리실 것이다.' 하고, '이 사안은 성상께서 반드시 엄한 견책을 내리실 것이다.'라고 하니, 어찌 한심하지 않겠습니까. 이는 전하께서 스스로 그 귀와 눈을 막고 몸소 수레를 몰아 멸망의 전철(前轍)을 따르는 것입니다.

48 소매를……기풍 : 강직하게 간언하는 기풍을 말한다. 삼국 시대 신비(辛毗)가 위 문제(魏文帝)의 소매를 붙잡고 간언한 고사와 한(漢)나라 주운(朱雲)이 간언하다가 성제(成帝)의 분노를 사서 끌려나가는데 어전(御殿)의 난간을 붙잡고 버티다가 난간이 부서진 고사를 인용한 것이다. 《三國志 魏書 卷25 辛毗傳》《漢書 卷67 朱雲傳》

또 신이 삼가 생각건대, 지금의 대각에서는 군주의 잘못은 쉽게 말하지만 재상의 잘못을 논하기는 몹시 어려워합니다. 군주의 잘못을 말한 죄는 가볍고 재상의 잘못을 논한 죄는 몹시 무거우니, 어째서이겠습니까. 군주의 덕에서 부족한 점을 논하면 전하께서 비록 마음을 돌려 따르지는 않지만 중벌을 내리지도 않으십니다. 그러나 그 말이 일단 경재(卿宰)에게 미치면 몹시 무거운 벌을 받고 오랫동안 정목(政目)에 이름이 오르지 않으며, 또 이어서 금고를 당합니다. 그 사람은 반드시 이 때문에 환로가 막혀 의망할 때 이름이 오르는 일이 드물고 좌천되어 고을을 다스리는 처지가 되니, 예컨대 근래의 박태보(朴泰輔), 김석(金晳), 박태유(朴泰維), 최석항(崔錫恒) 등 예닐곱 명이 그렇습니다.

남을 논열하는 말에 만약 당파를 옹호하고 자기와 입장이 다른 사람을 공격하며, 없는 일을 지어내어 남을 모함하려는 뜻이 있다면 참으로 미워할 만하며 참으로 벌을 내릴 만합니다. 그러나 이러한 몇 가지 사취가 없다면 그 말이 비록 중도를 지나치더라도 차라리 관직을 지키며 구차히 용납받거나 침묵하여 대각을 욕보이는 것보다는 낫지 않겠습니까. 조정에서 내버려두고 굳이 등용하지 않으면 그래도 괜찮습니다. 어찌 뒤이어 벌을 내려 쫓아내고 금고하여 강직한 선비의 기상을 손상시킬 수 있겠습니까.

박태보의 경우는 성상께서 유난히 미워하여 4, 5년 이래로 오랫동안 낙점을 받지 못하여 그의 자취가 성상 가까이에서 언론을 맡는 반열에 다시 들어가지 못했습니다. 위대한 성인의 호오가 어찌 이렇게 심한 것입니까. 그의 재주와 학문은 특히 뛰어난데, 현명하신 성상께서는 장차 영원히 버리고 등용하지 않으려는 것입니까.

아니면 장차 그가 재주를 지닌 채 늙게 만들고 예리한 기세를 꺾으려는 것입니까. 선비의 기풍이 무너지고 연약하여 매번 이익과 손해를 돌아보며 두려워합니다. 항상 높이고 칭찬하더라도 말하기 어려울까 걱정인데, 하물며 이처럼 묵살하고 저지한다면 등을 꼿꼿이 펴고 목이 뻣뻣한 사람[49]이 또 누가 있어 전하를 위하여 말을 다하겠습니까.

또 관원의 잘못을 서로 규찰하는 것은 본디 일상적인 일입니다. 신이 원로에게 들으니, 옛적에는 평상시에 비록 가까운 벗 사이라도 사안에 따라 규찰하고 바로잡으면서 조금도 돌아보지 않았으나, 친밀한 우정은 조금도 상하지 않았다고 하니, 기상이 관대하고 화평하여 아름다운 일로 이야기합니다. 지금 시대에는 그렇지 않아 사소한 논의에 참여해도 곧장 유감과 원한을 품고 반드시 그의 속마음을 추측하며 의심합니다. 이 때문에 친밀한 사이에서는 오직 아부를 일삼고, 명망과 지위가 높은 사람에게는 탄핵이 미치는 경우가 드무니, 이는 참으로 오늘날 세도의 지극한 폐단이며 국가의 복이 전혀 아닙니다.

송(宋)나라 가우(嘉祐) 연간에 소철(蘇轍)이 제책(制策)에 답변하면서 대궐의 놀이와 연회가 지나치게 사치한 잘못을 말하였는데,

49 등을……사람 : 강직한 사람을 말한다. 주자가 "더구나 세상이 쇠하고 도가 미약한 때를 만났으니 더욱 등을 꼿꼿이 하여 굽히거나 흔들리지 말아야 한다.〔況當世衰道微之時, 尤用硬着脊梁, 無所屈撓, 方得.〕"라고 하였다. 《朱子語類 卷52》 후한(後漢)의 동선(董宣)이 낙양 영(洛陽令)으로 있을 때, 공주의 종이 살인을 저질러 처형하였다. 광무제(光武帝)가 공주에게 사죄하라고 하였으나 끝내 고개를 숙이지 않자, 목이 뻣뻣한 낙양 영이라는 뜻으로 강항령(强項令)이라고 불렀다. 《後漢書 卷77 酷吏傳 董宣》

그의 말은 사실이 아닌 것이 많았습니다. 고관(考官)들은 황상에게 이런 일이 없는데 소철이 감히 망언을 하였다며 내치려 하였으나, 인종(仁宗)이 말하기를, '내가 제과(制科)를 설행한 것은 본디 과감히 말하는 선비를 기다렸기 때문이다. 소철은 낮은 관원인데 이처럼 과감히 말하였다.' 하고, 마침내 특별히 과거에 합격시켰습니다. 당(唐)나라 시어사(侍御史) 양부(楊孚)는 탄핵을 꺼리지 않아 권세가에게 비방을 받았는데, 예종(睿宗)이 말하기를, '매와 사냥개가 토끼를 잡으면 빨리 도와야 한다. 그렇지 않으면 반드시 거꾸로 물린다. 어사가 간사한 자를 규찰하는 것도 그러하니, 만약 군주가 보호하지 않으면 역시 간사한 자에게 물릴 것이다.' 하였습니다. 소철은 언관이 아니었으며 그가 사실을 놓친 것도 임금과 관계된 일이었는데 인종은 오히려 강직하다고 칭찬하였습니다. 예종은 범상한 군주인데도 강직한 신하를 보호할 줄 알았습니다.

지금 조정에는 비록 몹시 간사하고 일 말하기를 좋아하는 자는 없으나, 여러 사람이 성내고 시기하여 그 처지가 외롭고 위태합니다. 만약 위에 있는 사람이 보호하고 지켜주지 않으면 제 몸을 보존하기 어려우니, 이것이 오늘날 현명하신 성상께서 취하여 본받을 점이 아니겠습니까.

삼가 바라건대, 전하께서는 도량을 넓히고 언로를 활짝 열어 너그러이 살피고 받아들이며 오히려 말을 다하지 못할까 걱정하소서. 비록 지나치게 과격하여 중도를 잃더라도 그의 마음을 헤아리고 그의 강직함을 취하여 신하들의 말이 전부 전달되고 강직한 기운이 보호를 받고 길러지게 하소서.

일곱째는 임명을 신중히 하여 관직을 중시하는 것입니다. 신이 삼가 보건대, 근래 선발에 순서가 없고 임명이 깨끗하지 않으니, 수십 년 전의 법제와 비교해보아도 몹시 어긋납니다. 만약 서울 출신으로 과거에 급제하면 오래지 않아 반드시 시종신에 선발되고, 시종신의 자리에 오르면 당상관의 반열은 반 걸음이면 도달할 수 있으며, 통정대부의 품계에 오르면 승지와 관찰사도 모두 즉시 역임할 수 있습니다. 대각의 선발로 말하자면 통청하고 금고하며 의망하는 것 또한 사람들의 기대를 갑자기 벗어나 나오는 경우가 많으니, 신중히 선발하는 뜻이 사라지고 차례로 시험하는 길이 끊어졌습니다. 벼슬길이 어찌 혼탁해지지 않을 수 있겠으며, 관직이 어찌 가벼워지지 않을 수 있겠습니까. 이와 같으니 한미하고 미천하여 끌어줄 사람이 없어 침체된 채 출세하지 못하는 자가 또 얼마나 되는지 모릅니다.

조종조(祖宗朝)의 옛 제도에 따르면 특별히 재주 있는 사람으로 특별히 발탁하는 대상이 아니면 조용하여 선발하고 승진시켜 등용하여 모두 차례가 있었습니다. 반드시 경력을 쌓고 오랜 세월이 지나 그 명망이 충분하고 재주가 익숙해진 뒤에야 비로소 관직에 임명하였습니다. 그러므로 선비들이 다른 논의가 없고 관직을 외람되게 주는 경우가 없었습니다. 사람들은 하나의 자급을 어렵게 여기고, 세상은 한 번 선발되는 것을 영광으로 여겼으니, 요행을 바라며 분경(奔競)하는 기풍도 이로 말미암아 사라졌습니다. 어찌 오늘날 본받아야 할 것이 아니겠습니까.

간략히 오늘날의 일로 말씀드리겠습니다. 도승지는 승정원의 장관이니 그 임무가 몹시 긴요하며 그 선발이 몹시 중요합니다. 그런데 자급이 비록 찼더라도 명망이 흡족하지 않은 사람을 갑자기 의망하여 충원합니다. 대사간은 더욱 특별한 선발이라 일컬어지니 반드시 언론이 준엄하고 올바른 사람을 골라 의망해야 합니다. 그런데 먼저 노쇠한 사람을 뽑으니 여론이 만족하지 않습니다. 이는 제수하는 경우와는 다르니 굳이 따질 필요는 없으나, 의견이 마침 이와 같으니 감히 숨기지 않겠습니다.

삼가 바라건대, 전하께서는 사람을 알아보는 현명함을 넓혀 등용하고 버리는 조처가 모두 여론을 감복시키도록 하소서. 또 전조(銓曹)에 분명히 신칙하여 선발하고 등용하는 데 제한을 두어 갑작스럽게 하지 않도록 하여 관직이 중시되고 모든 직무가 거행되도록 하소서.

또 근래 여러 갈래 조용하는 길이 몹시 넓은데 세월이 갈수록 더하며 한계가 없습니다. 서울과 지방의 각 군문에서 오래 근무한 이들 및 의술(醫術), 복서(卜筮), 방기(方技), 잡술(雜術)을 익힌 부류가 모두 6품으로 승진하여 모두 벼슬길에 오릅니다. 이러한 사람들은 고을에 수령으로 나가지 못하면 또 달리 옮길 길이 없으니, 이쪽에서 임기를 채우면 저쪽과 서로 바꾸어 각 관사를 가득 채운 지 여러 해가 되었습니다. 서리들은 두려워하거나 꺼리지 않고, 직무가 제대로 수행되지 않는 경우가 많습니다. 선비를 선발하여 함께 다스려도 효과가 없을까 걱정인데, 임명이 이처럼 난잡하니 어찌 맑고 밝아지기를 바랄 수 있겠습니까. 해당 조(曹)로 하여금 여러 갈래를 통해 6품으로 승진한 부류를 일체 조사하여 바로잡고, 조종조의 옛제도가 아니면서 더욱 몹시 외람된 자는 모두 혁파하여 벼슬길을 깨끗이 하소서.

여덟째는 탐관오리를 다스려 백성의 곤란을 풀어주는 것입니다. 예전에 보니, 옛날에는 비록 법망이 허술했던 시대라도 장률(贓律)[50]

은 엄격하지 않은 적이 없어 결코 용서하지 않았습니다. 우리나라의 근래 장률은 더욱 몹시 해이해졌습니다. 또 나라의 기강이 무너졌으므로 탐욕을 부리는 풍조가 유행하여 태연히 여기며 두려워하지 않습니다. 십여 년 전 당인(黨人)이 권력을 잡았을 때는 이러한 풍조가 더욱 심하여 불법을 자행하고 휩쓸리듯 함께 나아갔습니다. 그런데 어찌하여 새로 교화가 시행된 이래로 이 버릇이 없어지지 않는 것입니까.

안으로는 경재(卿宰)의 반열에서 뇌물을 공공연히 주고받고 선물이 낭자하며, 밖으로는 감사와 수령이 오로지 자신의 이익을 도모하여 물건을 실은 수레가 이어지니 민간에서 전하는 이야기가 이루 말할 수 없이 시끄러웠습니다. 곤수(閫帥) 및 각 아문(衙門)의 둔장(屯將)들은 더욱 몹시 방종하여 일상적인 일로 여기며, 군사와 백성에게 갈취하여 전부 자기 주머니를 채워 크게는 집안을 일으키고 작게는 재산을 불립니다. 또 그 나머지를 후하게 실어다 날마다 권세가의 집으로 보내 진출을 도모하는 계책으로 삼습니다. 이는 모두 백성의 고혈에서 나온 것이니, 신음하는 백성이 더욱 어떻게 곤란해지지 않을 수 있겠습니까.

빙벽(氷檗)과 같은 청렴[51]은 참으로 보기 어려운데, 보통 사람 이하는 거의 다 두려워하여 감히 하지 못합니다. 지금 국가가 아 대부(阿大夫)를 삶아죽인 솥[52]을 설치하지 않아 두려워할 만한 엄격한

50 장률(贓律) : 장오죄(贓汚罪)를 저지른 자를 다스리는 법이다.

51 빙벽(氷檗)과 같은 청렴 : 차가운 얼음물을 마시고 쓴 황태나무를 씹는 것처럼 곤궁을 견디며 청렴을 지키는 것을 말한다.

법이 없고, 간혹 적발된 자도 끝내는 반드시 가벼운 유배에 그칠 뿐입니다. 또 비록 여론이 모두 아는 자로 깨끗한 길로 관직에 오르고 드러나게 발탁된 자라도 모두 여기에 연좌되어 누가 되지 않은 자가 없으니, 탐관오리가 어떻게 징계되고 두려워하겠습니까.

사대부가 조정에 서는 큰 틀은 반드시 청렴결백을 근본으로 삼아야 합니다. 만약 여기에 기반을 두지 않고 재물에 물든다면 그 나머지는 원래 논할 것도 없으며 믿을 것도 없습니다. 선비의 절조를 손상하고 백성을 해치기가 이보다 심한 것이 없으니, 나라를 소유한 군주가 포상하고 주벌하며 권면하고 징계하는 방도를 다하지 않을 수 있겠습니까.

삼가 바라건대, 전하께서는 장률을 거듭 엄하게 하고 현저한 자를 찾아내어 일체 법을 적용하여 시행하고 혹시라도 너그러이 용서하지 마소서. 또 속히 이전의 전지(傳旨)를 준수하라고 명하여 청백리를 선발하고 후하게 포상하여 격려하고 권장하는 방도를 다하소서. 또 송 이종(宋理帝)이 직접 〈훈렴명(訓廉銘)〉을 지어 중외를 경계한 고사에 따라 이 뜻을 밝히고 백관을 효유하여 경계하고 두려워하게 하며 백성이 소생하게 하소서.

아홉째는 안일을 경계하여 공적을 일으키는 것입니다. 우리나라 선비의 풍조는 본디 겉치레가 심합니다. 한가로운 이야기와 고상한 논의를 숭상하여 삼가고 충실하게 일을 하는 자는 촌스럽고 비루하

52 아 대부(阿大夫)를 삶아죽인 솥 : 탐관오리를 극형에 처한다는 말이다. 전국 시대 제 위왕(齊威王)이 아 대부가 잘 다스린다는 소문을 듣고 알아보니 왕의 측근에게 뇌물을 주어 거짓 소문을 퍼뜨린 결과였기에 그를 삶아죽였다. 《史記 卷46 田敬仲完世家》

다고 지목하기도 하니, 그 폐단이 참으로 이미 오래되었습니다. 지금 시세가 비록 이와 같으나 수십 년 동안 나라 안에 일이 없어 안일하고 나태한 생각이 사대부의 창자에 스며들어 미혹하였습니다. 점차 유행하여 온 세상이 동화되었는데, 근래에 이르러 그 폐단이 더욱 심해졌습니다. 《시경》에 이르기를, '밤낮으로 게을리 않고 한 사람을 섬긴다.'[53] 하였습니다. 아, 지금 세상에 과연 또 이와 같은 신하의 절개가 있습니까.

조정에서 높은 관원은 범범하게 굴고 낮은 관원은 유유자적하여 묘시(卯時)에 출근하여 유시(酉時)에 퇴근하는 제도조차 준행하지 못합니다. 용감히 나서서 담당하며 나랏일을 집안 일처럼 여기는 자는 하나도 없고, 시대의 업무와 나라의 계책을 매번 한쪽에 제쳐놓습니다. 관청에 나아가 일을 보면 잠시 모여 문서를 조금 처리하고, 여유롭게 물러나서는 처자를 마주하고 마음놓고 편안히 여기며 나랏일은 더 이상 생각하지 않습니다. 또 다투어 놀이와 잔치를 숭상하여 사치가 풍조를 이루었으며, 분분히 토목공사를 일으켜 저택이 크고 화려합니다. 편안하고 즐겁기가 태평성대와 똑같고, 걱정하며 염려하며 경계하고 두려워하는 뜻이 전혀 없습니다. 이 때문에 규례에 따라 시행해야 하는 일도 방치하고 즉시 거행하지 않는 일이 많습니다. 예컨대 비변사의 회계(回啓)가 때로는 한 해가 지나도록 지체하는 한 가지 일에서 알 수 있습니다. 이는 비록 신하들의 죄이지만, 신은 현명하신 성상께서 정신을 가다듬는 것이 여전히 부족하여 위

53 밤낮으로……섬긴다 : 《시경》 〈대아(大雅) 증민(烝民)〉에 나오는 말로, '한 사람'은 임금을 말한다.

에서 경계하고 움직이지 않아 초래한 결과라고 생각합니다.

삼가 들으니, 근래 정사를 부지런히 보시는 것이 점차 처음과 같지 않아진다고 합니다. 승정원에서 아뢴 공사(公事)를 도로 내리는 것도 지난날과 비교해 보면 번번이 지체됩니다. 만약 위징(魏徵) 같은 사람이 조정에 있었다면 필시 이미 십점(十漸)을 걱정하였을 것입니다.[54] 삼가 바라건대, 전하께서는 몸소 먼저 근심하고 근면하며 감히 조금도 게을리하지 마소서. 여러 관원을 분명히 신칙하고 쇠퇴한 풍조를 진작하여 한 시대의 안일한 버릇을 통렬히 개혁하고 모든 사무가 모이게 하소서.

국가가 유독 대간에 대해서만은 하루도 그 자리를 비운 적이 없으니, 그 뜻이 어찌 아무 이유 없이 그러한 것이겠습니까. 이 직임을 맡은 자가 비록 매일 그 직책을 수행하기는 어렵더라도, 정세가 불안하거나 병으로 억지로 일어나기 어려운 경우가 아니면 반드시 게을리 않고 직임을 수행한 뒤에야 업무가 적체되는 폐단이 없을 것입니다. 근년 이래로 사헌부의 장관 자리에서 직무를 수행하는 자가 몹시 드물어 결원과 다름이 없으니 이미 한심합니다. 근래 양사(兩司)의 많은 관원이 일시에 정고(呈告)하여 대각이 거의 비었습니다. 비록 그 정세와 병세가 과연 어떠한지 모르겠으나 하루라도 그 자리를 비우지 않게 한 뜻은 어디에 있습니까. 밤낮으로 부지런히 일하는 의리가 전혀 없으니, 이 또한 근래의 폐단입니다.

54 만약……것입니다 : 당(唐)나라 위징이 태종(太宗)의 정사가 처음과 달리 갈수록 게을러지는 것을 보고, 상소하여 군주가 소홀히 하면 점점 커져서 큰 화가 되는 열 가지 조짐〔十漸〕을 거론하였다.《新唐書 卷97 魏徵列傳》

아, 오늘날 정사의 문제는 이 몇 가지에 그치지 않습니다. 다만 그 폐단의 근원을 따져보면 현명하신 성상의 본원(本原)에 학문의 노력이 미진하고 분발하는 뜻이 착실하지 않아 겉으로 드러나 증명되는 것이 저절로 이와 같은 것입니다. 천하 만사가 어느 것인들 군주의 마음에 근본을 두지 않겠습니까.

신이 듣기로 '장엄하고 공경하면 날로 강해진다.'[55]라고 하였고, 또 듣기로 '학문은 뜻을 세우는 것을 우선한다.'[56]라고 하였습니다. 그렇다면 학문은 비록 뜻을 세우는 근본이 되지만 그 노력과 효과는 서로 드러납니다.

삼가 바라건대, 전하께서는 학문에 하려는 생각에 더욱 힘써서 계속하여 밝히는 노력[57]을 다하소서. 그리고 날마다 유신(儒臣)을 만나 번거로운 겉치레를 일삼지 말고 조용히 강론하며 아랫사람에게 묻기를 부끄러워하지 마소서. 반드시 경전의 뜻을 충분히 통달하여 침잠하고 완미하는 효과를 얻으며, 서두르고 대충 섭렵하는 병통이 없게 하소서. 또 구용(九容),[58] 사물(四勿),[59] 직내방외(直內方

55 장엄하고……강해진다 : 《예기》 〈표기(表記)〉의 "장엄하고 공경하면 날로 강해지고, 안일하고 방자하면 날로 구차해진다.〔莊敬日彊, 安肆日偸.〕"라는 말을 인용한 것이다.

56 《심경부주(心經附註)》 권4의 "배우는 자는 뜻을 세우는 것을 우선하고 경을 지키는 것을 근본으로 삼아야 한다.〔學者當立志以爲先, 持敬以爲本.〕"라는 말을 인용한 것이다.

57 계속하여 밝히는 노력 : 원문은 '집희지공(緝熙之功)'으로, 《시경》 〈대아(大雅) 문왕(文王)〉의 "엄숙하신 문왕이여, 아, 경(敬)을 계속하여 밝히셨다.〔穆穆文王, 於緝熙敬止.〕"라는 말을 인용한 것이다.

58 구용(九容) : 군자의 아홉 가지 몸가짐으로, 걸음은 무겁고〔足容重〕, 손은 공손하

外)[60]의 실제를 반복하여 몸소 살피고 날마다 힘쓰소서. 번갈아 힘을 다하여 조금도 멈추지 말고 반드시 몸과 마음이 항상 청명(淸明)하고 허정(虛靜)한 경계에 있도록 하며 안일하고 나태한 데로 빠지지 않도록 하소서. 중대한 근본이 우뚝하고 의리를 항상 보전하면 천하의 사물에 대해 그 시비(是非)와 사정(邪正)이 있는 곳을 분명히 알 수 있습니다.

또 굳세게 스스로 분발하고 넓게 개발하여 마음으로 크게 경동하고 크게 진작하소서. 옛날의 융성한 다스림을 반드시 회복할 수 있다 여기고, 조종의 업적을 반드시 일으킬 수 있다고 여기시고, 힘써 스스로 담당하여 혹시라도 물러나지 마소서. 자잘한 오락은 물리치고 범상한 절차는 생략하여 진작하고 분발하여 정신을 환하게 하소서. 날마다 보필하는 대신과 함께 다스리는 법도를 강구하기를 한결같이 송나라 천장각(天章閣)의 고사[61]처럼 하여 수시로 인접하고 마음이 통하게 하소서. 한 가지 일을 하거나 한 가지 업무를 시행하면

며〔手容恭〕, 눈은 단정하고〔目容端〕, 입은 반듯하며〔口容止〕, 목소리는 조용하고〔聲容靜〕, 머리는 곧으며〔頭容直〕, 기상은 엄숙하고〔氣容肅〕, 서 있는 모습은 덕이 있으며〔立容德〕, 낯빛은 장엄해야 한다〔色容莊〕는 것이다. 《禮記 玉藻》

59 사물(四勿) : 《논어》 〈안연(顔淵)〉의 "예가 아니면 보지 말고, 예가 아니면 듣지 말며, 예가 아니면 말하지 말고, 예가 아니면 움직이지 말라.〔非禮勿視, 非禮勿聽, 非禮勿言, 非禮勿動.〕"라는 네 가지를 말한다.

60 직내방외(直內方外) : 《주역》 〈곤괘(坤卦) 문언(文言)〉의 "군자는 경(敬)으로 안을 바르게 하고 의(義)로 밖을 바르게 한다.〔君子, 敬以直內, 義以方外.〕"라는 말을 가리킨다.

61 송나라 천장각(天章閣)의 고사 : 천장각은 송 진종(宋眞宗)이 1020년 건립한 건물로, 학사들과 학문을 논하고 연회를 즐긴 곳이다.

반드시 실질적인 마음을 다하여 실질적인 효과를 도모하소서. 조금도 허위가 없게 하고 조금도 기죽지 말며, 번거롭고 사소한 절차에 구애받지 말고, 꾸미는 겉치레에 연연하지 않으면, 벼락이 치고 바람이 몰아치듯[62] 사방이 호응하여 움직여 모두 성상께서 큰일을 하려는 뜻이 있는 줄 알 것이니, 누군들 명령을 기다리고 분발할 생각을 하지 않겠습니까. 속에 쌓아서 채우면 밖에서 믿고 응하며, 위에서 표준을 세우면 아래에서 보고 본받을 것이니, 앞서 말씀드린 몇 가지 폐단은 모두 그 이치를 얻어 덕업이 높아지고 다스림의 공이 완성될 것입니다.

아, 하늘이 성인의 자질을 전하에게 주고, 조종이 어렵고 큰 업적을 전하에게 남겼습니다. 지금 하늘이 성내지만 그 돌보심은 여전히 깊으며, 민심은 흩어졌지만 기대는 여전히 간절합니다. 지금 때를 놓치고 도모하지 않은 채 머뭇거리며 잘못을 저지르면, 세월이 흘러 갈수록 일의 기미는 갈수록 멀어지고 뜻과 업적은 아득해져 후회해도 소용없을 것입니다. 아, 두려워하며 깊이 반성하고 힘써 도모하지 않을 수 있겠습니까.

신은 참으로 무지몽매하여 시사를 전혀 이해하지 못하지만 정성에서 나와 저도 모르게 누누이 이렇게 말하여 지엄하신 성상을 저촉하였으니 죄는 만 번 죽어 마땅합니다. 삼가 바라건대, 현명하신 성상께서는 사람이 보잘것없다고 말을 버리지 않으신다면 몹시 다행이겠습

62 벼락이……몰아치듯 : 한유(韓愈)의 〈조주자사사상표(潮洲刺史謝上表)〉에 당 헌종(唐憲宗)의 무공(武功)을 찬양하여 "벼락이 치고 바람이 몰아치듯 하고 해와 달이 맑게 비추는 듯하다.〔雷厲風飛, 日月淸照.〕"라고 한 말을 인용한 것이다.

니다."

하니, 답하기를,

"상소를 보고 잘 알았다. 누누이 경계하고 가르친 말이 절실하고 지극한 논의 아닌 것이 없다. 나라를 걱정하고 임금을 사랑하는 그대의 정성을 몹시 가상히 여긴다. 유념하지 않을 수 있겠는가. 상소에서 여러 갈래로 6품에 오른 부류는 더욱 외람되니 혁파하라는 내용은 해당 조로 하여금 내게 물어 처리하도록 하겠다. 그대는 사직하지 말고 직임을 살피라."

하였다.

일을 논한 소[63] 4월

論事疏 四月

집의(執義)로 있을 때이다.

"삼가 아뢰니다. 신은 사헌부에 근무하면서 어제 비변사의 신하들을 인견할 때 등대하는 말석에 들어가 참석하였습니다. 인견을 파하고 나올 적에 대신이 아뢰는 말을 듣고서 구구한 소회를 삼가 덧붙여 아뢰고자 하였으나 인대하는 시각이 지체되었을 뿐만 아니라 마음이 껄끄러워 감히 갑자기 큰 일에 참여하여 논의할 수 없어 끝내 묵묵히 물러나고 말았습니다. 그러나 미천한 신의 마음은 또렷하여 끝내 감히 침묵할 수 없으니, 이에 감히 짧은 상소로 외람되게 뒤늦게 아뢰니 신의 죄가 큽니다.

지금 연경으로 가는 사행에 대해 신은 삼가 나라의 체모로 논하고 신하의 분의로 헤아리며 또 사신 가는 일의 이해관계에 관련된 바로 말하자면, 모두 정승을 차임하여 보내야 한다고 생각합니다. 당초에 성상께서 특명으로 종반(宗班)을 차출하게 하신 것은 이미 마땅함을 잃었습니다. 게다가 지금 대신이 사명(使命)을 받고 가겠다고 자청

63 일을 논한 소 : 이 글은 1686년(숙종12) 4월 16일, 영의정 김수항(金壽恒)을 정사(正使)로 보내기를 청한 상소이다. 이해 3월 7일 동지사(冬至使) 겸 진주사(兼陳奏使) 낭원군(郎原君) 이간(李偘)이 연경에서 역관을 보내 청나라의 자문(咨文)을 전달하였는데, 조선 사람이 국경을 넘어 산삼을 캐고 관원을 해친 일로 국왕에게 벌은(罰恩) 2만 냥을 부과한다는 내용이었다. 저자는 정승을 사신으로 보내어 이 일을 해결하도록 청하였다.

하였는데 또 윤허하지 않으셨으니, 성상의 뜻이 어디에 있는지 모르겠습니다. 국가가 이처럼 전에 없는 치욕을 당하여 이번에 사은사가 가면 변론하는 일이 있을 것이니, 그 일의 체모는 상례에 따라 처리해서는 안 되고, 전대(專對)[64]하는 책임은 정승의 중임을 맡은 사람에게 맡겨야 합니다. 이전에 높은 품계의 종반이 대신하여 떠난 적이 한두 번이 아니었지만 지금은 안 됩니다. 이번에 정승을 보내야 하는 것은 나라의 체모가 그러하기 때문입니다.

정승의 자리에 앉아 나랏일을 담당하면서 불행히 사변을 만나 이웃나라의 꾸짖음이 갈수록 심해지고 군주의 치욕이 망극한데, 사신으로 가는 일을 하루아침에 다른 사람에게 맡긴 채 스스로 용감히 발을 내딛지 않고 회피하며 편안히 지낸다면, 이것이 과연 의리에 합당하겠습니까. 이번에 정승을 보내야 하는 것은 신하의 분의가 그러하기 때문입니다. 존귀하고 친근한 종반이 비록 저 나라 사람에게 평소 예우를 받기는 하지만, 그 체모의 무거움으로 말하자면 끝내 대신과 차이가 있습니다. 연경에 들어간 뒤 힘을 다해 변론을 올릴 적에 기미를 살펴 주선하는 일에 도움을 받는 정도가 또 필시 다를 것입니다. 설령 저 나라 사람이 힐책하는 말이 없더라도, 사신의 일로 논하면 깊이 우려하지 않을 수 없으니, 이것은 또 그 이해관계가 그러하기 때문입니다. 조정의 체모가 이미 이와 같고, 대신이 가기를 청한 것이 실로 사리에 합당한데, 전하께서는 무엇을 염려하여 이처럼 주저하십니까.

늙고 병든 근력으로 먼 길을 가기가 힘들고, 묘당의 업무를 오랫

64 전대(專對) : 사신의 임무를 담당하여 독자적으로 대응하는 것을 말한다.

동안 방치하지만, 이는 모두 걱정할 겨를이 없습니다. 바라건대 현명하신 성상께서 깊이 생각하여 결정하고 속히 이전의 전지를 고쳐 특별히 대신을 사신으로 충원하여 이번 사행을 중시하신다면 나랏일이 몹시 다행스럽겠습니다.

또 그날 대신이 스스로 가겠다고 청하고서 외간의 의론이 많다고 사직하였습니다. 이는 일의 체모에 있어서 기왕 스스로 가기로 담당하였다면, 외간의 의론을 기다려 나아가거나 물러나서는 안 됩니다. 만약 사신 가는 일이 그다지 중요하지 않고, 정승이 국경을 나가는 일이 묘당의 업무에 방해가 되면 어찌 외간의 논의에 의해 가볍게 움직일 필요가 있겠습니까. 대신이 이를 인용하여 요청한 것은 깊이 생각하지 못하여 실언한 결과를 면하지 못할 듯합니다.

아, 오늘날 높고 낮은 안팎의 관직에 임명되어 직무를 수행하는 자는 모두 전하의 신하입니다. 변방의 금령이 엄격하지 않아 갑자기 변고가 생겼으니, 이는 비록 한 사람의 죄도 아니고 하루아침에 생긴 일도 아니지만, 그 허물과 책임을 따지자면 모두 아랫사람에게 있습니다. 결국 모욕과 처벌이 전적으로 성상께 돌아갔으나 온 조정 사람들이 예전처럼 관직을 지키고 있으며, 또 사신 가는 일에 앞장서서 힘을 내어 왼쪽 발을 엿보다가 먼저 호응한 자가 있다는 말을 듣지 못했습니다. 신은 초야의 충성스럽고 의로운 선비가 필시 팔뚝을 휘두르며 이에 대해 불평할까 두렵습니다.

나라가 쇠약하여 오늘에 이르렀으니, 그 굴욕은 더 이상 심할 수 없습니다. 그러나 지금 저 나라의 문서에 참으로 신하로서 차마 들을 수 없는 말이 있으니, 일이 생긴 초기에는 중외의 사람들이 모두 분개하고 통탄하였습니다. 그러나 시일이 지나면서 귀로 자주 듣고 마음이 익숙해지자 심상한 일처럼 태연히 여기고 웃으며 헤아리면서 오직 무사히 끝내기를 바랍니다. 시국이 강직하지 않고 선비의 기운이 위축된 것이 이와 같으니, 어찌 진작하고 가다듬어 내수외양(內修外攘)의 대업을 이루기를 바랄 수 있겠습니까.

아, 공초(供招)를 바치는 것은 치욕이며 벌금은 수치입니다. 필부가 당하더라도 발끈하여 낯빛이 변할 것인데, 당당한 제후국이 평소 명분과 의리를 지키면서도 편안히 받아들이고 부끄러워하지 않습니다. 글을 받은 사신은 묵묵히 한 마디도 하지 않고, 묘당은 태연히 여기며 역시 낯빛을 바꾸지 않으니, 아, 애통합니다. 훗날 일의 기미가 더욱 변하여 비록 나라의 치욕이 이보다 심해지더라도 신은 기력을 내어 시비를 다투지 못하고 고개를 숙인 채 순순히 받아들이며 논란하지 않을까 걱정이니, 앞으로는 무슨 일인들 따르지 못하겠습니까.

신은 비록 식견과 사려가 없고 문약하기가 몹시 심하지만, 한밤에 생각할 때마다 번번이 저도 모르게 벌떡 일어나 개탄하며 눈물을 흘리려 합니다. 바라건대, 성상께서 이를 계기로 마음 속으로 크게 경계하여 분발하고 자강하는 계책을 더욱 넓히신다면 종묘사직의 큰 다행이며 신민의 큰 다행이겠습니다.

또 당일 병조 판서 이숙(李䎘)이 무신(武臣) 오도홍(吳道弘)을 오랫동안 낙점하지 않은 이유에 대해 누누이 아뢰고, 이어서 성상의 뜻이 무엇인지 물었습니다.[65] 이것이 만약 범범하게 군주의 덕에 대

65 병조……물었습니다 : 1686년(숙종12) 4월 12일, 이숙은 숙종에게 오도홍(吳道弘)이 쓸만한 인물인데 등용하지 않는 이유를 물었다. 《肅宗實錄 12年 4月 12日》

해 간언한 것이라면 본디 안 될 것이 없으나, 만약 사람과 일에 따라 성상의 뜻을 탐지하는 것이었다면 몹시 온당치 않은 일이 아니겠습니까.

이어서 대신이 근래 일을 말한 신하들을 서용하시지 않아 언로가 막힌다는 뜻을 아뢰었으니, 그의 말은 참으로 몹시 간절합니다. 신은 구구한 마음으로 이 점에 대해서 개탄한 적이 있습니다. 그러므로 역시 덧붙여 아뢰고자 하였으나 하지 못하였습니다. 현명하신 성상께서 만약 답변하는 말씀을 항상 유념하신다면 덕이 몹시 성대해질 것입니다. 대신이 아뢴 말이 몹시 자세하니, 여기서는 감히 다시 말하여 덧붙이지 않겠습니다. 역시 현명하신 성상께서 깊이 유념하여 다시 도모하시기를 바랍니다. 입에서 나오는대로 나열하여 말이 어지러우니, 지극히 황송하고 두려운 마음을 더욱 견디지 못하겠습니다."

하니, 답하기를,

"상소를 보고 잘 알았다. 상소의 내용이 지극히 정당하니, 즉시 해당 조(曹)로 하여금 이대로 시행하게 하겠다. 말단의 일은 내가 마땅히 유념하겠다."

하였다.

만정당집

제6권

소차
疏箚

옥당에서 성상의 유지에 응하여 시폐를 진달하는 차자

병인년(1686, 숙종12) 6월

玉堂應旨陳時弊箚 丙寅六月

"삼가 아룁니다. 신들이 삼가 보건대, 오늘날 밝으신 성상께서 위에 계시고 신하들은 직분에 충실하여 크고 작은 다스림의 방도를 모두 궁구하지 않음이 없습니다. 밤낮으로 이야기하고 헤아리는 것이 학문에 힘쓰고, 정사에 부지런하고, 하늘을 공경하고, 백성을 구휼하는 것이며, 인재를 구하고 언로를 넓히며, 병비(兵備)를 닦고 재용을 절약하며, 기강을 진작하고 풍속을 바로잡는 일입니다. 옛날의 이른바 근본을 닦고 밖을 다스리며 법을 세우고 기강을 확립하는 방도에 명목이 모두 구비되고 빠짐이 없으니, 다스림의 방술을 택함이 정밀하지 않다고 할 수 없으며 다스림을 구함이 부지런하지 않다고 할 수 없습니다. 그러나 시국이 날로 어려워져 위기가 닥쳐오는데다 진노한 하늘이 분명한 경고를 보여 비상한 재앙이 매달 일어나고 수재나 한재로 인한 기근이 잇달아 재앙이 되어 한 해도 편안할 때가 없습니다. 수천 리 백성이 지금 물불 속에 빠진 것처럼 고통스러우니 나라의 근본이 병들고 국력이 다하였습니다.

또 만물을 길러주는 계절에 참혹한 가뭄이 들어 먹여주기를 바라는 백성이 모두 시신으로 뒹굴게 될 판이니 지금 이후로는 비록 지혜로운 자가 있더라도 대책을 세울 수 없을 것입니다. 아! 전하처럼 밝고 성스러운 분이 십년의 근심과 노고만 있고 하루도 아름다운 운세를 누리지 못했는데, 어찌하여 하늘은 우리나라를 돌보지 않아 위태로운 징조를 이렇게까지 거듭 보인단 말입니까. 신들이 지금의 현상을 목도함에 근심과 두려움으로 마음이 타들어갑니다.

삼가 일전의 비망기를 받드니, 열 줄의 작은 글씨[1]에 드러난 말씀이 간곡하여 본인을 자책하고 도움을 구하는 정성이 중외의 사람들을 감동시켰으니, 신들이 받들어 읽고는 눈물 콧물이 함께 흘러내렸습니다. 오늘날 위로는 성상의 잘잘못부터 아래로 군국(軍國)의 시폐(時弊)에 이르기까지 전후로 말한 자들이 매우 상세하게 아뢰었고, 신들 또한 외람되게 진술하여 누차 아뢰기를 그치지 않았으니, 지금 아름답게 꾸미는 말로 규례에 따라 숫자만 채우는 말을 할 겨를이 없이 단지 병통이 생긴 근본 요점만 논하더라도 모든 폐단이 일어나는 이유를 알 수 있고 하늘이 기뻐하지 않아 재앙이 내리는 이유를 알 수 있을 것입니다.

신들이 삼가 생각건대, 오늘날의 일은 그 수많은 병폐를 이루다 헤아릴 수 없을 정도인데, 그 원인은 일체 윗사람이나 아랫사람이나 범범하게 거짓으로 꾸민 데서 기인합니다. 답습하는 폐해와 겉치레의 폐단은 쇠약함을 쌓고 혼란을 초래하는데 이보다 더 큰 것이 없습니다. 이를 구제하는 방도는 오직 분발하고 성실하게 하여 실제 마음으로 실제 일을 행하는 것뿐입니다. 선정신(先正臣) 이이(李珥)가 '일을 담당하여 실제 일을 힘쓰지 않는다면 비록 성군과 현신이 만난다 하더라도 다스림의 효과가 이루어지지 않을 것이다.'라고 하였으

1 열……글씨 : 임금의 전교(傳敎)를 가리키는 표현으로, 《후한서(後漢書)》 권76 〈순리열전 서(循吏列傳序)〉에 "광무제(光武帝)가 친필로 방국(方國)에 내린 것은 모두 한 장에 열 줄씩 작은 글자로 글을 썼다."라고 한 데서 나온 말이다.

니,[2] 이 말이 참으로 진실합니다. 천하에 어찌 빈말로 형식만 따르면서 그 실제 효과를 구할 수 있겠습니까.

아! 전하께서는 세상에 뛰어난 군주의 행실을 지니시어 모든 행동이 법도를 따라 말소리와 용모가 엄숙하시고, 연회를 즐기고 미색을 찾거나 화려한 대사(臺榭)를 짓고 사냥을 즐기는 등 법도를 무너뜨리고 덕을 훼손시킨 옛날의 군주와 같은 점이 하나도 없습니다. 정사를 맡은 여러 신하들은 모두 당대의 가장 뛰어난 인물로 빛나게 포진해 있습니다. 이로 인하여 태평의 업을 힘써 도모할 기회가 바로 지금인데, 밝으신 성상께서는 혁연히 분발하여 기틀을 넓히고 구습을 말끔히 제거하여 무너지는 운수를 크게 진작시키고 쌓인 폐단을 쓸어버리려 생각한 적이 없으며, 여러 신하들은 또 짐을 지고 힘써 앞으로 나아가 자신의 집안일처럼 나라를 걱정하는 자가 없습니다. 상하가 서로 답습하며 세월을 끌면서 조금 편안할 녹전의 계책을 구차하게 도모하며 마치 태평성대에 사는 것처럼 한가로이 즐기니, 변란의 징조를 만나더라도 대체로 생각이 소홀하고 기상이 낮은 탓에 경계하고 두려워하며 각고로 노력하여 일에 달려가는 뜻을 볼 수 없고, 자잘하게 계획하는 것이 항상 법조문에 얽매이고 위약한 지경에 떨어지는 데서 벗어나지 못합니다. 비록 옛 도에 부합하더라도 세속의 구덩이에서 벗어나는 것을 조금이라도 보면 전혀 착수하여 일하지 못하고, 비록 지금의 상황을 병폐로 여기더라도 답습한 전례를 벗어나기만 하면 끝내 뜻을 고치지 못합니다. 이로 말미암아

2 선정신(先正臣)……하였으니 : 이이(李珥)가 1574년(선조7) 1월 1일에 우부승지로서 올린 만언소(萬言疏)에 나오는 말이다.

분위기가 바뀌어 점차 물들고 동화되어 모든 관리는 직무에 태만하고 모든 직무가 폐기되어 높은 관원은 편안하고 진중하다고 스스로 높이고 낮은 관원은 소홀하고 태만한 것을 능사로 여겨 순수하고 질박한 풍습이 날로 사라지고 부박하고 사치한 습속이 날이 자라고 있습니다. 크고 작은 정무에 착실하게 계획하는 사람이 한 명도 없고 철저하게 처리하는 일이 하나도 없는데다, 부박한 논의가 분잡하게 일어나 대번에 실제의 일을 무너뜨리고, 사치한 거조가 분분히 일어나 모두 중요한 직무를 해치니, 어느 것 하나도 문식이 보태지고 문채가 과장되지 않은 것이 없습니다. 이 때문에 규모가 파괴되어 일정한 방향이 없고 기력이 나약하여 엄중한 체모를 잃은 탓에 이루 말할 수 없이 명령이 얽히고 뒤섞이며 법도가 번거롭고 자질구레하니, 백성이 소홀하게 여기고 받들어 따르는데 혼란스러워 합니다. 만약 한결같이 이렇게 하고 고치지 않는다면 비록 형통하고 창대한 기회를 만나더라도 필시 붕괴되고 말 것이니, 임시방편으로 이리저리 때우며 시일을 보내는 것조차 할 수 없을 것입니다. 더구나 우리나라는 지금 어려움이 극도에 이른 운수를 만난 탓에 높은 것이 극에 달하여 무너져 일이 지극히 어려운데, 지금 속수무책으로 나태하게 지내며 멸망이 이르는 것을 보고만 있으니, 신들은 삼가 마음속으로 애통해합니다. 청컨대 몇 가지 일을 거론하여 실상을 힘쓰지 않는 허위의 폐해를 밝히고자 합니다.

전하께서는 학문에 힘쓰지 않은 적이 없지만 학문에 힘쓰는 실상을 보지 못했고, 정사에 부지런하지 않은 적이 없지만 정사에 부지런한 실상을 보지 못했고, 하늘을 공경하지 않음이 없지만 하늘을 공경한 실상이 없고, 백성을 구휼하지 않음이 없지만 백성을 구휼한 실상이 없습니다. 인재를 널리 맞이하여 충당(忠讜)을 받아들이고, 겉치레를 신칙하여 쓸데없는 비용을 아끼고, 조정의 기강을 엄숙하게 하여 백성의 풍속을 두텁게 하는데 있어서도 모든 시행을 펼치고 강구하여 날마다 그러한 일이 있고 날마다 그 효과를 거두는 듯하지만 끝내 한 가지 일도 그 실상이 없으니, 이는 어째서입니까?

전하께서 비록 자주 경연에 납시지만 토론하는 것은 그저 문장의 뜻을 뿐, 그 정미하고 온축된 지극한 이치의 소재에 대해서는 반복하여 지극히 논하고 깊이 연구하여 체득한 적이 없습니다. 학문을 할 때 독서를 우선적으로 해야 하지만 그 근본이 여기에만 달려있지 않는데도 이처럼 소략함을 면치 못하니, 경(敬)을 주장하고 성(誠)을 보존하며 성찰하여 사욕(私欲)을 다스리는 공부가 마음에서 과연 털끝만큼도 새지 않고 함께 유지되어 위로 천덕(天德)에 도달할 수 있겠습니까. 이 때문에 안으로 성기(聲氣)와 지려(志慮) 속에 은미하게 담겨 있는 것과 밖으로 정령(政令)과 사위(事爲)에 현저하게 드러난 것을 보면, 이른바 천리(天理)라는 것이 오히려 극진히 순수하지 못하고, 이른바 인욕(人欲)이라는 것이 완전히 제거되지 못했습니다. 하루 동안 엄숙하고 경건한 때가 항상 적고 태만하고 방종한 때가 항상 많아 청명한 기운을 보존하지 못하고 혼폐한 기운이 쉽게 편승합니다. 이와같다면 금화전(金華殿)[3]의 강독은 단지 문장을 좋아한다는 미관 때문이니, 몸과 마음을 다스리는 도에 무슨 보탬이 되겠습니까. 전하의 학문은 끝내 형식에 따라 횟수만 채우는 결과를

3 금화전(金華殿) : 한나라 때 미앙궁(未央宮) 안에 있던 궁전으로, 성제(成帝)가 이곳에서 《상서》와 《논어》 등을 강론하였다.

면치 못했습니다.

전하께서는 국사를 환히 익히고 서무를 밝게 살피시며, 판단에 민첩하고 신하들의 말을 지체하지 않으시며 일에 임하여 지휘함이 매번 여쭙기 전에 있으니 정무에 부지런함이 지극합니다. 신들이 삼가 생가하기에 이는 단지 자질한 상도(常度) 속에 피곤하게 골몰하는 것일 뿐이요, 실로 다스림의 근본에 통달하고 대체를 잡은 적이 없습니다. 이 때문에 긴요하고 절실한 급선무를 혹 버려두고 살피지 않으니 이것이 새벽에 크게 덕을 밝히고[4] 해가 중천에 뜨고 다시 서쪽으로 기울도록 한가로이 밥 먹을 겨를도 없는[5] 성대함을 끝내 옛 성왕처럼 할 수 없는 이유입니다. 이 때문에 승지가 어전에 들어가 아뢰지 못하여 근신이 소원해지고 환관이 친근해진 것입니다. 신하를 인접할 때 겉치레를 크게 꾸미고 예수(禮數)에 몹시 구애되어 정성을 펴서 자문하고 마음을 열어 펼치지 못하기에 한 자리에서 주고받는 말이 흡족하지 못합니다. 이 또한 형식적인 예문을 지나치게 숭상해서 그런 것인데, 그 폐단은 상하의 마음과 뜻이 통하지 않는데 이르게 될 것입니다.

군신은 부자와 같습니다. 비록 엄숙하고 공경함을 주로 삼지만 반드시 빈번하게 접견하여 정성스런 마음이 신뢰가 쌓인 뒤에야 임금은 주도면밀하게 자문하고 모의하며 신하는 마음에 품은 뜻을 다

4 새벽에……밝히고 : 《서경》 〈태갑 상(太甲上)〉에 "탕왕(湯王)은 날이 밝지도 않은 새벽녘에 크게 덕을 밝히며 앉아서 아침이 되기를 기다렸다."라고 하였다.

5 해가……없는 : 《서경》 〈무일(無逸)〉에 "문왕(文王)은 아침부터 해가 중천에 떠오르도록 밥 먹을 여가가 없었고 만백성을 모두 화합하게 하였다."라고 하였다.

아뢸 것이니, 신하의 재주 여부도 세밀하게 살펴 가려진 바가 없을 것입니다. 어찌 이 때문에 신하에 대한 예우가 무례하고 임금의 권위가 떨어질 리 있겠습니까.

옛날 송(宋)나라 인종(仁宗)은 특별히 천장각(天章閣)을 열어 자주 양부(兩府)를 인접하여 각각 필찰을 내려 면전에서 시무를 진달하게 하였습니다.[6] 명(明)나라 효종(孝宗)도 평대(平臺)와 따뜻한 누각에서 자주 보좌하는 신하를 불러 치도(治道)를 자문하였으니 이는 모두 임금과 신하 사이가 친밀하고 정신이 통하여 원대한 계획이 모두 올라간 것이니, 정사를 부지런히 하는데 그 요체를 얻은 것입니다. 이 때문에 경력(慶曆)의 정치[7]가 융성해지고 홍치(弘治)[8] 십수 년이 또한 황조 태평의 운세가 되었던 것이니, 어찌 오늘날에 본받아야 할 바가 아니겠습니까.

전하께서도 일찍이 재변을 만나 경계하고 두려워할 바를 일었습니다. 그러나 몸을 닦고 반성하는 방도가 그저 예전 방식대로 음식 가짓수를 줄이고 음악을 중지하고서 자신을 탓하는 전교나 한번 내릴 뿐이었으니, 그렇다면 성상의 마음에는 '나의 공경이 이미 지극하여 재변을 그치게 할 수 있다.'고 여긴 것입니다. 이러한 거조는 단지 보고 듣기에만 아름다웠을 뿐, 하나의 정사도 대단하게 살피고 고치

6 송(宋)나라……하였습니다 : 78쪽 주61 참조.

7 경력(慶曆)의 정치 : 경력은 송나라 인종의 연호이다. 경력 연간(1041~1048)은 송나라의 국운이 극도로 융성한 기간으로, 문물이 발달하고 많은 인재가 배출되었다. 《續資治通鑑長編 卷140》

8 홍치(弘治) : 명나라 효종의 연호로 1488년부터 1505년까지이다.

는 실상이 없었습니다. 만약 재변이 생긴 것이 우연히 일어난 것이라 여기면 그만이지만, 이미 인사에 잘못이 있어 하늘이 견책하였으니, 이것이 어찌 구구하게 일상적인 형식과 말단의 꾸밈으로 감동시킬 바이겠습니까.

삼가 생각건대, 밝으신 성상께서 과연 한결같은 마음으로 상제(上帝)를 대하고 자신에게 돌이켜 경계하고 살펴 잘못된 정사를 크게 닦아 시행하는 일마다 하늘의 뜻에 부합한다면 음식 가짓수를 줄이고 음악을 중지하는 등의 폄손(貶損)의 절차를 굳이 시행하지 않아도 괜찮습니다.

또 생각건대, 재변을 만났을 때 죄인을 참작하여 풀어주는 것이 비록 왕정의 한 부분이지만, 해마다 시행되어 심상한 일이 되었으니, 죄가 있는데도 요행히 모면한 자가 많습니다. 죄를 처벌하고 악을 미워하는 것이 본시 하늘의 뜻인데, 어찌 반드시 죄가 있는 자를 뒤섞어 풀어준 뒤에 하늘이 감동하여 마음을 돌리겠습니까. 이 또한 형식적인데 가깝고 실상으로 응하시 않는 것입니다.

또 소결(疏決)[9]의 심리 규정이 사사(肆赦)[10]의 법과 다름이 있는데도 근래의 거행이 거의 사면과 차이가 없으니, 매우 옛 규례가 아닙니다. 사면이란 한쪽으로 치우친 것이니, 소인에겐 다행스런 일이고 군자에겐 불행한 일입니다. 이는 더욱 염려하지 않을 수 없습

9 소결(疏決) : 나라에 천재지변 등이 있을 때 전국의 죄수를 다시 심리하여 너그럽게 처결하는 것을 말한다.

10 사사(肆赦) : 지은 죄를 용서하여 형벌을 면제하는 것을 말한다. 《서경》 〈순전(舜典)〉에 "실수나 불운으로 지은 죄는 용서하여 풀어준다.〔眚災肆赦〕"라고 하였다.

니다.

오늘날 백성의 곤궁함과 고달픔을 전하께서는 이미 다 알고 계십니다. 측은하게 여기고 걱정하시는 말씀이 매번 연석에서 일어나고, 백성의 고통을 없애고 구휼하라는 명령이 항상 묘당에서 논의되지만, 그 결과를 따져보면 실질적인 혜택이 전무합니다. 몇 줄의 전교(傳敎)가 밀려 내려오지만 주현(州縣)에서 혹 알지 못하고, 주현에서 알더라도 촌려(村閭)에서 혹 알지 못합니다. 심지어 취렴(聚斂)한 자를 드러내어 표창하고 탐오(貪汙)한 무리를 다스리지 않아 침탈의 문을 열어두고 고통에 타들어가는 백성의 원망을 그대로 두면서 사책(史冊)에 기록하고 사방에 퍼트리니, 그렇다면 백성의 목숨을 구휼하고 백성의 고통을 없앤다는 명분은 참으로 아름답지만, 우리 백성에게 어찌 일부분의 혜택이라도 주어 그 죽어가는 목숨을 구제할 수 있겠습니까. 전하께서 실로 다친 사람 돌보듯이 백싱을 살피는 마음[11]이 있고, 묘당에서 실로 갓난아이 보살피듯 백성을 보호하는 정사[12]가 있다면 백성을 고통에서 구제하는데 어찌 다른 것을 생각하겠습니까. 그런데 밝으신 성상께서는 더러 사사로운 인색함에 견제당하고, 일을 맡은 담당자는 매번 작은 비용을 아껴 그 독책하고 가혹하게 징수하는 것이 해가 됨을 분명히 알면서도 구휼하지 못하는 경우가 많습니다. 이러고도 백성을 구휼하는데 실상이 있다

11 다친……마음 : 《맹자》 〈이루 하(離婁下)〉에 "문왕은 백성을 보기를 다친 사람 돌보듯이 하였다.〔文王視民如傷〕"라고 하였다.

12 갓난아이……정사 : 《서경》 〈강고(康誥)〉에 "갓난아이 보살피듯 백성을 보호하면 백성이 편안히 다스려질 것이다.〔若保赤子, 惟民其康乂.〕"라고 하였다.

고 할 수 있겠습니까.

이밖에 몇 가지 일도 그렇지 않음이 없습니다. 비록 신하들을 융숭하게 예우하고 유지(諭旨)를 내려 자주 부르지만, 허례(虛禮)에만 얽매여 신하들의 말을 받아들인 실상이 없으니, 오늘날 현인을 우대하는 것은 단지 나라의 광채로 삼아 당세를 꾸미는 것일 뿐입니다. 높은 벼슬자리는 오로지 그 명망에서만 취하고, 중요한 자리의 임용은 반드시 그 문채(文采)를 우선시하니, 조정에 있는 인재들을 또 그 실정에 극진히 맞게 선발하여 쓸 수 없습니다.

별천(別薦)은 참으로 아름다운 명칭인데, 모두 서울에서 채용하여 음사(蔭仕)의 계제(階梯)로만 이용되고, 먼 시골 사람은 겨우 열에 한둘만 임용됩니다. 또 벼슬에 진출하는 길이 자잘한 격식에 구속을 받으니, 깊이 은둔한 특출한 선비가 있다 한들 어찌 머리를 굽혀 이런 속박을 받으며 나오기를 구하겠습니까. 처음에는 대대적으로 예라(禮羅)[13]를 펼쳐 재덕(才德)이 출중한 인재를 널리 찾는 것 같지만 끝내는 겨우 두세 사람만 벼슬에 들어오는데 불과할 뿐입니다. 이처럼 허위로 일을 하니, 다른 무슨 일을 하겠습니까. 이는 밝으신 성상께서 인재를 구함이 진실하기 않기 때문에 아래에서 응

13 예라(禮羅) : 그물로 새나 물고기를 잡듯이 임금이 예(禮)로써 인재를 맞아들여 등용하는 것을 뜻한다. 당나라 대숙륜(戴叔倫)의 〈기선사사화상인(寄禪師寺華上人)〉에 "예의 그물에 벽옥을 더하여 이르러, 훌륭한 인재를 천거해 구름과 나란히 올린다.〔禮羅加璧至 薦鶚與雲連〕"라고 한 데서 온 말이다. 한유(韓愈)의 〈송온조처사서(送溫造處士序)〉에 "대부 오공(烏公)이 하양(河陽)에 부임한 지 3개월 만에 석생(石生)을 인재라 하여 예의로 그물을 만들어〔以禮爲羅〕 그물질하여 막하(幕下)로 데려갔다."라고 하였다.

하는 자들이 따라서 실상이 없는 것이니, 이루 다 탄식할 수 있겠습니까.

전후로 성상의 뜻에 응하여 진언한 것이 수십 차례에 그치지 않으니, 그 중에 어찌 모두 채용할 만한 절실한 대책이 없었겠습니까. 그런데 '내가 가상하게 여긴다.'라는 비답으로 이미 칭찬하고 받아들이는 아름다움을 꾸미고, '가볍게 논의하기에 어려운 점이 있습니다.'라는 묘당의 말로 으레 끝맺는 단서로 삼습니다. 또 도의(道義)를 경계하고 잘못을 지적하는 말에 성상께서는 대번에 반드시 '유념하겠다'고 말씀하지만, 어제도 그렇고 오늘도 다시 그러하여 윤허함이 깊을수록 따르고 시행함은 더욱 요원하니 언제나 체념하실지 모르겠습니다. 그러나 이것은 그나마 행하지 않는 정도일 뿐이지만, 대각의 말이 조금이라도 성상의 뜻을 거스르면, 작게는 그 말을 꺾어버리고 크게는 벌을 내리시니, 이러한 것으로 어찌 선(善)을 받아들이는 실정을 다하고 충당(忠讜)의 문을 열어놓겠습니까.

일전에 성상께서 전 교리 이징명(李徵明)의 상소에 대하여 갑자기 이전에 없던 잘못된 행동을 하셨습니다.[14] 대성인(大聖人)의 심기(心氣) 함양이 완전하지 않은 탓에 일을 만나자 갑자기 드러나 크게 중화(中和)의 도를 잃음이 이러하니, 이후로는 후궁과 외척에 관계된 말을 더 이상 전하의 조정에서 듣지 못할 것입니다. 이것을

14 전……하셨습니다 : 이징명이 1686년(숙종12)에 부교리로 있으면서 희빈 장씨(禧嬪張氏)의 어머니를 비롯한 외척들의 궁궐 출입에 대한 비위 사실을 극간하고 희빈 장씨를 쫓아내 여총(女寵)의 화를 막아야 한다는 상소를 올렸다가 파직되었다.《肅宗實錄 12年 7月 6日》

가지고 미루어본다면, 구언(求言)의 뜻이 일찍이 진실한 마음에서 나온 것이 아니며 애당초 즐거이 들으려는 생각이 없었던 것입니다. 신들이 이에 대하여 삼가 크게 근심하고 두려워하는 바가 있으니 -원문 빠짐- 이징명이 일을 논하다가 죄를 얻은 것은 말할 겨를이 없습니다.

병비(兵備)에 이르러서도 이미 닦여졌습니다. 그러나 장수가 제대로 선발되지 않아 채수(債帥)[15]가 절도사의 자리에 있고, 병졸이 정예롭지 못하여 장부상의 숫자만 각 고을에 퍼져 있습니다. 망루와 창과 갑옷은 자재만 허비할 뿐 무겁고 상하고 무뎌져서 모두 실제 쓰임이 없으며, 도성에서의 군사 양성이 너무 많아 국력이 소모되고, 군문(軍門)의 건설이 증가하여 군사 지휘권이 나뉘었습니다. 병사를 통솔하는 무장은 마치 태평성대의 재상처럼 한가로이 즐기고, 편비(編裨)들은 벼슬길로 달려가 거의 붉은 가죽 군복을 수치로 여깁니다. 그 나머지 불우의 사태에 대비한다는 명목으로 백성에게 괴로움만 끼치고 나라를 견고하게 할 실상이 되지 못하는 것들을 이루 다 거론할 수 없습니다. 지금 다행히 국경이 조금 안정된 덕분에 구차하게 세월을 보내고 있을 뿐이니, 만약 국경밖에 소란이 있어 외적이 그 틈을 타고서 침입한다면 장차 어떻게 지탱하고 막겠으며 장차 어떻게 제압하고 계책을 결정하겠습니까. 그렇다면 오늘날의

15 채수(債帥) : 뇌물을 주고 장수가 된 자를 가리킨다. 당(唐)나라 정치가 부패하여 장수가 내관에게 뇌물을 바쳐야만 벼슬을 얻었는데, 돈 없는 자는 돈을 꾸어 뇌물로 바치고 벼슬을 얻은 뒤에 백성들에게 수탈하여 빚을 상환하였기 때문에 빚쟁이 장수라고 하였다. 《舊唐書 卷162 高瑀列傳》

병비는 실상 닦여지지 않은 것입니다.

재용(財用) 또한 이미 절감되고 있습니다. 그러나 창고가 텅 비었는데도 궁정의 쓰임은 오히려 사치스럽고, 온갖 용도가 줄어들었는데도 귀척(貴戚)에게 내리는 물품은 더욱 많습니다. 공주의 집이 규정을 초과하여 재목을 허비하는데도 바로잡지 않으며, 쓸데없는 관직이 날로 많아져 하는 일 없이 놀고먹는데도 고치지 않습니다. 이밖에 모든 토목공사는 과대한 것을 숭상하여 모두 전보다 사치스럽고, 별국(別局)의 막대한 비용은 등록(謄錄)을 한결같이 준수하여 예전과 다름이 없습니다. 그렇다면 오늘의 재용은 실상 절감되지 않은 것입니다.

형법은 항상 미천한 사람에게만 시행되고 죄를 지은 권세가는 혹 누락되며, 견책은 낮은 관리에게만 미치고 잘못을 범한 높은 관원에게는 번번이 죄를 묻지 않으니, 사사로운 뜻이 마구 흘러넘쳐 백성의 마음이 복종하지 않고, 기강이 날로 문란하여 나라의 체모가 존엄하지 않습니다. 이것이 기강을 떨치지 못하는 이유입니다.

풍교(風敎)가 무너져 사람들은 선으로 향하는 실상이 없고, 시속이 비루하여 선비들은 이익을 추구하는 부끄러움을 모르며, 각박한 것을 숭상하여 관대한 풍속이 끊어지고 오만하게 서로 대하여 화합하고 사양하는 습속이 멈추었으며, 명예와 예법을 미워하고 느슨하고 편리한 것을 즐기고 실행(實行)을 뒷전으로 여기고 허명(虛名)을 다투니, 사람의 도리와 사물의 법칙이 거의 민멸되어 그 법도를 잃었습니다. 이것이 풍속이 바로서지 못하는 이유입니다.

아! 천재시변(天災時變)이 비록 어찌할 수 없는 지경에 이른 듯하지만, 인자하신 하늘이 끝내 전하를 버리지 않고 돌보심이 여전히 간절하니, 이는 전하로 하여금 지금 당장 계획을 바꾸어 국운을 새롭게 할 바탕으로 삼게 하려는 것입니다. 조종(祖宗)의 남은 은택이 백성에게 스며들어 있어 그 원대한 규모와 공업이 우리를 계도하고 도와주심이 여전히 깊으니, 지금 고찰하고 준수하여 그 성대함을 회복해야 합니다. 이는 바로 전하께서 잃어서는 안 되는 기회인데 오로지 자력으로 위기를 되돌림이 어떠하냐에 달려있을 뿐입니다.

신들이 삼가 바라건대, 전하께서는 오늘 이후로 초연히 크게 깨닫고 개연히 높이 분발하여 적폐를 반드시 개혁할 것으로 여기고 옛 정치를 반드시 회복할 것으로 여겨 비속한 논의에 동요되어 꺾이지 말고 사사로운 얽매임에 견제당하지 마소서. 옛날의 명철한 왕이 쇠퇴한 시기를 당하여 오늘날처럼 위기와 굴욕을 겪었을 때 그 마음가짐이 어떠하였으며, 그 스스로 닦음이 어떠하였으며, 그 두려워하고 억제함이 어떠하였으며, 그 신하를 대하고 여러 계책을 모음이 어떠하였는지 낱낱이 살펴 이를 한결같이 법으로 삼고 조금도 물러서지 말아 그 답습하고 대충 넘어가는 습속을 씻어내고, 그 번다하고 꾸며대는 폐단을 털어버리소서. 일을 계획하고 시행할 때엔 반드시 돈후하고 굳세고 독실한 마음을 극진히 하고 그 꾸밈없는 순박한 본체를 주장하여 반드시 분발하는 뜻으로 하여금 항상 용맹정진하게 하고 안일한 뜻을 싹트지 않게 한다면 문채와 의식의 아름다움은 비록 부족한 점이 있더라도 실제 바탕은 여유로울 것입니다.

강학함에 있어서는, 문장을 짓는 말단에 힘쓰지 말고 본원의 바탕에 착실한 공부를 철저히 행하여 호기(浩氣)를 확충하고 기르며 의리를 밝게 드러내어 천하 사물에 대하여 그 시비(是非)와 사정(邪正)의 소재를 분명하게 알아야 합니다.

정사에 부지런히 힘씀에 있어서는, 먼저 대체에 밝게 통달하여 경중과 완급의 순서를 잃지 않게 하시고 날마다 대소신료들을 나오게 하여 서로 신칙하고 권면하여 더욱 부지런히 자문하시되 혹 서열을 뛰어넘어 특별히 묻고 혹 아무 때나 독대하여 사람들이 귀담아듣게 하고 아래 신하의 마음을 펴게 하소서. 또 한두 대신으로 하여금 날마다 빈청(賓廳)에 앉아 상주하고 비답한 문서를 살펴서 지체되고 막힘이 없게 하기를 한결같이 명(明)나라 내각(內閣)의 고사처럼 하소서. 대각(臺閣)의 신하들로 하여금 일마다 입대(入對)하여 차분하게 아뢰게 하여 서로 토론하여 면전에서 가부를 내리고, 피혐의 관례나 급하지 않은 자잘한 규정 같은 것은 일체 생략하여 실무가 비지 않게 하소서.

하늘을 공경함에 있어서는, 엄숙하고 공경하고 삼가고 두려워하여 조금도 가식이 없고 정령과 조처가 모두 하늘을 감동시키고 부합함이 있게 하소서. 백성을 구휼함에 있어서는, 이러한 마음을 잘 미루어 은택이 아래까지 미치고, 그 화락하고 평이하고 사랑하고 구휼하는 정사를 펼치기를 반드시 부모가 자식을 기르는 것처럼 하소서. 인재를 구함에 있어서는, 반드시 그 공손히 앉아서 기다리는 정성을 극진히 하고 충실을 우선으로 삼기를 힘쓰소서. 말을 받아들임에 있어서는, 반드시 전환(轉圜)의 도량[16]을 넓히고 명현(瞑眩)의 경계[17]를 본받으소서. 재용을 절약하고 군사를 다스리고 기강을 진

16 전환(轉圜)의 도량 : 전환은 간언을 순순히 받아들이는 뜻으로, 《한서》 권67 〈매복열전(梅福列傳)〉에 "한 고조는 선한 말을 받아들일 때에는 미치지 못할 듯이 하였고, 간언을 따를 때에는 둥근 것을 굴리듯이 하였다.〔高祖納善若不及, 從諫若轉圜.〕"라고 하였다.

작시키고 풍속을 크게 변화시키는 일에 있어서도, 실제 마음으로 행하지 않음이 없어 절대 털끝만큼의 허위도 그 사이에 섞이지 않게 하고 돈독하게 지키고 오랫동안 유지한다면 여러 일의 폐단이 마침내 크게 변혁되어 다스림의 공이 날마다 이루어질 것입니다. 부디 밝으신 성상께서는 이를 깊이 유념하여 힘써 도모하소서.

신들은 경연에서 자리 수만 채우고 식견과 사려가 용렬하고 천박하여 실로 당세의 일을 도울 만한 훌륭한 논의나 계책이 없었습니다. 일전에 명지(明旨)가 내려옴에 감히 침묵할 수 없어 이치에 맞지 않는 한두 가지 말씀으로 밝으신 성상께 우러러 아뢰려 하였지만 지체하는 바람에 보잘것없는 의견을 올리는 것조차 시기를 놓쳤으니, 신들이 직책을 저버린 것이 많습니다. 지극히 황공하고 부끄러운 심정으로 죄를 기다리는 마음을 더욱 금치 못하겠습니다. 재결하소서."

하니, 답하기를,

이에 대한 비답은 다음과 같다.

"차자를 보고 잘 알았다. 전지(傳旨)에 응하여 차자를 올려 진달함에 염려하고 사랑하고 경계하고 가르치는 말이 참으로 매우 간절하다. 내가 가상하게 여기노니 체념하지 않을 수 있겠는가. 본래의 차자는 궁중에 남겨두라."

하였다.

17 명현(瞑眩)의 경계 : 명현은 정신이 아찔할 정도로 핍절한 충간(忠諫)을 뜻한다. 《서경》〈열명 상(說命上)〉에 "만약 약이 독하여 정신을 어지럽게 할 정도가 아니면 그 병이 낫지 않는다.〔若藥弗瞑眩, 厥疾弗瘳.〕"라고 하였다.

이조 참의를 사양하는 소 갑술년(1694, 숙종20) 6월

辭吏曹參議疏 甲戌六月

삼가 아룁니다. 신이 근래에 처지가 두렵고 위축되어 재신(宰臣)들 뒤를 따라 금오문 밖에서 지엄한 명을 기다리고 있는데, 새로 이조 참의에 제수하는 명이 마침 이러한 때에 내렸습니다. 신이 참으로 몸 둘 곳 없이 두렵고 떨렸지만 감히 소장을 올려 호소하지 못하고 묵묵히 있은 지 여러 날입니다. 오늘에 이르기까지 논열에서 홀로 벗어나 위축되는 심정이 더욱 심하고, 직명을 아직도 띠고 있어 처분을 기약할 수 없기에 부득이 대략 실정을 드러내어 삼가 재결을 기다립니다.

지난날 희빈(禧嬪)의 호칭을 낮추라는 비망기가 내려왔을 때 신의 숙부인 전 판서 신(臣) 문중(文重)이 대신(大臣)과 예관(禮官)을 재촉해 불러 절목을 자문하고서 '사체(事體)를 중하게 해야 한다.'는 뜻으로 소장을 올리고자 하였는데, 신이 실로 숙부를 따라 그 논의에 참여하였습니다. 그 소장은 즉시 중단되었지만 이후로 소장의 뜻이 잘못 전해져 수많은 비방이 떠들썩하게 일어 끝내 신의 숙부에 대한 중대한 죄목이 되었습니다. 유생이 올린 상소는 말의 뜻이 망극하여 신하로서 차마 들을 수 없는 말까지 있었습니다. 신이 당시 한산한 지위에 있었던 터라, 감히 똑같은 말로 해명할 수 없었지만 그 두려움은 이미 말할 수 없을 정도였습니다. 유신(儒臣)의 상소에 이르러서는 모두 신의 이름을 거론하였고, 대신(大臣)의 계사와 차자에서는 마침내 '그 경중을 논하여 유사에게 처치시키도록' 청하는 내용이 있었습니다. 지금 또 대간(臺諫)의 준엄한 소장으로 신의 숙부는 무겁게 논죄되었는데 신의 이름만 논핵에 언급되지 않았습니다. 신이 당초 소장을 짓는 일에 참여한 것이 실상인 만큼 지금 탄핵하는 날에 같은 죄목에 있어야 하는데 구차하게 요행으로 모면하여 보통 사람처럼 되었으니, 신의 개인적인 의리상 결단코 이런 이치가 없을 뿐만 아니라, 공론에 있어서도 그만둘 수 없는 일입니다. 신이 어찌 감히 하루라도 관차(官次)에 머물 수 있겠습니까.

또 생각건대, 이조 참의가 어떠한 직임이며 신은 어떤 사람입니까. 인재 부족으로 인한 의망이 사람들의 기대 밖에서 나왔으니, 신이 그저 영화와 총애를 탐하여 염치를 무릅쓰고 반열에 나아간다면 신 한 몸 그르치는 것이야 참으로 말할 것도 못 되지만, 대중을 놀라게 하고 사로(仕路)를 무너뜨림이 또 다시 어떠하겠습니까.

신은 한미한 가문에서 평범하게 벼슬에 진출한 사람으로, 성품이 엉성하고 우활한데다 교류도 드물어 세상 물정에 어둡습니다. 게다가 집에 병든 노모가 계신데 다른 형제도 없이 형체와 그림자만 외롭고 쓸쓸하니 근심걱정으로 비통하여 세상사는 재미가 사그라들었습니다. 그러니 인재를 감별하는 청요(淸要)한 자리는 본디 감당할 만한 재주와 식견도 없거니와, 실로 희망하는 바도 아닙니다. 일찍이 여러 차례 낭관의 직임에 올라 끝내 명을 받들지 못했던 이유가 이러한 구구한 심정 때문이었는데, 지금 다시 반열이 참의에 오른 것은 이전과 사체가 더욱 다릅니다. 신이 차라리 명을 거스른 죄를 받을지언정, 어찌 감히 다시 처음의 뜻을 바꾸고 거듭 명기(名器)를 더럽혀, 위로는 인재를 알아보는 조정의 밝음에 누를 끼치고 아래로는 염치를 무릅쓰고 벼슬을 받는 미천한 신의 죄를 보태겠습니까. 재능으로 따져보면 이미 조금도 받들 수 있는 가망이 없고, 개인적인 심정으로 논하면 실로 너무도 편안하기 어려운 처지에 있습니다. 전형의 중요한 자리를 시일을 끌며 헛되이 지니고 있고 대정(大政)이 멀지 않아 공적으로나 사적으로 낭패스럽기에 부득이 천지부모와 같으신 성상께 진심을 쏟아 호소합니다.

삼가 바라건대, 밝으신 성상께서는 신의 궁박한 심정을 굽어 헤아리시어 새로 제수한 신의 직명을 속히 깎아내고, 이어 소장을 짓는데 참여하여 함부로 과오를 범한 신의 죄를 무겁게 다스리도록 명하여 신의 이름을 조정의 명단에서 삭제하여 공론에 답하고 미천한 신의 분의를 편안하게 해주신다면 더없이 다행이겠습니다.

옥당에서 재이로 인하여 임금의 덕을 권면하는 차자

병자년(1696, 숙종22) 12월

玉堂因災異陳勉君德箚 丙子十二月

부제학으로 있을 때이다.

"삼가 아룁니다. 아! 지금 하늘이 우리 전하를 사랑함이 지극합니다. 근래 천문(天文)으로 허물을 알려주고 지리(地理)로 이변을 보여준 것이 이루 다 기록할 수 없을 정도이며, 작년 이후로 홍수와 가뭄이 겹쳐 온 나라에 기근이 든 데서 그 재앙이 또 극에 달하였습니다. 하늘이 견책하고 경고하고 놀라게 하고 두렵게 한 것이 곡진한 정도가 아닌데, 전하께서 이에 대응함에 있어선 대단히 몸을 닦고 반성하여 하늘의 마음을 기쁘게 할 만한 것이 아직도 없습니다. 그렇다면 '패망의 재앙이 이른다.'[18]는 동중서(董仲舒)의 말처럼 되어야 할 듯하건만 드물게 있는 재앙이 오늘 다시 일어났으니, 하늘의 뜻은 아마도 대번에 우리를 끊어버리지 않고 오히려 두려워하고 고치기를 바라서 끝내 우리를 보존하고 편안하게 하려는 것입니다.

아! 지금 하늘이 밝으신 우리 성상을 사랑함이 지극히 간곡하니, 밝으신 성상께서는 두려워하고 크게 반성하여 천명이 영원하기를

18 패망의……이른다 : 《한서》 〈동중서전(董仲舒傳)〉에 나오는 말로, "국가에 장차 도를 잃은 잘못이 있으면 하늘이 미리 재해를 내어서 견책하고 경고하고, 그래도 스스로 알아차리지 못하면 또 변고를 내어서 놀라고 두려워하게 하고, 그래도 고칠 줄 모르면 패망의 재앙이 이른다."라고 하였다.

기원하는 방도를 깊이 생각하시어 정녕 이 기회를 놓치고 혹여 잠시라도 태만해서는 안 됩니다.

일전에 발생한 흰 무지개가 달을 꿰뚫는 변고는 지극히 놀랍고 참혹합니다. 신들이 한유(漢儒)의 재이설(災異說)[19]을 익히지 않은 탓에 이 재앙이 무엇 때문에 일어났는지, 이 징조가 무엇인지 알 수 없지만, 해설하는 자들이 병란의 조짐이라고 하니 대체로 비상한 재변입니다. 하늘은 의심할 것이 없고 변고는 헛되이 생기지 않는지라, 비록 그 완급은 다르지만 징험이 착착 들어맞으니, 어찌 몹시 두려워할 일이 아니겠습니까. 신들이 삼가 보건대, 전하가 재위하신 20여 년 동안 근심하고 수고롭고 공손하고 검소하게 생활하여 감히 안일하지 않았고, 옛 선철왕(先喆王)의 성대한 일에 대하여 부지런히 힘쓰고 사모하지 않은 적이 없습니다. 이치로 미루어보건대 신실한 덕을 실천하여 화순한 경지에 이르는 것이 어렵지 않은 것인데, 나라의 형세는 날로 위태로워져서 혼란하고 패망하고 근심스러운 조짐이 모두 일시에 모여들었습니다. 마치 어둠 속에 화의 기미가 잠복해 있는 듯이 지금 다시 하늘에서 견책을 드러내어 백성의 마음을 이토록 두렵게 하니, 신들은 망연히 근심하고 의혹되어 그 이유를 알 수 없습니다.

삼가 일찍이 생각건대, 밝은 세상에서는 지극히 조화로운 기운이 천지 사이에 가득하여 좋은 상서가 날마다 이르고 좋지 못한 징조가

19 한유(漢儒)의 재이설(災異說) : 한(漢)나라 유학자 동중서(董仲舒), 곡영(谷永), 유향(劉向) 등이 주장한 설로, 자연적인 천재지변을 군주의 덕과 연관지어 해석하는 설이다.

날마다 사라졌으니 이는 실심(實心)을 보존하고 실덕(實德)을 닦고 실정(實政)을 행하는 데에 불과하였을 뿐입니다. 그렇다면 전하께서 이 세 가지에 비록 힘을 다하셨지만 실상을 힘쓰는 일에 오히려 빠뜨리고 분수를 다하지 못한 부분이 있을까 몹시 두렵습니다.

전하께서는 밤낮으로 정신을 가다듬어 판단에 지체함이 없고, 자주 경연에 납시어 성학(聖學)에 민첩하시니, 큰 다스림을 이루려는 마음이 있음을 참으로 알 수 있습니다. 몸소 법도를 실천하여 말소리와 모습이 맑고 엄숙하시고, 사냥, 성악(聲樂), 토목(土木) 등 몇 가지 기호가 심목(心目)의 사이에 머물지 않으니, 이는 아랫사람들이 다 함께 본 것으로, 순수하고 아름다운 덕을 지니심을 참으로 알 수 있습니다.

나랏일을 밝게 익혀 지혜가 만물에 주밀하고, 하늘을 공경하고 백성을 부지런히 살피고 국내를 다스리고 국외를 다스리는 일에 있어 시행에 크게 빠진 것이 없고 여러 정사도 일찍이 닦여지고 밝아졌습니다. 단지 마음속에 보존된 것이 그 순일하고 중단 없는 점에 있어선 건도(乾道)의 굳건한 운행을 체득하지 못하였습니다. 이 때문에 밖에 드러난 것이 그 독실하고 거짓 없는 점에 있어서 명철하고 진실한 성인과 같을 수 없는 것입니다.

아! 천하의 일은 실상이 없이는 그 효과를 얻을 수 없으니, 이미 각고의 노력을 기울여 진실하고 절실하게 행하지 않고서 하늘의 마음에 합당하고 명을 크고 깊게 다지기를 바라는 것은 참으로 어려울 것입니다. 밝으신 성상께서 또한 이에 대하여 반성하시고 병통의 원인이 어디에 있는지 깊이 살핀 적이 있습니까?

신들이 삼가 생각건대, 오늘날 성궁(聖躬)의 과실과 시정(時政)

의 적폐는 모두 실상을 힘쓰지 않고 형식적인 예문을 숭상하는 해악에서 비롯되었습니다. 전하께서는 애초에 큰 다스림을 이루려는 뜻이 탁연히 일정하게 향하지 못하였고 혁연히 분발하지 못하였습니다. 아마도 성상의 마음은 예문이나 지키는 작은 성취로도 태평성대의 영명한 군주가 될 수 있고, 임시방편으로 때워 나가도 왕업을 보전할 수 있다고 여겨, 옛 철왕(喆王)이 멀리 경영한 규모와 다스림의 대체를 깊이 강구한 적이 없으며, 자잘하게 계획하고 시행한 것이 대부분 밝게 살피고 변론하는 사이에 있어 혹은 너무 예리하여 이 마음이 계속되지 못하고 혹은 겉치레만 힘써 그 근본을 잃었습니다. 근래에 이르러선 천하의 의리를 보신 것이 많은데다 뜻과 기운도 오히려 지쳐서 점점 편안하게 쉬려는 생각이 정무를 처리하는 사이에 자못 드러났으니, 그 안팎을 살펴보면 모두 하나의 '실(實)' 자가 미흡합니다.

성학에 대해 말씀드리자면, 비록 많은 경전을 널리 보아 문장이 빛나지만 본원이 되는 마음에 대해선 체험하고 다스리는 공부를 깊이 하신 적이 없습니다. 이에 성을 내고 화를 냄이 대부분 중화(中和)를 잃었고 덕을 진보시키고 학업을 닦는 공부가 끝내 일신(日新)[20]에 부끄러우니, 상달(上達)[21]의 공부를 참되게 쌓고 독실하게

20 일신(日新) : 날마다 새롭게 향상시키는 것을 뜻한다. 《대학장구》 전(傳) 2장에 "진실로 어느 날 새로워졌거든 날마다 새롭게 하고 또 날마다 새롭게 하라."라고 한 데서 온 말이다.

21 상달(上達) : 인간이 행해야 할 도리를 배우면서 오묘한 천리(天理)를 통달하는 것으로, 《논어》 〈헌문(憲問)〉에 "아래로 인간의 일을 배우면서 위로 천리를 통달한다.〔下學而上達〕"라고 한 데서 온 말이다.

행하여 순수하게 치평(治平)의 근본으로 삼은 것이 매우 있지 않습니다. 근래에는 또 경연의 강론이 점차 드물어 추위와 햇볕이 서로 빼앗고[22] 공경과 방종이 번갈아 이기는데 이르렀습니다. 평소 경연에 임할 때 오로지 간묵(簡默)을 숭상하고 차분하게 자문한 적이 없어 본래부터 형식이나 갖추는 것으로 귀결된 적이 많았는데 이마저도 처음처럼 이어지지 못한 것입니다.

하늘을 공경하는 일로 말씀드리자면, 비록 공경하고 두려워하는 마음이 해이한 적은 없지만, 차분한 마음으로 상제(上帝)를 대하여 밝게 섬기는 것이 대정(大庭)에 계실 때엔 그렇게 하시지만 궁궐 깊숙한 곳에서도 과연 이 공경을 한결같이 하고 해이함이 없으셨습니까? 재변을 만날 때마다 침전을 옮기고 말을 구하시며 곧바로 고사에 응하시는데, 이는 마치 나의 일이 이미 극진하니 이것으로도 하늘의 견책을 막을 수 있다고 여기는 듯하고, 크게 경동하여 은(殷)나라 성탕(成湯)처럼 여섯 가지 일로 자신을 책하고[23] 주(周)나라 선왕(宣王)처럼 두려운 마음으로 몸을 움츠리며 행실을 닦는 것[24]을

22 추위와……빼앗고 : 학업에 힘쓸 때는 적고 게을리 할 때가 많다는 말이다. 《맹자》 〈고자 상(告子上)〉에 "이 세상에 빨리 자라나는 식물이 있다 하더라도 하루 동안 햇볕을 쪼이고 열흘 동안 춥게 한다면 제대로 자라날 수가 없을 것이다."라고 한 데서 온 말이다.

23 은(殷)나라……책하고 : 은(殷)나라 때에 7년 동안 큰 가뭄이 들자, 탕(湯)임금이 비를 기원하며 여섯 가지 일로 자책하기를, "정치가 절도에 맞지 않았습니까? 백성이 직업을 잃었습니까? 궁궐이 너무 컸습니까? 여인의 청탁이 성행하였습니까? 뇌물이 횡행하였습니까? 참소하는 자가 많았습니까?"라고 하자, 말이 채 끝나기도 전에 큰비가 내렸다고 한다. 《荀子 大略》

24 은(殷)나라……것 : 《시경》 〈운한(雲漢)〉의 모서(毛序)에 "선왕(宣王)이 여왕

보지 못했습니다. 하늘의 경계에 우러러 답하는 것은 실상에 있지 형식에 있지 않습니다. 실상이란 무엇입니까? 경계하고 두려워하여 지난 잘못을 고쳐서 모든 행동이 하늘의 마음에 부합하는 것뿐입니다. 어찌 구구하게 문식을 더하여 감동시키고 되돌릴 수 있는 것이겠습니까.

절약하고 검소하신 덕이 일찍이 아름다웠습니다. 그런데 비록 몸을 봉양하는 복식과 기물은 검소한 가법을 따르지만 궁정 안에 때때로 기호가 지나친 점이 있고 무익한 공사가 더러 많으니, 비용이 절약되지 않습니다.

간언을 받아들이는 도량이 일찍이 넓었습니다. 일을 논하는 자가 혹여 직설적으로 말해도 겉으로는 가상하게 여기고 장려하는 뜻을 보이시는데, 바로잡아주는 말이 병통에 적중하면 대번에 귀에 거슬리게 여기고 듣기 싫어하여 심하게는 잘못을 시직하고 법조문으로 얽어매기도 하였습니다.

또한 일찍이 아랫사람을 대할 때에 공손할 것을 생각하였습니다. 은수(恩數)와 예절(禮節)이 왕왕 중도에 지나침이 있어 도리어 진실하지 않은 행동처럼 보일 정도인데, 조금이라도 뜻을 어기면 배척하고 꾸짖는 말씀이 경보(卿輔)에게도 미칩니다.

또한 일찍이 비스듬히 앉아[25] 현자를 초빙하였습니다. 허례(虛禮)

(厲王)의 포학한 정사를 이어 안으로 난을 평정하려는 뜻을 품었으며, 재앙을 만나 두려워하여 잠시도 몸을 편안히 하지 않고 행실을 닦아 재앙을 사라지게 하려고 하였다."라고 하였다

25 비스듬히 앉아 : 공손히 현인을 기다리는 모습이다. 《후한서(後漢書)》 권3 〈장제기(章帝紀)〉에 "짐이 정직한 선비를 생각하며 기다리느라 옆으로 앉아 특별한 소식을

가 빈번한 것이 그저 보고듣기에만 아름다웠을 뿐, 지극한 정성으로 반드시 초치하는 뜻은 없었으며, 중간에는 다시 '처음처럼 계속하지 못한다.'[26]는 탄식이 있었습니다.

또한 일찍이 나라의 근본을 중시하여 갓난아이 보호하듯 백성을 돌보는 은택을 미루었습니다. 성상께서 자발적으로 생각하거나 혹은 여러 사람의 말을 받아들여 기근을 구휼하는 정사를 강구하지 않음이 없었습니다. 매번 경연 자리에서 근심하고 슬퍼하는 마음이 성상의 안색에 드러났으며 세금을 줄이라는 명령이 날마다 내려와 덕스러운 뜻이 성대하였습니다. 그러나 견감하라는 묘당의 요청이 만약 내수사의 수용(需用)과 관련되면 대번에 별판부(別判付)[27]를 내려 중간에 막고 거행하지 않았습니다. 백성을 보기를 다친 사람 보듯이 불쌍히 여기는 뜻이 실로 마음속에 있다면 필시 이에 대해 어렵게 여기지 않을 것입니다. 백성이 이를 듣고서 만약 성상께서 사재를 중시하고 백성의 고통을 외면한다고 말한다면 밝으신 성상께서 무슨 말로 해명할지 모르겠습니다. 나라의 근본이 무너진 뒤에 사재가 또 무슨 소용이 있겠습니까.

이 몇 가지는 혹은 안팎이 같지 않고 혹은 전후가 어긋납니다.

듣는다.〔朕思遲直士, 側席異聞.〕"라고 한 데서 온 말이다.

26 처음처럼 계속하지 못한다 : 임금이 신하를 대우하는 태도가 시종일관하지 못함을 풍자한 말이다. 《시경》〈권여(權輿)〉에 "나에게 잘 차린 음식이 가득하더니, 지금은 매 끼니조차 빠듯하네. 아! 처음처럼 계속하지 못함이여.〔於我乎, 每食四簋, 今也每食不飽. 于嗟乎不承權輿.〕"라는 구절에서 온 말이다.

27 별판부(別判付) : 상주문에 대하여 임금의 특별한 의견을 붙이는 유시(諭示)를 말한다. 《續大典 刑典 恤囚》

그 병통이 모두 진실한 마음이 외면의 문식보다 뒷전이고 실용이 형식적인 예문보다 못한데서 기인하였으니, 일마다 실상이 없어 기대할 만한 공효가 전혀 없게 되었습니다. 신들이 이에 전하가 비록 큰 다스림을 이루려는 마음이 있지만 이 마음이 혹 성실하지 못하며, 비록 몸소 닦은 덕이 있지만 그 덕이 혹 순수하지 못하며, 비록 마음을 쏟고 조치한 정사가 있지만 그 정사가 실상을 지니지 못하고 대부분 겉치레로 귀결되고 말았음을 알 수 있습니다. 이와같이 한다면 백성도 미덥게 할 수 없는데, 하늘의 마음에 합당하여 재변이 그치기를 바라는 것이 너무 엉성하지 않겠습니까.

지금 신들의 이 말은 대체로 밖에 드러난 것을 가지고 감히 가만히 헤아려 논한 것입니다. 궁정의 옥루(屋漏) 깊숙한 곳에서 생각이 은미하게 일어날 때 그것이 진실한가 진실하지 못한가는 오직 전하만이 알겠지만 하늘은 반드시 이를 내려다보고 계실 것이니 두려워하지 않을 수 있겠습니까.

자사자(子思子)는 '정성을 다하지 않으면 사물이 존재하지 않는다.'라고 하였고,[28] 염계(濂溪) 주자(周子 주돈이(周敦頤))는 치도(治道)를 논하여 '순일한 마음을 가지는 것이 요체이다.'라고 하였고, 선유(先儒) 진덕수(眞德秀)는 '마음에 근본하면 실심(實心)이 되고, 몸에 닦으면 실덕(實德)이 되고, 일에 미루어 행하면 실정(實政)이 되니, 이 세 가지가 있다면 하늘에 응하는 도가 제대로 될

28 자사자((子思子)는……하였고 : 《중용장구》 제25장에 "정성은 만물의 처음과 끝이니 정성을 다하지 않으면 사물은 존재하지 않는다. 이 때문에 군자는 정성을 귀하게 여겼다."라고 하였다.

것이다.'라고 하였고, 선정신(先正臣) 이이(李珥)도 다스림의 요체를 논하여 '정사는 시의(時宜)를 아는 것이 귀하고, 일은 실공(實功)을 힘쓰는 것이 중요하다.'라고 하였습니다. 이 몇 말이 모두 오늘날에 약석(藥石)과 같은 말입니다.

신들이 삼가 바라건대, 전하께서 깊이 반성하여 새로워지기를 도모하여 전하의 한 마음으로 모든 변화의 근원으로 삼는다면 이 마음을 보존하여 반드시 지극한 정성을 다하여 한 순간의 멈춤이 없을 것이며, 전하의 한 몸으로 사방의 표준을 삼는다면 그 덕을 닦아 반드시 실천을 힘써 한 가지 행동도 하자가 없을 것입니다. 정무에 시행하는 것도 반드시 진실하고 독실하여 한 가지 일도 거짓이 없게 하여 안으로 마음의 은미함에서부터 밖으로 일에 드러나기까지 충실하고 돈독하지 않음이 없이 모두 착실하게 행하여 차라리 번거로운 형식을 혹 줄일지언정 항상 실상이 충분하게 하고, 차라리 문채를 느슨하게 할지언정 항상 본질을 앞세우소서. 또 다시 긍업(兢業)[29]의 경계에 처음부터 끝까지 해이하지 말고 말과 행동이 부합하여 안팎으로 환히 통한다면 성상의 뜻이 날로 굳건해지고 성상의 덕이 날로 올라가고 성상의 정사가 날로 거행될 것입니다. 학문에 힘쓰고, 하늘을 공경하고, 절약하고, 간언을 받아들이고, 현자를 예우하고, 백성을 돌보는 일에 있어서도 모두 실심으로 힘써 행하여 그

29 긍업(兢業) : 긍긍업업(兢兢業業)으로, 《서경》 〈고요모(皐陶謨)〉에 "안일과 욕심으로 제후(諸侯)들을 가르치지 마시어 삼가고 두려워하소서. 하루 이틀 사이에도 기미가 만 가지나 됩니다.〔無敎逸欲有邦, 兢兢業業, 一日二日, 萬幾.〕"라고 한 데서 온 말이다. 채침(蔡沈)은 《집전》에서 "긍긍은 경계하고 삼감이요, 업업은 위태롭게 여기고 두려워함이다."라고 주석하였다.

사이에 터럭만큼도 허위가 섞이지 않는다면 진실한 공이 쌓이고 실제 효과가 저절로 드러나 하늘을 감동시킬 수 있고 재변을 그치게 할 수 있고 나라의 운명을 되돌릴 수 있어 왕조를 무궁하게 이어나갈 것이니, 어찌 아름답지 않겠습니까.

그러나 명성(明性)[30]과 무실(務實)의 공부는 그 큰 근본이 반드시 마음을 다스리는 공부를 우선으로 삼아야 합니다. 정자(程子)가 천덕(天德)과 왕도(王道)를 말하면서 근독(謹獨)을 요체로 삼았으니,[31] 여기에서 알 수 있습니다.

아! 마음을 다스리는 법은 또 함양을 요체로 삼아야 하고, 함양은 특히 물욕을 절제하고 경계하는 것을 급선무로 삼아야 하니, 《맹자》에서 말한 '마음을 수양하는 데에는 욕심을 줄이는 것보다 더 좋은 것이 없다.'는 것이 이것입니다. 욕심을 줄이는 것이 진실로 마음을 수양하는 방도요, 신체를 보섭하는 것도 욕심을 줄이는 것보다 좋은 것이 없습니다. 전하의 한 몸은 종묘와 사직, 귀신과 사람이 의탁하는 바이고, 제왕의 처신은 더욱 지극히 어려우니, 깊이 경계하지

30 명성(明性) : 명(明)은 사물의 이치를 궁리하여 무엇이 선(善)인지 아는 것이고, 성(誠)은 진실하여 거짓이 없는 본성이니, 교육을 통해 선(善)을 밝게 앎으로 인하여 거짓 없는 진실한 성(誠)을 실현하는 것을 말한다. 《중용장구》 제21장에 "성으로 말미암아 밝아지는 것을 성이라 하고, 명으로 말미암아 성해지는 것을 교라 이르니, 성하면 밝아지고 밝아지면 성해진다.〔自誠明, 謂之性; 自明誠, 謂之敎, 誠則明矣, 明則誠矣.〕"라고 한 데서 온 말이다.

31 정자(程子)가……삼았으니 : 《심경부주(心經附註)》 서(序)에 "배우는 자가 어디에 힘을 쓴 뒤에야 사람이라는 이름에 욕됨이 없겠는가?……천덕과 왕도는 그 요점이 단지 '근독(謹獨)'에 있다."라고 하였다. '근독'은 《대학》의 '신독(愼獨)'인데, 송(宋)나라 효종(孝宗, 1127~1194)의 휘가 '신(愼)'이므로 휘하여 '근독'으로 쓴 것이다.

않을 수 있겠습니까. 전하의 맑고 순수한 덕을 우러러 생각건대 물욕이 본래 가벼움을 진실로 알고 있습니다.

또 어제 '조섭하는 것을 애쓰고 있다.'[32]는 하교를 들으니, 아랫사람이 어느 누군들 기뻐하지 않겠습니까. 다만 신하가 임금께 바라는 마음은 끝이 없습니다. 부디 밝으신 성상께서는 마음을 맑게 하고 욕심을 줄이는 것으로 근본을 바르게 하는 요체로 깊이 삼아 한가로울 때에도 항상 화려한 것을 물리치고 경전에 마음을 노닐어 초연히 담담하고 소박한 것을 즐거움으로 삼고, 늘 〈월령(月令)〉의 '깊고 조용한 곳에 거처한다.〔處必掩身〕'의 말[33]을 살펴 청명(淸明)한 덕을 몸에 지녀서 지기(志氣)가 맑고 깨끗하게 되면 완전하게 기르는 공부가 진보할 뿐만 아니라 일상에서 온갖 정무를 처리할 때도 더욱 힘이 있어 작은 착오도 없을 것입니다.

신들이 또 생각건대, 현재 형식적인 예문의 폐단은 또한 규례와 제도 사이에 걸핏하면 구속당하여 실무를 해치는 데서 기인합니다. 이는 아마도 밝으신 성상께서 전례를 지나치게 준수하고 항상 발양(發揚)이 부족하여 옛 제왕의 광대하고 드넓은 규모를 뒤따르지 못해서 그런 것입니다. 신들이 바라는 바는 밝으신 성상께서 크게 진작하여 높고 원대한 뜻을 작은 즐거움에 빼앗기지 마시고 상투적인

32 조섭하는……있다 : 《숙종실록(肅宗實錄)》 22년 12월 7일에 "내가 무오년(1678, 숙종4)에 크게 앓고 나서부터 일생 동안 조섭하는 것을 애쓰고 있다."라는 기사가 있다.

33 월령(月令)의……말 : 《예기》 〈월령(月令)〉에 "동짓달에는……해가 가장 짧고 음양이 서로 다툼으로 인하여 모든 생물이 움직이어 싹트기 시작한다. 이런 때에 군자는 재계하여 근신하고, 반드시 깊고 조용한 곳에 거처하면서, 편안하게 지내도록 한다."라고 하였다.

방식에 이끌리지 말아 그 뜻을 엄중하고 견고하게 지니며 그 일을 엄격하고 신속하게 처리하여 오랫동안 쌓인 인습을 깨부수고 실상에 맞지 않는 규정을 널리 없애어 한 시대의 정신을 일으켜 풍기(風氣)가 날로 위약하게 되지 않는 것입니다. 또 재상과 시종신을 자주 인접하여 함께 앉아 일을 논하기를, 송(宋)나라의 천장각(天章閣)[34]과 명(明)나라의 따뜻한 누각[35]의 고사(故事)처럼 하여 자잘한 구속을 떨쳐버리고 격식에서 벗어난다면 크게 펼쳐진 도량이 반드시 뭇 신하들의 마음을 변화시켜 서로 신뢰하는 아름다움이 쌓여 좋은 계책이 모두 올라올 것이니, 실상을 힘쓰는 데 도움이 되는 것이야 어찌 이루 다 말할 수 있겠습니까.

신들이 또 삼가 보건대, 전하께서 근래에 묘당의 여러 부서에서 복주(覆奏)하고 진달하는 일에 대하여 대부분 의례적으로 윤허하고 딱히 되고 안 되는 것이 없습니다. 여러 부서에서 논하고 청하는 것이 어찌 반드시 모두 사리에 맞겠습니까. 전하께서는 밝은 지혜로 임하시어 서무를 두루 알고 계시니 또한 어찌 특별히 결단을 내려 그 사이에 지시할 만한 것이 없겠습니까. 만약 관심 없이 버려두고 신하들이 하는 대로 일임하여 그다지 마음을 쓰지 않아 그런 것이라면 이는 또한 실상을 힘쓰지 않음에 있어 중대한 것입니다. 신하에게 임무를 맡겨 성취하기를 구하는 것이 본디 아름다운 일이요, 임금 혼자 기략(機略)을 운용하면 병통이 많은 법이니, 신들이 또한 임금

34 송(宋)나라의 천장각(天章閣) : 78쪽 주61 참조.

35 명(明)나라의 따뜻한 누각 : 명(明)나라 효종(孝宗)은 평대(平臺)와 따뜻한 누각에서 자주 보좌하는 신하를 불러 치도(治道)를 자문하였다.

의 지혜만 치우치게 쓰도록 전하를 인도하는 것이 아닙니다. 상하간에 격의 없이 토론하여 상의하여 결정하도록 힘쓰는 것이 바로 남김없이 드러내고 상호 이루어주는 방도입니다. 일찍이 인묘(仁廟)와 효묘(孝廟)의 조정을 보건대, 사안이 중대한 대소의 회계(回啓)에 관해서는 특별한 명을 자주 내려 신하들과 함께 반복 토론하여 성상의 결단이 위대하고 처분이 마땅하여 많은 사람들의 마음을 더욱 분발시킴이 있었습니다. 바라건대 전하께서는 이 점을 깊이 유념하시어 일마다 깊이 생각하여 시비를 따지고 그저 묵묵히 팔짱만 끼고 있지는 마십시오.

백성의 고통을 보살피는 한 가지 일에 대하여 신들이 말씀을 다 올리겠습니다. 지금 팔도에 기근이 들어 백성의 신음소리가 다급한 것이 마치 큰 난리를 겪어 상처를 입고 일어나지 못하는 것 같습니다. 관서(關西)와 영북(嶺北)의 참혹한 상황은 이미 말할 것도 없고, 삼남(三南)의 농사는 조금 낫다고는 하지만 큰 기근의 여파에 자립할 수 없습니다. 게다가 누적된 여러 미납 세금을 내라고 겨우 살아남은 백성에게 일시에 독촉하고 있으니, 이 때문에 쓰러지고 탄식하며 도망가는 백성이 잇따르고 삶을 즐기는 뜻이 모두 사라졌습니다. 백성의 이런 고통스런 상황을 사대부들은 알지만 묘당에서는 혹 알지 못하는 바가 있고, 묘당에서는 알지만 전하께서 혹 알지 못하는 것이 있습니다.

삼남 지방의 첨정(簽丁)[36] 등의 일처럼 내년까지 천천히 기다려도

36 첨정(簽丁) : 군역에 종사할 장정을 군적(軍籍)에 올려 기록하는 일, 또는 그에 해당하는 장정을 가리킨다.

되는데 백성을 소란스럽게 만드는 일은 일체 정지하도록 속히 명을 내려야 합니다. 군정(軍政)이 황폐해지는 것은 깊이 염려되지만 백성이 보존된 이후에야 군정을 말할 수 있습니다.

현재 도시와 교외 사이에는 길에 굶어죽은 사람이 즐비하여 행인이 상심하고 있습니다. 도내(都內)도 이러하니 외방의 상황을 알 만한데, 상하가 오히려 다시 태연하게 지내며 그 조치와 시행이 평소와 크게 다른 점이 없으니, 어찌 백성을 사랑하는 하늘에게 노여움을 받지 않을 수 있겠습니까.

더구나 환부(萑苻)[37]의 도적들이 몰래 일어남이 더욱 치성하여 마을에서는 모두 편히 잠들지 못하고 있습니다. 그런데도 군사를 연합하여 성읍을 격파하는데 대번에 이르지 못하는 것은 비단 우리 조종의 어진 은택이 사람들에게 스며들어 있어서 일뿐만 아니라, 우리나라의 형세가 예전과 다름이 있어 그런 것뿐입니다.

지금의 소망은 오직 내년에 풍년이 들기를 바라는 것이니 그렇게만 된다면 백성이 조금 소생할 수 있습니다. 그런데 지금 겨울 석 달 동안 눈이 내리지 않아 때맞춰 내리는 눈이 계절을 잃은 바람에 보리 싹이 대부분 죽어 전야의 백성이 두려움에 떨고 있으니 앞날에 대한 근심에 또 망연자실합니다. 백성의 곤궁이 이미 극에 달하여 항심(恒心)을 잃은 지 오래되었으니 죽음이 몸에 닥쳐옴에 무슨 일인들 하지 못하겠습니까. 나라가 무너지는 우환이 아침저녁으로 근심스러우니, 황건적(黃巾賊)과 갈영(葛榮)[38]의 무리들이 어찌 기근

37 환부(萑苻) : 춘추 시대에 도적 떼들이 많이 출몰했다는 정(鄭)나라의 늪지대 이름이다. 《春秋左氏傳 昭公20年》

뒤에 일어나지 않은 적이 있겠습니까. 생각이 여기에 미치니 춥지 않는데도 몸이 떨립니다. 지금의 급무는 오직 아래를 보태주는 은택을 널리 시행하여 그 흩어져버린 민심을 거두는데 있습니다. 국고가 매우 고갈되었지만, 다른 것은 따지지 말고 오직 일에 따라 계획하여 급급하게 도모해야 합니다. 위로 임금에게 올리는 물건에서부터 아래로 크고 작은 용도에 이르기까지 비록 이미 줄인 것이 많지만 또한 어찌 다시 더 절감할 방도가 없겠습니까. 임금과 신하 상하가 응당 전란 속에 고생하는 사람으로 자처하여 궐내의 모든 씀씀이에 조금 긴급하지 않은 것은 십분 절감하기를 힘쓰고 또한 여러 부서에 신칙하여 일체 지출되는 수효를 일에 따라 절감하여 평상시와 크게 바꾸어 모두 백성을 구휼하는 비용으로 돌려야합니다. 이렇게 한다면 아래에 있는 조정의 신하들이 어찌 감히 감동하고 두려워하여 의식(衣食)을 깎고 덜어내어 성상께서 하신 바에 맞추지 않겠습니까.

여러 궁가(宮家)의 둔장(屯庄)은 무진년(1688, 숙종14) 이후 절수(折受)[39]한 것은 혁파하라고 명했지만, 삼가 들으니 외방에서는 명분과 실상이 어긋나서 원망이 그치지 않는다고 합니다. 또 들으니 여러 곳에 전장(田庄)을 두어 왕자방(王子房)이라 명명한 곳이 많다고 합니다. 지금 왕자의 나이가 어린데 어찌 이런 것이 있어야하겠습니까. 이것은 조종조(祖宗朝)의 고사가 아닌 듯합니다. 신들이 삼가

38 황건적(黃巾賊)과 갈영(葛榮) : 황건적은 후한(後漢) 영제(靈帝) 때에 태평도(太平道)의 수령 장각(張角) 등이 일으킨 반란군으로, 그 무리들이 모두 누런 두건을 착용한 데서 온 말이다. 갈영은 북위(北魏) 말기에 일어난 농민 반란군의 우두머리이다.

39 절수(折受) : 나라에서 궁방(宮房)・아문(衙門)・공신(功臣) 등에게 특정 토지나 물품 등을 떼어 주는 것을 말한다.

보건대, 태조대왕(太祖大王)이 정도전(鄭道傳)에게 말하기를, '왕자가 본래 지급받은 과전(科田)으로도 굶주리거나 추위에 떨지 않을 것이다. 만약 다시 토지를 더 내린다면 사람들은 필시 내가 자식을 사사로이 사랑한다고 말할 것이다.'라고 하였으니, 훌륭한 말씀입니다. 임금의 생각이 보통사람들의 생각을 훨씬 뛰어넘었으니 이것이 어찌 후세에서 본받아야 될 바가 아니겠습니까. 인조조(仁祖朝)에서 내수사가 어린 대군(大君)을 위해 골짜기에 전장을 두자, 유신(儒臣) 문숙공(文肅公) 정경세(鄭經世)가 차자를 올려 논하여 '백성에게 원망을 거두고 성상의 다스림에 누를 끼쳤다.'라고 말하였습니다. 전하의 아들 되신 분이 일찍 산업을 경영하지 않더라도 어찌 다시 궁핍해질 근심이 있겠습니까. 지금 사람들이 몸을 봉양하는 모든 물품에 반드시 꽉 채우지 않은 점이 있는데 이는 바로 복을 쌓는 방도이니, 반드시 천천히 얻은 뒤에야 너욱 장구하게 누리는 이치가 있습니다. 귀하고 높은 자리에 있는 자는 더욱 마땅히 이를 경계해야 하니, 밝으신 성상께서 이점에 대하여 의당 깊이 생각한 바가 있을 것입니다. 우선 일체 혁파하도록 명하고 왕자가 장성하기를 조금 기다리는 것이 옳습니다.

근래 지방관이 대부분 정밀하게 선발되지 못하고 또 장법(贓法)이 엄정하지 못하여 백성의 고통이 더욱 심합니다. 지난번 염문(廉問) 계사를 가지고 보더라도 흉년을 구제하는 정사를 빙자하여 불법을 자행한 자들이 많습니다. 또한 바라건대, 전조(銓曹)에 신칙하여 수령 및 곤수(閫帥)로부터 우관(郵官)에 이르기까지 군사와 백성을 다스리는 모든 직임은 상격(常格)에 따르지 말고 극진히 가려서 보내소서. 그리고 공적과 청렴함이 드러난 사람은 연한에 얽매이지 말고 반드시 인재를 얻기를 힘쓰고, 불법이 드러난 자는 반드시 법대로 처리하여 조금도 용서하지 마소서. 지금 인물이 드물어 인재를 얻기 어렵다는 탄식이 있는데도 한편의 인재가 많이 버려졌으니, 세도의 피폐함이 참으로 개탄스럽습니다. 그 중에 윤리와 의리에 관련되어 죄명이 중대한 자를 제외하고, 죄상이 조금 가벼우면서 일찍이 경의 반열과 시종신의 지위에 올라 재주와 명망이 드러난 사람은 의당 널리 서용하여 재주에 따라 등용하여 국가에서 공평하게 사람을 쓰는 체모를 넓혀야 합니다.

아! 오늘날의 상황은 위망이 반드시 닥칠 형세로, 중외를 돌아보아도 믿을 만한 것이 하나도 없습니다. 믿을 것은 오직 임금의 덕이 청명하고 조금의 결점도 없어 무슨 일을 하면 할 수 있다는 것뿐인데, 한결같이 인순하기만 하고 변경하지 않는다면 국가가 장차 어느 지경에 이를지 알 수 없습니다. 삼가 상상하건대, 밝으신 성상께서도 고요하고 한가로울 때에 필시 편히 잠들지 못하고 몸을 어루만지며 탄식하셨을 것입니다.

아! 하늘의 돌보심은 오늘의 기회를 잃으면 보전하기 어렵고, 민심의 향방은 오늘의 기회를 잃으면 얻기 어렵고, 나라의 명운이 무너짐은 오늘의 기회를 잃으면 지탱하기 어려우니, 이를 전환시킬 기회가 털끝만큼의 여유도 없습니다. 밝으신 성상께서는 어찌 두려워하며 깊이 반성하고 마음에서 크게 경계하여 신들이 앞서 말한 실상을 힘쓰는 일에 속히 뜻을 두어 오늘날 하늘에 응답하여 나라를 지키는 방도로 삼지 않을 수 있겠습니까.

신들이 모두 형편없는 몸으로 근신의 반열에 있으면서 놀라운 재앙을 목도하고서 근심과 두려움이 마음에 쌓여 한 마디 말씀을 올려 임금을 바로잡는 정성을 바치고자 생각했지만 지식과 사려가 몽매하여 아득히 무슨 말을 해야 할지 알 수 없었습니다. 또 성상의 체후가 오랫동안 조섭 중에 있기에 생각만 품고서 여러 날 머뭇거리다가 지금에서야 이런 보잘 것 없는 의견을 올려 감히 위로 성덕(聖德)의 과실을 논하고 아래로 한두 가지 시무에 관계하였으니, 진실로 마음속에 쌓였던 충애(忠愛)의 정성에서 나온 것입니다. 그 말이 비록 우활하고 번다하지만 오늘날 몸을 닦고 반성하는 방책이 아마도 여기에서 벗어나지 않을 듯하니, 밝으신 성상께서 유념하여 밝게 살피신다면 매우 다행이겠습니다. 재결하소서."

하니, 답하기를,

이에 대한 비답은 다음과 같다.

"차자를 보고 잘 알았다. 비상한 재변에 근심과 두려움이 간절하던 차에 반복하여 경계를 아뢰니 참으로 충애의 마음에서 나온 것이다. 내가 매우 가상하게 여기노니 좌우에 두고서 유념하지 않을 수 있겠는가. 우선 궁가의 전장을 혁파하여 장성하기를 조금 기다리라는 말은 큰 뜻은 매우 좋지만 일의 형편상 할 수 없는 점이 있다. 삼남의 첨정에 대한 일은 해사(該司)로 하여금 품지(稟旨)하여 정지하게 하겠다. 수령 및 곤수로부터 우관에 이르기까지 상격에 따르지 말고 극진히 가려서 보내라는 것, 공적과 청렴이 드러난 사람은 연한에 얽매이지 말라는 것, 서북 지방에 시종신을 지낸 재주 있는 자를 섞어서 차출하라는 것 및 다른 당파 사람으로 죄명이 조금 가볍고 종전에 칭송되었던 사람을 널리 서용하여 쓰는 등의 일은 해사로 하여금 품처(稟處)하게 하겠다."

하였다.

신임의 상소로 인하여 사직을 청하는 소 무인년(1698, 숙종24) 4월

因申銋疏乞免疏 戊寅四月

예조 참판으로 있을 때이다.

"삼가 아룁니다. 신이 본디 우활하고 엉성하여 시세를 알지 못하지만, 근래 조정의 상황이 날로 더욱 어그러져가는 것을 보건대 실로 패망의 조짐입니다. 그 병통의 근원을 따져보면 논의가 일치하지 않는 사이에서 호오가 많이 치우치고 과격한 논의를 견지하여 남을 논박함에 중도를 잃은 데서 모두 기인합니다. 신이 이에 마음속에 깊이 근심하고 개탄한 데다 더구나 경계하고 신칙하는 성상의 전지(傳旨)가 내렸으니 더욱 사심 없는 마음으로 공경히 받들어야 마땅하였는데, 근래에 재신(宰臣)의 빈객 겸임을 체직시키자는 간관(諫官)의 계사가 꼭 신이 근심했던 바와 비슷하기에 허물을 인책하는 상소에서 우연히 '당론이 겹겹이 생겨난다.'는 말을 하였습니다.

간관이 현도소(縣道疏)[40]를 올려 몹시 노하여 스스로 변명하면서 신을 비난하고 논척한 것이 낭자할 뿐만이 아닌데, 비록 일일이 다 거론할 수는 없지만 그 대체적인 뜻은 '성상의 뜻에 영합하여 언관을 억압한다.'는 죄로 지목한 것입니다. 또 논변하고 풀이한 부분에서

40 현도소(縣道疏) : 지방에 있는 관원이 상소할 경우에 자신이 거주하는 고을에 상소를 바치면, 고을 수령이 감사에게 상소를 보내고 감사가 승정원으로 올려 보냈다. 이러한 과정을 통해 올리는 상소를 말한다.

그 말뜻이 너무 중대하여 신의 애초의 뜻이 아니니 신은 참으로 부끄럽고 놀라운 마음을 금치 못하겠습니다. 임금의 뜻을 왜곡하여 받들어 바른 논의를 억제하고 심지어 허위로 조작하여 임금의 이목을 가렸다는 것이 어떠한 태도입니까. 신이 비록 매우 형편없는 사람이지만 어찌 이 정도에 이르겠습니까. 대간의 말이 이미 엄중하니 즉시 스스로 논열해야 되겠지만 서로 상소하여 쟁론하는 것이 분란을 야기할까 두려워 비록 지금까지 묵묵히 있었지만 신의 처지는 매우 감히 편안하지 못했습니다.

또 일전에 전 문학 신임(申銋)의 소본(疏本)[41]을 보니, 다시 작년에 상소했던 일을 거론하여 신의 일가를 논박하는데 그 말뜻이 더욱 심하였으니, 신은 지극히 놀랍고 두려운 심정을 금치 못하겠습니다. 그가 말한 '흉험(凶險)' 두 글자는 신이 평소에 남에게 하는 말투가 아니며, 또 그 다른 제목(題目)은 대체 어떤 상소의 말을 끄집어 왔는지 모르겠습니다. 당초 신의 숙부 신 문중(文重)을 공격하고 배척하여 그 말뜻이 예사롭지 않기에 신이 함께 일한 사람으로서 소를 올려 변론했던 것은 그렇게 하지 않을 수 없어서였던 것이지, 어찌 지금의 신임처럼 억지로 꾸며대어 현자를 업신여기고 장자를 무시하였다는 죄과에 몰아넣는 것이겠습니까.

당시의 일은 밝으신 성상께서 이미 통촉하고 계시고 조정에서 이미 처분이 있었으니, 지금 몇 년이 지난 뒤에 건건이 제기하고 변론하여 사체를 손상시켜서는 안 됩니다. 그런데 지금 신임의 말은 또 가닥가닥 보태었으니 신이 어찌 그 말을 변론하여 깨트리지 않고

41 신임(申銋)의 소본(疏本) : 《숙종실록》 24년 4월 25일 기사에 실려 있다.

한 마디 말도 없이 묵묵히 있을 수 있겠습니까. 당시 상소를 올리려 했던 일[42]은 단지 지위를 낮추는 의절에 관한 내용이었는데, 신의 숙부가 시의(時議)의 배척을 당한 이후 더욱 집중적으로 포화를 당하여 안팎으로 근거 없는 비방이 날로 더욱 증가하여 박상경(朴尙絅)의 상소에 이르러 극에 달하자, 끝내 대간(臺諫)의 계사가 나와 죄안을 이루었습니다. 그 후 신임의 상소가 잇달아 나왔는데, 그 상소에 '중전께서 복위되는 초기에 의심쩍게 여기고 도리에 어긋나는 논의를 앞장서서 하였다.'라는 말이 있었으니, 아! 이것이 어찌 신하된 자로서 차마 들을 말이겠습니까. 지난날 신의 상소에서 '터무니없는 말을 날조하였다.'고 한 것과 '그 말을 주워 모았다.'라고 한 것은 대개 처음부터 사리에 어긋나는 말을 터무니없이 만들어 듣는 자를 의혹시킨 사람과 처음부터 끝까지 소장을 올리려던 일을 가지고 희빈을 복위시키려 하는 것으로 여긴 사람을 가리켜 말한 것입니다. 신임이 남의 진심을 따지지 않고서 오로지 유언비어를 그대로 베껴 심지어 '도리에 어긋났다〔悖理〕'는 등의 말로 더할 수 없는 죄명을 억지로 씌워놓고서 지금 마침내 '주워 모았다〔掇拾〕'는 신의 말을 능욕으로 여기니 또한 이상하게 않습니까.

유상(儒相)의 경우는 그가 처음에 올린 차자에서 비록 '복위 초기에 사헌부의 수장으로 있던 자가 의심쩍게 여겨 상소하려고 하였다.'라고 하였지만, 그의 논척에 신임 등의 말과 같은 것은 없었습니다.

42 상소를……일 : 희빈(禧嬪)의 호칭을 낮추라는 비망기가 내려지나 저자가 숙부 서문중(徐文重)과 함께 "사체(事體)를 중하게 해야 한다.'는 뜻의 소장을 지으려다가 중지한 일을 말한다.

그 후에 진달한 계사에서는 '신이 서울에 들어온 뒤에 그 일에 관하여 들어보니 전한 자의 말과 같지 않았지만, 공의(公議)가 이와 같았기에 대간의 계사를 따르지 않을 수 없습니다.'라고 하였고, 오래지 않아 곧바로 서용을 청하였습니다. 또 유상은 신에게 종숙(從叔)이 됩니다.[43] 그의 덕과 학문은 신이 평소에 존경하고 본받는 바이니, 친척으로 보면 높은 항렬이고 정의로 보면 두터운 사이입니다. 당시의 일이 비록 잘못 들은 데서 나온 것이지만 신의 사사로운 의리상 침범하는 말을 결코 함부로 낼 수가 없었습니다. 다만 신이 작년에 올린 상소는 창졸간에 짓느라 말을 전환하고 글자를 놓는 사이에 분명하지 못한 점이 있었습니다. 지금 신임이 마침내 '유상의 일을 가리킨 것이다.'라고 하여 남의 뜻을 억측하고 은근히 이에 빙자하여 마치 신이 옮겨서 그 자신을 공격하는 것처럼 말하였으니, 그 뜻을 알 수 없는 점이 있습니다.

신이 애당초 누차 올린 상소에서는 '소장을 올리려던 것은 단지 지위를 낮추는 의절에 있었는데도 상소의 뜻이 뒤집혀 전해져 무리의 비방을 불렀다.'라는 말로 일찍이 간략하게 아뢰었습니다. 그런데 신임이 '도리에 어긋났다'는 말로 너욱 협박하여 말이 몹시 무도함에 이르렀으니, 그렇다면 마주 변론한 신의 상소의 말에 어찌 전후로 경중의 차이가 없을 수 있겠습니까.

신은 용렬하고 우매하여 그 언론이 채택하기에 부족하고 평소에 매우 가까이 지내는 당우(黨友)도 없으니, 대체로 세상에서 의지하

43 유상은……됩니다 : 유상은 박세채(朴世采, 1631~1695)로, 저자의 모친과 박세채가 이종사촌이다.

고 따를 곳 없는 외로운 사람입니다. 신이 남에게 말할 적에 본디 성을 내거나 욕을 한 적이 한번도 없건만, 지금 신임은 도리어 힘없고 약한 사람으로 자처하면서 사대부의 풍습으로 꾸짖으니, 신이 마음속으로 스스로 따져보아도 또한 이에 대하여 한번 웃지 않을 수 없습니다.

신은 몸에 쌓인 병이 있어 벼슬에 나아가 힘을 펼칠 길이 전혀 없는데다 많은 사람들의 비난이 가해져서 더욱 위축된 처지입니다. 지금부터 구석진 곳에 처하여 한가로이 지낸다면 미천한 몸을 조섭하여 살길을 찾을 수 있고 또한 위태로운 길에서 넘어지는 것을 면할 수 있을 것입니다. 이는 처음부터 끝까지 생성해주는 성조(聖朝)의 은택이니 신이 크게 바라는 바입니다.

삼가 바라건대, 자애로우신 성상께서는 지극히 간절한 신의 마음을 굽어살피시어 신의 본직과 겸직을 아울러 떼어내어 사람들의 말에 답하고 개인적인 분수를 편안하게 해 주신다면 매우 다행이겠습니다."

하니, 답하기를,

"상소를 보고 잘 알았다. 신임의 위험한 말은 신경 쓸 것이 없으니 경은 사양하지 말고 속히 직임을 살피라."

하였다.

성인을 배알하는 길일을 뒤로 물려 정하기를 청하는 소 7월

請退定謁聖吉日疏 七月

"삼가 아룁니다. 시학(視學)[44]의 성대한 일이 기근으로 인해 정지된 지 오래이니, 이번에 날짜를 정해 거행하는 것을 그만 둘 수 없습니다. 다만 생각건대, 근래 도성에 역질(疫疾)이 크게 돌아 여항에 전염병의 기운이 치성하여 거의 한 곳도 깨끗한 곳이 없습니다. 사람들이 모두 위태롭게 여기고 두려워하여 아침저녁을 보장할 수 없을 지경이니, 그 놀란 마음과 참담한 광경은 거의 신해년(1671, 현종 12)의 상황과 다름이 없습니다. 지금 서늘한 기운이 조금 생겨나고 있지만 한결같이 더욱 치성하여 조금도 그칠 형세가 없다고 합니다.

지금과 거둥할 길일 사이에는 비록 많은 날짜가 남아있지만, 이런 역병이 일어난 것은 실로 대단한 변괴이니, 한 달 사이에 곧바로 안정된다고 기필하기 어렵습니다. 교문(橋門)[45]에 혼잡하게 모인 경외의 만 명에 가까운 선비들 및 배위(陪衛)하는 수많은 군병이 어찌 사람마나 모두 깨끗할 수 있겠습니까. 역병에 길린 반촌(泮村) 사람을 즉시 내보내고 엄하게 벽제(辟除)한다고 해도 깨끗하지 못할 염려가 여전히 남아있으니, 이러한 때에 거둥하여 납시는 것은 결코

44 시학(視學) : 왕이 성균관에 나아가 유생들의 공부 상황을 돌아보는 일로, 이때 석전제(釋奠祭)을 지내고 유생을 시험하여 인재를 뽑았다.

45 교문(橋門) : 성균관 주위의 사방의 문을 가리키는데, 문들이 모두 다리를 지나서 통과하도록 되어 있어 이렇게 이름 붙인 것이다.

불가한 줄 압니다. 마땅히 시학의 예를 조금 물려 9월에 길일을 정하게 하고 그때에 다시 형세를 살펴 대처하는 것이 신중하게 몸을 보전하는 방도에 부합될 듯합니다.

또 이번에 시행하는 무과 초는 규구(規矩)가 자못 느슨하여 외방의 무사가 필시 많이 모여들 것입니다. 이렇게 역병이 널리 퍼진 때에는 병에 전염되는 것을 형세상 면할 수 없으니, 도성에 새로운 곡식과 묵은 곡식이 이어지지 않을 즈음 주인과 손님이 모두 곤란을 겪는 걱정 정도가 아닙니다. 속히 날짜를 뒤로 물려서 먼 지방 사람들로 하여금 일찍 알게 해야 합니다. 병조 판사가 아직 출사하지 않았고 내의원에서 아직 품달(稟達)하지 않은 일이지만, 신이 이에 대하여 구구한 염려가 있어 감히 이렇게 우러러 아룁니다. 삼가 바라건대 재결하소서."

하니, 답하기를,

"상소를 보고 잘 알았다. 상소의 말이 이러하니, 해조(該曹)로 하여금 9월 보름 사이로 택일하게 하겠다."

하였다.

대제학을 사직하는 소 8월

辭大提學疏 八月

삼가 아룁니다. 우매한 천신(賤臣)이 바다와 같은 성상의 은혜를 받아 그간 역임한 자리가 모두 청화직이었으니 어느 자리인들 분수 밖의 직임이 아니겠습니까. 그러나 너무나 외람되게도 전혀 가당치 않게 제수되어 사람들의 기대에 어긋나고 관직을 더럽히게 된 것이 오늘 문형(文衡)의 직임에 이르러 극에 달하였습니다. 삼가 명을 들은 이래로 혼란스러운 감정이 오래도록 진정되지 않아 남을 대함에 얼굴에서 땀이 흐르고 자신을 돌아봄에 정신이 떨렸습니다. 곧바로 담장을 따라 달아나고 싶었지만[46] 그렇게 하지 못하고 여러 날 머뭇거리며 오직 비판하는 논의가 일어나기만 기다렸는데 아직까지 듣지 못하였습니다. 이에 부득이 우러러 밝으신 성상께 번거롭게 아뢰어 일찍 처분을 내려주시길 바랍니다.

삼가 생각건대, 신은 타고난 자질이 둔하고 용렬하여 전혀 재능이 없는데다 젊은 시절에 학문을 그만두어 경의(經義)와 사장(辭章)에 하나같이 어둡습니다. 그 외에 응당 읽어야 할 책도 손으로 만지지 못하고 눈으로 보지 못한 것이 많은 탓에 식견이 부족하고 비루하여

46 담장을……싶었지만 : 벼슬을 사양하고자 한다는 뜻이다. 공자의 선조인 정고보(正考父)는 세 차례 벼슬이 승진하는 삼명(三命)을 받자 그럴수록 더욱 공손하였다. 그의 사당에 있는 정(鼎)에 새겨진 명(銘)에 "첫 번째 벼슬을 받자 머리를 숙였고, 두 번째 벼슬을 받자 몸을 굽혔고, 세 번째 벼슬을 받자 허리를 굽히고는 길 가운데를 피해 담장을 따라서 달아났다."라고 한 데서 온 말이다. 《春秋左氏傳 昭公7年》

왕왕 글자도 잘 구분하지 못했고, 중년 이후로는 병들고 근심에 차서 정신이 쇠락하여 터럭만큼 기억했던 것도 거의 다 잊어버렸습니다. 간혹 명에 응하거나 급한 일에 부응하여 글을 짓게 되면 생각이 막히고 매끄럽지 못하여 번번이 졸렬함이 드러났으며, 평범한 편지조차도 조금 논하고 따지는 일이 있으면 글을 구상함이 삭막하여 거의 붓이 썩을 지경에 이르렀으니,[47] 그 엉성하여 문재(文才)가 없는 실상이 이것이 그 대략입니다. 이는 단지 신 스스로 알고 스스로 헤아림이 매우 상세할 뿐만이 아니니, 온 조정의 사람들이 그 누군들 알지 못하겠습니까. 인재 부족으로 인해 사관(詞館)의 직임에 제수된 것이 그간 두 차례나 되어 비웃음을 받음이 이미 많은지라, 정녕 뻔뻔한 얼굴로 적임자 대신 행하는 것이 깊이 두려웠는데, 더구나 이 대제학의 중임은 어찌 꿈에서라도 생각한 바이겠습니까.

생각건대, 이 삼관(三館)의 직임은 문병(文柄)을 잡아 종장(宗匠)이라 일컬어지고, 사명(辭命)을 주관하여 많은 선비들의 표본이 되는 자리이니, 그 직임의 중요함이 어떠합니까. 반드시 문장과 학식이 모두 넉넉하고 명망과 실상이 모두 높아 한 시대의 추앙을 받는 사람을 신중하게 택하여 중하게 맡겼으니 이는 조종조(祖宗朝) 이래로 이미 그러하였습니다. 인재가 날로 줄어들어 비록 옛날에 미치지 못하지만 지금 나이 많고 덕이 높은 선배들과 맑은 명성을 지닌 경재(卿宰)로서 문망

47 붓이……이르렀으니 : 시문(詩文)을 지을 때 너무 오래 구상함을 뜻한다. 《문심조룡(文心彫龍)》 권6 〈신사(神思)〉 “사마상여(司馬相如)는 붓을 입에 물고 너무 오래 생각하다 붓이 썩었고, 양웅은 붓을 멈추고 오래 있다가 꿈에서 깨듯 눈을 떴다.〔相如含筆而腐毫, 揚雄輟翰而驚夢.〕”라고 하였다.

(文望)을 두터이 지니고 여론에서 인정한 자들이 몇 사람 정도일 뿐만이 아닌데, 신처럼 본래 문예와 학업도 없고 본래 자급과 인망도 얕은 자를 갑자기 등급을 건너뛰어 앞자리에 두시니 무슨 선임이 이렇단 말입니까. 단지 시학(視學)을 앞두고 있다는 이유로 서울에서 별탈없는 사람을 취하여 구차하게 의망하고 돌아보지 않은 것이니, 이처럼 가볍게 제수하는 것은 3백년 이래로 없는 일인 듯합니다.

우러러 생각건대, 잘못된 선발에 대중들이 반드시 놀랄 것이요, 제 스스로 따져보아도 차지해서는 안 될 자리이니 일을 망칠 것이 뻔합니다. 이는 국가에 있어 관계된 일이 작지 않으니 단지 미천한 신의 개인적인 분수가 두려운 정도일 뿐이겠습니까. 신은 차라리 명을 어겨 죄를 무겁게 받을지언정 결코 감히 뻔뻔스럽게 명을 받들어 총애를 무릅쓰고서 큰 직임을 맡아 사람을 임용하는 우리 성상의 밝음에 누를 끼치고 관곽에서 문장을 주관하는 중임을 욕되게 할 수 없습니다. 이 말은 진정에서 나온 것이니 어찌 감히 터럭만큼도 거짓으로 꾸미겠습니까.

또 신에게는 구구한 사정이 있기에 번거로움을 피하지 않고 사랑으로 덮어주시는 성상께 우러러 아뢥니다. 신이 평범한 가문의 외로운 사람으로 일찍이 화를 겪어 본래 세상에 나가 벼슬할 생삭이 적었지만 그저 작은 녹을 구하여 외람되게 벼슬길에 올랐습니다. 스스로 돌아보건대 터럭만한 장점도 없는데 밝은 시대를 너무나 많이 속여 무턱대고 올라간 것이 이미 극에 달하였습니다. 게다가 한 집안에서 받은 벼슬이 지나치게 성대하였기에 금세 넘어지고 재앙을 불러 위로는 성조의 은혜를 저버리고 아래로는 선조의 훈계를 추락시킬까 항상 두려웠습니다. 그런데 지금 새로 제수 받은 총명(寵命)은 더욱 분수에 얻을 수 있는 것이 아니요 광영이 이미 심하니, 복이 지나치면 재앙을 부르고 그릇이 가득차면 넘치는 것이 필연적인 이치입니다. 재주 없는 몸이 장차 이 직임을 감당할 수 없을 것이니, 이는 신 한 몸에게 일찍 죽도록 재촉하는 꼴입니다. 지극히 어진 성상의 교화에 어찌 손상이 있지 않겠습니까. 말이 여기에 미치니 더욱 두렵고 떨립니다.

삼가 바라건대, 천지부모와 같으신 성상께서는 신의 절박한 간청을 헤아리고 신의 노둔한 실정을 살피시어 새로 내린 명을 속히 거두어 훌륭한 인재에게 다시 제수하여 그릇된 정사가 오래 가지 않게 하고 문단 맹주의 선발이 가벼워지고 손상되지 않게 하신다면 공적으로나 사적으로 매우 다행이겠습니다. 신은 지극히 두려운 마음으로 간절히 바랍니다.

두 번째 소 9월

再疏 九月

삼가 아룁니다. 신이 피를 쏟아 성상께 호소하여 모기가 태산을 짊어지는 것처럼 감당할 수 없는 직임에서 벗어나기를 바랐습니다. 이는 나라의 체모가 관계되고 공론이 달린 바이니 즉시 윤허를 받아 전혀 가당치 않은 직명에 시일을 끌며 몸이 매여 있게 되지 않으리라 생각했는데, 삼가 비답을 보니 도리어 신을 타이르는 말씀이 있고 허락받지 못했습니다. 신이 이에 더욱 깊이 두렵고 떨려 눈물과 땀이 함께 흘렀습니다. 답답한 심정이 극에 달하여 그칠 줄 모르고 감히 이렇게 죽음을 무릅쓰고 재차 호소합니다.

문장을 주관하는 직임의 중대성이야 어찌 신의 말을 기다릴 필요가 있겠으며, 밝으신 성상께서도 어찌 이를 가볍게 여기시겠습니까. 예로부터 어렵게 여기고 신중하게 선발하는 직임이었기에 극선(極選)이라 일컬어졌습니다. 반드시 평소에 인재를 기름이 있어야 사람들의 기대가 흡족하게 되고, 전적으로 문장 실력만으로 취하지 않아야 선비들이 본받는 바가 있으니, 왕의 계책을 아름답게 수식하고 문풍(文風)을 일으키며 사명(辭命)을 잘 짓고 선비들의 추향을 바르게 하는 것이 모두 대제학의 직임이기 때문입니다. 만일 학문이 깊고 문장이 넉넉하여 한 시대가 추중하는 명망을 지닌 자가 아니라면 이 직임을 능히 감당하기에 부족합니다. 대제학에 선발되었던 선배들을 차례로 살펴보건대, 문장력을 지닌 명경(名卿)을 당당하게 꼽을 수 있습니다. 간혹 적임자가 아닌 사람이 함부로 그 사이에 끼었던 경우엔 문단에 수치를 끼쳤을 뿐만 아니라, 또한 위로 조정에 누를 끼쳤으니, 이것이 어찌 그 관계됨이 작은 일이겠습니까.

학문과 문장이 부족하여 본디 명망이 없는 신의 실상에 대해서는 이미 앞서 올린 소(疏)에서 대략 아뢰었고, 미천한 종적이 외람되게도 근신의 반열에서 오랫동안 모셨기에 성상께서도 이미 신에 대해 남김없이 알고계시리라 생각됩니다. 가령 신이 조금 글 짓는 재능이 있다 하더라도 본디 이 직임에 의망해서는 안 되는데, 더구나 노둔한 자질이 사장(詞章)을 익히지 않아 성률(聲律)을 맞추는 문장이나 변려문 같은 것은 더욱 알지 못합니다. 이것을 익히지 않은 자가 관각의 직임을 함부로 차지해서는 안 되니 옛 일에서 찾아보더라도 사리가 매우 분명합니다.

예원(藝苑)의 직임을 유지하고 있는 것도 진실로 이미 남취(濫吹)[48]의 부끄러움이 있는데, 더구나 문단의 맹주 자리에 어찌 일부분이라도 비슷한 점이 있겠습니까. 근래에 갑자기 추천받아 급박한 상황에 제수되는 바람에 숙망(宿望)이 있는 두 세 사람을 뛰어넘었습니다. 이에 일의 체모가 구차해져서 관직이 하찮게 되어 버렸으며 문단이 실망하여 장차 사방에서 반드시 사사로이 따질 것입니다. 미천한 신의 낭패야 참으로 말할 것도 못되지만, 성조(聖朝)에서 왕명을 빛내고 고아함을 숭상하는 아름다움과 나라를 빛내고 선비들을 인도하는 일을 장차 혼

48 남취(濫吹) : 능력도 없는 사람이 자리를 차지하고 있는 것을 말한다. 제(齊)나라 선왕(宣王)이 우(竽)라는 악기 소리를 좋아하여 악사(樂士) 3백 명을 불러 우를 불게 하였다. 남곽(南郭)이 부는 방법을 잘 모르면서도 여러 사람들 속에 끼어 불었기 때문에 탈 없이 넘어갔다. 그런데 민왕(湣王)이 등극하여 한 사람씩 불게 하자 속일 수가 없으므로 도망갔다는 고사가 있다. 《韓非子 內儲說上》

매하고 어두운 한 평범한 사람에게 요구할 수 있겠습니까. 감당하지 못할 줄 알면서도 우선 충원시킨다면 중대한 직임을 경시하는 것이요, 힘을 다해 노력하여 혹여 터럭만큼이라도 부응할 수 있다고 여긴다면 인재를 알아보는 우리 전하의 밝은 안목에 크게 누를 끼치는 것입니다.

아! 마음속에 쌓은 것이 없는 사람이 간혹 외면을 억지로 꾸며서 겁 많고 나약한 자가 기략(氣略)을 펼치고 엉성하고 우활한 자가 재주를 자랑하여 보고 듣는 자들이 쉽게 현혹되는 경우, 꼭 그 시대에 대번에 실패하는 것은 아닙니다. 그러나 문예에 이르러선 평소의 능력이 정해져 있고 대중의 평론이 따로 있어 사람들이 함께 바라봄에 그 능력이 대번에 드러나니 엄폐하여 스스로 힘쓸 수 있는 것이 아닙니다. 신이 어찌 감히 다 드러내어 힘껏 사양하지 않아 끝내 자신을 속이고 위로 임금을 속이는 데 이르겠습니까.

문장은 재능에서 나오는 것입니다. 이 때문에 존엄한 군주의 명으로도 능하지 못한 것을 억지로 강요할 수 없습니다. 문장은 작은 기예입니다. 이 때문에 만약 조금의 장점이 있다면 굳이 사양하여 거하지 않을 필요가 없습니다. 신이 이에 대하여 만일 발돋움하고 힘써서 조금이라도 직임을 수행할 수 있다면 몸에 높은 영화를 누리는 것이 신하된 자의 지극한 소망이건만 은혜로운 명이 내려오는데 무슨 마음으로 죽음을 무릅쓰고 감히 따르지 않는 것이겠습니까. 지엄한 명이 비록 두렵고 융숭한 은혜가 비록 감격스럽지만 난쟁이가 백 근을 짊어지고 노둔한 말이 먼 길을 달리면 몸이 꺾여 물건에 깔리고 달리다 쓰러지게 되는 것은 발꿈치를 들고 기다리지 않아도 알 수 있으니, 신이 차마 자신의 기량을 헤아리지 않고서 함부로 받기를 그만두지 않아 국사를 그르치게 할 수는 없습니다. 신이 새로운 명을 받은 이래로 한밤중에 생각할 때마다 스스로 놀라 두렵고 위축되어 감히 잠시도 편안하지 못했으니, 이는 진심에서 우러나온 말이지 실로 예양(禮讓)이 아닙니다.

삼가 바라건대, 밝으신 성상께서는 신의 간절한 심정을 굽어살피시어 속히 새로 내리신 명을 거두어 중대한 문형의 선발이 가벼이 무너지는 잘못이 없게 하고 우매한 천신이 부승(負乘)[49]의 재앙에서 벗어나게 해 주신다면 공적으로나 사적으로 매우 다행이겠습니다.

49 부승(負乘) : 재주가 직책에 걸맞지 않아서 우환을 초래한다는 뜻으로, 《주역》〈해괘(解卦) 육삼(六三)〉에 "짐을 지고 다녀야 할 처지인데 수레를 탄 격이라 도적을 불러오니, 정하더라도 부끄러우리라.〔負且乘, 致寇至, 貞吝.〕"라고 한 데서 온 말이다.

정호와 신임이 상소하여 배척한 일로 인해 사직하는 소 10월

因鄭澔申銋疏斥辭疏 十月

"삼가 아룁니다. 신이 어제 삼가 사간 정호(鄭澔)의 소본(疏本)을 보니 지난번 성균관 유생들의 일을 논하여 신이 성균관 유생들과 한통속이 되어 송상기(宋相琦)의 출사 길을 막고 있다고 하였고, 또 삼가 필선 신임(申銋)의 상소를 보니 신이 지난번에 올린 상소를 편벽되고 회피하는 말이라고 지목하였습니다. 두 상소의 질책이 대체로 간사하다는 제목이니, 신은 너무도 놀라고 두려운 심정을 금치 못하겠습니다. 신이 이에 다시 변론하려니 진실로 피로하고 지루한 데다 또 저 말하는 자들은 언설이 몹시 날카로워 오로지 능멸하고 짓밟는 것만 일삼기에 부딪치는 자가 쉽게 부서지니, 신은 차라리 묵묵히 변론하지 않고서 마음속으로 자책하고 잘못을 반성하여 아는 자들이 혹 이 마음을 살펴주기만을 기다리고자 합니다.

신이 매우 형편없는 몸이지만 간사하고 부정한 행동은 평소에 배우지 않았는데, 지금 같은 조정에서 시종의 반열에 있는 자들이 그 의심하고 욕하는 것이 이러한 지경에 이르렀으니, 신이 무슨 얼굴로 그대로 조정에 있으면서 그 죄를 보태겠습니까.

삼가 바라건대, 자애로우신 성상께서는 신의 간절한 마음을 살피시어 신의 본직과 겸직을 속히 떼어내어 외롭고 위태로운 종적으로 하여금 한가로운 곳에서 노닐며 더욱 깊은 죄를 짓지 않게 해 주소서. 신의 가장 큰 소망입니다."

하니, 답하기를,

이에 대한 비답은 다음과 같다.

“상소를 보고 잘 알았다. 성균관 유생들과 한통속이 되었다고 정호가 경을 의심한 것은 전혀 실정 밖의 일이니 내가 매우 옳지 않게 여긴다. 신임의 경우는 일평생 남을 공격하는 것으로 사업을 삼았으니, 어찌 깊이 혐의할 것이 있겠는가. 경은 사직하지 말고 속히 직임을 살피라.”

하였다.

민진후가 상소하여 배척한 일로 인해 사직하는 소 12월
因閔鎭厚疏斥辭疏 十二月

삼가 아룁니다. 신이 삼가 들으니, 형조 참의 민진후(閔鎭厚)가 외방에서 올린 봉소(封疏)에서 지난날 그가 간원에 재직할 때 신에 대해 논했던 일을 거론하여 신의 지난 잘못을 그냥 두지 않고 재삼 말하였는데 상소 전체의 말뜻이 오로지 신에게 있어, 신이 대각(臺閣)이 경계한 말에 깊이 노여움을 품었다고 하였습니다. "스스로 벗어나기에 급급하였다."거나 "재신(宰臣)의 노여움에 부딪쳤다."는 등의 말은 이미 지극히 공평하지 못하고, "국가의 체통이 가벼워진다."는 말에 이르러서는 신을 죄줌이 더욱 심하니, 신이 비록 전체 소본(疏本)을 보지는 못했지만 극히 두렵고 의아한 마음을 금치 못하겠습니다.

이 일의 곡절은 밝으신 성상께서 이미 통촉하고 계실 것이고 신 또한 말하기 지루하니 어찌 감히 다시 시끄럽게 변론하겠습니까마는 그렇다고 또한 어찌 한마디 말도 없이 묵묵히 있을 수 있겠습니까.

신은 본래 엉성하고 우매하여 시세를 알지 못합니다. 일을 파악하는 능력이 본디 부족하고 편당지어 날카롭게 공격하는 논의를 익히지 않았고 보잘 것 없는 제 마음이 항상 흠모하고 기약하는 것은 오직 옛 철인의 "나의 마음은 저울대와 같다."[50]는 말이었습니다.

당시 성균관 유생의 일[51]과 관련하여, 신이 편안하지 못하여 스스로

50 나의……같다 : 제갈량(諸葛亮)이 한 말로, "내 마음은 저울과 같아서 남을 위하여 경중(輕重)을 조작할 수 없다."라고 하였다.

물러날 뜻을 두었던 것은 새로 제수된 대사성에 대하여 핍박한다는 혐의가 있을까 염려해서일 뿐이지, 먼저 다그치고 몰아내는 계책이 있는 줄 알지 못했습니다. 신의 본 뜻은 시학(視學)이 임박한 때에 학궁(學宮)에 소란이 생기는 것이 심히 염려되었고, 또 그 당시 본관(本館)의 당상이 모두 일이 있고 신은 대제학에 새로 제수되어 망연히 어찌할 바를 모르는 상태였기에 혹 이러한 때에 성균관에 일이 생겨 명을 받들기에 곤란한 근심이 생길까 두려웠습니다.

송상기(宋相琦)는 신의 친한 벗으로, 그 문학의 재주는 신이 평소에 추앙하고 복종하는 바입니다. 신이 늘 문식(文職)이 그만 못함을 느낄 때마다 재주도 없이 그보다 앞자리에 있는 것이 매우 부끄러웠기에 그가 성균관 대사성이라는 꼭 맞는 자리에 속히 나아가고 체차되지 않기를 바랐습니다.

또 생각건대, 신이 지관사(知館事)로 옮겨 제수되기 전에 오랫동안 관임(館任)을 지니고 있었으니 국외(局外)의 사람과는 같지 않습니다. 사석(師席)이 일로 인해 유생에게 말을 전하는 것은 본디 이러한 규례가 있고 신 또한 일찍이 누차 그렇게 하였습니다. 은미하게 말을 전하여 그들을 막은 것이 진실로 여기에서 나온 것이지만 말단의 어지러운 상황은 실로 일찍 살피고 깨닫지 못했습니다. 만약 신이 남의 말을 가볍게 믿고서 지나치게 염려하여 경솔하게 행동했다고 한다면 신은 진실로 감히 그 잘못을 피할 수 없습니다. 그런데 대신(臺臣)이 신을

51 성균관 유생의 일 : 1698년(숙종24) 9월에 송상기(宋相琦)가 성균관 대사성에 제수되자, 윤증(尹拯)을 따르던 성균관 유생들이 송상기가 일찍이 윤증을 공격하는 상소에 참여하였다는 이유로 배척하면서 권당(捲堂)을 결의했던 일이다.

논한 말에는 '크게 놀라운 일이다, '매우 노했다', '깊이 의심하였다'고 지목하여 죄안을 만들었으니 이것이 어찌 신의 실정이겠습니까.

유생 무리들이 비록 지나친 논의가 있었지만 그들이 편안히 있기 어려웠던 것이 또한 근거가 없지 않았고 그들이 명분으로 삼은 것이 일찍이 스승을 내치는데 있지 않았습니다. 그렇다면 학궁을 조사하는 것은 조정에 있어서도 대단히 잘못된 일이 되는데, 하물며 사유(師儒)의 자리에 있는 자가 대번에 먼저 의심하여 그 실정을 끝까지 조사하여 죄를 주는 어찌 이런 도리가 있단 말입니까. 민진후의 뜻은 자신이 처지가 바뀌면 절대 하지 않을 일을 남에게 이처럼 쉽게 요구하는 것이니, 이것이 신이 상소에서 '억지로 강요한다〔抑勒〕'고 말한 이유입니다.

신은 선배들이 친한 붕우 간에 일에 따라 규핵하여 조금도 용서하지 않으면서도 피차의 정의가 즐거워 절대 터럭만큼의 불쾌함도 지니지 않는 것을 볼 때마다 마음으로 몹시 부러웠고, 이러한 도를 이 세상에서 더 이상 볼 수 없음이 몹시 개탄스러워 매번 동료와 벗을 대할 때마다 "우리들이 응당 서로 이러한 의리로 권면해야 한다."고 말하였습니다. 신이 비록 몹시 불초하지만 어찌 감히 문비(問備)[52]에 들었다고 하여 언관에게 서운한 감정을 품고서 조정의 사체를 생각하지 않겠습니까. 더구나 이 일은 참으로 신에게 잘못이 있었기에 자책하는 상소에서나 남에게 말을 할 적에 매번 제 자신을 허물하고 감히 남을 탓하지 않았습니다.

52 문비(問備) : 죄과가 있는 벼슬아치에 대하여 사헌부의 관원이 서면으로 심문하는 일을 말한다.

민진후는 신과는 한 집안의 의리가 있어[53] 어려서부터 서로 친하였고 정분도 얕지 않습니다. 그가 신에 대해 논할 때에 신은 막 사헌부에 제수되어 들은 것이 없었고 지엄한 소명에 쫓겨 거의 억지로 대각에 나아갔을 때라, 신이 친한 벗을 만났을 때에 "서로 친한 사이에 알려주는 것이 무방한데 아무개 영감은 어찌 나를 박하게 대하는가?" 라고 과연 말했는데, 민진후가 혹 잘못 듣고서 아울러 이것을 말한 듯합니다.

근래 조정이 매우 안정되지 못하여 그 여파가 널리 퍼져 그치지 않으니 세도(世道)에 대해 깊이 우려됩니다. 그 처음을 따져본다면 모두 신이 당시 일에 대해 잘못 생각한 데서 기인하니, 신이 비록 조정 반열에 뻔뻔스럽게 있지만 늘 몹시 부끄럽고 두려워 몸 둘 곳이 없었습니다. 지금 민진후의 말이 또 신을 무겁게 배척하면서 이끌어 나아가기 어려운 단서로 삼았습니다. 이에 신의 처지가 배로 위축되고 신의 죄가 더욱 다시 드러났으니 어찌 감히 태연히 조정에 웅크리고 있겠습니까.

삼가 바라건대, 밝으신 성상께서는 속히 신의 직명을 파직하여 드러나게 내쫓으시고 이어 신이 대각을 경시하고 헐뜯어 조정을 존엄하게 하지 못한 죄를 다스리신다면 매우 다행이겠습니다.

53 민진후는……있어 : 민진후는 저자의 외숙인 이단상(李端相)의 사위이다.

어버이의 병을 이유로 심정을 아뢰어 사직을 청하고 이어 더 이상 직임에 제수하지 말라고 청하는 소 을묘년(1699, 숙종25) 2월

以親疾陳情乞解仍請不復除職疏 己卯二月

삼가 아룁니다. 신이 비록 지극히 미천하지만 성상의 교화 속에 살고 있는 한 사람입니다. 오랫동안 근시(近侍)의 반열에 있었으니 성상께서는 반드시 신으로 하여금 제 자리를 얻지 못하게 하고 싶지 않을 것입니다. 신에게는 답답하고 절박한 사정이 있으니 이를 사랑으로 덮어주시는 성상께 한번 호소하지 않으면 그 심정을 펼 때가 없으리라 생각됩니다. 이에 감히 번거롭고 외람됨을 피하지 않고 만 번 죽음을 무릅쓰고 진심을 쏟아내어 성상께서 불쌍히 여기고 살펴주시기를 바랍니다.

신의 편모는 나이가 올해 일흔한 살입니다. 타고난 신체가 허약하여 본래 수십 년 동안 고질을 앓은 데다 중간에 상화(喪禍)를 겪고는 비쩍 마르고 파리하여 침상에 몸을 맡기고 단지 약으로 연명하고 있는데, 작년 여름과 가을에 몇 달 동안 위독한 병을 앓았습니다. 이후로 원기가 더욱 빠져나가고 정신이 더욱 가물거려, 앉거나 누울 때 항상 옆 사람의 힘을 빌려야 하고 정신 의식도 겨우 눈앞의 것만 분별합니다. 하루 동안 단지 몇 숟가락의 죽에만 의지하는데 위독한 증상이 한 달에 서너 번씩 일어나 아침저녁을 보장할 수 없을 정도로 위태로운 상황이 왕왕 있었습니다.

신은 외아들로서 다른 형제도 없이 형체와 그림자만 외롭고 쓸쓸하니, 모친을 돌보는 일은 신의 몸 이외에는 아무도 없습니다. 이러한 정리는 보는 자들이 모두 위태롭게 여기고 불쌍히 여깁니다. 만일 신에게 옛 사람의 효성이 조금이라도 있었다면 이전부터 반드시 단 며칠이라도 모친 곁을 떠나 영화로운 이름을 탐하여 벼슬길에 달려 나가지 않았을 겁입니다. 다행이도 근래에 아들이 장성하여 신이 비록 집을 나와도 조금 믿을 곳이 있었는데, 지금은 온 집안이 전염병에 걸린 뒤끝에 아들이 고질을 앓아 인사가 모두 단절되었고 모친의 병은 날로 더욱 심해졌습니다.

신이 조정에서 맡은 일이 비록 중요한 직임은 아니지만 외람되게도 여러 부서의 직임을 많이 지닌 터라, 실로 티끌과 이슬만큼도 보답하지 못하면서 공무에 나가는 일이 항상 많았습니다. 총질(寵秩)이 분수를 넘어 근심과 두려움에 마음이 타들어갈 뿐만 아니라, 한번 집을 나서면 마음이 항상 심란하고 돌아와 모친의 병상을 보면 그때마다 두려운 생각이 들어 늦게 돌아온 것을 후회하였으니, 이 때문에 평소에 근심걱정으로 한번도 미간을 펴지 못했습니다. 신의 처지가 이러하니 오히려 어찌 노둔한 몸을 책려하여 일을 변별하고 생각을 내어 국사에 종사할 수 있겠습니까. 매번 한밤중에 깊이 생각하고 스스로 슬퍼서 간혹 눈물을 흘렸으니 신의 처지가 매우 슬프다고 하겠습니다.

신의 무능력은 실로 견주어 비교할 데가 없습니다. 밝은 조정에 신이 머물고 떠나는 일은 발해(浡海)의 네 마리 기러기[54] 정도가 아니니,

54 발해(浡海)의……기러기 : 강이나 바닷가에는 수많은 새들이 날아갔다 날아오니 오리나 기러기 한 마리가 날아오거나 갔다고 해서 많아지거나 줄어드는 것이 아니듯이, 벼슬길에 나아갈 사람은 매우 많으니 존재감 없는 몇 사람이 가고 오는 것은 아무 상관이

결코 조금도 애석할 리가 없습니다. 신으로 하여금 구구한 소망을 이루게 하신다면 성조(聖朝)의 은혜가 몹시 클 것이니, 신이 비록 조정 반열에 있지 않더라도 혹여 힘을 다해야 할 처지가 되면 어찌 분골쇄신하려는 마음이 느슨하겠습니까.

삼가 바라건대, 천지 부모와 같으신 성상께서는 굽어살피고 불쌍히 여기시어 신의 본직과 겸직을 모두 깎아내고 이어 다시는 신을 직사(職事)에 의망하지 않도록 전관(銓官)에게 명하여 신으로 하여금 편의대로 한가로이 지내며 약물로 병구완 하는 길이 중단되어 후회하는데 이르지 않도록 하여 자식의 망극한 정을 펴게 하신다면 이는 참으로 처음부터 끝까지 생성해주는 은택입니다. 신은 눈물을 흘리며 지극히 바랍니다.

또 신이 지니고 있는 대제학의 직임은 더욱 분수 밖의 직임입니다. 당초 조정에 인재가 없어 제수한 것이지, 어찌 일찍이 신이 맡을 만하다고 여겨서이겠습니다. 신이 담장을 따라 힘써 피하지 않고 엄명에 쫓겨 어리석음을 무릅쓰고 명을 받든 것이 또한 어찌 오랫동안 차지하려는 생각이 있어서이겠습니까. 시의(時議)에서도 또한 "이는 한때 임시로 맡은 것과 같으니 오래지 않아 반드시 자처하는 바가 있을 것이다."라고 여겼을 것입니다. 그런데 스스로 시간을 끌어 즉시 벗어나지 않고서 지금 이미 6,7개월이 되었습니다. 중요한 응제(應製)는 우선

없다는 뜻이다. 양웅(揚雄)의 〈해조(解嘲)〉에서 "벼슬길에 오른 자는 청운에 들어가지만 벼슬길이 막힌 자는 구렁에 빠진다. 아침에 권력 잡으면 공경재상이 되고 저녁에 권세 잃으면 필부가 되니, 비유하자면 강호의 참새나 발해의 새는 네 마리의 기러기가 날아와 모여도 많아지지 않고, 한 쌍의 오리가 날아가 버려도 적어지지 않는 것과 같다."라고 한 데서 나온 말이다. 《漢書 卷87下 揚雄傳》

말할 겨를도 없거니와 외국과 주고받는 문서에 대하여 신의 재주와 능력이 감당할 수 없으니 비단 손가락에 피만 내는[55] 부끄러움이 있을 뿐만이 아닙니다. 더구나 앞으로 과시(科試)가 거듭 예정되어 있어 가려내어 뽑는 일이 중요한데 물망이 쌓여 제수할 만한 사람이 따로 있을 것이니, 신과 같은 자가 어찌 오랫동안 이 직임을 차지하고서 누를 끼치는 죄를 보태서야 되겠습니까. 신이 이 직임을 맡은 이래로 마치 천 균의 무게를 등에 짊어지고 산을 머리에 이고 있는 듯하여 잠자는 시간 외에는 한시로 편안한 적이 없었으니, 이는 참으로 천지신명이 통촉하는 바입니다. 또한 바라건대, 밝으신 성상께서도 더욱 일찍 처분을 내리시어 문원(文苑)을 더욱 중하게 하고 여론에 서운함이 없게 하신다면 매우 다행이겠습니다.

신이 이 소장을 지은 지 오래되었습니다만, 성상의 체후가 연이어 조섭 중에 있어 조정에서 문후하는 예가 있었기에 감히 어리석음을 무릅쓰고 사사로운 심정을 아뢰지 못하고 답답한 마음으로 참고 기다렸습니다. 지금은 신의 병증이 또 위독하여 자리에 누워 위태롭게 지내고 있으니 실로 힘을 펼칠 가망은 없고 혹시라도 갑자기 죽어 구덩이를 메울까 두렵기에 문득 감히 상상께 마음속의 생각을 다 아룁니다. 삼가 바라건대, 곡진히 애처롭고 불쌍하게 여기시어 속히 신의 청을 허락하여 성세(聖世)에 제 자리를 얻지 못하는 사람과 그 소망을 이루지 못하

55 손가락에 피만 내는 : 문장에 능하지 못하여 문장을 짓는 데 매우 힘이 든다는 뜻이다. 한유(韓愈)의 〈제유자후문(祭柳子厚文)〉에 "솜씨가 없는 장인(匠人)은 나무를 다듬는 데 능하지 못하여 손가락에 피가 흐르고 얼굴에 땀이 흐르도록 고생한다.〔不善爲斲, 血指汗顔.〕"라고 한 데서 나온 말이다.

는 자가 없게 하소서. 신은 성상을 우러러 지극히 애타고 간절한 마음을 가눌 길이 없습니다.

우참찬을 사직하는 소 신사년(1701, 숙종27) 6월

辭右參贊疏 辛巳六月

상중에 있을 때이다.

삼가 아룁니다. 참혹한 일을 겪은 신의 남은 목숨은 이미 살아갈 뜻이 끊어졌고 질병이 심하여 언제 죽을지도 모르는 처지라, 은혜로운 제수가 내려도 달려가 받들 길이 없기에 부득이 부모와 같은 성상께 진심을 쏟아 호소하였습니다. 신의 위급하고 절박한 사정은 의당 불쌍하게 여겨 살펴주실 바인데 삼가 비지를 받드니 신의 간청을 허락하지 않고 오히려 의정부 우참찬의 직명을 신의 몸에 짊어지게 하였습니다. 신이 시골집에서 땅에 엎드려 공경히 명을 받음에 두렵고 근심스러워 눈물이 뒤따르고 더욱 어찌할 바를 모르겠습니다.

신이 정성이 천박하고 문자가 소략하여 성상을 감동시키지 못해 밝으신 성상께서 혹 의례적인 사양이라고 여기셨다면 이는 참으로 신의 죄입니다. 지금 신이 명을 따르지 못하는 것은 실로 한때 머뭇거리려는 계획에서 나온 것이 아니요, 감히 근래에 조정 사대부들의 은둔하고 나아가지 않으려는 행동을 따라하는 것도 아닙니다. 만약 만부득이한 사정이 아니라면 어찌 감히 스스로 성세(聖世)를 멀리하여 명을 거스르는 죄를 거듭 짓겠습니까. 신의 마음속에는 깊은 슬픔과 고통이 맺혀 있어 차마 다시 일어나 일반 사람들 속에 낄 수가 없습니다. 임금과 신하는 아버지와 아들과 같으니, 답답한 심정을 감히 다 말하지 않을 수 없습니다.

신이 작년에 모친상을 당하여 지금 상중에 있는데 맏아들이 요절하였고 또 잇달아 그의 열 살 된 아들이 죽었으니, 일 년 사이에 신의 3대가 죽었습니다. 가운(家運)이 무너지고 승계(承繼)가 끊어졌으니 세상에 또 신처럼 지독한 화변을 당하고 고통스러운 심정을 지닌 사람이 있다는 말을 듣지 못했습니다. 어찌 그 질병이 모두 구제할 수 없어서 이렇게 된 것이겠습니까. 신의 몸이 악행을 쌓아 신명(神明)의 이치에 죄를 지었는데 하늘이 우연히 신의 몸에 죄를 주지 않고 지독한 재앙이 이와같은데 이른 것입니다. 또 신이 본래 운명이 기구하고 박복한 사람인데 영화로운 복록이 지나치게 성대하여 실로 분수를 넘었으니, 차고 넘치는 것은 기울어지는 것이 보편적인 이치입니다. 그렇다면 이러한 재앙은 거의 모두 신 자신이 불러들인 것입니다.

신이 참으로 효성스럽지 못하여 모질게도 죽지 못하고 오히려 말하고 먹으면서 지금까지 살고 있지만 심장이 쪼개지고 오장이 꺾여 사람의 몰골을 이루지 못하고 하늘과 땅을 보기 부끄러워 다시 세상에 설 수 없습니다. 오직 바라는 것은 종석을 감추고 스스로 폐기되어 무덤 아래에서 명을 마치는 것뿐입니다. 이런 간절한 마음은 신명이 굽어 살피고 있으니 오히려 어찌 다시 은총과 영화를 입을 생각을 하겠습니까.

그러나 이는 오히려 신의 개인적인 심정일 뿐입니다. 가령 신의 정력이 조금 남아있어 아직도 스스로 힘쓸 수 있다면 상제(喪制)가 끝나고 그대로 공무를 전폐하는 것은 본연의 도리가 아니요, 높은 직위에 있으면서 갑자기 편히 쉬기를 생각하는 것은 또 분수와 의리상 감히 낼 수 없는 생각입니다. 신이 비록 미혹하지만 어찌 그 사이에서 힘쓸 생각을 하지 않겠습니까.

다만 미천한 신의 몸은 신체가 허약하여 일찍 노쇠한 데다 온갖 질병이 몸을 감싸고 있으니, 오늘날의 초췌하고 추악한 모습과 깊이 병들고 위태로운 증상을 감히 성상께 번거롭게 다 아뢸 수 없습니다. 무엇보다도 심성(心性)이 상실되고 정신이 빠져나가 막막하고 아득하게 혼이 몸에서 빠져나가 일상생활에서 번번이 헷갈리는 것이 많으니, 친한 벗을 대해서는 평소에 익숙했던 이름을 더러 잊어버리고 편지를 쓸 때엔 쉽게 알았던 글자를 대부분 기억하지 못합니다. 육신은 비록 살아 있지만 그 속은 이미 텅 비어 마음이 죽은 지 오래되었으니, 보는 자들이 모두 반드시 죽을 징후인 것을 알고 있습니다. 신 또한 세상에 부질없이 매여 있을 뿐 온갖 생각이 모두 식어버려 오직 아침이 아니면 저녁에 갑자기 목숨이 끊어지기를 기다릴 뿐입니다. 비록 책려하여 힘을 펴서 성상 가까운 곳을 출입하고 싶어도 그 형세상 참으로 할 수 없는 점이 있는데, 더구나 어찌 사리를 변별하고 생각을 내어 세상일에 이바지하기를 바라겠습니까.

신은 본디 어리석고 나약하여 뛰어난 재주가 하나도 없어 직임을 맡겨 부리는 수효에 들 수 없으니, 비록 이처럼 어려운 때라도 나아가 벼슬함에 필시 조금의 도움도 되지 못할 것입니다. 그런데도 몸이 경의 반열에 올라 산처럼 무거운 은혜에 보답할 기약이 없기에 마음이 답답하였습니다. 더구나 지금은 상기(喪期)를 마치자마자 은혜로운 명을 받아 감격하고 황송하여 죽을 곳을 모르겠으니, 어찌 서울에 나아가 궁궐을 바라보며 신하된 의리를 조금 펴기를 바랄 줄 모르겠습니까. 그러나 너무도 절박한 사정 이외에 질병이 이와 같아 쓰러져 누워 문밖을 나갈 수가 없으니 비록 수레에 실려 나아가고 싶어도 방도가 없습니다. 이에 감히 죽음을 무릅쓰고 거듭 지엄하신 성상께 호소합니다. 명을 거스른 죄가 쌓여 응당 무거운 견책을 받아야 하는데, 신이 감히 마음속의 생각을 다 드러내려는 욕심에 문자가 번다함을 면치 못했으니 더욱 죽을 죄를 지었습니다.

삼가 바라건대, 자애로운 성상께서는 절박한 신의 처지를 불쌍히 여기고 위독한 신의 병증을 살피시어 신이 새로 제수 받은 직임을 체직시키도록 속히 명하고 이어 신의 죄를 다스림으로써 조정을 독려하고 땅강아지나 개미 같은 미천한 목숨이 편안한 마음으로 죽을 수 있도록 해 주소서. 신의 크나큰 소망입니다.

이 좌상 세백 의 차자로 인하여 죄를 청하는 소 8월
因李左相 世白 箚請罪疏 八月

삼가 아룁니다. 신이 병들어 강가 교외에 누운 처지로 외람되게 예조판서에 제수되는 명을 받았는데 자력으로 명을 받들고 나아갈 계획을 세울 수 없고 신의 상소가 성상께 올라가지 못하여 두려운 마음이 배나 심하였습니다. 삼가 중전의 병세가 위중하여 의약청(議藥廳)이 다시 설치되었다는 소식을 듣고는 너무도 놀랍고 두려워 감히 물러나 있을 수 없어 병든 몸을 수레에 싣고서 대궐 밖에 나아갔습니다. 일전에 대신(大臣)의 차본(箚本)[56]을 보니 신의 죄상을 논하여 찌르고 공격함이 너무도 심하여 낭자할 뿐만이 아니니, 신은 너무도 두렵고 떨려 등에서 흐른 땀이 복사뼈까지 흘러내렸습니다. 연석의 이야기가 비밀스럽지만 다음날 또 들으니 성상의 하교에 말씀의 뜻이 지극히 엄중하였다고 하니, 신은 마음과 몸이 모두 두려워 곧장 땅을 뚫고 들어가고 싶었지만 할 수 없었습니다.

행동거지가 애매모호하고 병을 핑계로 기만하였다니, 이것이 어떠한 죄명입니까? 임금의 명을 회피하였다는 말씀에 이르러선 신하로서 감히 들을 말이 아닙니다. 신이 이러한 죄명을 지고서 어찌 감히 하루도 숨을 쉬고 살 수 있겠습니까. 반드시 형벌을 받은 뒤에야 나라의 체모를 지엄하게 하고 신하의 절개를 독려할 수 있을 것입니다. 그런

56 대신(大臣)의 차본(箚本) : 이세백(李世白)의 차자는 《승정원일기》 숙종 27년 8월 7일에 실려있다.

데 지금 주벌이 내리지 않고 그대로 시관(試官)에 차임하는 명이 있으니, 비단 신의 개인적인 분수가 너무도 위축될 뿐만 아니라, 나라의 체모를 손상시킴이 더욱 다시 어떠하겠습니까. 삼가 바라건대, 밝으신 성상께서는 속히 유사에게 명하여 신의 죄를 다스려 국법을 밝히소서.

신의 죄명이 무거운 만큼 진실로 아뢰는 바가 있어서는 안 되지만 신의 구구한 실정을 또한 부모와 같으신 성상께 스스로 막아 전하지 않을 수 없습니다. 신의 병증에 대해 말씀드리면, 비록 몸은 지극히 초췌하고 상했지만 매우 위독할 때가 아니면 완전히 쓰러져 움직이지 못할 지경에는 이르지 않습니다. 다만 가슴이 막히고 담이 오르는 등의 위태로운 증상이 발작하기만 하면 혼절하여 왕왕 침식을 모두 폐하고 숨이 거의 끊어질 듯합니다. 그러나 외부에서 보면 육신이 아직 살아있으니 남들이 제대로 헤아리고 살피지 못하는 것이 이상할 것이 없습니다.

시관의 직임은 신이 명을 받은 만큼 진실로 공경히 나아가야 했지만 길을 나선 뒤에 병증이 발작하여 쓰러지게 되면 시험 치르는 일이 방해될까 단지 염려되었을 뿐, 신 한 몸의 생사를 위한 염려 때문만이 아니었습니다. 병든 심정이 두렵고 나약하여 어리석음을 무릅쓰고 진정을 아뢰었지만 은혜로이 체차되는 것은 애당초 바라던 바가 아니었습니다. 떠날 날짜가 멀지 않아 군색하고 다급한 상황에 쉽게 이르러 도성에 들어간 뒤에야 떠나는 일을 대략 꾸릴 수 있었습니다. 또 신의 개인적인 정리상 오랫동안 가묘(家廟)를 떠나 있었던 터라 잠시 성묘하고자 호조의 직임에서 체차된 뒤에 병든 몸을 억지로 이끌고 한번 서울에 들어왔었던 것이요, 며칠 있다가 다시 강가 우거로 돌아갔을 때 비로소 공조 판서와 예조 판서에 제수하는 명이 있었습니다. 지금 좌상이 올린 차자의 말이 극히 사실입니다만 이런 부분에선 오히려 그 실상과 어긋나니 헐뜯는 말이 지나친 것이 아니겠습니까.[57]

아! 나라의 은혜가 망극하니 어찌 감히 전적으로 공의(公義)를 폐하고자 하겠습니까마는 신은 몸에 죄악을 짊어지고 다시는 보통사람의 축에 끼고 싶지 않았습니다. 너무도 절박한 심정을 지난번 소에서 누차 아뢰었으니, 밝으신 성상께서 혹 이미 통촉하셨으리라 생각됩니다.

허술하고 나약하여 재주가 없는데다 또 지극히 잔약하고 병들어 힘을 펼칠 가망이 이미 끊어졌고 몸이 일정한 거처 없이 갈림길에서 분주한 것이 참으로 만부득이한 사정에서 나왔습니다. 다만 사람들은 쉽게 업신여기고 그 뜻이 허물을 독책하는데 있으니, 누가 다시 이 처지를 살펴서 불쌍하게 여기고자 하겠습니까. 이는 신에게 진실로 죄가 있으니 오히려 누구를 원망하고 탓하겠습니까.

신하된 의리는 임금의 명이 있으면 끓는 물과 뜨거운 불도 피하지 않는 법인데 하물며 지금 시험을 관장하는 일은 영광이라고 하는 것이 가하니, 아무 이유도 없이 회피하는 것은 필시 인지상정이 아닙니다. 신은 부모도 이 세상에 없고 나이도 노년에 이르지 않은데다 외방으로 명을 받들어 나가는 것이 또 벼슬살이 이래로 처음 있는 일이니, 어찌 감히 터럭만큼도 가기 싫어 꺼리는 생각을 두어 죄명이 끝내 이러한 지경에 이르게 하겠습니까.

또 병을 아뢰어 체차된 사람이 이미 파직되었는데[58] 더욱이 신은

57 또……아니겠습니까 : 이세백의 차자에 "이후에 들으니 서종태가 이전 직임에서 체차된 뒤에 곧장 서울 집에 들어갔다가 새로 제수되었다는 명을 듣고서 도로 강가로 나갔다고 합니다."라고 한 말에 대한 반박이다.

재상이 죄를 논한 사람으로서 홀로 편안하게 있으니 결코 이런 이치는 없습니다. 사체로 헤아려보건대 달리 처분해서는 안 될 것이요, 신의 염치와 의리에 있어서도 어찌 감히 묵묵히 명을 받들겠습니까. 분수와 의리에 두려워 억지로 일어나 대궐 밖에 나아왔지만 끝내 조정에 들어가 사은숙배할 길이 없습니다.

간절히 바라건대, 자애로우신 성상께서는 거듭 처분을 내리시어 나라의 기강을 엄숙하게 하고 개인적인 분수를 편안하게 해 주소서. 신은 지극히 떨리는 마음으로 기원합니다.

58 병을……파직되었는데 : 저자가 북도 시관에서 체차된 이후 시관으로 차임되었던 이언강(李彦綱) 역시 병으로 사임하였다가 파직되었다.

상신에게 논척당하여 죄를 청하는 소 9월
以被斥相臣請罪疏 九月

삼가 아룁니다. 신이 죄명이 지극히 무거우니 응당 주벌을 받아야지 조정의 반열에 몸을 둘 이치가 전혀 없습니다. 그러나 북도(北道) 시관(試官)으로 떠나는 일에 쫓겨 예조 판서에 제수하는 명을 뻔뻔한 얼굴로 공경히 사은숙배하였습니다. 이어 국애(國哀)[59]가 망극하여 초상(初喪)을 치를 때에는 개인적인 사정을 말하는 상소가 일체 중단된 바람에 위급하고 절박한 신의 마음을 다시 아뢸 길이 없어 묵묵히 자리를 차지하고 있었으니 염치와 의리가 모두 없어졌습니다. 신의 심정을 말하자면, 어쩔 수 없이 일을 맡아 처리하면서도 근심스럽고 위축되고 두렵고 부끄러워 잠시 한 순간도 편안하지 못했고, 신의 병증을 말하자면, 어쩔 수 없이 지팡이를 붙잡고 분주히 일에 종사하지만 정신이 흐릿하고 기력이 다 빠져서 하루도 아프지 않은 날이 없었으니, 비실비실 참고 견디면서 이미 달이 지났습니다. 지금 공제(公除)[60]가 이미 지나 비로소 감히 성상께 모두 아뢰오니 죽을 죄를 지어 위태롭고 두려운 마음이 더욱 심합니다.

신이 일전에 북도에서 시험을 관장하는 명을 받았을 적에는 중병(重病)에서 회복되지 않아 수척한 모습으로 몇 달 동안 음식을 먹지 못했

59 국애(國哀) : 인현왕후(仁顯王后)의 국상이다.

60 공제(公除) : 국상을 당하여 조의를 표하는 뜻으로 일정 기간 동안 상복을 입고 공무를 중지하였다가 상복을 벗는 일을 말한다.

지만, 조금 집안에서 움직일 수 있게 되어선 비록 북로에서 쓰러질 염려가 있더라도 공손히 섬기고 공경히 달려가는 것이 분수와 의리에 마땅하였습니다. 그런데 신에게는 질병 이외에 구구한 사정이 있었습니다. 죄악을 진 몸으로 스스로 폐기하고서 다시는 관직에 올라 보통사람 축에 끼이고 싶지 않았고, 별도로 파견하는 시관은 임무가 중요하고 선발이 신중하기에 오직 이를 감당하지 못할까 두려웠을 뿐, 본심이 실로 아무 이유 없이 회피하는 것이 아니기에 마침내 감히 번거롭게 아뢰어 끝내 은혜로이 체차되었습니다. 또 강가 교외에서 스스로 힘써 한번 도성 안에 들어온 것은 비록 이유가 있어 그런 것이지만 사사로이 편리를 도모한 일이니 이는 모두 신의 죄입니다. 그후 시관이 다시 바뀌어 나라의 체모가 손상되었는데 그 발단이 신으로부터 시작되었으니 신이 이에 대하여 실로 감히 편안할 수 없습니다.

대신이 올린 차자는 사체를 안타까워하는 마음에서 나와 공평한 마음으로 논열하였으니 신이 진실로 할 말이 없습니다. 그런데 신을 죄준 것이 실정을 따지지 않고 오로지 허물을 독책하는 뜻으로 낭자하게 논열하여 빠짐없이 모두 열거하고 그것도 부족하면 또 들은 말을 끌어와 증거를 삼았습니다. 마치 젖은 땔나무를 묶듯이[61] 신을 논박하고, 서리를 다루듯이 신을 위협하고 다그치니, 높은 지위에 있는 사람이 남을 논박하는 상소를 지을 적에 이처럼 가혹하고 맹렬함이 있었다는 이야기는 듣지 못했습니다. 신이 본래 고루하고 유약하여 돌아보고

61 젖은 땔나무를 묶듯이 : 엄하게 단속하였다는 뜻으로, 《사기》 권122 〈혹리열전(酷吏列傳)〉에서, 한(漢)나라 경제(景帝) 때 영성(寗成)이란 자는 "젖은 땔나무를 묶듯이 아랫사람들을 다루었다.〔操下如束濕薪〕"라고 하였다.

안타까워할 것도 없는 몸이니 이는 진실로 당연한 일일 뿐, 그 절엄한 말에 어찌 서운한 뜻이 있겠습니까. 다만 병을 핑계로 기만하고 임금의 명을 회피했다는 것은 이것이 어떠한 죄이며 이것이 어떠한 정상입니까. 지금까지 형벌을 받지 않은 것은 비록 성조의 관대한 은혜 덕분이지만 개인적인 분수로 헤아려보건대 이러한 죄명을 지고서 어찌 감히 하루라도 뻔뻔한 얼굴로 맑은 조정에 수치를 끼칠 수 있겠습니까. 일의 본말을 자세히 밝히는 정사에 있어서도 이처럼 용서할 수 없는 죄를 드러내어 유방찬극(流放竄殛)[62]하여 응당 국법을 시행해야 하는데 도로 직임에 달려가게 하였으니 이미 사체에 마땅한 바가 아닙니다. 그러니 또 어찌 한결같이 용서하고 덮어주어 붙잡아두고 부려서 신하의 절개를 징계하지 못하고 국가의 기강을 더욱 무너뜨려서야 되겠습니까.

차자에서 논했던, 사양하여 시관에서 체차된 사람은 이미 파직되었습니다. 신은 특별히 조정의 명을 거듭 받아 죄지은 몸으로 도로 부임하기 때문에 우선 그와 같은 죄목에는 들지 않았지만 지금은 과시(科試)가 이미 정지되었습니다. 죄상이 더욱 큰데도 홀로 편안하니 조정의 처벌에 또한 어찌 이럴 이치가 있겠습니까.

지금 신은 병들어 추한 몰골에 정신이 온통 상란(喪亂)하여 땅강아지나 개미 같은 미천한 목숨이 아침저녁으로 죽을 날만 기다리고 있으

62 유방찬극(流放竄殛) : 순(舜)임금이 사흉(四凶)에게 시행한 형벌로, 유(流)는 멀리 귀양 보내는 것, 방(放)은 일정한 곳에 두고 다른 곳으로 못 가게 하는 것, 찬(竄)은 몰아내서 금고(禁錮)하는 것, 극(殛)은 가두어서 곤궁하게 하는 것이다. 《書經 虞書 舜典》

니, 짓밟히고 깔아뭉개지지 않더라도 진실로 이미 다시는 벼슬에 나아갈 생각이 없는데, 더구나 지금 처한 상황에서는 결코 감히 조정의 반열에 다시 낄 수 없습니다. 이러한 의리는 분명하여 진실로 온 조정과 온 세상이 함께 알고 있는 바입니다. 신이 비록 미천한 사람이지만 이름이 대부의 반열에 있으니, 그 거취와 염치의 절개가 어찌 한 개인에게만 관계되겠습니까. 신이 이처럼 슬프고 경황없는 때에 직사를 맡은 몸으로 분수와 의리상 감히 할 수 없는 일임을 생각하지 못하는 것은 아니지만 처지가 몹시 절박하기에 단지 만 번 주륙을 당하기를 바랄 뿐입니다.

삼가 바라건대, 천지부모와 같은 성상께서는 신의 절박한 심정을 굽어살피시어 신의 직질(職秩)을 깎아서 관리의 명부에 다시는 이름이 오르지 못하게 하고 임금을 속인 죄율로 더욱 처결하여 나라의 체모를 지엄하게 하신다면 매우 다행이겠습니다.

병을 아뢰어 사직하고 겸하여 찬집청 상전을 사양하는 소

12월

陳病辭職兼辭撰輯廳賞典疏 十二月

삼가 아뢰니다. 신이 병들어 혼미함이 날로 심하여 힘을 펼칠 가망이 더욱 없는데도 공경히 은혜로운 명에 숙배한 것은 단지 미천한 분수를 조금 펴기 위함이었습니다. 몇 개월 동안 하는 일 없이 직사에 얽매여 일마다 시위소찬하고 한 가지 계책도 내지 못했으면서 제 혼자 분주하여 몸을 잘못 조섭하는 바람에 질병만 가중되었습니다. 요사이에 감기가 심한데다 묵은 병까지 발작하는 통에 가슴이 막히고 배가 팽창하여 침식을 모두 폐하고 자리에 쓰러져 정신과 기력이 모두 소진되어 단소(壇所)에 나아가지 못한 지 이미 여러 날이니, 두렵고 답답함이 더욱 심하여 어찌할 바를 모르겠습니다.

신이 단역(壇役)을 감독하는데 참여한 것이 단지 현재 맡고 있는 공조의 직임으로 인한 것뿐이니 신의 직명을 교체한다면 누군들 공경히 복역하지 않겠습니까. 지금 단역이 아직 완성되지도 않았는데 신의 병 때문에 공조 당상만 홀로 일을 다스리는 반열에서 빠졌습니다. 이는 사체로 헤아려보건대 매우 온당치 못한데 신의 병세는 열흘이나 한 달 사이에 조금이라도 나아서 움직일 가망이 결코 없습니다. 삼가 바라건대 자애로운 성상께서는 속히 신의 공조의 직임을 개차하여 중요한 일에 공관(工官)이 갖추어지지 못하는 일이 발생하지 않도록 하신다면 공적으로나 사적으로 매우 다행이겠습니다.

신이 또 삼가 듣건대, 일전에 실록 부록이 완성되었다는 이유로 찬집청 당상에게 말을 하사하는데 신의 이름이 여기에 포함되었으니, 신은 지극히 놀랍고 부끄러워 몸이 떨립니다. 당초 미천한 신이 섞여 차임된 것 자체가 너무도 뜻밖의 일이었으나 감히 사양하지 못하여 한두 차례 참석하였고 그 뒤로는 다른 일에 얽매여 끝내 다시 나가지 못했습니다.-원문 빠짐- 찬집할 때에 신이 조금도 도움이 없었는데 지금 마침내 주관하여 정신을 쏟은 신하들과 똑같이 공로를 보상받아 큰 상을 받았으니 천하에 어찌 이런 이치가 있겠습니까.

밝은 임금은 상을 신중하게 시행하여 한 번 웃고 한 번 찡그리는 것도 경솔하게 하지 않습니다. 위에서 이유 없이 상을 내리고 아래에서 무턱대고 받는 것은 상하가 잘못이 똑같으니, 신이 비록 어리석고 미혹하지만 결코 감히 편안히 받아서 성스러운 조정을 속일 수 없습니다. 삼가 바라건대, 속히 환수하도록 명하시어 상전을 중하게 하소서.

신에게는 또 매우 두려운 마음이 있어 부득이 어리석음을 무릅쓰고 스스로 논열합니다. 삼가 듣건대, 어제 대신(大臣)이 연석에서 미천한 신의 일을 진달하면서 사체가 어그러졌다고 말했다니, 신이 스스로 반성함에 두려워 몸 둘 곳이 없습니다. 신이 비록 형편없는 몸이지만 어찌 조정 반열에 있는 자가 떳떳한 봉록을 받는 것이 도리상 당연한 것임을 모르겠습니까. 다만 신의 구구한 사정은 이유가 있어 그런 것입니다. 신은 참혹한 상화를 겪고서 살고 싶은 마음이 이미 사라졌습니다. 본래 재주가 없는데다 정신마저 빠져나가 세상에 이바지할 가망이 없었기에 3,4년 동안 대부분 시골에 머물렀고 비록 거듭 은혜로운 제수를 받들어 직임에 나아가도 몇 개월 공무를 행한 적이 없었습니다. 이 때문에 감히 국록을 허비할 수 없어 받지 않고서 그대로 세월을 보내며 지금까지 이르렀던 것인데, 이것을 처지가 편안하지 못해서 그런 것이라고 말할 뿐이라면 신의 본정을 헤아리지 못한 것입니다. 사소한 일을 어찌 위에까지 아뢰었단 말입니까. 그러나 연석에서 상주한 말이 절엄하니, 신이 이에 대하여 의당 본분을 어긴 죄를 받아야 마땅합니다. 성상께서는 무겁게 처분하여 신하의 의리를 밝히소서.

신이 막 소장을 지어 올리려던 차에 의금부 체수(滯囚)[63] 때문에 패초가 이르렀는데 병이 심하여 움직일 수 없어 끝내 명을 어기는 죄에 빠지고 말았으니 석고대죄하여 두려워 떨면서 공경히 엄한 처벌을 기다립니다. 신의 염치와 의리상 결코 헌의(讞議)하는 자리에 뻔뻔하게 나아갈 수 없음은 도리상 매우 분명한 일이며 온 조정이 알고 있는 바입니다. 헛되이 직임을 지니고 세월을 보내는 것은 공적으로나 사적으로 방해되니, 신이 겸대한 지의금의 직임도 일찌감치 처분을 내리소서. 지극히 떨리는 마음으로 기원합니다.

63 체수(滯囚) : 죄가 결정되지 않아 오랫동안 구금되어 있는 죄수이다.

재차 이조 판서를 사직하는 소 을유년(1705, 숙종31) 2월
再辭吏曹判書疏 乙酉二月

삼가 아룁니다. 새로 내리신 직명에 신은 질병으로 거의 죽어가 억지로 힘쓰기 어렵고 또 염치와 의리상 결코 무릅쓰고 나아갈 수 없어 진심을 쏟아 상소하여 은혜로이 체직되기를 바랐습니다. 그런데 삼가 비답을 받드니 말씀이 매우 온화하여 신의 청을 허락하지 않고 "올라와 공무를 행하라"는 명이 있으니, 두려움이 더욱 심하여 자신도 모르는 사이에 눈물과 땀이 함께 흘러내렸습니다.

신이 아직 한 가닥 숨이 끊어지지 않아 우러러 국사를 생각하고 아래로 개인적인 분수를 돌아봄에 위축되고 절박하여 도망갈 곳이 없어 부득이 간절한 심정을 아뢰어 우러러 성상께 번거롭게 아뢰었으니 신의 죄는 만 번 죽어 마땅합니다.

지금 신은 미천한 몸에 큰 은혜를 받아 비록 경의 반열에 몸담고 있지만 실상은 어리석고 나약하며 노쇠하고 병약하여 일개 쓸 데 없는 평범한 사람일 뿐인데, 전하께서 신의 불초함을 알지 못하여 다시 이조 판서의 중임을 맡기셨습니다. 신하가 임금에게 이런 은총을 얻었으니 인지상정으로 헤아려보건대 어찌 감히 감격하여 명에 달려가 독책하여 보답할 생각을 하지 않겠습니까.

또 신은 혹독한 재앙으로 집안이 무너져 지극한 슬픔이 마음에 맺혀 본래 다시는 사람 축에 끼고 싶지 않았습니다. 그러나 분수와 의리에 뜻이 꺾여 본래의 마음이 자못 어긋나 몇 년 동안 이미 벼슬하여 조정의 반열에 끼었으니 지금 감히 매번 이것을 말할 수는 없습니다. 단지 허약한 체질이 쉽게 노쇠하고 온갖 질병이 몸을 휘감은 통에 아침저녁 사이에 목숨이 위태롭고, 정신이 모두 빠져나가 전후의 일들을 잊어버리니, 더욱 어찌 힘을 펼칠 가망이 있겠습니까. 요즘 몇 달 동안 조정에 몰려 나가서 머뭇거린 것은 단지 분수와 의리를 조금 펴서 성상을 우러러 뵙고자 해서일 뿐, 어찌 감당할 수 없는 큰 짐이 갑자기 미천한 난장이에게 지워질 줄 생각이나 했겠습니까. 신의 재능을 말하면 보통의 관직도 처리할 수 없는데, 더구나 이처럼 인물을 등용하고 물리치는 전형의 자리야 말해 무엇하겠습니까.

신의 개인적인 의리상 더욱 편안할 수 없음에 대해서는 앞서 올린 소에서 대략 아뢰었습니다. 작년에 신이 사헌부에 있을 때 동시에 논핵당한 자가 신의 숙부인 신 문유(文裕)와 좌참찬 조상우(趙相愚)입니다. 삼가 생각건대 시일이 비록 오래되었지만 공의(公議)가 여전히 엄합니다. 지금 신만 홀로 높고 중요한 이조 판서의 선발에 의망되고 조상우는 끝내 포함되지 않았습니다. 신중하게 선발했다고 한다면 조상우의 명행(名行)과 중망(重望)은 신이 비할 바가 아니니, 이는 이 시대의 공론입니다. 지난 일에 연좌되었다고 한다면 신의 외람됨이 지극하니, 정사의 체모가 어긋남이 어떠하겠습니까. 신이 진실로 의아하고 의혹되어 묘당의 조치가 무엇 뜻인지 알 수 없지만 또한 불평하는 중외의 사람들로 하여금 신이 다른 길을 두었다고 의심하게 하는 것이 아니겠습니까. 염치는 중대한 일이라, 신 한 몸만 관계될 뿐만이 아니니, 신이 어찌 차마 총애를 탐하여 큰 직임을 맡아 맑은 조정을 욕되게 할 수 있겠습니까.

선정신(先正臣) 이황(李滉)이 말하기를, "신하가 임금을 섬길 적에 나아갈 만해서 나아가는 자는 나아가는 것이 공손함이고, 나아갈 수 없어서 나아가지 않는 자는 나아가지 않는 것이 공손함이다."라고 하였습니다. 미천한 신의 오늘의 뜻이 아마도 공손함이 될 듯하니, 삼가 밝으신 성상께서 혹여 불쌍히 여겨 용서하고 살펴주시리라 생각됩니다.

신이 이미 소지(召旨)를 받들었으니 의당 곧바로 앞길로 나아가 처분을 기다려야 마땅합니다. 그러나 병세가 한결같이 심하여 겨우 숨만 붙어 있는 처지라 병든 몸을 들것에 싣고 가고 싶어도 말미암을 길이 없으니, 높은 하늘을 바라봄에 더욱 답답하고 두려운 심정만 심해집니다. 대정(大政)이 지체되어 더욱 나라의 체모를 해쳤으니 어찌 명을 거스른 신의 죄가 날로 함께 쌓여갈 뿐이겠습니까.

삼가 바라건대, 천지부모와 같으신 성상께서는 신의 간절한 심정을 굽어살피시어 속히 새로 제수된 직명을 파직하여 이조의 직임을 중하게 하시고 이어 신의 죄를 다스려 개인적인 분수를 편안하게 해주소서.

만정당집

제7권

소차 疏箚

우의정을 사직하는 상소 을유년(1705, 숙종31) 12월

辭右議政疏 乙酉十二月

"삼가 아룁니다. 신은 밝은 시대를 맞이하였는데도 전혀 실제 쓸모가 없고, 품계가 높은 반열에 올랐으나 명론(名論)이 평소 보잘 것 없었습니다. 그런데 분수에 넘치는 우악한 성은을 입었으니, 늘 위태로운 마음으로 성대함을 누리는 두려움에 몹시 떨었습니다. 생각지도 못하게 지금 새로 정승에 제수한다는 명이 물정을 훨씬 벗어난 데에서 갑자기 나왔으니, 신은 머리가 아득하고 마음이 철렁하여 며칠 동안 근심과 두려움으로 안정을 찾을 수가 없었습니다. 정승의 직책은 비록 가벼운 일을 가지고 말하더라도 사방의 모범이 되고 모든 책임이 귀결되는 자리인데, 시사가 어려운 바로 이때에 신중하게 선발해야 함이 더욱 어떻겠습니까.

지금 신의 성품과 자질이 혼미하고 나약하며, 재주가 허술하고 모자라 나랏일을 제대로 알지 못하는 것은 세상이 모두 알고 있는 사실입니다. 조정에 올라 몇 년 동안 여러 관직을 조금 거쳤지만, 떠돌아다니고 산만하게 자리만 지켜 한 가지 일도 담당하여 실제 성과를 내지 못하고 그저 용렬하게 남의 뒤나 따라다녔으니, 명철한 군주의 지우를 받을 만한 것이 어디 있겠습니까. 지금 하루아침에 특별한 은혜를 잘못 내리셔서 그저 품계가 가깝다는 이유로 갑자기 삼공(三公)의 중임을 맡기시니, 국가의 체모가 크게 손상되고 서울과 지방에서 듣는 사람들이 놀라 모두 사람을 알아보는 성상의 밝은 식견을 의심하여 분분히 일어나 말하기를 '시사를 알만하다.'라고 하니, 이것이 큰 근심거리입니다. 어찌 다만 미천한 신이 담장을 따라 걷는 정성[1]과 모기가 태산을 짊어지는 근심[2]으로 황송한 마음을 견딜 수 없을 뿐이겠습니까.

옛날부터 정승을 뽑을 때에는 반드시 당세에 명망 있는 인물을 선발하였으니, 명망이 있는 사람은 재주가 있고 뛰어나 절로 승진하여 사람들의 마음이 흡족하였습니다. 지난번 묘당의 천거는 이미 당시의 명망을 따랐고, 천거의 절차도 모두 갖추었는데, 성상께서 특별히 제수한 사람은 여론이 만족하지 않는 저 같은 사람이었습니다. 이런 사람을 구차하게 정승의 자리에 채워 넣었으니, 우리나라가 생긴 뒤로 없던 일입니다. 그렇다면 중대한 매복(枚卜)[3]을 어디에 쓰겠습니까. 제수하는 명이 여러 사람의 천거를 따르지 않는 경우는

1 담장을……정성 : 벼슬이 높아질수록 더욱 겸손한 자세를 보이고 사양하는 것을 말한다. 공자(孔子)의 선조인 정고보(正考父)의 솥〔鼎〕에 "대부 때에는 고개를 수그리고, 하경(下卿) 때에는 등을 구부리고, 상경(上卿) 때에는 몸을 굽히고서, 길 한복판을 피해 담장을 따라 빨리 걸어간다면 아무도 나를 감히 업신여기지 못하리라.〔一命而僂 再命而傴 三命而俯 循墻而走 亦莫余敢侮〕"라는 내용이 새겨져 있었다고 한다. 《春秋左氏傳 昭公7年》

2 모기가……근심 : 역량이 안 되어 그만두고 싶다는 말이다. 《장자(莊子)》〈응제왕(應帝王)〉에 "그렇게 천하를 다스리는 것은 마치 바다를 건너뛰고 강을 뚫고 모기로 하여금 산을 짊어지게 하는 것과 같다.〔其於治天下也, 猶涉海鑿河而使蚊負山也.〕"라고 한 데서 온 말로, 곧 힘이 아주 약해서 중임을 감당하기 어려움을 비유한다.

3 매복(枚卜) : 의정(議政) 중에 결원이 생겼을 때 왕명에 따라 시임(時任) 의정들이 빈청(賓廳)에 나와서 그 후보자로 원임(原任) 의정의 좌목(座目)을 써서 승전색(承傳色)을 통해 입계(入啓)하는 일이다. 시임이 없을 경우에는 원임들이 입시하여 전단자(前單子)에 낙점을 받았고, 원임 가운데 적임자가 없을 경우에는 새로운 인물로 추가하여 뽑았다. 《六典條例 吏典 議政府 枚卜》

감히 염치없이 명을 받들 수가 없습니다. 보통 관직도 그런 법인데, 더구나 보통 관직이 아닌 경우야 말할 나위가 있겠습니까.

신은 곤궁하고 병든 처지로 죽을 날이 머지않았습니다. 또 올 여름부터 묵은 병이 재발하였으니, 이치상 물러나야 하는데 벼슬길에서 머뭇거리고 있으니, 송구하고 부끄러운 마음입니다. 마침내 외람되이 이렇게 천부당만부당한 명을 받았으니, 결코 나아가서는 안 되는 의리가 한두 가지가 아닙니다. 허물을 바로잡는 일에 공론이 반드시 나올 것이기에 강변 교외로 물러나 공손히 처분을 기다렸습니다. 며칠이 흘렀는데도 아직까지 소식이 없어 비로소 감히 속내를 다 드러내어 죽음을 무릅쓰고 지엄하신 성상께 우러러 호소합니다. 해처럼 훤히 비추시는 성상께서 어찌 실상을 훤히 살피지 못하시겠습니까.

삼가 바라건대 천지 부모와 같은 성상께서는 굽어 살피시어 그릇된 사람은 어진 사람을 방해하고, 잘못된 관직 임명은 나라를 병들게 하니, 관계되는 일이 몹시 중대함을 유념하소서. 신에게 새로 재수한 관직을 속히 다시 바로잡아서 국사를 중시하고 세상의 바람에 부응하신다면 참으로 다행이겠습니다. 신은 지극히 두렵고 불안한 마음으로 명을 기다립니다."

하니, 답하기를,

"상소를 보고 경의 간절한 뜻을 마음을 잘 알았다. 경의 문학과 명망은 실로 정승의 자리에 부합한다. 지금 정승으로 임명한 것 역시 늦었다고 할 것인데, 어찌 이리도 지나치게 겸양하는가. 국사를 생각하여 안심하고 사양하지 말라. 속히 나와 도를 논하여 나의 지극한 바람에 부응하도록 하라."

하였다.

두 번째 상소
再疏

“삼가 아룁니다. 신이 피를 토하며 하늘같은 성상께 호소하여 윤허받기를 기대했는데, 정성이 닿지 못하여 도리어 온화한 비답을 내리셨습니다. 심지어 사관(史官)까지 와서 전하였으니, 책면하고 우대한 일이 모두 미천한 분수로 감히 받들 수가 없는 것이었습니다. 신은 땅에 엎드린 채 놀랍고 두려워 차라리 죽고 싶은 심정입니다.

신은 진실로 우매하여 제수하는 명을 들은 뒤로 멍하니 의심하고 움츠려 두려움에 떨면서 실로 밝은 성상의 조정에서 어찌 삼정승의 중한 임무를 경시하고, 또한 어찌 여러 신하들의 선악을 밝게 살피지 못하여 어찌 갑자기 이렇게 큰 잘못을 저질렀는지 감히 알지 못하겠습니다. 정승을 선발하는 일은 그 방법이 하나가 아닙니다. 넘어지는 나라를 부지하고 시대를 구원하는 훌륭한 자질을 지닌 사람은 진실로 많이 볼 수가 없습니다. 그러나 대체로 선비다운 명망이 있는 자, 훌륭한 재주와 계책이 있는 자, 노성한 자, 위엄이 있고 태도가 중후한 자로서 당세 사람들에게 충분히 신임을 받는 자를 제수하면 거의 실수가 없을 것입니다.

지금 신은 명성과 행실이 아직 바로서지 않아 세상에서 경시를 받으니 적임자가 아니고, 어둡고 둔한데다 우활하고 졸렬하여 일을 맡으면 혼란하니 적임자가 아니며, 늦은 나이에 조정에 나온 데다 또 몹시 허약하여 이미 중요한 관사에 임명된 적이 없고, 또 관찰사를 거치지도 못했습니다. 글재주가 없는데도 외람되이 관직(館職)

을 맡았으며, 감식안이 모자라는데도 외람되이 이조 판서를 맡았습니다. 맡았던 관직마다 일을 망치기만 하고 이뤄낸 성과는 없었으니, 다만 고달프고 한미하며 병들어 버려진 사람일 뿐입니다. 어찌 이 직임에 만에 하나라도 비슷할 이치가 있겠습니까.

지금 큰 선비와 원로, 재능과 명망이 있는 신하는 진실로 여론이 바라는 것이 마땅하고, 묘당의 추천도 갖추어져 있습니다. 그런데 백에 하나도 능력이 없는 신을 중비(中批)로 특별히 발탁하여 신중한 조정의 정사를 거치지 않았으니, 크나큰 잘못입니다. 앞으로 어떻게 국가의 체모를 높이고 사론(士論)을 감복시키며, 앞으로 어떻게 여러 정무를 다스리고 백관을 통솔하겠습니까.

즉위하신 이래로 여러 번 매복(枚卜)이 있었으니, 신중하게 선발하지 않은 경우가 없었습니다. 인재가 갈수록 줄어들어 비록 반드시 모두 덕을 갖춘 예전의 선배들과 같지는 않지만, 역시 모두 공로를 쌓고 능력이 드러난 사람들 중에서 나왔으니, 그 가운데 재주가 모자라고 명망이 부족하여 몹시 부적합하게 임명된 사람으로 지금의 신과 같은 사람은 없었습니다. 과실이 있다 하여 망설인 것은 대신의 엄중한 뜻이고, 신중하게 가려야 한다고 경계를 아뢴 것은 승지의 은미한 의도인지라 물정이 어디에 있는지 환히 알 수 있으니, 이는 본디 당연한 것입니다.

비록 남들의 말이 아니더라도 전혀 보잘 것 없는 신이 본래 염치없이 명을 받들 이치가 없으니, 이는 말할 겨를도 없습니다. 관직을 더럽히고 나라의 정치를 그르쳐 지금 여러 날 질질 끌기까지 하고 있으니, 신은 움츠리고 방황하며 마음 속이 타는 듯하여 간절한 마음을 다시 아뢰어 만번 죽음을 무릅쓰고 천지 부모와 같은 성상 앞에 거듭 호소하지 않을 수 없습니다. 삼가 바라건대, 자애로운 성상께서는 속히 가엾게 봐주시어 새로 내린 명을 도로 거두어 감당할 만한 사람에게 다시 제수하여 국사를 중시하고 중외의 의혹을 풀어주시면 천만다행이겠습니다."

하니, 답하기를,

"상소를 보고 경의 간절한 마음을 잘 알았다. 지난번 상소에 대한 비답에서 나의 뜻을 남김없이 말했으니, 어찌 많은 말을 하겠는가. 대신의 망설이는 말은 공정한 마음에서 나온 것이 아니고, 승지의 신중히 가려야 한다는 말은 의도가 좋지 않으니, 그렇다면 이 때문에 꺼리는 것은 틀림없이 너무 지나치다. 경은 자리를 비우고 기다리는 나의 뜻을 받아들여 안심하고 사직하지 말라. 속히 나와 도(道)를 논하여 조야의 기대에 부응하라."

하였다.

세 번째 상소
三疏

"삼가 아룁니다. 신이 위급한 심정을 거듭 아뢰었는데 성상께서 전혀 듣지 않으시고 더욱 온화한 비지를 내리시니 미천한 분수에 더욱 외람된 일이고, 은택이 더욱 높아질수록 신의 죄가 더욱 무거워지니, 신은 진실로 갑절로 황송하여 몸둘 바를 모르겠습니다. 신은 마땅히 숨을 죽이고 처벌을 기다려야 하지만, 이렇게 답답한 마음을 품은 채 잠자코 느긋하게 기다릴 수가 없습니다. 부모와 같은 성상께 어찌 감히 누차 번거로움을 끼치는 죄를 피하여 다시 속마음을 아뢰지 않을 수 있겠습니까. 신하된 자의 의리는 임금이 명을 내리면 죽음도 피하지 않는 법인데, 하물며 벼슬의 은총을 받은 경우야 말할 나위가 있겠습니까. 이미 두려움에 떨면서도 역시 감격하고 있습니다. 비록 임무를 감당하지 못할 줄을 알지만 사양해도 윤허를 받지 못하면 결국 두렵고 급박하여 명을 받든 경우가 있으니, 이전 시기의 채모(蔡謨)[4]나 최여지(崔與之)[5]와 같은 몇 사람을 제외하고는 이것

4 채모(蔡謨, 281~356) : 진(晉)나라의 명신으로, 자는 도명(道明), 시호는 문목(文穆)이다. 명제(明帝) 때부터 벼슬하여 각 주의 자사(刺史)를 거치고 광록대부(光祿大夫)에까지 올랐으며 박학하고 예제(禮制)에 밝았다. 목제(穆帝)가 3년 동안 여러 차례 불렀으나 채모가 병을 이유로 나오지 않자 신하들이 그의 오만불손함을 문제 삼아 처벌하기를 청함에 따라 서인으로 강등하였다. 《晉書 卷77 蔡謨列傳》

5 최여지(崔與之, 1158~1239) : 남송 때 사람으로 금군(金軍)의 남하를 막는 데 많은 공을 세웠다. 이종(理宗) 즉위 초에는 담주(潭州)와 호남(湖南)의 안무사(安撫使)

이 모두 인지상정입니다.

지금 신은 재주와 능력을 살피고 책임을 생각해보니, 위로는 훌륭한 정치에 큰 누를 끼칠까 두렵고, 아래로는 필시 국사를 크게 그르치는 결과를 가져올 것임을 알겠습니다. 중비(中批)로 여론을 놀라게 하였고, 적임자가 아니라 묘당의 의론에 어긋나니, 신이 나아갈 수 없는 의리는 사리상 몹시 분명합니다. 백방으로 생각해봐도 당돌하게 명을 받들 수 있는 가망이 전혀 없습니다. 신이 비록 보잘 것 없지만 어찌 인지상정과 다르겠으며, 역시 어찌 신하의 도리가 지엄함을 모르는 지경에 이르겠습니까. 비록 마지못해 하려고 해도 결국 할 수가 없습니다. 지엄한 명이 내렸으니, 차라리 명을 거슬러 죽임을 당할 지라도 어찌 차마 마음을 속이고 부끄러움을 무릅쓰고 성조(聖朝)로 하여금 끝내 이전에 없던 과오를 저지르도록 만들겠습니까.

아, 조정이 흩어져 동료가 서로 공경하며 국정에 진력하는 기풍이 사라졌으니, 신의 모자란 식견과 미약한 힘으로 어찌 화합하고 조정할 수 있겠습니까. 팔도에 흉년이 들어 구휼하는 계책이 시급하니, 신의 모자란 재주와 졸렬한 솜씨로 어찌 대책을 세울 수 있겠습니까. 온갖 법도가 해이해지고 모든 일이 혼란하니, 여쭈어 조처하는 사이에 신은 진실로 아득하여 어찌할 줄을 모를 것입니다. 비록 신에게 십분 불안한 정세가 없더라도 정사를 보는 곳에서 뻔뻔스레 느긋하게 있을 수 있겠습니까.

등을 맡았다가 참지 정사(參知政事)에 제수되자 정사를 바로잡을 것과 인재의 취사에 신중해야 한다는 내용으로 13차례나 상소를 올리고 관직을 사양하였다.《宋史 卷406 崔與之列傳》

게다가 신이 혐의를 풀어주시는 비답을 받았으니, 더욱 황송한 마음이 듭니다. 신은 일을 맡는 자리에 있었던 적이 없으며, 재주가 모자라고 명망이 없으니, 세상 사람들이 이와 같은 지위를 신에게 기대하지 않았습니다. 더구나 무거운 죄를 짓고서 예전에 엄중한 하교를 받았으니, 비록 열 번 매복(枚卜)하더라도 본래 그 자리에 어울릴 만한 점이 없습니다. 묘당의 선발은 한 시대의 공론인데, 그들이 하는 말 역시 너무 완곡합니다. 신이 상소에서 단지 두려워하는 마음을 아뢰었는데 성상의 비답에서 '공적인 것이 아니다[非公]'라는 말씀을 하셨으니, 신이 이에 더욱 감히 편안히 있을 수가 없습니다. 보잘 것 없는 미천한 신이 외람되이 천지처럼 낳아주고 길러주는 은혜를 입어 배양되고 발탁되어 남모르게 이미 높은 지위에 올랐습니다. 지금 다시 난장이가 구정(九鼎)을 짊어졌는데 꺾이고 깔리는 근심을 거듭 당하니, 이것이 어찌 다만 신이 한미한 집안 출신으로 복이 적고 순식간에 낭패를 보는 것이 두렵고 죽을 날을 재촉할까 봐 그런 것이겠습니까.

신은 온 몸에 고질병이 들어 정신이 모두 온전하지 않고 남은 목숨이 얼마 되지 않아 세상에 대한 생각이 전부 사라졌습니다. 비록 밝은 시절에 연연하여 대번에 물러날 수는 없지만, 이렇게 늙고 병든 몸을 더욱 어찌 채찍질하여 일을 감당할 수 있겠습니까. 성인이 천하 사람들의 뜻을 통하게 한 것[6]은 반드시 불가능한 것을 억지로 하게

6 성인이……것 : 만물의 뜻을 통하여 천하의 일을 완수하는 것을 말한다. 《주역》 〈계사전 상(繫辭傳上)〉에 "역은 사물을 열어주고 일을 이루어 천하의 도를 포괄하니 이와 같을 뿐이다. 이러므로 성인이 이로써 천하의 뜻을 통하며 천하의 업을 정하며

하려는 것이 아닙니다. 삼가 생각건대, 인자하고 자애로운 성상께서는 신의 마음이 의례적인 겸양에서 나온 것이 아님을 굽어 살피시고, 공적으로나 사적으로 혹여 가련하게 여기는 마음이 들 것입니다.

지금 나라의 경사가 강물처럼 모여 성상의 체후가 회복되어 세자가 모든 신료들을 이끌고 조정에서 하례를 올리니, 이는 진실로 종묘사직의 무궁한 복입니다. 성대한 예(禮)가 거듭 시행되어 온 나라 사람들이 기뻐하고 손뼉을 치는데, 신은 시골로 물러난 터라 만세를 부르는 자리에 참여할 수가 없어 구름 아래에 있는 대궐을 바라보니 두려운 마음에 저의 죄를 압니다. 삼가 바라건대, 자애로운 성상께서는 특별히 헤아려 주시어 속히 새로 내린 명을 거두시고 도로 당세에 명망이 있는 자에게 제수하여 공론에 답하소서."

하니, 답하기를,

"상소를 보고 경의 간절한 마음을 잘 알았다. 목마른 사람이 물을 찾는 듯한 나의 뜻을 거듭 말하였는데, 사양하는 상소를 세 차례나 받았으니, 정성이 모자라 스스로 부끄러워 하유할 말이 없다. 아, 팔도에 기근이 들어 근심과 우려가 눈에 가득한데 묘당이 텅 비어 지체된 업무가 많다. 이러한 때에 경이 조정에 나아오기를 기다리는 것은 큰 가뭄에 구름과 무지개를 기다리는 것보다 더하다. 경은 나의 지극한 뜻을 유념하여 정세와 병을 핑계로 사양하지 말고, 속히 나와 도를 논하여 어려운 시국을 구제하도록 하라."

하였다.

천하의 의심을 결단하는 것이다.〔夫易開物成務, 冒天下之道, 如斯而已者也, 是故, 聖人以通天下之志, 以定天下之業, 以斷天下之疑.〕"라고 하였다.

여덟 번째 상소

八疏

삼가 아룁니다. 신은 정신이 혼미하고 말주변이 부족하여 일전에 사관(史官)의 서계(書啓)에 제 속마음을 곡진히 말하고 명백히 가리켜 진술하지 못하였습니다. 이미 할 말이 궁해졌으나 답답한 마음을 다시 말씀드리지 않을 수 없어 다시 성상을 번거롭게 하는 죄를 범하였으니, 더욱 황송하고 두렵습니다.

처음 신이 새로운 명을 받았을 때에 신이 굳은 일념으로 선비의 절개를 실추시키고 싶지 않아 죄를 받는 한이 있더라도 조정에 나아가지 않으려 하였을 뿐만 아니라, 조정의 사대부들이 모두 놀라 말하기를 "이 사람이 필시 감히 염치를 무릅쓰고 나오지는 않을 것이다."라고 하였고, 아래로 선비들과 아전들도 모두 떠들썩하게 말하기를 "이 사람이 필시 부끄러움을 잊고 나오지는 않을 것이다."라고 하였습니다. 신을 아끼는 사람도 이와 같았고, 신을 모르는 사람도 이와 같았습니다. 의리가 있는 곳에는 한 시대의 공론이 절로 말이 같아지는 법이니, 무엇 때문이겠습니까.

재주가 모자란 신은 전혀 걸맞지 않고 이외에 또 염치와 의리가 나아갈 수 없는 큰 관건이 됩니다. 그 이치는 분명하여 쉽게 볼 수 있고, 그 의리는 엄격하여 넘어설 수 없으니, 애초에 헤아려서 나아가거나 물러날 수 있는 사안이 아니기 때문입니다. 이와 같으니 가령 신보다 더 완고하고 어리석은 사람이라도 어찌 감히 염치없이 나아갈 생각을 하겠습니까. 비록 존귀한 군주라 하더라도 어찌 차마 중대한 한계를 버리도록 핍박하며 아랫사람을 부리는 도를 생각하지 않을 수 있겠습니까.

벼슬을 받고 사양하는 신하가 있으면 조정에서는 그가 병을 핑계로 사양한 경우에는 강권할 수도 있고, 재주가 모자라다는 이유로 사양한 경우에는 권면할 수도 있으나, 염치와 관계된 경우에는 곧장 요청을 들어주어 그가 마음을 펴게 해 주지 않은 적이 없었습니다. 삼가 생각건대, 성상께서는 예의로 신하를 대하고 염치를 높이 여기시니, 지난 일에서 전부 낱낱이 헤아려 알 수가 있습니다. 게다가 염치 역시 경중이 있으니, 일시적인 남의 말로 인한 것인데 성상이 명을 내려 재촉하면 오히려 마지못해 받는 경우도 있습니다. 그런데 지금 신의 경우는 당사자인 정승들이 서로 공론을 따라 배척하고 있으니, 그 엄중한 말과 막중한 사체가 어떻습니까.

엄중한 명이 비록 몹시 두렵지만, 가령 신이 중대한 관건이 되는 염치와 의리를 버리고 뻔뻔한 얼굴로 조정에 나아간다면 다만 신이 본심을 잃을 뿐만이 아니라 앞서 말씀드린 사대부와 선비, 아전들이 신을 어떤 사람이라고 생각하겠습니까. 신이 비록 아주 미천하지만 사양하는 의리가 이와 같은데, 홀로 윤허를 받지 못해서 제 마음을 펴지 못한다면 어찌 너무 원통하지 않겠습니까. 혹여 성상이 특별히 유념해주시어 이와 같은 신의 간절한 정상을 굽어 살펴주신다면 염치와 절개를 숭상하는 오늘날의 정사로 보면 조만간 명을 바꾸실 것입니다.

엄중한 명을 거듭 내리시고 특별한 은혜를 베풀어 주셨는데, 신하로서 굳게 버티며 명을 거슬러 분의를 저버렸으니, 만 번 죽어 마땅한 죄를 어찌 면할 수 있겠습니까. 아무리 생각하여도 다른 도리가 없으니, 만일 윤허를 받지 못한다면 신의 질병이 심한 데다가 겸하여 근심과 두려움 때문에 속이 삭아, 미천한 목숨은 그저 애태우다 죽을 뿐입니다. 다급한 마음에 이렇게까지 말하여 지은 죄가 더욱 크니 엎드려 처벌을 기다립니다. 삼가 바라건대 천지 부모와 같은 성상께서는 간곡히 포용하여 속히 다시 바로잡으라는 명을 내리시고, 이어서 신에게 견책을 내리시어 국가의 체모를 엄하게 하소서. 신은 지극히 두려운 마음을 감당하지 못해 눈물을 줄줄 흘립니다.

열 번째 상소 병술년(1706, 숙종32) 1월

十疏 丙戌 正月

삼가 아룁니다. 지금 신의 종적은 지극히 낭패스러워 몸둘 곳이 없으며, 정상이 몹시 근심스럽고 움츠려들어 하소연할 곳이 없습니다. 직명을 지닌 채 성상의 명령을 어긴 죄가 쌓였으니, 여러 번 상소를 올리는 일은 감히 할 수가 없으나 여러 번 상소를 올리지 않는 일도 감히 할 수가 없고, 밤낮으로 너무나 두려워 몸둘 곳이 없습니다. 신하가 사적인 호소를 임금 앞에서 청하여 윤허를 받지 못한다면 이는 모두 신하의 죄입니다. 왜냐하면 임금은 신하 보기를 마치 아버지가 아들을 보듯이 하니, 진노하실 때 속마음을 아뢰면 윤허해주기 쉽지 않을 수도 있습니다. 그러나 벼슬을 하사하여 이미 은혜를 내려주셨으니, 아랫사람을 헤아리는 마음과 살기를 바라는 사랑으로 더욱 어찌 그 마음을 살피고서 허락해주지 않을 리가 있겠습니까. 이는 신하의 정성이 끝내 쌓이지 못하고, 말이 끝내 명백하고 격렬하지 않아 그런 것입니다.

지금 신이 누차 글을 올려 애처롭게 호소하여 속마음을 다 말씀드렸으나 성의가 얕고 글재주가 보잘 것 없어 이미 성상께서 듣고 감동하게 하지 못하였고, 또 질병으로 인해 죽음을 앞둔 위태로운 정황으로 여러 차례 그 실상을 아뢰었으나 역시 불쌍히 여기는 조처를 받지 못했습니다. 신은 진실로 서글퍼서 스스로 죄를 알아 가슴이 무너져 내릴 듯하니, 오히려 누구를 탓하겠습니까.

염의(廉義)에 대해서는 누차 성상의 말씀을 들었으나 신이 우매하여 실로 이를 중요한 일로 생각하니, 마음이 근심스럽고 답답해 어리석음을 무릅쓰고 말씀드리지 않을 수 없습니다. 옛날 송나라의 신하 포증(包拯)이 어떤 사람을 논핵하고는 그를 대신하여 직무를 맡았습니다. 이는 단지 혐의와 관계될 뿐인데, 구양수(歐陽脩)가 차자를 올려 논열하여 포증이 염치를 잃어 자신의 몸을 가벼이 하였으니, 조정에서도 포증의 관직을 해임하여 포증의 명절을 온전히 해 주어야 한다고 말하였습니다.[7] 불초한 신이 비록 감히 옛사람에게 견주어 말할 수는 없지만, 어찌 선비의 절조를 완전히 무너뜨리는데 이르기를 바라겠습니까. 그 일이 비록 다르지만, 염치 때문이라는 점은 동일합니다. 더구나 신이 처한 상황은 국가의 체모에 관계되기에 그 마음이 실로 몹시 송구하고 부끄러우니, 어찌 다만 포증의 혐의에 견줄 뿐이겠습니까.

지금 어떤 사람이 높은 관직에 차임되려고 할 적에 정관(政官)이 그가 조정에 적합하지 않은 사람임을 잘 알고, 또 동료 자리에서 그가 이전에 저질렀던 큰 과오를 거론하여 등용하면 안 된다고 큰 소리로 말하며, 또 상소에 드러내어 여러 사람들이 모두 다 알고 있는데 성상

7 포증(包拯)이……말하였습니다 : 포증은 송(宋)나라 때의 강직한 관리이다. 일체의 뇌물과 청탁을 받지 않기로 유명하여, 당시 개봉부의 사람들은 그를 "관절(關節)이 통하지 않는 염라 포로(閻羅包老)"라고 불렀다. 이로 인해 포청천(包青天)이란 별명이 붙었다. 한번은 포증이 삼사사(三司使) 장방평(張方平)을 탄핵하여 물러나게 하고 그 후임으로 임명된 송기(宋祁)도 탄핵하여 물러나게 하고서 그 직임을 대신 맡았는데, 구양수(歐陽脩)가 이에 대해 "이것이 이른바 소가 남의 밭에 들어갔을 경우에 그 벌로 소를 빼앗는 것입니다. 어찌 과실이 없겠습니까? 갓을 바르게 고쳐 쓰거나 신발을 신을 적에 마땅히 혐의가 있는 장소를 피해야 할 것입니다."라고 하였다. 구양수의 상소를 주달하자, 포증이 곧바로 집에 들어앉아 임명을 사양하니 인종이 허락하지 않았는데, 그 뒤 오래되어 포증이 취임하였다."라고 탄핵하였다. 《宋史全文 卷9下 宋仁宗》

이 중비(中批)로 제수하신다면, 그 사람이 감히 다만 우악한 은혜를 믿고서 편안히 명을 받들 수가 있겠습니까. 이 때문에 힘써 사직한다면 조정에서 염치에 해가 되지 않는다고 하여 사직을 허락하지 않고 억지로 나오게 하겠습니까. 결코 그렇지 않을 것입니다.

지금 이 일의 체모가 비록 조금 다르지만, 직무가 중대할수록 의리는 더욱 구차해져서는 안 됩니다. 삼가 생각건대, 성상께서 이런 사정을 굽어 살피신다면 미천한 신의 마음을 아실 것입니다. 더구나 신의 근래 병증이 날마다 심해지고 있으니, 위태롭고 좋지 않은 정황을 비록 감히 다 아뢰어 성상의 귀를 번거롭게 할 수 없으나 담화(痰火)가 끓어 올라 잠도 못자고 밥도 먹지 못해 몸은 날마다 야위어가고 정신은 날마다 줄어들며, 누우면 일어나기가 어렵고 일어서면 몸이 떨립니다. 늙고 쇠약해진 뒤에 병이 들어 생기가 날마다 사라져 겨우 숨이 붙어 있으니, 버티지 못할까 염려됩니다. 비록 두려운 마음으로 나아가 명을 받들고 싶어도 어찌할 도리가 없어 대궐을 바라보며 삼가 엄중한 견책을 기다립니다.

또 이전에 내리신 명을 거두지 않으시어 사관(史官)이 여전히 머물러 있으니, 신이 어찌 잠시라도 편안할 수 있겠습니까. 눈물로 상소를 써서 죽음을 무릅쓰고 다시 성상께 호소합니다. 삼가 바라건대, 자애로운 성상께서는 몹시 다급한 신의 마음과 회복되기 어려운 신의 병을 특별히 살펴주시어 속히 잘못된 은혜를 거두어 낳아주고 길러주는 성상의 은택을 끝까지 베풀어주소서.

열한 번째 상소
十一疏

"삼가 아룁니다. 신이 일전에 승지가 전한 성상의 유지(諭旨)를 받아 보았고, 또 외람되게도 승지가 궁벽한 시골로 내려와서 저와 버티고 있는 모습을 보고는 다른 사람들이 모두 놀랐습니다. 신이 어떤 사람이며, 조정의 근신인 승지가 어떤 자리입니까. 일의 체모가 잘못되기가 이보다 더한 경우는 없습니다. 병상에서 죽음을 앞두고 있는 신이 이렇게 분수에 넘치고 아주 특별한 명을 거듭 받았으니, 두려워서 몸둘 바를 모르고 마음이 철렁하여 곧장 땅을 파고 들어가고 싶지만, 그렇게 할 수 없습니다. 몽매한 신이 실로 조그마한 능력과 재주도 없으면서 이미 관직을 욕되게 하였고, 몸을 더럽힌 부끄러움과 거의 죽음을 앞둔 병으로 인해 교외에 있으면서 분수를 잊고 성상의 명을 거슬렀습니다. 지금 또 전혀 감당할 수 없는 엄명을 내리셨으나, 오히려 제 힘으로 나아가 명을 받들 수가 없는 처지입니다. 이와 같은 신하가 있는데 엄한 처벌을 내리지 않는다면 어떻게 국가의 체모를 높이고 법을 밝히겠습니까. 신의 의리에 있어서도 한 가닥 숨이 아직 남았으니, 무거운 죄를 구차히 모면하고 어찌 감히 잠시라도 편안할 수 있겠습니까.

신의 병세는 이미 감히 여러 차례 말씀드렸습니다. 삼가 생각건대, 성상께서 신이 정세가 다급하고 형세가 곤궁하여 거짓으로 이렇게 병으로 핑계를 대고 있다고 여기신다면 신은 진실로 너무나 억울합니다. 신은 평소 온갖 질병을 앓았는데, 담증으로 가슴이 결리는 증상이 가장 고질입니다. 가슴속의 화증이 함께 올라 번번이 혼절할 때가 많습니다. 한 달 전부터는 근심과 두려움이 속을 삭여 정신이 어지러운데 화증이 더욱 기승을 부리고 담증이 더욱 심해져 가슴과 배에 가득합니다. 여러 질병이 번갈아 몸을 상하게 하여 밤새도록 눈을 붙이지 못하고, 날마다 먹는 양이 지극히 적어 몸이 점점 야위고 기력이 전부 떨어져 침상에 누운 채 조만간 목숨이 끊어질 듯합니다. 이는 여러 사람들이 본 것이니, 신이 감히 거짓을 꾸며 아뢰겠습니까. 지금의 실상으로는 재주와 염치를 따질 것 없으니, 이러한 병세로 어찌 몸을 일으켜 나아가 명을 받들 가망이 있겠습니까. 비록 도성 근처로 나아가 형벌을 청하려도 해도 역시 스스로 할 수가 없습니다.

신의 죄는 진실로 만 번 죽는다 해도 속죄하기가 어렵습니다. 혹시 성상께서 밝게 살펴 그릇된 비범한 은혜를 거두시고 분수에 걸맞지 않는 직명을 개차하신다면, 목숨이 위태로운 신이 국가의 체모가 손상되지 않는 모습을 보고 미천한 분의가 조금이나마 편안해질 수 있을 것입니다. 만일 윤허를 받지 못한다면 두렵고 애타는 마음이 질병과 함께 심해질 것이니, 실낱같은 목숨이 반드시 가망이 없어 끊어지고 말 것입니다. 또 가령 신이 요행히 성상의 윤허를 받고 신령한 하늘의 도움에 힘입어 갑자기 죽어서 산골짜기에 묻히지 않는다면, 훗날 다시 성상을 위해 쓰이게 될 때 어렵고 험한 일을 신이 어찌 감히 사양하겠습니까. 신의 정상이 다급하여 말이 길어지고 외람되니, 땅에 엎드려 눈물을 흘리며 두려운 마음이 더합니다. 삼가 바라건대, 천지 부모와 같은 성상께서는 불쌍히 여겨 신의 정세 이외에 병이 위독한 실상을 살펴주시어 속히 다시 바로잡도록 허락하시고 무거운 형벌을 내려주소서."

하니, 어찰에,

"경은 맑은 지조와 겸손한 덕망, 넓은 학식과 너그러운 도량으로 일찍부터 정승의 명망을 지니고 있었으니, 지금 정승에 임명한 것은 나 한 사람의 사사로운 뜻이 아니다. 비록 원임 대신의 차자로 내용을 보더라도 공론이 있는 곳을 환하게 볼 수가 있으니, 경에게 무슨 조금이라도 편하기 어려운 단서가 있겠는가. 그런데도 잇따라 상소하고 여러 번 글을 올려 한결같이 버티고 있다. 이는 모두 내 마음을 믿지 못한 결과이니, 어찌 부끄러움을 견디겠는가. 더구나 병이 난 것도 또한 황량한 강촌(江村)에서 비롯된 것이니, 염려가 더욱 깊다. 지금의 나라 형편과 조정의 정세는 한 가지도 믿을 만한 것이 없으니, 마음을 합하여 다스리기를 도모하여도 오히려 잘 되지 못할까 두려운데, 묘당이 비어 있고 차대(次對)가 오래 폐지되었으니, 국사를 생각하면 밤중에도 잠이 오지 않는다. 직접 쓴 편지로 지극한 뜻을 거듭 알리니, 이러한 때에 경이 오기를 바라는 마음이 어찌 큰 가뭄에 구름이나 무지개 일기를 바라는 정도뿐이겠는가. 경은 깊이 헤아려 곧 일어나 나와서 국사를 보아 근심하고 납답해 하는 나의 마음을 조금이나마 풀어 주도록 하라."

하였다.

정사하여 승지가 돈유한 뒤에 사직하고 이어 이동언의 일을 논한 차자 6월

呈辭承旨敦諭後辭職仍論李東彦事箚 六月

"삼가 아룁니다. 신이 몇 달 동안 질병을 앓아 죽음을 눈앞에 두고 있습니다. 더구나 근래의 정황이 더욱 곤궁해지고 움츠려들어 근심으로 속이 타는 듯하여 죽으려고까지 했으나 뜻을 이루지 못하였습니다. 이와 같은데도 남은 목숨을 지금까지 연명하고 있으니, 어찌 이럴 줄을 애당초 생각이나 했겠습니까.

삼가 생각건대, 성상의 조정에서는 신하에게 은혜를 넉넉히 베풀어 신하의 마음이 전해지지 않는 경우가 없고, 지극한 바람을 따라주지 않는 경우가 없었습니다. 그러나 신의 원통하고 답답한 마음은 여전히 유독 일월과 같은 성상에게 닿지 못하였습니다. 이는 실로 보잘것없는 신의 정성이 부족한 데에서 비롯된 것이니, 모두 신의 죄입니다. 지금 신이 나아가면 편안히 영화로운 봉록을 받을 것이고 나아가지 않으면 두려운 형벌을 받을 것인데, 외람된 은총을 내리시고 빈번히 하유를 내리셨으며 더구나 외람되이 승지가 내려와 보름 정도 이곳에 머물렀는데도 아직까지 신이 명을 받들고 나갈 계획이라는 말을 아뢰지 못하고 있습니다. 다른 사람들이 모두 신을 위하여 위태롭고 두려운 마음을 견디지 못하고 있으며, 식견이 있는 자들은 국가의 체모가 손상될까 깊이 염려하고 있습니다.

신이 비록 몽매하지만 역시 마음이 있으니, 만일 너무나도 억지로 직무에 나가기 어려운 실정이 아니라면 어찌 이렇게까지 제멋대로 거드름을 피우겠습니까. 생각건대 신은 몽매하여 자리만 지키고 국록만 축내고 있어 털끝만큼도 도움이 되지 못하여 조정의 반열에서 의젓한 모습을 잃었고 벼슬자리가 조정에서 방해가 되고 있습니다. 너무나 부끄럽고 근심스러운 사정으로 결코 그 자리를 맡을 수 없는 까닭이 실로 한 가지가 아니지만, 이에 대해서는 우선 말할 겨를이 없습니다.

신의 병세는 가슴이 결리는 증상에다 비패(脾敗)[8]가 심하여 한결같이 밥을 먹지 못하고 있습니다. 속이 허해서 굳은 가래가 늘 올라오고 몸이 말라 사지가 저리고 떨리니, 여러 차례 시험해 보았으니, 스스로 이미 잘 알고 있습니다. 이렇게 기운이 없고 아침저녁을 기약할 수 없는 목숨으로 비록 죽음을 감내하고 힘을 내어 조정의 반열에 출입하려고 해도 무슨 수로 할 수가 있겠습니까. 성상의 명을 거스른 죄가 이미 큰데, 또 그칠 줄 모르고 이렇게 번거롭게 아뢰니, 만 번 죽이도 너욱 마땅하여 석고대죄하며 두려움에 떨며 엎드린 채 기다립니다. 삼가 바라건대, 자애로운 성상께서는 신을 불쌍히 여기시어 신의 체직을 허락해 주시고, 신에게 무거운 견책을 내리시면 그보다 더 큰 다행이 없겠습니다.

신이 비록 죄를 기다리고 있으나 중요한 형정(刑政)과 관련된 사안이 있으니, 어찌 감히 말을 하지 않겠습니까. 신이 일전에 삼가

8 비패(脾敗) : 매우 위중한 병증을 말하는데, 한의학에서는 손발이 부어서 손금과 발금이 보이지 않는 심패(心敗), 입술이 검어지고 입술 금이 보이지 않는 폐패(肺敗), 얼굴빛이 검고 헌 데가 나는 간패(肝敗), 음부가 붓고 음낭이 줄어드는 신패(腎敗), 배꼽이 두드러져 나오고 배가 부어서 그득한 비패(脾敗)가 나타나면 대부분 죽는다고 한다. 《東醫寶鑑 虛勞門》

들으니 형조의 죄인 강상(江床)에게 자복을 받은 뒤에 판부(判付)에서 이동언(李東彦)을 의금부로 잡아들여 국문하고 속히 국법을 바로잡으라는 말씀이 있었다고 합니다.[9] 신이 병중에 매우 혼미하지만, 삼가 생각건대 이는 성상께서 악인을 징계하고 교화를 돈독히 하시는 뜻에서 나왔지만, 처분이 마땅함을 잃었다고 생각합니다. 그가 승복한 말을 살펴보건대 일의 단서가 낭자한 정도가 아니고, 이동언의 죄상은 죄다 강상이 공초한 내용과 같으니, 이는 진실로 사람의 도리로 할 수 없는 일입니다. 무엇을 돌아보고 애석하게 여기겠습니까. 그러나 법조문에 이미 해당하는 형률이 없으니, 고금의 형법으로 참고하여 논한다면 그 죄가 반드시 사형에 해당하지는 않을 것입니다. 국가에서 법을 적용할 때는 저울처럼 공평해야 하니, 털끝만큼이라도 차이가 있어서는 안 됩니다. 가령 부모의 상사를 박하게 하여 불효의 죄악이 다른 사람을 시켜 반함(飯含)을 대신하게 하는 것보다 더하다면 국가에서 어떻게 그 법을 시행하겠습니까. 이는 비록 중대한 상사(喪事)에 관계된 것이지만 다만 유사(有司)에게 맡겨서 법을 살펴 시행해야 하며, 감단(勘斷)[10]하라는 명을 지레 내

9 형조의……합니다 : 이동언이 부친 이세무(李世茂)의 상에, 백성들로부터 돈을 거둬들이고 하인을 시켜 반함(飯含)을 하였다는 죄상이 있어 형조에서 강상(江床)이 승복(承服)한 문안(文案)을 가지고 입계하였는데, 판부하기를, "이동언(李東彦)은 아비가 죽었는데도 미워하여 끝내 와서 보지 않고 다른 사람을 시켜서 반함을 하게 하였으니, 사람의 자식이 되어서 이를 차마 하겠는가? 그가 매우 흉악한 것은 실로 왕법의 용서하지 못할 바이며, 하늘과 땅 사이에서 용납되기 어려운 바이니, 해부(該府)로 하여금 즉시 나국하여 빨리 나라의 형벌을 바로 잡도록 하라."라고 한 일을 말한다. 《肅宗實錄 32年 6月 13日》

10 감단(勘斷) : 죄상을 심리하여 해당하는 형률을 적용시키는 것이다.

려서는 안 됩니다.

의금부로 잡아다 국문하는 일이 비록 그 앞에 있었지만, 국법을 바로잡으라는 명령이 뜻밖에 나왔는데도, 승정원에서 애당초 복주(覆奏)[11]한 일이 없으니, 이는 몹시 소홀한 것입니다. 비록 이동언의 죄상이 여러 사람의 증언이 모두 명백하여 더이상 의심할 것이 없다고 하더라도 삼가 바라건대 다시 더욱 자세히 살피고 대신에게 물어서 그 경중을 참작하여 처리하소서. 신이 몽매함을 무릅쓰고 덧붙여 아뢰니, 더욱 황공합니다. 재결해 주시기 바랍니다."

하니, 답하기를,

"차자를 살펴보고 경의 간절한 마음을 잘 알았다. 그간 정중히 권면한 것이 부지런하고 간절하였을 뿐만이 아니니, 할 말을 다하였고 뜻도 다하였다. 그런데도 멀리 떠나려는 경의 마음을 돌리지 못했으니, 이를 어찌 애당초 생각이나 했겠는가. 몹시 놀랍고 아주 답답하구나. 경의 차자에서 늘 질병이 있다고 말을 하였으나 대신은 본래 분주히 일하는 수고가 없고 조섭한 지 거의 오십 일이 되어 신명이 부지하여 완쾌될 것이니, 한결같이 병을 핑계대어 무관심하게 봐서는 안 된다는 점은 분명하다. 일전에 차자에서 한 말은 설로 근거할 만한 가까운 일이 있으니, 반드시 이 때문에 정승의 지위에서 물러나려고 한다면 너무 지나친 일임이 분명하다. 내 뜻은 진실로 이미 굳게 정해졌으니, 오직 나에게 있는 정성을 더욱 돈독히 하여 기필코 경을 내 곁으로 데려오고 말겠다. 승지를 소환하는 일은 결코 없을

11 복주(覆奏) : 사형수에 대하여 초심, 재심, 삼심을 거쳐 반복 심리를 한 후에 그 결과에 대한 최종 재가를 받기 위하여 상주하는 것을 말한다.

것이다. 경은 군신간의 대의를 생각하여 속히 나와 도를 논하여 밤낮으로 자리를 비워두고 기다리는 나의 마음을 저버리지 말라. 아래 항목의 일은 죄가 이동언과 같고 악행이 이동언과 같은데도 마침내 사형을 면한다면 어찌 이런 일이 있겠는가. 결코 용서할 수 없다." 하였다.

진연을 거행한 뒤에 추은하여 은혜를 베푸는 일[12]에 대해 논하고 겸하여 더욱 권면하기를 청하는 차자 8월
進宴後論推恩施惠之節兼請加勉箚 八月

삼가 아룁니다. 금일 빈청의 모임에 신이 참석해야만 하는데, 신이 며칠 동안 아주 심하게 앓아 얼굴에는 부기(浮氣)가 있고 콧마루에 종기의 통증이 있습니다. 새벽부터 억지로 일어나 거동하려고 해보았지만 여러 증상이 더욱 고통스럽고 밤새 잠을 자지 못하여 정신이 흐릿하여 결국 제힘으로 나아갈 수가 없었습니다. 일차(日次)를 오랫동안 시행하지 못하던 차에 또 등대(登對)하는 반열에 참여하지 못했으니, 신은 황공하여 견딜 수가 없습니다.

신이 이어 삼가 생각해보니, 이전에 특별히 내려주신 비망기에 진연(進宴)이 일로 타일러 말씀을 해주셨는데, 성상의 마음에 겸허한 뜻이 가득하고, 이어 추은하여 은혜를 베풀어야 한다고 하셨으니, 신하들이 이에 대해 누군들 감동하여 감탄하는 마음이 없겠습니까. 나라의 경사가 지극히 커서 성대한 예식이 오랫 만에 거우 시행되는데 성상의 생각이 끝이 없어 중외의 신하와 백성들이 모두 기뻐하니, 이는 성상의

12 진연을……일 : 1705년(숙종31)에 신하들이 왕이 즉위한 지 30년이 되었다며 휘호(徽號)를 올리고, 진연(進宴)하고 진하(陳賀)할 것을 청하였으나, 왕이 겸양하여 허락하지 않았다. 세자와 대신(大臣)이 누차 청하여 마지않자, 단지 진하와 진연만 허락하되, 힘써 간략함을 따라 외연(外宴)에는 여악(女樂)을 쓰지 말게 하는 것을 영원히 정식(定式)으로 삼게 하고는 한해가 지난 1706년(숙종32) 8월에 진연을 시행하였고 신하와 백성들에게 추은(推恩)한 일을 말한다.《肅宗實錄 卷65 肅宗大王行狀》

하교에 인(仁)을 미루어 즐거움을 함께하는 뜻이 있게 된 이유입니다.

신이 추은에 마땅히 어떤 전례를 써야할지 모르겠습니다만 비록 시행하더라도 역시 지나치게 베풀 필요는 없으니, 은혜를 베푸는 한 가지 일은 반드시 마땅히 아랫사람에게 이익이 되는 정사를 크게 궁구하여 나라 안의 백성들에게 두루 은택이 미치도록 해야 합니다. 예컨대 여러 도(道)의 조곡(糶穀)[13] 중에서 포흠이 쌓여 거두어 들이기 어려운 부류는 이전에 줄여준 것 이외에 연조(年條)를 한정해서 또 탕감을 허락하여 특별한 은혜를 보이시면 아마도 합당할 것입니다. 지금의 이 예식은 애초에 성상이 마지못해 윤허한 데서 나왔으니, 실로 국조의 고사를 따르는 것이지 형예(亨豫)[14]의 아름다운 볼거리를 위하여 그런 것이 아니지만, 결국 태평성대의 겉치레에 가깝습니다.

지금은 변고가 거듭 발생하여 근심스러운 일이 눈앞에 넘쳐나고 올해의 농사가 또 풍년이 들지 않아 백성들의 곤궁이 점점 심해지고 있으니, 조정의 신하들이 어찌 감히 편안히 있으면서 경계와 두려움을 잊을 수가 있겠습니까. 삼가 생각건대, 성상께서도 어찌 스스로 큰 복이 많다고 여기며 다만 아름다운 하늘의 도움만 믿고서 삼가고 두려워하며 노력하려는 생각을 조금이라도 느슨히 할 수 있겠습니까. 신

13 조곡(糶穀) : 관에서 봄에 백성에게 환곡용으로 꾸어 주는 곡식을 말한다.

14 형예(亨豫) : '풍형예대(豐亨豫大)'의 준말로, 원래는 재정이 풍부하여 모든 일이 막힘없이 통하고 천하가 안락하다는 말인데, 후세에는 궁중에 경사가 있을 때 성대하게 의식을 거행하는 뜻으로 전용(轉用)되었다. 풍형(豐亨)은 《주역》 풍괘(豐卦)의 괘사(卦辭)로 재물이 풍부하여 모든 일이 형통하다는 뜻이고, 예대(豫大)는 예괘(豫卦) 단사(彖辭)의 '예지시의대의재(豫之時義大矣哉)'의 준말로 예(豫)의 시의(時義)가 크다는 뜻이다.

은 번번이 감히 마음에 잊지 못하는 생각을 아뢰어 우러러 힘쓰기를 바랍니다.……

대각의 상소[15]로 인하여 사직한 두 번째 상소 정해년(1707, 숙종33) 1월

因臺疏辭職再疏 丁亥正月

판중추부사에 제수되었을 때이다.

“삼가 아룁니다. 신이 어리석음을 무릅쓰고 스스로 논열하여 엄한 명을 공손히 기다리고 있었는데, 견책을 내리지 않으시고 은혜로운 명을 도리어 내리셨으니, 신은 지극히 움츠려 황공한 마음을 더욱 견디지 못하겠습니다. 신이 이미 무거운 죄를 지었는데, 국가의 체모와 관련되니 벌을 내리는 것이 합당합니다. 어찌 감히 그저 성상께서 통촉하시고 관대하게 용서해주시리라 믿고서 스스로 편안히 여겨 요행히 면할 생각을 하겠습니까. 게다가 삼가 보건대, 헌신(憲臣)이 또 인피하는 상소에서 이전의 일을 거듭 논하였는데 말뜻이 더욱 급박하니, 신은 이에 점점 더욱 두렵습니다.

신이 뒤늦게 참여하여 다스렸던 옥사에 어찌 엉성하고 잘못된 일이 없겠습니까. 비록 구구한 생각이 있기는 하지만, 죄상의 대략에 대해서도 명백히 밝혀내지 못하고 죄를 다스릴 때에도 번번이 상께 여쭈어 재가를 받았으니 참으로 잘못이 있습니다. 대각에서 공격하는 말도 정곡을 찔렀으나 그 사이에 신이 알지 못하던 것도 제법 있었으

15 대각의 상소 : 집의 이덕영(李德英)이 충청도 유생 임부(林溥)의 국옥(鞫獄)이 법례(法例)를 준행하지 않는다고 아뢰면서 국옥에 참여했던 대신들을 비판한 일을 말한다.《肅宗實錄 32年 11月 4日》

니, 신이 어찌 분변하여 속마음을 말하고 싶지 않겠습니까.

생각건대 신이 비록 불초하지만 외람되이 이 자리를 차지하였으니, 감히 일의 체모를 애석해하지 않았겠습니까. 함께 일을 했던 사람이 대각에 들어가서[16] 엄중한 논의가 여기에 이르렀으니, 신은 오직 처벌을 기다릴 뿐입니다. 어찌 조목조목 분석하여 말을 하여 대각과 서로 다투겠습니까. '막수유(莫須有)'[17]라는 비유에 이르러서는 아, 정도가 심합니다. 맞지 않는 말을 억지로 끌어대어 제멋대로 욕을 하였는데, 신이 조정에 있으면서 형편없어 이러한 오명을 초래하였으니, 오히려 다시 무슨 말을 하겠습니까.

대신(臺臣)이 이미 '이전의 상소에서 국청이 법례를 어긴 실상에 대해 지적하여 전달한 데에는 조금이라도 실제보다 과장된 것이 없습니다.'라고 했습니다. 국옥(鞫獄)의 사체가 지극히 중대하고 뒤에 참여하여 다스린 옥사에 대한 상소에 조목조목 논열한 것이 아주 많으니, 그대로 놓아두어서는 안 됩니다. 명백히 논핵하여 신을 처리하라고 명을 내리셔야 하니, 삼가 바라건대 이미 드러난 죄상을 먼저 엄하게 감률하여 국법을 엄정히 하시고 대각의 논의에 답하신

16 함께……들어가서 : 임부의 국옥이 있었을 때 집의 이덕영(李德英)이 문사낭청으로 함께 참여했기 때문에 말한 것이다. 《燃藜室記述 卷38 肅宗朝故事本末》

17 막수유(莫須有) : '그럴 리가 없지만 있을 수 있는 일'이라는 뜻으로 남을 억울하게 죄로 몰아갈 때 쓰는 말이다. 송(宋)의 간신인 진회(秦檜)가 금(金)과의 화의(和議)에 반대하는 악비(岳飛)를 죽이기 위하여 악비의 아들 악운(岳雲)이 악비의 장수 장헌(張憲)에게 편지를 보내 국론을 어기고 대역을 꾀했다는 누명을 씌웠는데, 이에 대하여 한세충(韓世忠)이 그 부당함을 따지자 진회가 "악운이 장헌에게 편지한 것은 분명치 않다. 그러니 그럴 리야 없겠지만 반드시 있을 수 있는 일이다.〔飛子雲與張憲書雖不明, 其事體莫須有.〕"라고 얼버무린 데서 나왔다. 《宋史 卷365 岳飛列傳》

다면 천만다행이겠습니다.

신이 지난번에 전 장령 이유민(李裕民)의 상소를 보니, 존호(尊號)를 청하지 않았다는 이유로 진연 때의 대신을 논척하였으니, 신은 몹시 두려운 마음입니다. 삼가 생각하건대, 성상의 융성한 덕과 아름다운 공열은 진실로 전대를 빛내고 후세에 모범이 되는 점이 많습니다. 근래의 성대한 일로 말하자면 비록 예(禮)에는 없는 예이지만, 성상의 간곡한 진심에서 우러나와서 대의가 빛나고 귀신과 사람을 감동시키니, 선양하고 찬미하는 것이 어찌 신하의 바람이 아니겠습니까. 동궁의 상소는 지극한 효성에서 나왔습니다.

삼가 보건대 성상께서 깊이 겸양을 고수하시고 여러 차례 의중을 보이셨습니다. 이렇게 어렵고 근심스러운 시기를 당하여 경계하고 두려워하는 마음을 독실히 하고 크나큰 아름다움을 자처하시지 않아 겸광(謙光)[18]을 더욱 빛내셨으니, 이는 더욱 훌륭한 덕입니다. 신하들이 모두 감동하고 흠모하여 따르려고 생각했으니, 신은 우매하여 생각이 존호에 미치지 못했는데, 이 말이 갑자기 대각에서 나올 줄 생각이나 했겠습니까.

신이 예전에 보니 사마광(司馬光)이 임금에게 고하여 존호를 받지 말라고 하였는데, 그 차자에 말하기를, '폐하께서 일전에 존호를 사양하고 받지 않으신 일에 대해 천하가 그 성덕을 칭송하여 지금까지 그치지 않습니다. 그러니 폐하께서 헛된 명성을 버리고 실제 명성을 취했으며 헛된 아름다움을 버리고 실제 아름다움을 취하셨으니,

18 겸광(謙光) : 《주역》 〈겸괘(謙卦) 단(彖)〉에 나오는 '겸존이광(謙尊而光)'의 준말로, 자신의 몸을 낮춤으로써 그 지위와 덕이 더욱 높아지고 빛난다는 뜻이다.

폐하에게 무슨 손해가 되겠습니까.'라고 하였습니다. 이전 현인의 충성스럽고 임금을 아끼는 말이 명백하고 절실하다고 하겠습니다. 신이 지난번 상소에서 죄를 청하는데 급급하여 이에 대해서는 미처 말하지 못했습니다. 신하들의 상소에서 이미 자세히 논하였으니, 신의 말이 늦었습니다. 그러나 이미 논척을 받았으니, 신은 말을 하지 않을 수 없습니다.

겸대한 군문(軍門)의 직임은 신에게 있어 실로 하루라도 그대로 맡고 있을 수는 없습니다. 신은 몇 개월 동안 질병이 심해져서 남은 목숨이 위태로우니 가령 조정에 있더라도 어찌 일을 살필 가망이 있겠습니까. 체모와 직임을 돌아보건대 본래 여러 달 외지에 있으면서 헛되이 맡고 있을 수 없습니다. 신은 마음이 너무나 근심스러워 아침저녁으로 슬퍼하고 있습니다. 삼가 바라건대, 간절하고 다급한 정상을 살펴주시어 감률하기 전에 먼저 체직을 윤허해주소서."

하니, 답하기를,

"상소를 보고 경의 간절한 마음을 잘 알았다. 일전의 상소에 대한 비답에서 지극한 뜻을 말하였으니, 다시 어찌 많은 말을 하겠는가. 헌신의 인피하는 말은 의도가 지극히 심각하고, 헌신이 상소에서 한 말 역시 몹시 온당치 못하니, 인혐하는 것은 너무 지나친 처사가 아닌가. 경은 안심하여 사직하지 말고 즉시 속히 들어와 공무를 보아 자리를 비우고 기다리는 나의 마음을 저버리지 말라."

하였다.

좌의정의 상소로 인해 또 견책을 청하는 상소 2월
因左相疏又請譴疏 二月

"삼가 아룁니다. 신이 죄를 저지르고도 오히려 견책을 면하였으니, 움츠려 엎드린 채 삼가 기다리며 편안히 있을 수가 없습니다. 얼마 전 삼가 보니 좌의정 김창집(金昌集)의 상소에서 지난 가을에 살핀 옥사[19]에 대해 논하기를 '「흉언(凶言)」이란 두 글자는 상하의 문자를 짜 맞추어 억지로 만든 것이고, 「다시 물었다」는 말은 전후의 날짜를 혼란시켜 없애버리려고 한 것이다.'라고 하였습니다. 그의 의도와 발언은 명백히 옥사를 다스린 신하들이 일을 얽고 꾸며서 자신을 모함하는 데 뜻을 두었다는 것입니다. 신이 보고는 놀랍고도 두려워 그 연유를 알 수가 없었고, 또 저도 모르게 근심스레 상심하였습니다.

아, 평소의 심사는 너그럽고 평안하였는데, 같이 조정에 있는 처지로 어찌 차마 이렇게 의심할 수 있으며, 어찌 차마 이와 같은 악담을 할 수 있단 말입니까. 신은 진실로 세상의 도가 이렇게 극심하게 손상된 줄은 생각지도 못했습니다. 대신의 논척이 이처럼 지극히 엄중하여 일의 체모가 지난번 대신(臺臣)의 말과는 전혀 다르니, 마땅히 상소를 올려 실상을 아뢰어야 합니다. 그러나 신은 오랫동안 병을 앓아 정신이 흐릿하고 혼란스럽습니다. 일이 오래되지 않았지만 문서에 기록된 일은 아득하여 분명히 기억을 할 수가 없어 찾아내어 말을 만들 수 없었기에 우선 잠자코 기다리고 있었는데, 일을

19 지난……옥사 : 임부(林溥)의 옥사를 말한다.

다스린 영의정이 전말을 상세히 밝혀 상소로 분변하였습니다.

악명(惡名)을 입어 아침저녁으로 근심하고 있다가 일전에 삼가 영의정 최석정의 상소를 보니, 그가 시종 가리킨 뜻이 어디에 있는지, 각 사람이 심문한 조목, 언계(讞啓)[20]와 연주(筵奏)[21]를 모두 자세히 열거하여 분명히 아뢰었으니, 고찰하고 근거로 삼을 만하여 이미 성상께서 통촉하셨으니, 신이 여기에 대해 진실로 군더더기 말을 할 필요가 없습니다. 죄인에게 캐묻는 것은 으레 대부분 공초에서 나온 의심스런 단서와 바뀐 말을 집어내서 그 진실과 거짓을 살피기 마련입니다. 그러므로 모든 문목에 간혹 말을 지어내는 경우가 있으니, 진실로 이런 일이 있다고 여겨서가 아닙니다. 이를 어찌 억지로 만들었다고 할 수 있겠습니까.

아래 건으로 말하자면 그때 다시 심문한 일은 추안(推案)에서 찾기가 어렵습니다. 처음에는 강이상(姜履相)의 공초로 인하여 날짜가 어긋났지만, 곧 죄인에게 심문한 여러 공초로 인하여 명백하게 확인되었습니다. '없애려고 하였다.'라는 말은 반복해서 생각해 보아도 더욱 그 말이 무슨 말인지 이해할 수가 없습니다. 영의정의 상소에서 이미 이에 대해 분변하였으니, 여러 대신이 받은 흉언과 망극하고 원통한 말은 격노하게 하기 쉽고 사람을 용서하기 어렵습니다. 만약 옥사를 다스린 일이 분명하고 명쾌하지 못하였음을 허물한다면 오히려 혹 그럴 수도 있겠지만, 본래 실정을 따지지 않고 갑자기 이렇게 억지로 단정하여 죄로 삼는다면 신은 그 원통함이

20 언계(讞啓) : 옥사를 평의하여 아뢰는 일을 말한다.

21 연주(筵奏) : 임금의 면전에서 아뢰던 일을 말한다.

피차 다르지 않을 듯합니다. 신이 그 당시에 병으로 인해 휴가 중에 있었기에 조금 뒤에 추국에 참여하였으나 끝까지 참여하여 들었으니, 신이 영의정의 심사를 자세히 보았습니다. 인정과 사리로 헤아려 보면 여기에 어찌 비슷한 점이 있겠습니까.

신이 진실로 미혹하고 우매하여 분명히 말을 하고 논의를 잘 하지 못하지만, 국청에서 답변한 말을 같은 자리에 있으면서 어찌 대략 들어 알지 못하겠습니까. 윤순명(尹順命)이 이언(俚言)으로 바친 공초에서 '흉언'이라는 두 글자는 터무니없는 듯하고, 여필중(呂必重)의 자백은 오락가락하여 믿을 수 없어 국청에서 다시 물었으니, 그 뜻이 결코 덮어 가리려는 의도에서 나오지 않았음을 알 수 있습니다. 이와 같은 사정을 영의정의 뒤를 이어 탑전(榻前)에서 진달하였는데, 결국에는 성상께서도 하교를 내려 '어찌 좋겠는가.'라는 말을 기록하지 않은 일[22]을 당시 여러 신하들의 허물로 여기셨습니다.

신이 중대한 옥사를 다스리는데 참여하여 이미 간사한 정상을 명백하게 캐내지도 못하였고, 또 이런 죄명으로 억울하게 무함을 받은 데다 의도적으로 대신과 재신들을 해치려 한다는 모함을 받았습니다. 이는 예전부터 아주 간악한 자가 남을 모함하는 수단이니, 만약 조금이라도 혐의가 있다면 비록 죽임을 당한다 하더라도 오히려 어찌 죄를 갚을 수가 있겠습니까.

신은 죄가 겹겹이 드러나니, 삼가 바라건대 성상은 국가의 체모를 깊이 생각하시어 결코 그대로 덮어두지 마시고 신의 직명을 삭직하

22 어찌……일 : 유언명(兪彦明)의 공초에 '어찌 좋겠는가.'라는 말이 있었는데 국청의 신하들이 기록하지 않은 일이 있었다. 《肅宗實錄 32年 8月 1日》

고 형벌을 담당하는 관리에게 내리시어 명백하게 감률하여 국법을 엄하게 하여 옥사를 다스린 일의 지극한 원통함을 풀어주소서."

하니, 답하기를,

"상소를 보고 경의 간절한 마음을 잘 알았다. 영의정의 상소에 대한 비답에서 이미 내 뜻을 다 말하였으니, 경은 나의 지극한 뜻을 충분히 알 것이기에 지금 여러 말을 하지 않겠다. 노성한 대신의 말이 도리어 대간의 인피하는 말보다 심할 줄은 진실로 생각지 못하였다. 경은 혐의할 것이 없으니, 안심하여 사직하지 말고 속히 나와 공무를 행하여 나의 바람에 부응하라."

하였다.

유지를 내려 부르는 명을 거두어 주기를 바라는 상소 5월
乞寢諭召之命疏 五月

"삼가 아룁니다. 신은 황송한 마음에 몸둘 곳이 없으니, 다만 숨을 죽이고 처분을 기다리는 것이 마땅합니다. 그러나 총애하여 내린 명을 부질없이 욕되게 하고 사관(史官)이 오래 머물고 있어 명을 어긴 죄가 날마다 더해지고 있으니, 비록 형벌을 받더라도 남음이 있을 것입니다. 이렇게 다급한 심정을 안고서 감히 스스로 부모와 같은 성상께 말씀드리지 않을 수 없기에 다시 간절한 마음을 모두 쏟아내어 실정을 다 말씀드리니, 인자하고 자애로운 성상께서 혹여 불쌍히 여겨주시기를 바랍니다.

지금 성상께서 특별히 유지를 내려 지방에 있는 대신들을 모두 불러들이신 것은 삼가 생각건대 성상께서 많은 어려움이 있는 상황을 만나 과거에 정승을 역임했던 신하들을 도성으로 모이게 하여 사안에 따라 돕기를 바라서이며, 또 여러 해가 넘도록 먼 지방에 머물러 있는 처지를 유념하셨기 때문입니다. 이는 범상치 않은 일인데, 신의 미천한 이름이 아직도 중추부에 속해 있어 함께 외람되이 그 속에 들어가게 되었습니다.

삼가 생각건대, 보잘것없는 신이 비록 사람을 알아보는 성상의 안목을 몹시 그르쳐 외람되이 정승의 직임을 맡았지만 하는 일 없이 자리를 지키면서 녹봉만 축내고, 일을 맡아서는 번번이 그르쳤습니다. 대각에서 중대한 논죄를 당했을 뿐만 아니라, 한 시대의 비난하는 의론이 떠들썩하게 일어나 그치지 않았는데, 다행히 곡진히 보전해주시는 성상의 관대한 은혜를 입어 여전히 귀양가는 처벌은 면하였습니다. 그러나 두려운 마음과 위태로운 자취는 시일이 조금 지났다는 이유로 편안해질 수 없기에 산골에 은거하면서 영원히 본분을 지키며 은혜를 입은 채 죽을 날을 기다리기로 마음먹었습니다. 신은 진퇴를 논하면 실로 당세에 큰 영향을 미치기에 충분하지 못하고 죄과를 말하자면 다시 조정의 반열을 더럽혀서는 안 됩니다. 또 신은 가까운 교외에서 대궐을 바라보고 의지하고 있으니, 먼 지역에 있는 원로대신들과는 사안이 전혀 다릅니다. 어찌 감히 성상께서 번거롭게 기록을 살펴 정중히 부르는 특별한 대우를 동일하게 받을 수 있겠습니까. 나라의 체모와 개인적인 분수로 볼 때 불가한 일인 줄 분명히 알겠습니다. 비록 그렇지만 은혜로운 명이 지극히 엄중하니, 신하된 자의 의리로 어찌 감히 가만히 앉아서 움직이지 않을 수 있겠습니까. 급히 조정으로 나아가 진심을 다 아뢴 뒤에 돌아와서 명을 기다린다면 역시 미천한 분의를 조금 펼 수 있을 것입니다. 다만 신이 병이 들어 실로 혼자 힘으로 일어날 길이 전혀 없으니, 비록 이렇게 하고 싶어도 할 수가 없습니다.

정세가 편안하지 못한 신료들은 대부분 질병으로 사양했으니, 미천한 신도 그랬던 적이 있습니다. 지금 성상께서 한결같이 실상이 아니라고 여기실까 두려우니, 신은 진실로 몹시 원통하고 염려가 됩니다. 신이 이미 나이가 들고 노쇠하여 기력과 정신이 감퇴하여 연로한 노인과 비슷한데, 근래에는 정도가 더 심합니다. 여러 질병이 몸이 허한 틈을 타고 번갈아 발병하여 쇠약해져 거동할 수 없는 지경에까지 이르고, 가슴이 막히고 배가 부어오르며 팔이 저리고 눈이 어두워져 온 몸에 늘 심한 통증이 있어서 모든 일을 전혀 기억

할 수가 없습니다. 또 자고 먹는 일상생활을 거의 할 수가 없어 점점 기운이 소진하여 침상에서 뒹굴고 있습니다. 이는 가까운 시일에 조섭하여 조금 나아지기를 기대할 수 있는 경우가 아니니, 어찌 다시 힘써 몸을 일으켜 조정의 반열에 나가기를 바랄 수 있겠습니까.

신이 이미 조정에 나아갈 수 있는 날이 없는데, 시종신이 시골에 머물고 있으니, 보고 듣는 자들이 모두 놀라고 있습니다. 신의 정세가 곤궁하여 이미 답답한 마음을 감당할 수가 없는데, 더욱 이로 인해 밤낮으로 근심하고 애태우고 있으니 진실로 죽을 곳을 모르겠습니다. 삼가 바라건대, 자애로운 성상께서는 특별히 헤아려 주시어 미천한 신의 거취가 여러 정승들과는 달라 필시 시사에는 도움이 되지 않고, 염치와 의리가 분명하여 끝내 염치불구하고 받들 수가 없고, 질병으로 죽음이 가까워 결코 억지로 나갈 수가 없다는 점을 살펴 이전에 내린 명을 거두어주소서. 은혜를 뭉뚱그려 베풀어서는 안 되니, 신에게 처벌을 내려 국법을 엄정히 하소서. 신은 크나큰 바람을 이길 수가 없습니다. 자리에 엎드린 채 머리를 조아리며 두려움에 떨면서 눈물을 흘리며 간절히 바랍니다."

하니, 답하기를,

"상소를 보고 경의 간절한 마음을 잘 알았다. 지금 내가 지방에 있는 대신들을 모두 부른 뜻을 경이 이미 잘 알고 있을 터이고, 여러 차례 말해주었는데 겸양이 너무 지나치다. 매번 인혐해서는 안 되는 일로 인혐하며 이렇게 버티니, 너무나도 놀라워 마음을 가눌 수가 없다. 아, 조정이 불행하여 논의가 갈라져 일단 불안한 정세가 있으면 번번이 모두 물러나 관직에 나오려 하지 않으니, 내가 장차 누구와 나라를 다스리겠는가. 이는 사리상 결코 있을 수 없는 일이다. 경이 떠나려는 마음을 흔쾌히 돌린 뒤에야 내 마음이 편안해질 것이다. 나의 진심어린 마음을 잘 알고 즉시 조정으로 들어와 목마른 사람이 물을 찾는 듯한 나의 바람에 부응하라."

하였다.

세 번째 상소 6월

第三疏 六月

"삼가 아룁니다. 신이 자리에 엎드려 두려움에 떨며 밤낮으로 생각하기를 '성상의 위엄이 지극히 엄중한데 저지른 죄가 여기에 이르렀으니, 반드시 처벌이 내릴 것이다. 혹 그런데도 벌을 내리지 않고 행여 성상이 불쌍히 굽어 살펴주셔서 이전의 전지를 도로 거두어 거의 죽음을 앞둔 목숨을 보전해 주실 것이다. 행여 미천한 신의 진퇴가 중대한 사안과 관련된 대신들과는 다르다는 점을 살펴주신다면 속히 그릇된 은혜를 거두실 것이다. 행여 국가의 크나큰 체모와 왕이 보낸 사람이 오래도록 초야에서 욕보는 일을 생각하신다면 태도를 바꾸어 명령을 바꾸시리라.'라고 하였습니다. 기원하는 마음이 이미 절실하지만, 우려와 두려움이 극도로 교차하여 제 힘으로 상소를 쓸 수가 없고, 역시 감히 다시 상소를 올려 성상을 번거롭게 해드릴 수가 없어 묵묵히 고민하다가 며칠이 지났는데, 아직까지 다른 명을 듣지 못하였습니다. 마음은 몹시 근심스럽고 위축되며 형세는 너무도 궁하여 몸을 움직일 수가 없다고 하겠습니다.

신은 지방에 있는 대신들과 경우가 전혀 다르니, 이런 뜻을 신이 지난번에 이미 아뢰었습니다. 삼가 생각건대, 성상께서 깊이 굽어 살펴주시지 못한 것 같습니다. 신이 있는 곳은 바로 교외이지 궁벽한 시골이 아니니, 거의 도성 밖이나 다름이 없습니다. 가령 신이 조정과 관련이 있는 사람이라면 도성을 멀리 떠난 적이 없으니, 조회하고 하례하는 반열에 모두 나아갈 수 있습니다. 또 조정을 떠난 지 겨우 몇 개월이 지났으니, 본래 똑같이 소명을 받는 것도 마땅하지 않고 또 우악하고 특별한 은혜를 구별 없이 외람되이 받는 것도 마땅하지 않습니다. 혹시라도 성상이 곡진히 살펴주셔서 속히 내린 명을 거두신다면 어찌 신의 호소를 기다릴 필요가 있겠습니까. 신은 죄를 저지른 몸이며 비방하는 의론이 세상에 넘쳐나서 감히 무릅쓰고 나아갈 수가 없으니, 차라리 명을 거스른 죄로 죽임을 당하는 것이 신이 처신하는 의리입니다. 또 쇠약하고 병들어 절반은 귀신의 모습으로 침상에 누워 죽을 날이 멀지 않았는데 밝은 명을 어기고 사관을 오래도록 지체하게 하였으니, 잠시도 편안하지 못해 추운 날씨가 아닌데도 몸이 떨립니다.

신이 삼가 생각해보건대, 지금의 병세는 비록 일어날 기미가 없지만, 신하된 자의 의리로 여기에 이르러 달리 무슨 생각이 있겠습니까. 실낱같은 목숨이 만일 갑자기 끊어지지 않는다면 더욱 조섭하여 도성으로 나아가 엄중한 명을 청하고, 그대로 물러나 산골로 돌아가기를 청하는 것이 보잘 것 없는 신의 소원입니다. 삼가 바라건대, 천지 부모와 같은 성상께서는 불쌍하게 살펴주시어 조금이나마 너그럽게 용서해주소서. 신은 속이 타서 눈물을 흘리며 사관을 되돌아오도록 하는 명을 간절히 기다립니다. 신은 황공함을 감당하지 못하겠습니다.……"

하니, 답하기를,

"상소를 살펴보고 경의 간절한 마음을 잘 알았다. 경의 상소에서 더욱 조섭하여 도성으로 나오겠다는 말을 보니, 기쁜 마음이 어찌 다하겠는가. 내가 많은 말을 하지 않을 테니, 나의 지극한 뜻을 헤아려 떠나려는 마음을 흔쾌히 돌려 병이 차도가 있거든 함께 들어오라."

하였다.

우의정을 사직하는 상소 10월

辭右議政疏 十月

"삼가 아룁니다. 신의 과오가 이미 무거워 이치상 배척을 받고 물러나야 하는데 외람되이 성상께서 거두어 불러주셔서 다시 봉록과 작질을 받게 되었으니, 밤낮으로 융숭한 은혜에 감사한 마음이지만 조정의 반열에 출입하는 일은 아직도 너무나 부끄럽고 두렵습니다. 지금 새로 제수하는 명이 많은 사람들이 전혀 예상치 못한 가운데 나왔으니, 신은 오장이 떨려 몸을 둘 곳이 없습니다. 삼가 생각건대, 미천한 신이 성상의 큰 은덕을 입어 남몰래 반열이 올라 외람되이 정승 자리에 있으니, 실로 시론(時論)을 만족시키지 못하고 일마다 어리숙하여 반식(伴食)[23]의 부끄러움이 있습니다.

명을 받고 옥사를 다스리자 곧장 일을 그르치는 사태를 불러왔고, 국청의 일을 다시 다스리니 신의 죄가 더욱 드러났는데, 형벌을 내리지 않으시고 도리어 발탁을 해주셨습니다. 성상의 너그러운 도량에 곡진히 힘입은 것이 이미 미천한 분수에 넘치는 일이고, 뒤이어 저의 허물을 생각해보건대 남은 두려움이 마음에 있으니, 어찌 다시 정승의 자리를 차지하여 국가의 일을 거듭 그르치겠습니까. 국가의 체모

23 반식(伴食) : 함께 밥이나 먹는 사람이라는 뜻인데, 용렬하여 직무를 수행할 능력도 없이 자리만 차지하고 있는 자를 비유하는 말이다. 당(唐)나라 때 노회신(盧懷愼)이 요숭(姚崇)과 함께 정승으로 있으면서 자기의 재주가 요숭에게 뒤진다는 것을 알고, 일을 모두 요숭에게 미루어 요숭이 결정하는 대로 따랐다. 사람들이 그를 '반식재상(伴食宰相)'이라고 하였다.

로 보아도 전혀 마땅한 처사가 아니며, 개인적인 분수에도 감히 편치 못한 일입니다.

신은 진실로 쓸모없는 사람인데, 성상의 총애를 받은 것이 이토록 지극하니, 감격하여 눈물이 흘러 우러러 보답할 방도를 모르겠습니다. 신이 저지른 죄를 살펴보니, 결코 명을 받들 수 있는 이치가 없습니다. 삼가 바라건대, 성상께서는 저의 간절한 마음을 굽어 살피시어 속히 명을 고친다면 천만다행이겠습니다.

신이 지난번에 수찬 신심(申鐔)이 올린 두 편의 상소를 보니, 문형의 천망(薦望)을 논하는 말에서 신의 죄상을 깊이 배척하여 가리키는 뜻이 극심하였으니 신은 놀라움과 두려움을 견딜 수가 없습니다. 신은 평소에 판서 신 이인엽(李寅燁)의 문사(文辭)가 전중(典重)하고 글짓기에 법도가 있어 동료들이 쉽게 미칠 수 있는 수준이 아닌 점에 탄복하여 관각에서 종사해도 거의 알맞을 것이라고 여겼습니다. 신의 가까운 벗이 평소 신의 이런 말을 들었으니, 어리석은 견해가 실로 이와 같았습니다. 일전에 외람되게도 문형을 천망하라는 명을 받고서 알고 있는 사실을 감히 숨기지 못하고 마침내 추천하는 망단자 속에 나열해 넣었습니다. 근래의 고사를 보건대, 제학을 거치지 않은 경재(卿宰)도 이따금 문형의 천망에 들었으니, 문정공(文貞公) 김육(金堉)과 우윤 황호(黃床)가 이런 경우입니다. 단지 신이 무식하고 그릇되어 남들에게 신임을 받지 못하고, 또 세도의 험난함을 헤아리지 못한 탓에 유독 지금에 이르러 이처럼 전에 없던 일을 초래하였습니다. 문형을 천거하여 의망하는 중대한 일을 가지고 친척을 빛내는 밑천으로 삼았으며 공론을 헤아리지 않고 위로 국가를 속였으니, 신의 죄는 비록 죽임을 당하거나 귀양을 가도 남음이 있습니다.

아, 신은 진실로 남들이 이렇게까지 마음껏 말을 지어낼 줄은 생각지 못했습니다. 그러나 생각건대 신의 보잘것없는 견해로는 세상에 반드시 헤아려 믿어줄 사람이 있을 것이고, 사람을 알아보는 명철하신 성상께서도 필시 시험하시고 통촉하시리라 믿었습니다. 신심이 또 문명(文名)을 말하였는데, 선배가 날마다 사라지고 세상에는 큰 재주를 지닌 이가 드무니 문형으로 추천할 사람은 시대에 당세에 존재하는 사람이 아닐 수 없습니다. 신은 모르겠습니다만 지금 조정에서 문학의 명성이 성대한 사람이 과연 누구이며, 어떠해야 신심의 의중에 합치하겠습니까.

신은 이인엽과 종숙질의 관계이니, 신의 마음은 실로 편안치 못합니다. 다만 듣기로 국조(國朝) 이래로 친혐(親嫌)이 있는 사이라도 매복(枚卜)[24]을 피하지 못한 경우가 있었다고 합니다. 문형이 비록 중요하기는 하지만, 어찌 매복보다 더 중요하겠습니까. 제맘대로 국가의 일을 중하다고 여겨 이 일이 죄가 될 줄을 스스로 알지 못했습니다. 신의 죄명이 지극히 무겁고 관리들에게 욕을 끼쳤으니, 다시 바라건대 분명히 감률하여 여론을 풀어주시고, 어리석은 신의 분수를 편안히 해주소서. 며칠 동안 움츠려 엎드려 있다가 지금에야 비로소 스스로 논열하니, 지극히 황공하여 명을 기다리는 심정을 더욱 견딜 수가 없습니다."

하니, 답하기를,

"상소를 살펴보고 경의 간절한 마음을 잘 알았다. 지금의 중복(重

24 매복(枚卜) : 174쪽 주3 참조.

卜)[25]은 우연히 나온 뜻이 아니다. 전에 이미 위로하고 혐의를 풀어 주었는데, 어찌 뒤늦게 허물하기까지 하는가. 문형의 천망은 참으로 공정한 마음에서 나왔으니, 올바르지 못한 논의를 어찌 굳이 깊이 혐의하는가. 경은 국사를 생각하여 안심하고 사직하지 말고, 역시 대죄하지 말라. 속히 나와 일을 보아 지극한 바람에 부응하라." 하였다.

25 중복(重卜) : 한 번 이상 의정(議政)을 지낸 사람을 다시 의정의 후보에 올려서 뽑는 것, 또는 그렇게 뽑힌 사람을 말한다.

네 번째 상소 11월

第四疏 十一月

"삼가 아룁니다. 일전에 사관이 와서 전한 성상의 비답에 신의 혐의를 풀어주며 타이르는 뜻이 더욱 간절하였고, 우려할 만한 시국의 일과 신하가 보필해야 하는 의리를 낱낱이 열거하여 마치 자애로운 아버지가 자식에게 말해주듯 엄중히 가르치고 면려하셨습니다. 신은 땅에 엎드려 아홉 번 머리를 조아리고 황공한 마음으로 눈물을 흘리며 더욱 답답한 심정을 가누지 못하겠습니다. 변변치 못한 신이 외람되이 정승의 자리를 차지하였고 지금 또 총애로 내린 명을 잘못 욕되게 하였는데, 융숭한 은혜가 하늘처럼 끝이 없습니다. 스스로 지난날을 돌아보면 이미 조금도 보답하지 못했는데, 지금은 죽음을 앞둔 나이에 이르러 힘써 일할 날이 얼마 남지 않았습니다. 만일 나아갈 수 있는 의리가 있다면 어찌 감히 거만하게 명을 거스르며 국궁진췌(鞠躬盡瘁)할 방도를 생각하지 않겠습니까.

신이 여러 차례 올린 상소에서 속마음을 거의 다 말씀드렸지만 신의 정성이 부족하고 말이 서툴러서 간절하고 다급한 사정이 아직까지 성상께 닿지 못했으니, 이는 진실로 신의 죄입니다. 신하의 의리로는 비록 죄를 지었더라도 요행히 임금의 관대한 용서를 받았다면 오로지 인혐하기만 일삼아 죄를 씻어 주고 배양해주신 성상의 은혜를 저버려서는 안 되고, 감격하여 새로워지기를 도모하고 공경히 은혜로운 뜻을 받드는 것이 분의에 마땅한 일입니다. 그러나 이는 일시적인 죄로 관계되는 점이 중대하지 않으며, 지난 일이라 시일이 오래 되어 그래도 용서해줄 수 있는 경우에 해당합니다.

지난번에 신이 중대한 옥사를 그르쳤을 때에 결국 성상께 여쭈어 감률한 것은 전적으로 신의 책임이었습니다. 지난 겨울에 대각의 상소에서 죄명이 매우 많아 그로 인해 옥사를 다시 살폈는데, 지금까지도 논하는 자들이 주장하기를 그치지 않으니, 신의 정세와 자취로는 이치상 스스로 편안하기가 힘듭니다. 신이 만약 위로해주시며 혐의를 풀어주신 성상의 하교만 믿고 염치없이 나아가 다시 막중한 책임을 맡는다면 반드시 국사를 거듭 그르쳐 신의 죄가 더욱 커질 것입니다. 미천한 신이야 본디 말할 것도 없지만, 이것이 어찌 국가에 이익이 되겠습니까.

근래 유신(儒臣)의 논척으로 말하자면 더욱 극도로 엄중하니, 그의 말에서 비록 주벌이나 유배를 청하지는 않았지만, 그의 의도와 발언은 신을 주벌과 유배의 죄로 단정한 것입니다. 신을 비난하는 여러 사람의 말이 혹은 제 마음대로 결징했다고 하고 혹은 붕당을 지어 제 편을 두둔했다고 하는데, 극도의 죄목이 어찌 끝이 있겠습니까마는 사람을 천거하는 중요한 지위에 있으면서 가까운 친척을 추천했다는 말은 신이 이전에도 들어보지 못했고, 고금에도 없었던 일입니다.

변변치 못한 신이 조정에 나온 이후로 온갖 잘못을 저질러 한 가지도 좋은 모습을 보인 적이 없지만, 제멋대로 사심을 개입하다가 죄를 지은 적은 없습니다. 그런데 지금 갑자기 이렇게 중대한 죄를 저촉하였으니, 어찌 걱정스레 두려움에 떨고 근심스레 가슴 아파하는 마음을 가눌 수 있겠습니까. 신이 이에 신의 사람됨이 가벼워 쉬이 남에게 업신여김을 당하고 제멋대로 번번이 일을 그르쳤음을 더욱 깨달았으며, 또 세도가 험난하여 손쓸 곳이 없음을 보았으니, 세상에 쓰일 수 없음을 잘 알겠습니다. 그러니 오히려 어찌 이런 죄목을 가지고 뻔뻔한 얼굴로 여러 사람이 바라보는 정승의 지위에 나갈 수 있겠습니까.

성상의 하교에서 협잡을 꾀하는 말에 굳이 마음을 쓸 필요가 없다고 하셨습니다. 신이 비록 이렇게 비난을 받았지만, 평소의 어리석은 소견을 스스로 뉘우칠 줄 모르겠습니다. 다만 친척의 혐의 때문에 남의 의심을 샀으니, 그 말에 협잡이 있는지 여부는 신이 감히 알 바가 아닙니다. 신이 어찌 이 일을 가지고 스스로를 용서할 수 있는 단서로 삼을 수 있겠습니까.

지금 보통의 신료들이 논척을 받으면 반드시 면직되는데, 지금 신은 외람되이 정승의 직책에 있으면서 이런 모멸을 받고도 피할 줄을 모르고 눈을 부릅뜨고 신을 업신여기는 상황에 구차히 스스로 편안히 있으니, 염치와 의리가 모두 사라져 조정 신료들에게 수치를 끼치고 있습니다. 직질(職秩)을 그대로 놓아두시어 스스로 처신하도록 하지 않으시니, 역시 어찌 성조(聖朝)에서 신하를 예로 대하는 도리이겠습니까.

삼가 생각건대, 성상께서는 일을 살피시는데 지극히 밝으시고, 아랫사람을 이해하는데 지극히 인자하시니, 혹여 조정의 중대한 체모를 생각하시고 미천한 신의 정세를 걱정하신다면 필시 조만간 불쌍히 여겨 허락하는 명을 내리실 것입니다. 신이 삼가 보니 일전에 내리신 윤음에 천재(天災)를 경계하고 백성들의 고통을 유념하여 신하들을 책려하고 도움을 구하는 뜻이 간절하고 엄정하여 궁중 안팎을 감동시켰으니, 신이 큰 소리로 읽으며 감탄하여 눈물을 흘리기까지 하였습니다. 지금 시사가 어려워 이렇게 극도에 이르렀으니, 이리보나 저리보나 모두 위태롭고 망할 조짐이라 생각하면 마음이 철렁합니다. 이럴 때에 정승의 책임은 노성하고 명망 있는 사람에게 맡기기를 도모해야 하니, 신처럼 재주 없는 사람이 비록 마음을 다해 보려 한들 어찌 큰일을 할 수가 있겠습니까. 마땅히 배척하고 물리치시어 어진 사람을 등용하는 길을 방해하지 않아야 합니다. 우리 성상께서도 더욱 마음을 넓혀 분발하셔서 경계하고 두려워하고 자신을 돌아보시며 이런 마음을 한결같이 하여 조금도 나태해지지 말아야 사태를 변화시키는 효과가 있을 것이니, 삼가 구구하게 바라는 마음을 금치 못하겠습니다.

신의 처지가 절박하여 이렇게 번거롭게 말씀드리니, 더욱 죽을 죄를 더하였습니다. 하나하나 충심에서 나온 것으로 감히 터럭만큼도 헛되이 꾸민 말이 없습니다. 삼가 바라건대, 자애로운 성상께서는 특별히 헤아려주시어 이전에 내리신 명을 속히 고치고 이어 신의 죄를 삼률하소서."

하니, 답하기를,

"상소를 보고 경의 간절한 마음을 잘 알았다. 지난 번에 목마른 사람이 물을 찾는 듯한 나의 뜻을 전하였으니 경이 헤아리고 즉시 나와 정사를 논할 것이라 여겼는데, 사양하는 말이 더욱 굳건하여 나를 버리고 돌아보지 않으니, 내가 실로 놀랍고 잇달아 부끄럽기만 하다. 지난해의 일로 매번 인혐하는 것은 본디 너무 지나치고, 사심을 개입했다는 이야기로 말하자면 경의 겸손하고 공손한 덕성으로 어찌 터럭만큼이라도 비슷한 일이 있겠는가. 이는 대신에게 죄를 얽어 그 지위를 불안하게 하려는 의도에 불과하니, 이처럼 올바르지 못한 논의에 어찌 마음을 쓸 필요가 있겠는가. 상소 말미에 아뢴 경계는 내가 마땅히 유념할 것이다. 경은 왕실에 어려움이 많음을 생각하고 옛 사람이 몸바쳐 일하던 것을 생각하여 속히 나와 일을 보아 지극한 내 뜻에 힘써 부응하도록 하라."

하였다.

불안함으로 인해 사직하는 여섯 번째 차자 무자년(1708, 숙종 34) 3월

因不安辭職第六箚 戊子三月

"삼가 아룁니다. 지금 신의 죄는 신이 이미 스스로 인혐하였는데, 물의가 떠들썩하게 일어나 모두 비난하고 있습니다. 비록 본래 신의 마음이 감히 속이고 함부로 하려는 데서 나온 것은 아니지만, 저지른 죄를 논하자면 실로 미미한 불찰에 비할 바가 아닙니다. 관대하신 성상께서 비록 너그럽게 봐주시려 해도 일이 조정의 체모와 관련되니, 성상께서 사적으로 덮어주실 사안이 아닙니다. 미천한 신이 경외하고 자숙하는 의리로 말하자면 마음속으로 송구하여 늘 대각의 상소를 볼 때마다 거의 신이 직접 탄핵을 받는 것과 조금도 다름이 없으니, 공적인 의론을 돌아보지 않고 편안히 그대로 백관들의 모범이 되는 정승의 자리에 머무르는 것이 어찌 신이 감히 생각할 수 있는 일이겠습니까. 이렇게 결코 조정에 나아갈 수 없는 정세로 전혀 감당할 수 없는 성상의 은혜를 욕되게 하여 근시가 누추한 골목에 머물러 있으니, 그저 사체를 크게 손상할 뿐입니다. 신이 이에 밤낮으로 움츠러들고 두려움에 속이 타서 차라리 죽고 싶지만 그렇게 되지 않았습니다. 삼가 생각건대, 일월처럼 밝으신 성상께서 이를 굽어 헤아려 주신다면 필시 어진 이를 방해하고 나라를 병들게 하지 않고 속히 신을 배척하여 면직하실 것이니, 그러한 뒤에야 대각의 논의를 펼 수 있고, 국법을 엄정히 할 수 있을 것이며, 역시 아랫사람을 돌보는 어진 마음에 부합할 것입니다.

또 삼가 보건대, 사간 윤세수(尹世綏)가 상소하여 연석에서 아뢴 연좌와 관련된 일[26]을 논한 것은 신하가 감히 들을 수 있는 내용이 아닙니다. 지난번에 영의정이 연좌된 죄인 민창도(閔昌道)의 일을 진달하자, 신이 성상의 하문을 받들고 이어서 답변을 드렸습니다.[27] 지금 이렇게까지 죄를 지어내니, 신은 너무나도 놀랍고 두려운 마음을 이기지 못하겠습니다. 다만 그가 이른바 '역률 이외에는 연좌하지 않는다.'는 말은 영의정이 아뢴 뜻과 크게 다릅니다. 명철한 성상께서 위에 계시니 어찌 속일 수 있겠습니까.

영의정의 말에서는 죄역(罪逆)과 역률(逆律)의 해당 사항에 대해서는 한 마디 말도 없었고, 또 영의정이 '그 당시 우의정 신완(申琓)과 판의금부사 이여(李畬)가 모두 「비록 역률을 적용했지만, 죄상을 자복 받아 처형한 경우가 아니니, 연좌하는 법을 적용하는 것은 법을 집행하는 방도에 어긋난다」라고 진달했습니다.'라고 하였습니다. 신이 신사년(1701, 숙종27)에 조정에 있지 않았으므로 그 당시의 일을 자세히 기억하지 못하는데, 갑자기 영의정이 아뢴 말을 듣고 드디어 따라서 대답하기를 '민암의 죄명이 지극히 무거워서 신사년에 역률을 추시(追施)하였습니다. 연좌하는 형률은 복주(伏誅)의

26 윤세수(尹世綏)가……일 : 윤세수가 민암의 연좌와 관련하여 연석에서 대신(大臣)이 마땅히 제기하지 않아야 할 일을 제기하였다고 규탄한 일을 말한다. 《肅宗實錄 34年 2月 30日》

27 지난번에……드렸습니다 : 영의정 최석정(崔錫鼎)이 각사(各司)의 구임(久任)에 대한 일로 인하여 진달할 적에, 서종태가 신사년의 옥사와 관련하여 민암의 죄명이 지극히 무거웠으며 신사년에 역률로써 시행하였으니, 이미 사사하고 추후에 논죄하였다면 친속에까지 연좌시키는 것은 법률이 아니므로, 민창도(閔昌道)가 자신이 직접 범한 죄가 없는데도 정배된 것은 지나친 일이라고 하였다. 《肅宗實錄 33年 12月 20日》

여부를 가지고 따져서는 안 됩니다. 지금 들으니 당시 대신과 판의금부사의 말이 이와 같았다고 합니다. 역률을 시행한다면 처자식의 연좌는 본디 법에 따라 처리하는 것이 마땅하지만, 친속까지 연좌하는 것은 법률에 맞지 않은 듯합니다.'라고 하였습니다. 이는 신이 평소 법률에 익숙하지 못한데, 지금 신사년 두 신하의 말을 근거로 삼아 믿었기 때문입니다.

대신(臺臣)의 이른바 '역적이 아닌 것으로 귀결하였습니다.'라는 말은 지금 만일 실성한 신하가 아니라면 누가 이런 마음을 가질 수 있겠습니까. 만일 이런 말을 했다면 들은 사람이 누군들 무리지어 일어나서 그 죄를 논척하지 않았겠습니까. 이것이 어찌 사리에 전혀 가깝지 않은 일이 아니겠습니까. 대신(臺臣)이 본뜻을 살피지 않고 망극한 말을 하여 영의정이 이미 성 밖으로 물러나 있습니다. 신이 대답한 내용이 명백하지 않고 또 말이 다르지 않으니 함께 논척을 입어 더욱 하루도 스스로 편안히 있을 수 없습니다. 삼가 바라건대, 성상께서는 신을 파직하시고 신의 죄를 논의하여 나라의 체모를 높이시고 사람들의 의혹을 풀어주신다면 더없이 다행이겠습니다. 재결해주소서."

하니, 답하기를,

"차자를 보고 경의 간절한 마음을 잘 알았다. 내 마음속에 있는 말은 이미 전후로 올린 차자에 대한 비답에서 다 이야기 했으니, 다시 어찌 많은 말을 하겠는가. 지난번에 간신(諫臣)이 상소에서 한 말은 영의정의 본의를 살피지 않았으니, 경에게는 더욱 혐의할 단서가 없다. 경은 속히 이전의 전지를 따라 안심하고 사직하지 말고, 역시 대죄하지 말라. 속히 나와 일을 보아 목마른 사람이 물을 찾는 듯한 나의 바람에 부응하라."

하였다.

열여섯 번째 차자 4월

第十六箚 四月

삼가 아뢰옵니다. 신이 지금 산처럼 무겁고 융숭한 은혜를 받았는데, 날이 갈수록 죄가 더해지고, 정세가 곤궁하기가 극에 달한지 오래입니다. 신이 이미 연일 슬피 호소하여 성상을 감격시키기를 기대할 수 없고, 신이 정승의 지위에 있어 함께 조정에 있는 사람들 중에 신을 위하여 정세를 진달하여 변통해주기를 청할 사람이 없습니다. 대각에서 신의 죄가 지극히 외람됨을 알면서도 대번에 논핵하지 않아 하루 이틀 저절로 질질 끌다가 지금에는 사관(史官)이 윤음을 받들고 와서 지키고 있습니다. 소신이 성상의 명을 어긴지 벌써 이미 몇 개월에 이르렀으니, 신은 근심과 두려움이 함께 쌓여 가슴이 타는 듯하여 밤낮으로 엎드린 채 성상의 명을 기다리고 있습니다. 그런데 하늘 같은 성상의 은혜가 더욱 높아져 아직도 처분이 내리지 않았으니, 신의 죄가 언제나 멎을 때가 있겠습니까. 진실로 죽어도 죄가 남을 줄 알겠습니다.

신이 진실로 변변치 못해 비록 의연하게 자중하지 못했습니다만 이미 외람되이 이 자리를 차지하였으니, 지나치게 남의 비난을 받거나 당면한 일이 중요하지 않다면 어찌 감히 작은 염의(廉義)를 오로지 일삼아 매번 거취를 가볍게 하여 스스로 체모를 깎아내리고 성상께서 내리신 은혜를 스스로 멀리하겠습니까. 지금은 그렇지 않아 전후의 허물이 모두 몹시 두렵고 비난하는 의론이 세상에 넘쳐나니, 이치상 마땅히 물러나야 합니다. 더구나 연석에서 아뢴 일로 영의정이 아직도 물러나 견책을 청하고 있으니, 신이 어찌 감히 말에 조금 차이가 있다는 이유로 스스로를 용서하여 낯뜨겁게 두 다리를 뻗은 채 그대로 머무를 생각을 하겠습니까. 이렇게 간절한 마음을 품었으니 비록 왕명을 태만히 하려는 의도는 아니지만 한결같이 엎드린 채 명을 받들 가망이 없으니, 다만 감히 지엄하신 성상에게 번거로움을 끼치며 지리하게 하면서도 그칠 줄을 모릅니다. 이와 같은 신하가 어찌 엄중한 처벌을 면할 수 있겠습니까. 삼가 바라건대, 자애로운 성상께서는 특별히 다시 통촉하시어 속히 파직하여 물리치라는 명을 내리셔서 국사를 다행스럽게 하소서.

삼가 듣건대, 지난번에 성상께서 옥체에 침을 맞는 일이 있어 조정의 신하들이 문안하는 예를 올렸다고 합니다. 그런데 신은 달려가 반열에 참여하지 못했으니, 대궐을 바라보며 황공한 마음을 견딜 수가 없습니다. 신이 이미 휴가 중이라 예법상 녹을 받아서는 안 되는데, 일전에 성상께서 은혜로운 전지를 내리셨을 때 성상을 번거롭게 하기가 두려워서 모두 이미 공경히 받았습니다. 지금 또 삼가 듣건대 창고를 담당하는 관원에게 녹봉을 보내주라는 명을 내리셨다고 하니, 신은 더욱 두렵습니다. 이는 특별한 은전과 관련된 일이니, 신이 어찌 감히 매번 염치없이 받아 신하의 의리와 분수를 무너뜨리겠습니까. 또한 이전의 명을 거두어 주시기를 삼가 간절히 바랍니다. 재결해주소서.

좌의정을 사직하는 상소 기축년(1709, 숙종35) 4월

辭左議政疏 己丑四月

"삼가 아룁니다. 지금 국사에 온갖 어려움과 근심이 있으니, 성상께서 정승의 임명에 평상시보다 더욱 신중을 기해야 마땅한데, 지난번에 새로 제수하는 명이 미천한 신에게 잘못 내려졌습니다. 신이 전혀 뜻밖에 명을 듣고는 마음이 떨려 하루 종일 안정을 찾지 못했습니다. 이 일이 어찌 다만 보고 듣는 사람이 놀라고 탄식하며, 간절한 바람에 큰 실망을 안기는데 그칠 뿐이겠습니까. 신이 근래에 거듭 죄를 저질러 늘 돌아보면 두렵고 부끄러우니, 시일이 조금 오래되었다고 해서 편안히 있을 수가 없습니다. 다만 태평 시대에 연연하여 감히 갑자기 시골집으로 돌아가서 죽을 생각을 할 수가 없습니다. 중추부의 직함을 지니고 헛되이 많은 녹봉을 받는 것이 이미 미천한 신의 분수에 지나친 일인데, 어찌 감히 이처럼 위태로운 자취로 다시 정승의 자리를 차지하여 일을 그르치는 죄를 무겁게 할 수 있겠습니까.

생각건대 어리석고 나약하고 재주 없는 신은 본래 큰 일을 감당할 수 있는 사람이 아닙니다. 이전에 외람되이 정승을 맡아 하는 일마다 어리숙하였는데, 하물며 지금은 날이 갈수록 더욱 병들고 노쇠하였으며 고질병이 온몸을 감싸고 있어 정신과 근력이 이미 조금도 남은 것이 없고, 생기가 모두 사라져 만사가 아득합니다. 때때로 조정에 나아간 일도 억지로 기운을 내어 간신히 몸을 일으킨 것이지만, 오히려 일곱 번 넘어지고 여덟 번 거꾸러지는 상황을 면할 수가 없었습니다. 성상의 은혜가 더욱 무거워져 하늘처럼 끝이 없으니, 신이 비록 변변치 못하지만 어찌 감히 제 몸을 잊고 노력을 다하여 만에 하나라도 보답할 마음을 먹지 않겠습니까. 그러나 기력이 이미 감내할 수 있는 가망이 없고, 시세를 돌아보니 결코 미천한 신이 나아가 중요한 정승의 직책을 담당할 때가 아닙니다. 지금 서울과 지방이 기근과 역병에 시달리고 변방의 근심이 두려운 상황인데, 묘당은 텅 비어 있고 청나라 사신은 국경에 다다랐습니다. 신은 성상께서 어찌 깊이 생각하지 않으시어 이렇게 잘못된 임용을 하신 것이지 참으로 모르겠으니, 이 일이 어찌 다만 미천한 신이 낭패를 보는 정도로 그칠 뿐이겠습니까.

신이 근래에 또 불안한 일이 있습니다. 영의정 신 최석정(崔錫鼎)이 몇 해 전에 《예기》를 분류하여 편집하였는데,[28] 우연히 초본을 저에게 보여주었습니다. 신이 《예기》를 잘 알지 못하지만, 대략 몇 마디 말로 답변했습니다. 그런데 지금 여러 상소에서 이것으로 영의정을 비난하였는데, 말이 실정을 벗어났습니다. 그 말이 비록 전적으로 《유편(類篇)》을 허물로 삼은 것은 아니지만, 신이 이미 애초에 참여하여 들었으니, 실로 감히 편안히 있을 수가 없습니다. 자신을 돌아보며 배회하고 가슴이 번민으로 가득하여 감히 이렇게 천지 부

28 최석정(崔錫鼎)이……편집하였는데 : 최석정이 편찬한 《예기유편》을 말한다. 최석정이 《예기》의 원문 중에 뒤바뀌고 누락된 부분이 있다 하여 이를 바로잡고 보충하여 편차와 장의 단락에 따라 다시 분류하고 정리한 책이다. 1693년(숙종19)에 초간되고 1700년에 중간되었는데, 책의 체재는 주자의 《의례통해(儀禮通解)》를 본떴고, 주설(注說)은 원(元)나라 진호(陳澔)의 《예기집설(禮記集說)》을 모범으로 삼았다. 그러나 최석정은 이 책의 주석의 일부가 주자의 주와 다르다는 이유로 노론으로부터 집중적인 공격을 받고, 1711년 이후 미사(渼沙)에 은거하였다.

모와 같은 성상께 진심을 토로하여 호소합니다. 삼가 바라건대, 자애로운 성상께서는 굽어 살피시어 속히 신에게 새로 제수한 직명을 개차하고, 당세에 명망이 있는 사람을 다시 정승에 임명하시어 국가를 다행스럽게 하신다면 이보다 더 큰 다행이 없겠습니다."

하니, 답하기를,

"상소를 보고 경의 간절한 마음을 잘 알았다. 지난번에 새로 제수한 명에서 내가 경을 독실히 믿고 의지함을 잘 알 수 있을 것이다. 하물며 지금 국사에 어려움이 많고 묘당은 오래 동안 비어있으니, 경이 국가를 생각하는 정성으로 분명히 수수방관하지는 않을 것이다. 상소 말미의 인혐은 더욱 너무 지나친 일이다. 경은 안심하여 사직하지 말고 즉시 일어나 일을 보아 목마른 사람이 물을 찾는 듯한 나의 바람에 부응하라."

하였다.

두 번째 상소

再疏

"삼가 아룁니다. 신이 외람되이 마음 속의 간절한 뜻을 아뢰어 성상께서 다시 살펴주시기를 기대하였습니다. 성상께서 비답을 내리시니 책망하고 타이르는 융숭한 말씀은 미천한 신이 감히 받들 수 있는 것이 아닙니다. 신은 두려움에 아홉 번 머리를 땅에 찧으며, 너무나도 감격해 눈물이 흘러 어찌할 줄을 모르겠습니다. 신이 은혜로운 전지가 내린 뒤 반복해서 생각해보니, 이런 때에 이런 임무를 신의 재주와 능력으로는 절대로 끝내 외람되이 맡을 수가 없기에 다시 이렇게 호소하여 우러러 하늘처럼 지엄하신 성상께 바라니, 신의 죄는 만 번 죽어야 합니다.

신하의 의리는 어려운 때에 임무를 맡으면 사양할 수 없는 경우가 있으니, 이는 임무가 무거울수록 의리가 더욱 분명합니다. 그러나 이는 재주가 조금 감당할 수 있고, 병이 있으나 억지로라도 나올 수 있는 경우를 말한 것입니다. 신이 망극한 은혜를 받아 외람되이 공공의 천거를 벗어나 특별히 발탁되었으니, 보답하기에 스스로 힘쓰는 방도가 더욱 어떠해야 하겠습니까. 그러나 신이 변변치 못한 탓에 일을 맡기신 성상의 뜻에 걸맞지 못해 위로는 임금의 덕을 바로잡아 보필하지 못하였고, 아래로는 한 가지 원대한 계책도 아뢰지 못했습니다. 두 번이나 정승 자리를 외람되이 차지하여 일마다 번번이 그르치고 전후로 지은 죄를 다 셀 수가 없습니다. 비록 성상께서 관대하게 용서하여 처벌은 면했지만, 용렬하고 비루하여 쓸모가 없는 실상을 일월처럼 밝으신 성상께서 어찌 통촉하지 못하시겠습니까.

지금 나이가 들고 쇠약하며 질병이 더욱 심해져 근력은 열 걸음을 움직이면 아홉 번 숨을 헐떡이고, 정신은 전후의 일을 잊어 분간을 못합니다. 의욕은 사라지고 모습은 초췌해져 남은 목숨이 위태로우니, 조만간 산에 묻힐 것이 분명합니다. 성상의 조정으로 말씀드릴 것 같으면 이미 시험해보았으나 직분에 걸맞지 않아 온갖 추하고 서툰 모습이 드러났으니, 이렇게 어렵고 근심스런 때를 당면하여 다시 그릇된 은혜를 내려 중임을 맡기는 실수를 해서는 안 됩니다. 미천한 신의 분의로 말씀드릴 것 같으면 반드시 낭패를 볼 것이므로 앞으로 나아가려도 해도 길이 없음을 분명히 알고 있으니, 어찌 감히 힘써 뻔뻔한 얼굴로 은혜를 탐내어 외람되이 나아가 거듭 성상의 덕에 누를 끼치고 온 세상의 미움을 받겠습니까. 그렇지 않다면 신은 노쇠하여 죽음이 가까우니 다시 산처럼 무거운 기대에 우러러 답을 할 수가 없어 한밤중에도 슬퍼하고 한탄하며 눈물을 줄줄 흘리고 있습니다. 위태로운 시세를 목도하고 성상께서 위에서 근심하고 계시니 감히 무슨 마음으로 사양하고 피하여 제 몸을 편안히 할 계책을 구차히 생각하며 세상에 드문 성상의 은총을 저버리고 국궁진췌(鞠躬盡瘁)하는 신하의 의리를 그르치겠습니까.

신이 또 삼가 생각건대, 예로부터 당세의 어려움을 구제하려면 반드시 먼저 노성한 사람의 임용을 도모했습니다. 지금 조정과 재야에 있는 여러 원임대신은 나이가 지긋하고 명망이 중하여 진퇴가 국가와 관련이 있으니 총애로운 명을 먼저 내려야 마땅합니다. 물정이 여기에 있으니 이 점 역시 신이 감히 스스로 편안히 있을 수 없는 이유입니다. 명을 들은 이후로 근심과 두려움으로 배회하느라 잠자고 밥 먹을 겨를도 없어 밤낮으로 명을 바꾸어 주기를 빌었습니다. 삼가 바라건대, 성상께서는 시사를 깊이 생각하시고 신의 마음을 불쌍히 살피셔서 신에게 새로 제수한 의정의 직명을 속히 체차하시고 어질고 덕 있는 사람을 새로 선발하시어 정승의 자리를 중시 하신다면 이보다 더 큰 다행이 없겠습니다."

하니, 답하기를,

"상소를 보고 경의 간절한 마음을 잘 알았다. 지난번 상소에 대한 비답에서 나의 지극한 뜻을 말하였는데, 경은 어찌하여 헤아리지 않고 지나칠 정도로 면직을 바라는가. 더구나 청나라 사신이 지금 이미 강을 건넜는데 묘당이 텅 비었으니, 이는 더욱 유념하지 않을 수 없다. 경은 힘써 이전의 교지를 따라 속히 나와 일을 보아 윗사람과 아랫사람의 바람에 부응하라."

하였다.

일을 논하고 허물을 인책하는 차자 경인년(1710, 숙종36) 1월

論事引咎箚 庚寅正月

"삼가 아룁니다. 신이 지난번에 삼가 약원(藥院)에 내리신 비답과 연이어 내리신 비망기를 보니 말뜻이 지극히 엄하였고, 심지어 신하로서 감히 듣지 못할 내용까지 있었습니다. 이어서 약방의 세 제조를 삭출하고 복역[29]한 승지들을 의금부로 잡아다 국문하라는 명이 있었습니다. 하늘과 같은 성상의 위엄이 진동하여 상황이 다급하였으니, 이런 처분은 실로 전혀 뜻밖이었습니다. 신이 이에 너무나 놀랍고 두려워 멍해져서 이유를 알 수가 없었고, 이어 근심하고 탄식하며 방황하느라 지금까지 안정을 찾지 못하고 있습니다.

삼가 생각건대 성상의 체후에 병이 생긴 지가 지금 이미 넉 달이 지났는데, 여러 증상이 심해지기도 하고 나아지기도 하였습니다. 비록 간간히 정신과 기운이 조금 평안한 때도 있었지만, 일상적인 수라를 오랫동안 드시지 못하였기에 원기가 지극히 허해지는 것은 이치상 필연적인 일입니다. 안팎에서 근심하고 애태우는 심성을 어찌 말로 다할 수 있겠습니까. 다행히도 하늘이 복을 거듭 내리시어 근래에 회복되어 가는 경사가 있었는데, 또 며칠 전부터 한기와 열기가 재발하여 드시는 수라가 더 줄었으니, 신하들이 한창 기뻐하다가 또 다시 우려가 깊어졌습니다.

29 복역(覆逆) : 명령 출납을 관장하는 승지들이 부당하다고 여기는 왕명에 대해 출납을 거부하는 행위이다.

약방 신하들의 직무는 성상을 보호하는 것이기에 성상의 상태를 듣는 것이 외정(外廷)[30]에 비해 더욱 상세하니, 밤낮으로 근심하고 걱정하는 마음이 더더욱 어떻겠습니까. 지난번에 입진하였을 때 도제조 최석정(崔錫鼎)이 성상의 증후를 묻고 나서 이어 시사 한두 가지를 언급하였습니다. 이 일이 비록 시기상 적절하지 않았지만, 아마도 이 역시 시대를 걱정하는 정성에서 나온 것이니, 어찌 터럭만큼이라도 성상의 병을 대수롭지 않게 여기는 뜻이 있어 그런 것이겠습니까. 부모가 질병에 걸려 오랫동안 회복하지 못하면 자식된 사람은 애를 태우며 자기 몸을 돌보지 않습니다. 군신관계는 부자관계와 같아 지극한 사랑이 가슴속에서 나오니, 신하가 임금의 질병을 가볍게 본다면 이것이 어찌 인정과 천리에 가까운 일이겠습니까. 지금 전하께서 군주의 질병을 대수롭지 않게 본다고 말씀하셨으니, 신하가 이를 듣고 진심을 어찌 아뢸 수 있겠습니까. 다만 두려움에 눈물을 흘리며 곧장 땅을 파고 들어가고 싶은 마음뿐입니다.

연신(筵臣)이 일찍이 성상께서 진노를 때때로 갑자기 터뜨려 절도에 맞지 않다고 넌지시 아뢰자, 성상께서 하교하시기를 '내가 마음에 화병이 있어 항상 이를 경계하는데 더러는 자제하지 못할 때도 있으니, 노여움을 잊고 이치를 살피는 가르침에 더욱 유념하겠다.' 라고 하였으니, 신하들이 모두 마음을 다스리는 성상의 공부를 항상 존경하였습니다. 지금 성상의 환후는 대체로 안정되어 가니, 참으로 마땅히 수양하며 편안히 있으면서 원기(元氣)를 이끌어 회복시키

30 외정(外廷) : 정사를 살피는 조정을 이르는 말로, 임금 일가(一家)가 거처하는 금내(禁內)를 내정(內廷)이라 하는 데에 상대하여 말한 것이다.

고, 심기(心氣)를 항상 순조로운 상태에 두어야 화가 누그러들고 수라를 더 많이 드시게 되어, 조만간 회복하는 기쁨이 있을 것입니다. 신하들이 마음으로 간절히 축원하고 있는데 갑자기 이러한 격노하고 불평하는 거조를 하시니, 이 일이 적절히 조섭하는데 매우 손상을 끼칠까 염려가 됩니다. 미천한 신의 깊은 근심이 실로 여기에 있으니, 다만 성상의 절도에 맞지 않는 지나친 거조 때문에 그런 것은 아닙니다.

의원이 탕약의 조제를 잘 하지 못하여 늘 때에 맞게 효과를 보지 못하니, 조정에서도 모두 이를 몹시 근심하고 있습니다. 그러나 임금의 질병에 감히 근심하는 기색으로 나아가지 않는 것은 진실로 신하가 임금을 병간호하는 인지상정입니다. 혹여 성상께서 진노를 조금이나마 누그러뜨려 마음의 안정을 찾아 천천히 살피신다면, 대신 이하 신하들의 마음을 알 수 있을 것입니다. 드디어 분명한 교지를 내리셔서 파출하라는 명을 환수하시어 그들이 성상께 마음을 아뢸 수 있도록 해 주신다면 어찌 멀리가지 않고 되돌아오는[31] 성상의 덕에 빛이 나지 않겠습니까.

신이 그저께 아침 의관이 입시했을 때 내리신 엄한 하교에 황공하고 움츠러들어 감히 편안히 있지 못했습니다. 신이 성상의 잘못을 바로잡는 직무를 맡았으니, 마땅히 즉시 아뢰어서 잘못을 바로잡는 정성을 펴야 했습니다. 그러나 지나치게 염려하여 엉성한 문자로는

31 멀리가지 않고 되돌아오는 : 잘못을 깨닫고서 금세 바른길로 들어서는 것을 말한다. 《주역》 〈복괘(復卦) 초구(初九)〉에 "멀지 않아서 되돌아오니, 후회하는 일이 없을 것이요, 크게 좋을 것이다.〔不遠復, 无祗悔, 元吉.〕"라는 말이 나온다.

성상의 마음을 돌리기를 바라기 어렵고 성상의 마음을 더욱 격동시켜 걱정스러운 상황이 더욱 심해질까 두려워 잠시 기다리려는 생각으로 답답한 마음을 품은 채 잠자코 있었는데, 지금 원임대신, 대각, 옥당의 차자와 계사에서 모두 이미 아뢰었습니다. 신이 몹시 심하게 직책을 저버렸으니 결코 감히 외람되이 직위에 있으면서 죄를 무겁게 할 수는 없습니다. 삼가 바라건대, 성상께서는 속히 신을 파직하여 삭출하라는 명을 내리시어 훗날 성상의 잘못을 바로잡지 못하는 자들의 경계로 삼으신다면 더없이 다행이겠습니다. 재결해주소서."
하였다.

네 번째 사직소를 올리고 특별히 유시하여 승지를 보내어 돈유한 뒤에 사직하는 차자 4월

四度呈辭特諭承旨臨諭後辭職箚 四月

"삼가 아룁니다. 지난번에 전혀 뜻밖에 승지가 이곳으로 방문하여 삼가 특별히 내리신 성상의 유지를 받들었는데, 융숭한 말뜻이 세상을 돕는 정승의 직임을 책면하는 듯하였습니다. 과분하게 그릇된 은혜를 받은 것이 이와 같은데 이르렀으니, 신이 받들어 읽은 뒤로 마음이 떨려 밤새도록 눈물을 흘렸습니다. 신은 진실로 재주가 없는 사람인데 산처럼 큰 은혜를 받았으니, 머리끝부터 발끝까지 어느 것인들 생성하고 육성시켜주는 성상의 은혜가 아니겠습니까. 이렇게 어려움이 많은 시기를 만나 비록 나아가서 도움이 되지 못하더라도 더욱 죽으나 사나 나라를 위하는 정성을 다하는 것이 신하의 의리상 당연한 일인 줄 잘 알고 있으니, 어찌 감히 거짓으로 물러나 겸양하여 국가의 위급한 상황을 잊겠습니까.

신이 본래 자질이 허약하여 창포와 갯버들처럼 쉬이 시들어 몹시 늙지 않았는 데도 몸이 파리하고 야위었으니 여러 가지 위독한 병을 감히 일일이 다 아뢰지 못할 뿐 조만간 숨이 끊어질 형편입니다. 비록 억지로 힘을 쓰려 해도 본래 어리석고 둔한 데다 정신이 더욱 감퇴하였고, 본래 허약한 체질에다 기력이 더욱 쇠하였으니, 다만 자리만 채우고 나라를 병들게 할 뿐입니다. 이것이 신이 간절한 마음으로 밤이나 낮이나 빨리 체직되기를 바라는 까닭이니, 어찌 다만 일마다 그르쳐 사람들의 비방이 쌓여서 그런 것뿐이겠습니까. 비록 성상의 유지를 받들려 해도 공경히 받들 가망이 없으니, 이는 국가를 위한 계책에서 나온 것입니다. 다만 생각건대 이번 생애에는 보답할 날이 없으니, 충정이 격앙되어 그저 결초보은하기를 기약할 뿐입니다.

또 신이 두려워 감히 편안히 있을 수 없는 일이 있습니다. 지난번에 약원(藥院)의 신하들의 일로 엄명을 내리셨을 때, 신이 감히 글로 대략 그 실정을 아뢰며 천리와 인정을 말하였습니다. 그 후에 연석에서 원임 최석정(崔錫鼎)을 다시 불러들여 은총과 예우를 잃지 말라고 청하였습니다. 그러다가 엄한 하교를 받고서는 또 '근심이 얼굴빛에 드러나는 것을 직접 보았습니다.'라는 등의 말을 대략 진달하였습니다. 근래에 대신(臺臣)이 논한 죄율이 지극히 엄중하였는데, 성상께서 하교하여 임금의 병을 대수롭지 않게 여겼다며 다시 엄히 죄를 물으셨고, 또 그가 성상께 마음을 펼 수 있도록 청한 말을 두고 같은 당파를 보호한다고 하셨으니, 신이 전후로 진달한 내용이 진실로 성상을 속이고 같은 당파를 옹호하였다는 비난을 면하기 어렵습니다. 신의 말이 이미 성상의 뜻에 맞지 않고 죄가 이렇게 드러났으니, 여전히 편안하게 관직에 머무는 것을 논할 수 있겠습니까.

지금 신이 질병 이외에도 체직되어야 마땅하다는 점은 신이 이미 잘 알고 있고 세상 사람들도 함께 들었으며, 또 국가의 체모에 있어서도 아주 분명합니다. 삼가 생각건대, 성상께서는 신의 직분이 보통 관료들과 다르다고 생각하시어 관대히 용서해주었을 뿐입니다. 신이 마음에 걸려 뒤늦게야 비로소 감히 스스로 논열하니, 이 역시 신의 죄입니다. 병에 걸려 죽음이 가깝고 정세는 마땅히 엄중한 벌을 받아야 하기에 다시 이렇게 죽음을 무릅쓰고 성상께 호소하니, 실로 충정에서 나온 것입니다. 삼가 바라건대, 자애로운 성상께서는 굽어 살피시고 불쌍히 여기시어 속히 파면하소서. 그리고 명을 거스른 신의 죄를 다스리신다면 그보다 더한 다행이 없을 것입니다. 재결해 주소서."

하니, 답하기를,

"차자를 보고 경의 간절한 마음을 잘 알았다. 지난번에 전한 비답에서 부지런하고 간절한 나의 마음을 말하였다. 믿음을 주지 못하여 사양하는 말이 더욱 견고하니, 너무나 서운하고 이어 부끄러운 마음이 든다. 같은 당파를 보호했다는 말은 따로 의미하는 바가 있는데, 이것으로 인혐하는 것은 실로 너무 지나치다. 경은 안심하고 사직하지 말고 속히 나와 도(道)를 논하여 간절한 나의 바람에 힘써 부응하라."

하였다.

사직하고 겸하여 면려하기를 아뢰는 차자
辭職兼附陳勉箚

"삼가 아룁니다. 나라에 큰 경사가 있어 왕세자가 축수를 올리는 예를 거행하고 성상께서 보좌에 앉으시니 모든 관료들이 천 년 만 년 성상께서 무강하시라고 만세를 불렀으니, 이는 진실로 근세에 보지 못한 성대한 일입니다. 신이 나아가 하례하는 반열에 참여하여 엄숙하고 경건한 성상의 모습을 바라보고는 몹시 기뻐하면서 축원하는 심정을 견딜 수가 없었습니다.

삼가 생각건대, 신이 반드시 체직되어야 하는 정세와 질병이 있어 사직 단자를 올린 것이 20여 번인데 아직 은혜로운 체직의 명을 받지 못했습니다. 이는 애초에 바라던 것이 아니니, 정세가 궁하고 급박하여 밤낮으로 근심하였습니다. 신에 대한 처분이 내리지 않았을 때 연례(宴禮)가 이미 다가왔으니, 홀로 하례하는 반열에 참여하지 못한다면 신하의 마음에 몹시 서운하였을 것입니다. 비록 전도된 일인 줄 알았지만, 감히 병든 몸을 억지로 일으켜 달려가 반열에 참여하고, 혼절할 뻔 했다가 겨우 몸을 이끌고 돌아왔습니다. 이미 잠시 나아갔으니 전례대로 출사하여 공경히 숙배하지 않을 수 없으나, 신의 억지로 나아가기 어려운 병세와 편안히 있기 어려운 정세로는 직분을 수행할 수 있는 가망이 조금도 없습니다.

올린 사직 단자는 애초에 중지하지 않았으니 반드시 체직되어야 하는 실상은 이전과 동일합니다. 다만 신의 병세는 날마다 심해져 기력이 모두 다하고 다만 실낱같은 남은 숨을 헐떡이고 있을 뿐입니다. 비록 신에게 다른 죄가 없다 하더라도 이처럼 병세가 위독하니 억지로 나아가려고 해도 방법이 없습니다. 공연히 시일만 끌고 있으니, 나라의 체모와 개인의 분의에 있어 몹시 두렵고 염려가 됩니다. 또 지금의 가뭄은 비상한 재앙인데, 신이 오래도록 관직을 차지하고 있으니, 역시 한(漢)나라 때의 책면 고사[32]에 의거하여 속히 신을 물리치시어 그 책임을 물으십시오. 삼가 바라건대, 자애로운 성상께서는 신의 다급한 사정을 불쌍히 살피시어 속히 신이 사직한 직명을 체차하시어 편안한 마음으로 죽는 날을 기다릴 수 있도록 해 주신다면 그보다 더한 다행이 없을 것입니다.

그리고 삼가 생각건대, 이번의 연례는 어쩔 수 없는 인정과 예의에서 나온 것이지, 형예(亨豫)[33]의 볼거리를 위해서가 아닙니다. 그러나 이렇게 어렵고 근심스런 때에 아름다운 일을 거행하는 것은 상하가 정신없이 근심하고 애를 쓰는 상황과는 차이가 있습니다. 또 지금 우리나라가 하늘의 도움을 받아 모든 강물이 모여들듯[34] 복이 이르러 오늘의 경사가 있게 되었습니다. 복록을 누리는 집에서는 반드시 가득 차는 것을 깊이 경계하여 늘 억제하고 두려워하는

32 한(漢)나라……고사 : 책면은 임금의 명으로 면직되는 것을 말한다. 한나라 안제(安帝) 때의 태위(太尉) 서방은 도적과 장마의 재이를 당해 자신의 책임이라 상소하여 책면 되었는데, 이때부터 재이를 만나면 삼공(三公)이 명을 받들어 면직되었다고 한다. 《後漢書 권74 徐防列傳》

33 형예(亨豫) : 198쪽 주14 참조.

34 강물이 모여들듯 : 《시경》 소아(小雅) 천보(天保)의 "하늘이 안정시키시매 모두가 흥성하네……강물이 흘러 모여들듯 불어나지 않는 것이 없네.〔天保定爾, 以莫不興, ……如川之方至, 以莫不增.〕"라는 말에서 나온 것이다.

마음을 지닌 뒤에야 그 복을 길이 편안히 누릴 수 있으니, 집안과 국가에 있어 그 이치가 어찌 다르겠습니까. 더구나 지금은 혹심한 가뭄에 돌풍이 일어 재앙이 더욱 극심하여 팔도가 똑같은 처지이니, 전야의 황급한 상황이 나날이 어려워져 앞으로의 근심이 어느 지경까지 이를지 모릅니다. 삼가 생각건대 옥잔의 술맛도 담박하고, 성상께서 속으로 근심하며 애를 쓰실 것입니다.

삼가 바라건대, 성상께서는 이미 하늘의 복을 받으셨으니 더욱 경계하고 두려워하시며, 이런 견책을 만났으니 더욱 공경하고 두려워하는 마음을 가져 힘써 진실한 덕을 닦아 수양하고 성찰하는 도리를 극진히 하십시오. 이는 진실로 조정의 신하들이 깊이 바라는 점입니다.

신이 일전에 삼가 듣건대 녹봉을 보내주라는 명을 내리셨다고 하니, 황공한 마음을 견딜 수가 없습니다. 지금 신의 상황은 휴가를 낸 것과 동일하여 감히 공경히 받을 수가 없으니, 삼가 몹시 두렵습니다. 삼가 바라건대, 내리신 명을 거두시어 미천한 신의 분의를 편안히 해주소서. 신은 또 간절히 바라는 마음을 견디지 못하겠습니다. 재결해주소서."

하니, 답하기를,

"차자를 보고 경의 간절한 마음을 잘 알았다. 경의 병세는 원래 억지로 나오기 어려운 정도가 아니고 정세도 대단하지 않다. 그런데 얼마 전에 겨우 출사하고 이어 사직하는 글을 올리니, 기쁘고 다행스러운 마음이 들었다가 도로 몹시 서운하여 무슨 말을 해야 할지 모르겠다. 지난번 비망기에 내 뜻을 이미 보여주었다. 혹독한 가뭄이 재앙이 되어 백성들의 근심이 한참 깊은데 연례에 임하여 두려우니 내 마음이 어찌 편안하겠는가. 경계와 가르침이 절실하니, 내가 유념할 것이다. 평소 받는 녹봉으로 말하자면 지나치게 사양하는 것은 옳지 않으니, 경은 마음을 편안히 하여 사양하지 말고 받고 즉시 나와서 일을 보아 나의 지극한 바람에 부응하라."

하였다.

견책을 청하고 겸하여 소회를 아뢰는 상소 윤 7월

請譴兼陳所懷疏 閏七月

"삼가 아룁니다. 신의 처지가 절박하여 삼가 처벌을 기다리고 있었는데, 일전에 삼가 특별히 내리신 유지(諭旨)를 받아보니 말뜻이 정성스러웠고 이어 대죄하지 말라는 명이 있습니다. 미천한 신이 어째서 이렇게 특별한 은혜를 받았는지 모르겠으니, 신은 감격하고 두려워하다가 이어 눈물을 흘렸습니다.

삼가 생각건대, 신이 비록 신의 직책을 보통 관료들과 다르게 여기시는 성상 덕택에 이렇게 너그러운 위로를 받았지만, 신의 황송한 마음과 기망한 죄는 결코 성상의 곡진한 용서를 받았다는 이유로 스스로 편안히 여겨 피할 수가 없습니다. 신이 지난번에 올린 차자에서 약원 신하들의 일을 논한 것은 인정과 사리를 참작하여 다만 성상께서 그 실정을 상세히 살피시기를 바랐던 것입니다. '임금의 질병에 감히 근심하는 기색으로 나아가지 않는 것은 임금을 병간호하는 신하의 인지상정입니다.'라고 말씀드린 것이 신이 뜻하는 바입니다. 그 후에 연이어 삼가 듣건대 "신하들이 내 하교를 믿지 않는다."라고 말씀하셨다고 합니다.

신은 이미 두려워 황송한 마음을 견딜 수가 없었는데, 합계(合啓)에서 논죄한 말이 지극히 엄중하였으니, 신은 늘 스스로 편안히 있을 수가 없었습니다. 또 삼가 듣건대, 지난번 연석에서 더욱 엄한 하교를 내리셨는데 신하로서 감히 들을 수가 없는 말이 있었다고 합니다. 연석에서 있었던 말이 비밀스러워 비록 자세히 알 수 없으나 신은 더욱 두려워 어찌할 줄을 모르겠습니다. 말씀을 올려 신구(伸救)한 것은 신과 삼사가 마찬가지지만, 유죄를 무죄라고 하였다면 윗사람을 속인 것이니 그 죄가 어떻습니까. 성상께서 미천한 신을 지나치게 비호해주셔서는 안 되며, 신의 사적인 의리에 있어서도 무거운 견책을 받기 전에는 진실로 감히 하루라도 편안히 있을 수가 없습니다.

신이 근래에 병세가 더욱 심하여 정신이 어두워 지금에서야 어렵게 글을 써서 죽음을 무릅쓰고 스스로 논열하였으나 말을 다할 수가 없습니다. 삼가 바라건대, 성상께서는 신의 직명과 겸대한 직임들을 파직하시어 일의 체모를 엄중히 하시면 몹시 다행이겠습니다.

신이 지금 견책을 청한 처지라 원래 감히 일을 논할 수 없지만, 외람되이 대신(大臣)의 자리에 있으니, 어찌 감히 소회를 다 말씀드리지 않겠습니까. 영의정이 지금 강가에 있는데, 듣자니 불어난 강물이 조금 줄어들기를 기다렸다가 조만간에 배를 사서 동쪽으로 돌아가려고 한다고 합니다. 그가 도성을 나가 대명한 지가 이미 며칠이 지났는데, 아직까지 불러들이는 유지를 내리셨다는 말을 듣지 못했으니, 신은 진실로 놀랍습니다.

영의정의 차자에서 임금의 덕을 논한 말은 분명하고 간곡하여 충심에서 나온 것이니, 성상께서 비록 따르지 않는다 하더라도 마땅히 자세히 알려주셔야 하는데, 비지가 지나치게 엄격하고 너무 박절하였습니다. 영의정은 다른 신하와 체모가 더욱 다르니, 이미 온 나라를 위임하였는데 한 마디 말이 적합하지 않다고 해서 갑자기 이렇게 소리를 높이고 얼굴빛을 바꾸시면 조정의 신하들 중에 누가 다시 국사를 담당하겠습니까. 대신이 조정을 떠날 때 지금처럼 은혜와 예의가 소홀했던 일은 들어본 적이 없으니, 사방에서 듣는다면 어찌 성상께서 신하를 등용하고 물리치는데 마땅함을 잃었다고 논하지 않겠습니까. 삼가 생각건대, 성상의 도량이 넓으시니 생각을 바꾸어 유념하시기를 간절히 바랍니다. 신은 두려운 마음을 이기지 못하겠습니다."

하니, 답하기를,

"상소를 보고 경의 간절한 마음을 잘 알았다. 지난번 별유(別諭)에서 극진히 위로하고 혐의를 풀어주었는데 경은 어찌하여 헤아리지 않고 상소를 올려 이렇게 지나칠 정도로 허물을 인책하는가. 몹시 놀란 마음에 무어라 말을 할 수가 없다. 상소 말미의 내용으로 말하자면 정호(鄭澔) 등의 소행은 말할 수 없을 정도로 방자하고[35] 영의정의 차자에는 신구(伸救)하는 뜻이 있었다. 국가에서 보필하는 신하를 둔 것은 당론을 높이라고 그런 것이 아니니, 비지가 엄중하지 않을 수 없었다. 경은 이전의 전지에 따라 안심하고 사직하지 말고 속히 나와 공무를 행하라."

하였다.

35 정호(鄭澔)……방자하고 : 대사헌 정호(鄭澔)와 지평 이정덕(李禎德) 등이 문외출송 당한 영의정 최석정이 《예기류편(禮記類編)》을 편찬하여 사문(斯文)을 어지럽힌 일과 여러 가지 실정(失政)을 열거하여 원찬(遠竄)하라고 올린 상소를 말한다. 《肅宗實錄 36年 4月 27日》

다시 좌의정에 제수되어 사직하는 상소 10월

復拜左議政辭疏 十月

"삼가 아룁니다. 신이 지난번에 간절한 마음을 아뢰어 이전에 내리신 명을 거두어 주기를 빌었습니다. 어렵고 근심스러운 때에 정승을 간택하면서 결코 신과 같은 사람을 임명해서는 안 된다는 말은 국가를 위한 깊은 계책에서 나온 것으로, 실상이 밝게 드러나고 여러 사람들도 모두 알고 있으니, 성상께서 어찌 환히 알지 못하겠습니까. 성상께서 윤허하시어 태도를 바꾸어 마음을 열고 받아들이시리라 생각했는데, 삼가 비지를 받아보니 윤허하시지 않고 책망하고 권면하며 신의 혐의를 풀어주셨습니다. 말뜻이 융숭하여 미천한 신이 전혀 감당할 수가 없었기에 신이 삼가 읽고는 두려움에 떨면서 하염없이 눈물을 흘렸습니다.

특별한 성상의 지우를 입고 여러 차례 중대한 임무를 맡기셨으니, 비록 분수에 넘치는 일인 줄 스스로 잘 알지만 감격하여 보답하려는 마음이 어찌 끝이 있겠습니까. 이는 신하된 자의 인지상정입니다. 신이 망극한 은혜를 받아 죽음으로도 만에 하나를 갚기가 어려운데, 더구나 어려운 때를 만나 어찌 감히 어려움을 사양하고 몸을 편안히 할 생각을 구차히 품겠습니까. 또 정승의 직책이 비록 중하지만 신이 몇 년 동안 차지하였습니다. 외람되이 제수의 명을 받은 것이 지금 처음 있는 일이 아니니, 신 역시 어찌 감히 예의상 사양하는 말을 꾸미겠습니까.

삼가 생각건대, 신은 노둔하고 오활하여 본래 일을 감당할 만한 재주가 없습니다. 이전에는 하는 일 없이 녹봉만 받으면서 어리숙하게 자리만 지켰고, 지금은 병으로 이미 몹시 어두워지고 정력이 다 소진되었습니다. 산직(散職)에 있으면서 성상을 축원하다가 나라에 일이 있으면 나아가 힘을 다하여 명을 받는 것이 신의 분수에 마땅한 일입니다. 지금의 이 직임은 더욱 염치없이 받들어 훌륭한 이를 방해하고 일을 그르치는 죄를 거듭 저질러서는 안 되니, 신은 이에 대해 자세히 헤아렸습니다.

아, 지금은 근심과 우려가 몹시 심한 상황입니다. 만약 조만간에 급한 경보가 생기면, 군대를 정비하여 나라의 근본을 견고히 하며, 숨은 인재를 선발하고 흩어진 백성을 모으는 것이 모두 중대한 급선무인지라 반드시 묘당의 계책에 의지해야 하는데, 이를 어찌 신의 능력으로 할 수 있겠습니까. 시의(時議)를 조절하고 조정을 화합하는 일은 더욱 안으로 나라를 잘 다스리고 밖으로 외적을 물리치는 근본인데, 명망이 없고 힘이 미약한 신이 어찌 맵고 단 것을 조화롭게 하고 다툼을 진정시키는 방법[36]을 의론할 수 있겠습니까. 신의 재주와 식견으로는 끝내 힘을 쓸 수가 없으니, 신이 비록 힘을 다하고자 해도 어찌 될 리가 있겠습니까. 융숭한 명을 거스르는 것이 비록 죄인 줄 알고 있지만, 직분을 제대로 수행하지 못하여 나라를

36 맵고……방법 : 정승의 직임을 말한다. 《서경》 〈군석(君奭)〉에 "아, 그대여 크게 이것을 살펴볼지어다. 우리가 천명을 받은 것은 끝없이 아름다움 것이지만 또한 큰 어려움이기도 하다. 그대에게 마음을 너그럽게 할 것을 고하니 우리는 뒷사람들이 미혹되지 않도록 해야 한다."라고 하였는데, 집전(集傳)에 "대신의 지위는 온갖 책망이 모이니 진감(震撼)하고 격당(擊撞)함을 진정시켜야 하고 맵고 달고 건조하고 습함은 조화하여야 한다."라고 하였다.

병들게 하는 죄는 더욱 큽니다. 나아가서 공경히 명을 받들 가망이 전혀 없기에 머뭇거리며 근심하느라 몸을 둘 곳이 없어 조용히 조섭하시는 성상께 거듭 호소하지 않을 수가 없습니다.

삼가 바라건대, 자애로운 성상께서는 굽어 살피시어 속히 새로 내리신 명을 거두고 훌륭하고 덕을 갖춘 사람을 다시 뽑아 정승의 자리를 중시하고 지금의 어려운 상황을 구제하시면 천만 다행이겠습니다. 신은 너무나도 황공하고 두려워 눈물을 흘리며 간절히 바랍니다."

하니, 답하기를,

"상소를 보고 경의 간절한 마음을 잘 알았다. 일전의 비답은 참으로 진실한 마음에서 나온 것인데, 이렇게 근심과 우려가 많은 시기에 나라를 생각하는 경의 깊은 정성으로 어찌 나의 지극한 뜻을 헤아려 주지 않는 것인가. 상소에서 한 말은 경에게 깊이 바라는 것이니, 재주와 식견으로는 끝내 힘쓸 수가 없다고 한 말은 지나친 겸양이라는 것을 너무나 잘 알고 있다. 경은 안심하여 사양하지 말고 즉시 나와 일을 보아 지금의 어려운 상황을 함께 구제하라."

하였다.

청나라의 자문(咨文)으로 인해 민심을 진정시키고 편안히 하는 일의 마땅함에 대해 논한 차자

因北咨論鎭安事宜箚

"삼가 아뢻니다. 근래에 청나라에서 자문을 보내온 이후로 도성에서 오해하여 만일 해적이 침범해 오면 조정이 도성을 버리고 어가가 피난할 것이라고 여깁니다. 민간의 선비와 백성들이 외적의 침입을 두려워할 뿐 아니라, 도성을 지키지 못할까 염려하여 허둥대며 안정을 찾지 못하고 거의 짐을 싸기까지 합니다. 백성들의 마음은 본래 견고하지 못하고 놀라기 쉬운 법이니, 지금의 이런 소란은 형세가 응당 그런 것입니다. 그러나 도성을 버린다는 소문은 조정에서 이런 계책을 낸 적이 없고, 조정 신하들의 의론 역시 이에 대해 말한 적이 없으니, 신이 근래에 우려와 놀라움을 견딜 수가 없습니다.

지난번에 대신과 재신들이 입대했을 때에 처음으로 청나라에서 보내온 자문을 보고서 형체가 없는 해적을 깊이 우려하여 해안의 군사 방비 태세를 신칙해야 한다는 말을 번갈아 아뢰었습니다. 윗사람과 아랫사람이 비록 강화도와 남한산성에 대해 언급하기는 했지만, 경보를 들으면 피난하겠다는 말은 없었습니다. 성상께서 말씀하시는 사이에 도성은 지키기가 어렵다는 하교가 있었고, 또 중신(重臣) 이광적(李光廸)의 상소에 대한 비답에서 도성의 일에 대해서는 다시 논의할 것이 아니라는 하교가 있었으니, 이는 작년 이후로 이미 결정된 계책입니다.

삼가 생각하건대, 성상의 말씀은 훗날 임진년(1592, 선조25)과 병자년(1636, 인조14)과 같은 외적을 만난 경우를 두고 말한 것이지, 오늘날 해적의 근심을 당하여 도성을 지킬 수 없다고 말씀하신 것이 아닙니다. 그런데 홍복산(洪福山)에 산성을 축조해야 한다는 원임대신의 말[37]이 마침 그날 나왔으니, 그의 말에 '만일 양주목(楊州牧)에 맡기면 수년간 편의를 따라 성을 축조할 수 있으니, 먼저 양주목의 읍치(邑治)를 홍복산으로 옮기는 것이 좋겠습니다.'라고 하였습니다. 이 말이 어찌 해적 때문에 피난을 가자는 뜻이겠습니까. 이어서 중재(重宰)의 '본주(本州)에만 맡긴다면 언제 완공할 수 있겠습니까. 큰 계책이 만일 정해진다면 마땅히 여러 군문(軍門)에 맡겨야 합니다.'라는 말로 인해 드디어 장신(將臣)이 가서 조사하도록 결정하였습니다.

그러나 한창 급한 경보를 우려하고 있는데, 성상이 머무를 성터를 살피는 것이 어찌 사리에 가까운 일이겠습니까. 식견이 있는 자들은 그 일이 목전을 위한 계책에서 나온 것이 아님을 알겠지만, 그 일이 마침 백성들에게 알려져 의혹이 커지고 있으니, 이는 거조가 두루 살피지 못한 조처입니다. 이른바 해적에 대해서는 그 실정이 어떠한지 모릅니다. 비록 경보가 있더라도 어찌 갑자기 나라 안까지 침략하겠습니까. 더군다나 도성이야 말할 나위가 있겠습니까.

신이 깊이 우려하는 것은 우리나라 안에 있습니다. 지난번에 보니 행 부제학 조태로(趙泰老)의 상소에 '변방의 급보가 처음 전해졌을

37 홍복산(洪福山)에……말 : 북한산(北漢山)과 홍복산(洪福山) 두 곳 가운데 성을 쌓는 것이 마땅한지의 여부를 외방(外方)에 있는 대신(大臣)에게 의논하게 한 일을 말한다. 《肅宗實錄 36年 11月 10日》

때, 성상이 대신과 재상들을 불러 하문하였는데, 묘당의 계책은 「도성은 지킬 수가 없으니, 홍복산에 급히 산성을 쌓아야 합니다.」라고 말하는데 불과하였습니다.'라고 하였습니다. 신은 이 말이 어디에서 나온 것인지 모르겠습니다. 재신(宰臣)이 잘못 들은 것이 이와 같으니, 백성들이 동요하고 무신(武臣)이 나서서 상소를 올리는 것이 어찌 괴이한 일이겠습니까.

근래에 듣건대 뜬소문이 유포되는데 먼 지방은 더욱 심해서 여러 가지로 소란하여 그 형세가 불길처럼 번지고 물길처럼 퍼져 멈출 수가 없다고 하니, 진정시킬 방책을 진실로 미룰 수가 없지만 어쩔 줄을 모르는 상태입니다. 성상께서 지금 '비록 해적이 있다 하더라도 국가에서는 애초에 가볍게 도성을 버릴 생각이 없다'라는 뜻을 하교로 내어 분명히 효유하신다면, 서울과 지방의 민심이 조금이나마 우려와 의혹을 풀 수 있을 것입니다. 삼가 바라건대 깊이 유념하소서.

조태로의 상소에서 '성상의 뜻을 굳건히 정하소서.'라고 청한 것은 진실로 절실하고 지극한 말입니다. 예부터 비록 변란을 당하더라도 임금이 마음을 반드시 먼저 굳건히 정하여 행여 놀라고 두려워 주눅이 들지 않은 뒤에야 모든 일을 시작할 수가 있었습니다. 신이 지난번에 감히 조정의 기상을 반드시 편안하고 여유 있게 해야 하고, 수비하고 스스로 강성하게 하는 계책을 마음을 다해 강구해야 한다고 진달하였으니, 이는 진실로 신의 간절한 바람입니다.

삼가 바라건대 성상께서는 마음을 굳건히 하여 더욱 부지런히 경계하고 면려하시어 변방의 방비에 때때로 성상의 생각에 계획한 것이 있으면 즉시 지시를 내려 받들어 행하도록 하고, 널리 여러 계책을 찾아 완급의 적당함을 놓치지 마소서. 신은 어리석어 아득히 한 가지 계책도 낼 수가 없으니, 직분을 제대로 수행하지 못한 죄가 큽니다. 이렇게 우려하고 근심하는 시기에 더욱 어찌 하루라도 외람되이 자리에 있을 수가 있겠습니까. 속히 배척하여 면직하시는 것이 실로 국사에 유익할 것입니다. 신은 너무나도 두려워 간절한 바람을 이길 수가 없습니다. 재결해주소서."

하니, 답하기를,

"차자를 보고 경의 간절한 마음을 잘 알았다. 아, 위태로운 상황에서 성을 지키는 것은 나라의 큰 계책이지만, 존망이 판가름나는 일이니, 자세히 살피지 않을 수 없음이 분명하다. 도성의 둘레가 이미 몹시 넓고 큰데, 국초에 성을 쌓은 것은 적을 막기 위해서가 아니었다. 그러므로 본디 견고하게 쌓지 않았으니, 수축하고자 한다면 반드시 이루지 못할 것이고, 지키고자 한다면 반드시 근심이 있을 것이다. 나의 생각은 본래 이와 같았으니, 지금에 와서 갑자기 정한 것이 아니다. 차자 말미에 아뢴 내용은 내가 유념할 것이다. 경은 안심하여 사직하지 말고 속히 나와 일을 보아 지극한 바람에 부응하라."

하였다.

통신사 이제의 유임을 청하는 차자
請留通信使李濟箚

"삼가 아룁니다. 국가에서 사람을 쓰는 경우에 혹은 시기에 따라 자리를 옮겨 경중을 정하니, 오직 그 시기가 적당한 때인지 헤아리는 데 달려 있을 뿐입니다. 이조 참의 이제는 평소 재주와 도량이 있다고 일컬어졌고, 역임한 관직에서 모두 위엄과 명성이 있었습니다. 지금 나라에 근심이 있으니, 재주를 지닌 신하들 가운데 훗날을 위해 남겨두었다가 급할 때 쓰일 인물로, 이제와 같은 이가 어찌 많겠습니까. 이제가 막 통신사에 차임되었는데, 나라의 위엄을 드날리고 오랑캐의 마음을 감복시키는 것은 그 임무가 진실로 이미 무겁습니다. 그러나 이런 직임을 감당할 사람은 조정에도 부족하지 않으니, 이렇게 인재가 시급한 때에 기량에 따라 부리는 방도를 더욱 그만둘 수가 없습니다.

이제가 임무를 맡은 지 비록 몇 개월이 지났지만 떠날 날은 아직 멀었으니, 돌아오는 날은 짧은 시일 내에 기약하기가 힘듭니다. 신의 생각으로는 이제가 맡은 통신사의 직임을 체직하는 명을 내리고 다시 이조 참의에 유임시켜 긴요하게 쓰거나 혹 별도로 중요한 자리를 논의하여 그를 차임하여 보낸다면 사리에 마땅할 것입니다. 신이 이미 이 일을 아뢰려고 했으나 성상 앞에서 즉시 아뢰지 못하였습니다. 성상의 체후가 조용히 조섭하시는 중이라 어전에 나오기가 우선 쉽지 않아 감히 이렇게 어리석은 견해를 아룁니다. 삼가 명철한 성상께서 조처해 주시기를 바랍니다. 재결해주소서."

하니, 답하기를,

"차자를 보고 경의 간절한 마음을 잘 알았다. 경의 말이 진실로 내 의중과 부합하니, 그대로 시행하지 않을 수 있겠는가."

하였다.

만정당집

제8권

소차 疏箚

영의정을 사직하는 차자 신묘년(1711, 숙종37) 4월

辭領議政箚 辛卯四月

"삼가 아룁니다. 신이 재상의 자리를 함부로 차지하여[1] 실로 책무를 감당하지 못하는 점이 있으니 이치상 응당 복속(覆餗)[2]에 해당되어 아침저녁으로 두려워하고 있습니다. 더군다나 지금 새로 내리신 명은 어찌 결단코 애초에 생각이 여기에 미친 것이겠습니까. 놀랍고 황송하며 두려운 마음이 일어 며칠이 지나도 더욱 깊어집니다. 재상의 자리는 그 위중함이 모두 같지만 백료들의 수석 자리는 그 위임받는 명호(名號)의 위중함이 더한 점이 있습니다. 고사를 두루 살펴보건대, 성상의 간택을 받아 그 후에 서차대로 승진한 경우가 있지만 특별히 위중한 자리이기 때문에 일찍이 신처럼 명망이 낮은 자가 함부로 거한 적이 없습니다.

삼가 생각건대 신은 힘은 나약하고 재능은 서툴러 사무처리에 막막합니다. 근래에 누차 이 자리에 임명되어 나이 많고 덕이 높은 이에게 의지하여 일을 처리하여 어수선하게 반식(伴食)[3]하기만 하였고, 요사이엔 조금 중대하여 처리하기 어려운 일이 있으면 늘 수석

1 신이……차지하여 : 저자는 1710년(숙종36) 9월에 좌의정에 제수되었다.

2 복속(覆餗) : 절족복속(折足覆餗)의 준말이다. 지식이 얕고 능력이 부족한 사람이 책임이 막중한 정승의 직책을 맡으면 나랏일을 크게 그르친다는 뜻으로, 이는 마치 솥의 발이 부러져 솥 속에 있던 내용물이 모두 쏟아져 버리는 것과 같다는 말이다. 《周易 鼎卦 九四》

3 반식(伴食) : 214쪽 주23 참조.

의 자리를 기다린다는 말로 해명하였는데 지금은 다시 할 수 있는 말이 없습니다. 같고 다른 계책이 수석에게서 결정되었으니 신이 무슨 식견과 생각으로 처리하겠습니까. 일이 잘못되고 지체됨에 미쳐서는 신의 죄를 어찌 속죄할 수 있겠습니까. 조정에 이처럼 잘못된 거조가 있어서 재상의 관직을 가볍게 하여 여론을 놀라게 하였으니, 이는 신의 낭패일 뿐만 아닙니다. 필시 사방에서 성명하신 성상의 인사에 대해 말을 해댈 것이니, 그 관계되는 바가 작은 일이 아닙니다. 스스로 생각해도 두려우니 끝내 뻔뻔하게 명을 받들 수가 없습니다. 이 자리는 시험 삼아 해볼 만한 자리도 아니고, 이 시기는 옛것에 안주할 때가 아니며, 이 말은 정성스런 충정에서 나온 것입니다.

삼가 바라건대 성상께서는 나라를 걱정하는 마음으로 재상을 두는 위중함을 깊이 생각하시어 미천한 신이 일을 맡을 적임자가 아님을 굽어 살피시어, 속히 처분을 내려 직명을 체직시키고 덕이 높은 원로로 바꾸어 주신다면 매우 다행이겠습니다.

또한 신이 일전에 동료 재상의 차자를 보고서 지극히 부끄럽고 송구한 마음을 금치 못하였습니다. 국경을 넘은 죄인[4]을 잡는 데

4 국경을 넘은 죄인 : 위원(渭原)의 백성 이만건(李萬建)·이만성(李萬成)·이만지(李萬枝)·이지군(李枝軍)·이선의(李先儀)·이준건(李浚建)·이준원(李浚元)·송흥준(宋興準)·윤만신(尹萬信) 등이 밤을 틈타 경계를 넘어 삼을 캐기 위해 설치한 장막 가운데 들어가, 청인(淸人) 5명을 박살(撲殺)하고 삼화(蔘貨)를 약탈하였는데, 청인 1인이 우연히 벗어나 달아났다가, 그 동반(同伴) 20여 인과 더불어 갑자기 위원의 북문(北門) 밖에 이르러 큰소리로 말하기를 "대국(大國)의 사람 5명이 본군(本郡)의 백성 이만건·이만성·이만지·이선의·이준원 등에게 살해당하였다."고 하며 범인들을 인도하라고 협박한 사건을 가리킨다. 《肅宗實錄 36年 11月 9日》

도움을 준 이에게 포상하는 일에 대해선 신이 전후로 아뢴 바가 있습니다. 비록 구구한 뜻이 없지는 않지만 법을 어긴 잘못이 실로 신에게 있습니다. 교리 정식(鄭栻)의 상소에서 죄인을 다시 추문한 일은 묘당을 핍박한 것이라는 말은 신이 또한 여기에 해당합니다. 이 또한 신이 함부로 자리에 나가기 어려운 이유이니, 더욱 황송하고 두렵습니다. 재결해 주십시오."

하니, 답하기를,

"차자를 살펴보고 경의 간절한 뜻을 잘 알았다. 경의 오래된 덕망과 평소의 명망은 영의정을 맡기에 합당하거늘, 지금 이렇게 겸손해 하는 것은 너무 심한 것이 아닌가. 두 건의 인혐은 원래 대단한 것도 아니니, 안심하고 사직하지 말며 속히 출사하여 정사를 논하여 그대를 믿고 의지하는 나의 정성을 저버리지 말라."

하였다.

두 번째 차자
再箚

"삼가 아룁니다. 신이 함부로 차자를 올려 간절한 심정을 진술하였으나, 비답을 내리시면서 윤허하지 않으시고 도리어 은혜로운 뜻이 융숭하니 신은 땅에 엎드려 황송한 마음에 몸 둘 바를 모르겠습니다. 신이 함부로 의정부의 직책을 받든 지 이미 몇 년이 지났는데, 지금 또 분수 넘는 외람된 자리에서 이렇게 좌차대로 승진되었습니다. 변변찮은 재능을 따지자면 지금에서 와서 시작된 것도 아닌 만큼 여러 차례 번거롭게 사직을 청하는 것이 혹 예의를 갖추고 겉으로 사양하는 일에 가까울 듯하니, 신이 비록 형편없는 사람이지만 어찌 감히 이러한 일을 할 수 있겠습니까. 새로 내리신 명을 받은 이후로 마음이 몹시 두렵고 떨려 반복하여 스스로를 성찰해보니 실로 끝내 감히 받들어 감당할 수 없는 점이 있었습니다. 이러한 답답한 마음을 안고서 어찌 일월 같은 성상께 우러러 호소하지 않을 수 있겠습니까. 삼사(三事)의 지위는 똑같이 예절(禮絶)[5]이지만, 수석의 자리는 특별히 위중하다고 일컬어지는 자리입니다. 전제(典制)가 편리한지 아닌지 가장 먼저 논의하고 사무의 잘못된 점을 가장 먼저 질책하며, 위로는 군덕을 돕고 아래로는 백관을 총괄하여 더 이상 그 앞에 있는 이가 없는 자리이니, 드넓은 재능과 큰 명망으로 세상에 믿음을 받는

5 예절(禮絶) : 백관(百官)의 우두머리로서 지위가 아주 극도에까지 올라간 것을 뜻한다.

이가 아니면, 이로 인해 조정은 가벼워지고 체모 또한 따라서 손상될 것입니다. 서툴고 우둔한 신은 본디 큰 중책을 맡을 만한 사람이 아니고 세상 사람들 또한 이러한 중책을 저에게 기대한 적이 없습니다. 사람들의 바람을 억지로 거슬러 재상의 직임에 임명한 성상의 은혜를 외람되이 입었지만 재주는 둔하고 식견은 어두워 일마다 모두 꽉 막혔습니다. 근래에 또 외람되이 의정부에 거하여 그 으뜸의 자리에 있는지라 전곡(錢穀)과 갑병(甲兵) 등 당세에 힘써야 하는 일에 대해서 비록 어쩔 수 없이 억지로 논의했지만 실제는 흐리멍덩하였습니다. 세상에 어찌 세무(世務)를 알지도 못하면서 함부로 영의정의 자리에 거하는 자가 있겠습니까. 제수하는 명이 한 번 나오자 듣는 이들이 모두 놀랐으니 중외의 식견 있는 자들이 모두 시사를 알 만하다는 탄식이 있을 뿐만이 아니었습니다. 정사를 그르치는 잘못과 낭패를 빨리 불러오는 재앙이 이치상 반드시 이를 것이니, 이것이 어찌 땅강아지와 개미와 같은 미천한 신이 크게 두려워하는 바가 아니겠습니까.

또한 삼가 생각건대 신의 나이가 이미 예순에 이르러 병이 날로 심각해지고 정신도 오락가락하여 열에 여남아홉을 잊어버립니다. 비록 융숭한 은혜에 감격하여 감히 대번에 휴가를 청할 수는 없지만, 쇠락하고 혼미한 신의 정상에 대해서는, 삼가 생각건대 성상께서 통촉하고 계시지 않겠습니까. 노쇠하여 다해가는 목숨은 아침에 죽을지 저녁에 죽을지 알 수 없는 지경입니다. 못난 재능으로 막중한 책무를 맡아 이미 지극히 위태로운데다 병든 몸으로 스스로 힘쓸 수 없음이 또한 이와 같으니 나라를 위해 계획하고 백성을 안정시키는 일을 어찌 조금이라고 바랄 수 있겠습니까. 간절한 저의 심정을 눈물을 흘리며 아룁니다.

삼가 듣건대 근래 성상의 체후가 편치 못하여 백성이 걱정하고 있는데, 문후하는 반열에 나아가지 않은 채 고요히 조섭하시는 성상께 이렇게 번거로움을 끼쳤으니 신의 죄는 더욱 큽니다. 삼가 바라건대 밝으신 성상께서는 특별히 깊이 살피시어 새로 승진한 신의 재상의 직책을 체직시키고 연륜 있고 덕이 높고 명망이 큰 사람으로 바꾸어 국사에 다행스럽게 하십시오. 재결해 주십시오."

하니, 답하기를,

"차자를 살펴보고 경의 간절한 뜻을 잘 알았다. 일전의 차자에 대한 비답에서 이미 나의 지극한 뜻을 말하였는데 경은 어찌 헤아리지 않고서 연달아 차자를 올려 사양하는 말이 이처럼 너무 지나치단 말인가. 마음속으로 매우 놀라 대답할 말이 없다. 경은 국사를 깊이 생각하여 겸손함을 고집하지 말고 속히 출사하여 나라를 다스리는 도를 논하여 나의 바람에 부응하라."

하였다.

일을 논하며 사직하는 차자 7월

論事辭職箚 七月

"삼가 아뢰니다. 지난달 22일에 신이 성상의 하교를 보았습니다. 내사옥(內司獄)을 혁파하라는 특명을 내리시고, 또 숙빈(淑嬪)의 이현궁(梨峴宮)이 지나치게 크고 연잉군(延礽君) 집이 이미 정해졌다고 하시면서 숙빈에게 하사했던 이현궁 집을 환수하라는 명을 내리셨습니다. 신이 삼가 읽어보고 기쁜 마음을 금할 수 없어 우리 성상께서 이처럼 성스럽고 덕스런 일을 하신 것을 우러러 흠모하였습니다. 또 조정의 신하들이 모두 기쁜 얼굴로 서로 축하하는 것을 보고, 또 여항의 백성이 즐거운 마음으로 고하는 말을 들었으니, 백성의 입장에서 이것이 어찌 자신들에게 이로운 일이라 그런 것이겠습니까.

아! 내수사의 감옥은 애초에 무슨 연유로 설치되었는지는 모르겠으나 그 유래는 오래되었습니다. 나라에 두 개의 극시(棘寺 형옥을 관장하는 관서)가 있는데 유사(有司)가 들을 수 없고 전제(典制)에도 온당하지 않습니다. 왕자가 이미 새로운 집이 있으니 숙빈이 별도의 집을 두어서는 안 됩니다. 더군다나 크기와 규모가 넓어서 이미 지나치게 사치하니 이는 참으로 옛 제도를 넘어선 점이 있습니다. 지금 밝으신 성상께서 신료들의 간청에 연유하지 않고 스스로의 밝은 마음에서 결단하여 분명하게 특단의 하교를 내리셨습니다. 아랫사람들은 이에 성상의 뜻이 공평하고 정대한 정치를 밝히는 데 힘쓰고, 억제하고 절약하는 도를 깊이 보이신 것을 모두 알고 있으니 옛날 높은 식견과 성대한 절의를 보인 제왕보다 훨씬 뛰어납니다.

다만 미천한 신이 다행스럽게도 세상에 드문 거조를 보고서 비록 밝으신 성상을 위해 경하드리지만, 구구한 마음에 또한 지나친 우려가 있습니다. 팔도의 사람들이 이러한 하교를 들은 이후로 머리를 들고 우러러 바라보며 성스런 군주가 뜻을 오로지하여 나라가 잘 다스려지길 구함이 이와 같다고 합니다. 이제부터 형옥(刑獄)이 한 길에서 나와 맑고 공평해질 것이고, 이제부터 궁가의 모든 일을 재량하여 줄일 수 있게 되었으니 백성에게 해가 되는 모든 일을 유추하여 모두 고치고 혁파할 수 있습니다. 그런데 조정의 거조에 혹 끝까지 잘 마치지 못함이 있다면 기대에 어긋나 원망을 초래함이 도리어 심할 것이니, 이는 인지상정입니다. 어리석은 신이 삼가 바라건대, 밝으신 성상께서는 더욱 이러한 뜻을 힘쓰시어 서옥(庶獄)에 관여하지 않았던 문왕(文王)[6]을 뒤따라 모든 범죄에 개인적으로 가까운 자라고 하여 용서하지 마시고 법률과 기강이 밝아지도록 힘쓴다면 궁부(宮府)가 한 몸이 되고 안팎이 환하게 통하여 혹 누(累)가 되는 잘못이 없게 될 것입니다.

왕자와 여러 궁가에 대해서는 단지 이번의 제택에 관한 하나의 일뿐만 아니라, 성상께서 항상 '내 자식이 어떻게 선제(先帝)의 자식과 동등할 수 있겠는가.'라는 한(漢)나라 명제(明帝)의 말[7]을 마음에

6 서옥(庶獄)에……문왕(文王) : 정치의 최고 책임자인 제왕은 온갖 자질구레한 일을 다 알려 하지 않고 그것들을 각각 유사(有司)에게 맡겨 처리케 한다는 말이다. 《서경》 〈입정(立政)〉에 "문왕은 여러 말과 여러 옥사와 여러 삼가야 할 것을 겸함이 없었다.〔文王罔攸兼于庶言庶獄庶愼〕"라고 하였는데, 서옥은 여러 가지 옥송, 서신은 여러 가지 삼가야 할 일, 즉 그 나라의 금계・재정・군비 등 신중히 다루어야 할 일들이다.

보존하여, 모든 별장에 하나같이 간소하고 검소함을 숭상한다면 고귀하고 높은 지위가 더욱 더 복을 기르고 오래가게 될 것이니 이 이치는 분명합니다. 삼가 생각건대 성학(聖學)의 고명함이 어찌 여기에 깊이 이르지 않으셨겠습니까. 이 또한 편안함을 남겨주는[8] 옛 철인의 도이니 처한 바는 비록 다르지만 그 뜻은 똑같습니다.

근래 궁차(宮差 궁가(宮家)에서 보낸 원역(員役)) 등이 백성을 침탈하는 것과 궁둔(宮屯 각 궁(宮)에 속한 둔전)이 백성에게 폐단이 된 일이 각 도의 순무사(巡撫使)의 서계(書啓)에서 많이 나왔습니다. 성상께서는 모두 다 엄중한 법령으로 무겁게 치죄하되 그 완급을 헤아려서 특명으로 많은 수를 혁파하시면, 간사하고 교활한 무리가 그칠 줄을 알아서 고통 받는 백성이 또한 다시 소생하여 춤을 출 것이니 나라의 근본이 영구토록 공고해질 것입니다.

신이 듣건대 왕자와 제빈(諸嬪)의 제택이 하나같이 모두 지나치

7 내……말 : 옛날 한(漢)나라 명제(明帝)가 아들 6인을 봉하여 왕으로 삼을 적에 친히 봉역을 정하여 초왕(楚王)·회왕(淮王)·양왕(陽王)의 반으로 재량하니, 마후(馬后)가 너무 작다고 말하자, 명제가 말하기를 "나의 아들이 어찌 감히 선제(先帝)의 아들과 동등할 수 있겠는가."라고 하였다.

8 편안함을 남겨주는 : 덕스러운 기풍을 물려주어 그들로 하여금 담박하게 지키면서 무사 안녕할 수 있도록 하는 것을 가리키는 말이다. 후한 때의 은사 방덕공(龐德公)이 현산(峴山) 남쪽에서 밭을 갈고 살면서 성시(城市)를 가까이하지 않자, 형주 자사(荊州刺史) 유표(劉表)가 찾아와서 "선생은 시골에서 고생하며 지내면서도 벼슬해서 녹봉을 받으려 하지 않으니, 무엇을 자손에게 물려주려오?"라고 하였다. 그러자 방덕공은 "세상 사람들은 모두 위태로움을 남겨 주는데 나는 유독 안녕함을 물려주니, 비록 물려주는 것이 똑같지는 않으나, 물려주는 것이 없지는 않을 것입니다."라고 하였다. 《後漢書 卷83 逸民列傳 龐公》

게 성대하다고 하니, 이 어찌 이현궁으로 그쳐서야 되겠습니까. 국전(國典)의 기록에 모두 정해진 제도가 있고, 더군다나 나라의 재력이 다하여 온갖 법도를 줄이는 시기인데, 밝으신 성상께서 평소에 검소함을 숭상하던 뜻이 결코 아닙니다. 조정에 있는 신하들이 비록 매번 번거롭게 아뢰지는 못하지만 누군들 탄식하고 안타까워하는 마음이 없겠습니까. 이미 제택이 완성되었으니 추후에 고칠 수는 없지만, 지금부터라도 사치함을 깊이 경계하여 혹여나 증가시키지 마십시오. 또한 위로 궁정의 사이에서부터 항상 절약을 지켜 몸소 솔선하신다면 자연스레 은택이 백성에게 미쳐서 성덕이 더욱 빛나게 될 것입니다. 그러한 뒤에야 오늘 특별히 내리신 교지의 성대한 아름다움을 미루어 넓혀서 유종의 미를 거두었다고 할 수 있을 것이니, 신은 이를 지극히 바랍니다.

변변찮은 신이 결단코 감당할 수 없는 이 자리를 차지하여 부끄럽고 두려운 마음으로 구차하게 시간만 보내고 있으니, 나라를 병들게 하고 직무를 폐기한 것이 본디 이미 많습니다. 하나의 일도 바로잡거나 보좌하지도 못했는데, 또 이러한 명이 내려옴에 미쳐서도 성상의 뜻을 받들어 따르고 열어주고 넓혀주어 아래에까지 도달하게 하지 못했으니 그 죄는 더욱 말할 바가 없습니다.

신이 본래 심각한 병이 있는데 늙어서는 더 심해졌습니다. 그 중에 주하증(注夏症)[9]이 무더위를 만나 증세가 더욱 심해져 온종일 땀에 젖으니, 정신도 따라서 혼미하여 공무에 나아가 앉아있을 때면 질식하여 쓰러질 듯합니다. 병세가 이와 같으니 어찌 중대한 임무를

9 주하증(注夏症) : 여름을 몹시 타서 식욕이 줄고 기운이 쇠해지는 병증이다.

오랫동안 처리할 리가 있겠습니까. 삼가 바라건대 자애로운 성상께서는 굽어살피시어 신을 더욱 가엾게 여겨 속히 처분을 내려 국사를 다행스럽게 하신다면 매우 다행이겠습니다. 재결해 주십시오."

하니, 답하기를,

"차자를 살펴보고 경의 간절한 뜻을 잘 알았다. 경이 차자에서 진술한 것은 실로 나의 뜻에 부합하고 말 또한 지극히 간절하니 깊이 생각하지 않을 수 있겠는가. 여러 순무사(巡撫使)가 올린 서계(書啓) 가운데 궁차(宮差)의 일은 유사(攸司)로 하여금 무겁게 치죄하게 하고, 궁둔(宮屯)의 일은 조사할 만한 것은 조사하여 처결하고 혁파할 만한 것은 혁파하는 것이 마땅하니, 내가 어찌 주저할 수 있겠는가. 또한 태복시의 둔전(屯田) 가운데 궁가(宮家)에 이속(移屬)된 것이 제법 많으니 이는 태복시를 위중하게 여기는 정사가 결코 아니다. 해조(該曹)로 하여금 병인년 이후에 이속한 것은 모두 본시(本寺)에 환급하도록 하겠다. 차자의 말미에서 병을 핑계한 것은 너무 지나치다고 생각된다. 경은 모름지기 국사를 생각하여 안심하고 사직하지 말며 속히 출사하여 일을 보아 나의 지극한 바람에 부응해야 할 것이다."

하였다.

사직하는 차자 8월

辭職箚 八月

삼가 아룁니다. 신이 매우 모자란 재능으로 거듭 정승의 자리를 함부로 차지한 지 이제 1년이 다 되어갑니다. 자질이 본디 서툴고 우매한데다 병세도 심해져 어수선한 온갖 일을 전혀 다스릴 수 없습니다. 이러하니 하물며 위로는 성덕을 보좌하고 아래는 시대의 기대에 부응하여 만에 하나라도 직책을 다할 가망이 있겠습니까. 아침저녁으로 걱정하고 두려워하며 죄가 내리기를 기다리고 있는데, 비방하는 소리가 사방에서 모여들어 거의 세상에 넘쳐나고 있습니다. 근래에 헌신(憲臣) 권업(權𢕸)이 상소를 올려 시사를 논하고 묘당을 비난하며 재상을 가려 뽑아 맡기라는 청이 있었습니다. 신이 참으로 황송하고 부끄러워 이치상 인책하고 물러나야 마땅한데도 지금까지 묵묵히 버티고 있으니 매우 우둔한 부끄러움이 있습니다. 어제 또 교리 이진검(李眞儉)의 상소를 보니, 그 말이 간절하고 적실하여 규간(規諫)의 체모를 얻었습니다. 그 가운데 신을 꾸짖으며 특별히 조목별로 열거하여 말한 것은 모두 신에게 있어서 병을 치료하는 약석(藥石)과 같았으니 신은 더욱 더 두렵고 부끄러운 마음을 가눌 수 없었습니다.

근래 특별한 하교는 덕스런 뜻이 넘쳐흘렀지만, 신은 열어서 넓히고 소통시키지 못하였습니다. 그밖에 상소에서 진언한 내용은 가려서 쓸 만한 것도 없고 인재들을 천거하는 일이 오랫동안 지체되었으며 조사하러운 차사(差使)를 접응하는 일에 이르러선 아침의 명령을 저녁에 바꾸어버리고 동쪽으로 엎어지고 서쪽으로 넘어졌으니, 이것은 모두 신이 정승의 자리에 있으면서 식견과 역량이 전혀 없어 초래한 결과이니 유신(儒臣)의 말이 옳습니다. 그 말에서 국사가 위태로워졌다고 하였으니, 신이 나라를 병들게 한 죄가 큽니다. 신이 이 자리를 함부로 차지하고 있어 삼사(三司)의 말이 그 잘못된 정사를 공격하였으니, 나라의 체모에 있어서도 아름다운 일이고 신에게 있어서도 다행스런 일입니다. 다만 신의 허물이 더욱 이미 쌓여서 공론이 더욱 엄해졌으니 결단코 그대로 무릅쓰고 나아가 거듭 망치고 그릇되게 하는 죄를 무겁게 할 수는 없습니다. 게다가 신이 본래 무더위를 심하게 타는 병이 있는데, 올 여름에 몹시 심하여 초가을에야 조금 움직일 수 있습니다. 온종일 땀을 흘리고 매일 밤잠을 이루지 못하고 더욱 쇠약해져 괴로워하고 있으니 힘을 바칠 가망이 전혀 없습니다. 삼가 바라건대 자애로운 성상께서는 신의 지극히 간절한 심정을 굽어 살피시어 속히 물러나기를 허락하여 미천한 저의 분수에 편안하도록 해주십시오. 재결해 주십시오.

겨울에 천둥이 친 일로 인하여 면직을 청하는 차자 10월
以冬雷請免箚 十月

"삼가 아룁니다. 근래 여러 재변(災變)이 함께 이르러 거의 매달 발생하는 지경이라 이미 걱정과 두려움을 감당할 수 없는데, 일전의 천둥의 변고는 더욱 마음을 놀라게 했습니다. 겨울에 이미 접어들어 양기(陽氣)가 없는 10월이 하룻밤 남았는데 천둥이 갑자기 쳐서 오랫동안 지속되어, 우르르 쾅쾅하는 소리와 성난 기세가 한여름 때보다 심하였습니다. 신은 이에 온종일 간담이 서늘해졌습니다. 재앙이 일어나는 것은 필시 이유가 있고 또 거기에 대응이 있을 것인데, 어떤 두려워할만한 변고가 어둠속에 잠복해 있기에 하늘이 이렇게까지 경고하는 것인지 참으로 모르겠습니다. 이른바 섭리(燮理)[10]라는 것은 결코 신과 같은 이에게 요구할 바가 아닌데, 신이 매우 변변찮은 재능으로 오랫동안 막중한 정승의 자리에 함부로 있으면서 온갖 일이 어그러져 우러러 성상의 교화를 돕지 못하였습니다. 즉시 인혐하고 물러나지 않아 죄가 나날이 심해졌으니, 비상한 이변이 미천한 신하의 부승(負乘)[11]의 죄로 말미암아 생기지 않았다고 어찌

10 섭리(燮理) : 음양의 변화 등 정(正)과 반(反)의 양 측면을 조화롭게 하여 나라를 다스리는 것을 말하는데, 보통 재상의 직무를 비유할 때 쓰는 표현이다. 《서경》 〈주관(周官)〉에 태사(太師)·태부(太傅)·태보(太保) 등 삼공(三公)을 세워 "도를 논하고 나라를 경륜하며 음양을 섭리하게 한다.〔論道經邦, 燮理陰陽.〕"라는 말이 나온다.

11 부승(負乘) : 부(負)는 짐을 짊어지는 것으로 소인이 하는 일이고, 승(乘)은 수레로서 군자가 타는 것이다. 아랫자리에 있어야 할 소인이 윗자리에 있으면 화를 당한다는

장담하겠습니까. 재변을 만나면 책임을 물려 면직시키는 것이 본디 고사(古事)이니, 삼가 바라건대 성상께서는 속히 신의 직책을 파직하여 하늘의 견책에 답하소서.

또한 바라건대 우리 성상께서는 더욱 공경하고 두려워하시어 닦고 성찰하는 실질이 밖으로 드러나는 것에 힘을 다하여, 검소한 덕을 밝히고 조정을 편안하게 하며 언로를 넓히고 백성의 고통을 보살피는 것으로 재앙을 그치게 하는 급선무로 삼으십시오. 이것이 미천한 신하가 간절히 바라는 것입니다. 하늘의 견책에 응하는 것은 다만 실질로 해야 합니다. 하교하여 바른말을 널리 구하는 것은 허례허식에 가까운데 근래에는 이마저도 폐기되었습니다. 삼가 바라건대 성상께서는 깊이 유념하기길 삼가 바랍니다. 재결해 주십시오."

하니, 답하기를,

"차자를 살펴보고 경의 간절한 뜻을 잘 알았다. 비상한 이변은 오로지 나의 부족한 덕에서 연유한 것이니, 고요히 생각하면 어찌 걱정스럽고 두렵지 않겠는가. 재변을 만나 책임을 물려 면직시키는 것이 원래부터 아름다운 일이 아니니, 경이 인책함이 너무 지나치지 않은가. 차자 가운데 경계한 것은 참으로 간절하고 지극하여 깊이 감탄하였으니 깊이 유념하지 않을 수 있겠는가. 널리 바른말을 구하는 유지는 아침에 막 내려 보냈다. 경은 안심하고 사직하지 말며 속히 출사하여 일을 보아 어려운 시대를 구제하라."

하였다.

것을 비유한 것으로, 《주역》〈해괘(解卦) 육삼(六三)〉에 "짐을 짊어져야 마땅할 소인이 도리어 수레를 타니 도적을 맞게 될 것이다."라고 한 데서 온 말이다.

사직하는 차자

辭職箚

"삼가 아룁니다. 신이 못난 재주와 어두운 식견으로 오랫동안 감당하지 못할 자리를 맡은지라, 손대는 일마다 어수선하여 걸핏하면 직책을 잘못 수행하여 여러 사람들의 의론을 만족시키지 못한 것을 이루 다 헤아릴 수 없으니, 신이 본디 아침저녁으로 두려워하고 있었습니다. 어제 헌신(憲臣)의 응지소(應旨疏)를 보니, 조정 신하의 사의(私意)의 폐단을 논열하여 '관직은 나라의 공물이므로 대신(大臣)이 감히 사사로이 할 수가 없거늘, 묘당의 위천(尉薦)[12]은 걸핏하면 인척과 친족을 천거합니다.'라고 하였습니다.

신은 이에 삼가 지극히 놀라고 두려운 마음을 금할 수 없었습니다. 작년 이후로 신이 외람되게 정승의 자리에 있었기 때문에 묘당의 천망(薦望)에 대해 신이 그때마다 주관하였습니다. 더러는 관직 서열상 응당 천거할 만한 사람을 천거하였고 더러는 덕망을 지니고 오랫동안 관차에 있었던 사람을 천거하였는데, 그 사이에 인척과 친족의 혐의가 있는 자를 피하지 못한 경우도 있었습니다. 신은 지금에 와서 시작된 일이 아니니 굳이 구애될 게 없다고 망령되이 생각하지만 평소 수립한 바가 남들을 감복시키지 못했으니 남들의 비방을 어찌 피할 수 있겠습니까. 그 상소에서 또 말하기를 '여러 관직과 작은 고을에 만약 하나의 관직에 결원이라도 생기면 대신의 청이

12 위천(尉薦) : 뒤에서 밀어 주면서 추천하는 것을 말한다.

분분하게 모두 양전(兩銓)의 문 앞에 이른다.' 하였으니, 이는 필시 지목하는 사람이 있어서 그렇게 말한 것입니다.

신이 본디 방종하게 사적인 뜻을 행하지 않았지만 개인적인 사정이 있을 적에 일찍이 한두 번 전로(銓路)에 부탁하였으니, 돌이켜 살펴보건대 또한 매우 부끄럽습니다. 대사(臺司)가 대관(大官)을 탄핵하는 것은 공적인 체모에 있어서도 아름다운 일이고 사적의 의리에 있어서도 경계되고 보탬이 되는 일입니다. 다만 지금 논열한 바에 말의 뜻이 지극히 엄중하고 죄가 드러났으니 감히 편안하게 백관의 모범이 되는 자리에 있을 수 없는 것이 분명합니다. 삼가 생각건대 신은 노쇠하고 병이 심한데다 재주도 모자란 탓에 온갖 일을 폐기하여 성상께서 책려하는 뜻에 부응할 수 없으니 오래전에 논척을 받아 물러났어야 합니다. 그런데도 지금까지 그대로 머물렀으니, 나라를 병들게 한 죄가 어찌 대간의 탄핵을 기다릴 필요가 있겠습니까. 감히 지극히 간절한 심정을 드러내어 우러러 성상의 엄한 명령을 청합니다. 삼가 바라건대 자애로운 성상께서는 속히 파직시켜서 여론에 답해주십시오. 재결해 주십시오."

하니, 답하기를,

"차자를 살펴보고 경의 간절한 뜻을 잘 알았다. 헌신이 상소에서 한 말은 깊은 뜻이 있는 것이 아니다. 경은 안심하여 사직하지 말고 속히 출사하여 일을 보아 나의 기대에 부응하라."

하였다.

일곱 번째 차자 11월

第七箚 十一月

"삼가 아룁니다. 신이 요사이에 매번 차자로 성상께 아뢰었으니 함부로 시끄럽게 떠들어댄 죄가 몹시 황공함을 잘 알고 있습니다. 더군다나 성상의 체후가 아직 안정되지 않아 외정(外廷)에서 문후하는 일이 있고 신 또한 깊이 염려스러우니, 어찌 감히 이러한 때에 번번이 문자로 번거롭게 하고자 하겠습니까. 다만 지금 사관이 아직 머물러 있고 밝으신 성상의 처분이 내리지 않아 신이 밤낮으로 두려움에 떨어 더 이상 침묵할 수 없기에 감히 죽음을 무릅쓰고 다시 애통한 심정을 호소합니다.

오늘 신이 패초를 어기고 나오지 않은 죄는 조정의 사체(事體)에 있어서 응당 속히 견책을 가해야 합니다만, 신이 구구하게 삼가 스스로 용서하는 점이 있습니다. 옛날 신하가 성상의 은혜로운 명령에 대해서 힘써 사직하여 끝내 명령을 받들 수 없는 경우가 있었으니, 이것이 어찌 분의를 저버리고 명령을 무시하여 그러한 것이겠습니까. 의리상 참으로 나아갈 수 없는 점이 있다면, 이는 명령에 따르는 것을 공경으로 여기지 않는 것이 바로 국가를 존중하는 것이기 때문입니다. 선정신(先正臣) 이황(李滉)이 말하기를 '나아갈 만하여 나가는 경우에는 나아가는 것이 공경이고, 나아갈 만하지 않아서 나가지 않는 경우에는 나아가지 않는 것도 공경이다.'[13] 하였습니다.

13 나아갈……공경이다 : 《퇴계집(退溪集)》 권9 〈민 판서에서 답하다〔答閔判書〕〉에

이 말이 어찌 믿을 만하지 않겠습니까. 신이 실제로 그 책무를 감당할 수 없었기 때문에 한 해 사이에 그르친 일이 실로 많아서 여론을 불평하게 만들어 끝내 대신(臺臣)이 번갈아 논척하게 만들었습니다. 그 말이 모두 근거할 바가 있으니 신이 비록 스스로 변명한들 어느 누가 믿어주겠습니까. 신이 정사를 논하는 자리를 차지하여 추천하고 의망할 때 사심을 했다는 비방을 받았으니 나아갈 수 없는 의리가 어찌 이보다 심한 게 있겠습니까.

성상의 비답에 '다시는 정세를 이유로 사직하지 말라.'고 하교하셨습니다. 그러나 삼가 생각건대 정세에는 경중이 있으니 만약 염의(廉義)에 크게 관계가 된다면 그 중요한 예의염치를 버리고서 어찌 자립할 수 있겠습니까. 성상의 비답에 또 '진퇴를 가볍게 해서는 안 된다.'고 하교하셨습니다. 그러나 삼가 생각건대 대신(大臣)은 나랏일을 제 몸처럼 생각하니 굳이 자질구레한 일에 그때마다 자신의 뜻을 행할 필요는 없습니다. 만약 그 죄가 엄중하여 대중의 비난의 사방에서 몰려드는데 그대로 머무른다면 죄가 보태지고 병폐가 심해질 것이고, 쫓겨난다면 국사에 보탬이 되고 어진 이를 등용하는 길이 막히지 않을 것입니다. 그런데도 성상의 총애에 기대어 뻔뻔하게 계속 버티면서 '거취를 가벼이 해서는 안 된다.'라고 말한다면 이는 어떤 사람이 되겠습니까. 삼가 성상께서 못난 신을 잘못 돌보시어 이미 드러난 죄를 내버려두고 도리어 융숭한 은혜를 내려주시니, 신하된 자의 감격스러운 마음에 어찌 사생을 따지겠습니까. 다만 절박하고 간절한 정성으로 위로 국가를 염려하기 때문에 수주대토

보인다.

(守株待兎)한 어리석은 신으로선 주벌을 달게 여기고 끝내 감히 함부로 나아가는 것을 생각할 수 없습니다. 은혜를 저버리고 분의를 잊었으니 그 죄가 죽어 마땅합니다.

옛날 제왕은 만승(萬乘)의 위엄을 굽혀서 필부의 뜻을 펼치게 하였으니 이는 만물을 곡진히 이루어주는 큰 법도입니다. 더군다나 신의 미미한 뜻은 다만 저의 사사로움을 위한 것이 아닙니다. 신은 일찍이 조종조(祖宗朝)의 상신(相臣)이 수차례 상소를 올려 체직을 허락받는 것을 보았습니다. 당시 삼공(三公)의 신하는 거의 모두 명망이 우뚝한데도 억지로 다그칠 수 없는 정상이 있었기에 성스런 조정에서 그때마다 모두 허락하였으니 이는 신하의 사정을 살피는 인자함입니다. 신과 같은 자가 어찌 비교될 수 있겠습니까마는 유독 군부께서 지극히 원통하고 근심하는 저의 심정을 살펴주시지 않으니 어찌 천지처럼 위대하신 성상께 유감이 없을 수 있겠습니까. 막중한 자리가 오랫동안 비어있어 국체가 날로 손상되고 있으니 신의 마음이 애가 타서 살아갈 방도가 없습니다. 이에 간절한 마음을 다시 이렇게 슬피 호소하니, 미천한 신의 위독한 병증은 감히 다시 아뢸 수 없습니다. 삼가 바라건대 자애로운 성상께서 굽어 살피시어 사관을 돌아오게 명하시고 신의 직책을 파직시키고 신의 죄를 엄히 처벌하신다면 실로 공사 간에 천만다행일 것입니다. 재결해 주십시오."

하니, 답하기를,

"차자를 살펴보고 경의 간절한 뜻을 잘 알았다. 전후로 돈면(敦勉)한 것이 간곡할 뿐만이 아니었는데도 나의 마음과 뜻이 미덥지 못하여 사양하는 말이 더욱 견고하니 놀랍고 부끄러워 할 말이 없다. 경은 부디 자리를 비워놓고 기다리는 나의 심정을 깨달아 안심하여 사직하지 말고 즉시 일어나 일을 보아 나의 지극한 기대에 부응하라."
하였다.

첫 번째 정사하고서 승지가 전한 돈유를 받은 뒤에 올린 사직 차자 임진년(1712, 숙종38) 1월

初度呈辭承旨敦諭後辭箚 壬辰正月

"삼가 아룁니다. 신이 은혜로운 성상의 뜻을 거스르고 감히 급한 사정을 청하였기에 두려움이 더욱 깊어져 다만 견책만을 기다리고 있습니다. 자애로운 성상의 너그러움을 받아 승선(承宣)이 와서 성상의 융숭한 돈유(敦諭)를 전하니 이것이 어찌 미천한 신이 감히 감당할 바이겠습니까. 엎드려 벌벌 떨며 곧장 죽고 싶은 심정이지만 그럴 수 없습니다. 절박하고 간절한 심정이 해와 달처럼 비춰주시는 성상의 보살핌을 받지 못하는 것이 매우 안타깝습니다. 생각건대 신이 오늘날 결단코 그대로 차지하고 있기 어려워 반드시 체직되어야 함은 스스로 생각해도 너무나 분명하니, 이 굳은 한 조각 마음은 신명이 필시 이미 알고 있을 것입니다.

근래 함부로 나아간 것은 실로 신하로서 걱정스럽고 당황스러운 마음에서 비롯된 것이지, 애당초 그대로 차지하고 있으려는 생각이 아니었습니다. 신이 비록 불초하나 이미 이 자리를 함부로 차지하여 국가와 한 몸이 된 만큼 남들이 부지런히 공박하는 말은 실로 약석(藥石)이 되니 절절하게 그때마다 인혐하여 물러나는 단서로 삼을 필요는 없습니다. 그러나 지난 번 대각의 말과 같은 것은 말의 뜻이 심중하여 저를 위태롭고 두렵게 만드니 심상하게 규계(規戒)하는 말에 비할 바가 아닙니다. 모두 우러러보는 자리에 앉아 이런 비난을 받고서 결코 편안할 리 없으니 이것이 참으로 공조(公朝)의 여론입니다. 밝으신 성상께서 관대하시어 비록 '지나치게 스스로 인혐할 필요가 없다'고 여러 번 돈유하셨지만, 이러한 의리가 분명한지라 끝내 편안히 있으면서 스스로를 용서할 수 없습니다.

게다가 못난 자질로 본래 재능도 식견도 없는데 근래에 또 몸이 몹시 상하고 정신이 온통 나간 통에 일을 맡으면 혼미하여 재결하고 처리할 줄 몰라 온갖 일이 폐기되어 도처에서 문제를 초래하였으니, 이것이 정사를 논하는 수석의 자리에 결코 있어서는 안 되는 이유입니다. 더군다나 온갖 질병에 걸려 날마다 극심해지니 심신이 무너져 수습할 수 없는 처지입니다. 비루한 몸의 병세에 대해서 감히 성상께 번거롭게 모두 아뢸 수는 없지만, 가장 심한 것은 담색(痰塞)의 증세로 불시에 혼절하기 쉬워 항상 위태롭고 두려우니 죽을 날이 다가옴을 잘 알고 있습니다. 신의 병증이 만일 조금이라도 억지로 힘쓸 수 있는 점이 있다면, 크나큰 은혜에 보답하지 못하여 남은 날 동안 두려워하는 처시에 어찌 몸과 마음을 다 바쳐 일하는 의리를 생각하지 않고 다만 제 몸을 편안하게 하는 계책을 일삼겠습니까.

신의 말이 여기에 이르니 저도 모르게 서글픈 눈물이 흐릅니다. 은혜로운 말씀을 여러 번 내려주셨으나 삼가 받들 가망이 없어 신히로서 은혜를 저버리고 분의를 저버림이 이러한 지경에 이르렀으니, 어찌 엄한 주벌을 받지 않을 수 있겠습니까. 답답하고 근심스러워 마음이 타들어가니, 그저 천지와 부모와 같으신 성상께서 위로는 국사의 위중함을 생각하고 아래로는 만물을 화육하는 어짊을 베풀어주시기를 바랄 뿐입니다. 의정부의 세 단자(單子)가 보고 듣는 이들을 놀라게 하고 게다가 조정의 분위기에 관련되지만, 미천한 신의 사정과 병세는 동료들에 비해 특히 심합니다. 이전의 사직 단자가 참으로 지극히 간절한 뜻에서 나왔으나 마침 시기가 이러하기에 황송하고 걱정하는 지극한 심정이 깊습니다. 삼가 바라건대 밝으신 성상께서 특별히 살펴주시어 속히 신의 직책을 체직시키고 이어서 신의 죄를 물어서 공조(公朝)를 면려하고 저의 사적인 분의를 편안하게 해주십시오. 재결해 주십시오."

하니, 답하기를,

"차자를 살펴보고 경의 간절한 뜻을 잘 알았다. 내가 돈면한 것이 여러 번인데 경은 그때마다 깊이 혐의해서는 안 될 혐의를 끌어와 나오자마자 곧 들어가고 다시 얼마 뒤에 장문의 단자를 올리니 서운한 마음을 어찌 금할 수 있겠는가. 지난번 대각의 말이 비록 더러 헤아리지 못한 점은 있으나 대신의 너그럽게 포용하는 도량으로 보자면 원래 대단히 편안하기 어려워 필시 물러나야만 하는 의리가 없다. 이것은 내가 한때 위로하고 편안히 해주려는 말이 아니다. 하물며 오늘처럼 걱정과 우환이 날로 심해지는 때에 삼공이 인혐하여 물러나 조정의 분위기가 아름답지 않으니 국사를 생각함에 한밤에도 잠을 이루지 못하고 있다. 이러한 때에 명망 있는 경이 조정에 나오는 것은 큰 가뭄에 단비가 내리는 것일 뿐만이 아니다. 경은 자리를 비워놓고 기다리는 나의 심정을 깨달아 빨리 사직상소를 중단하고 속히 출사하여 정사를 논하여 상하의 기대에 부응하라."

하였다.

일을 논한 차자

論事箚

삼가 아룁니다. 신의 위태로운 병이 오래되어 지극한 심정을 모두 진달했으나 아직도 체직하라는 명이 내려오지 않으니 신은 참으로 애가 타고 답답합니다. 지난번 성상께서 태묘(太廟)에 행차하여 전알하실 적에 백관들이 배종(陪從)하였는데 신 홀로 그 반열에 나아가지 않아 결례를 범했으니, 삼가 두려워하며 죄를 기다리는 지극한 심정을 금할 수 없습니다.

이어 삼가 생각건대 신은 융숭한 은혜에 감격하여 비록 사력(死力)을 다하여 무릅쓰고 나아가 명을 받들고 싶지만, 신의 위독한 병세는 빠른 시일 내에 조섭하여 차도가 있기를 기다릴 형편이 결코 아닙니다. 온몸에 통증이 심해 정신도 가누지 못하고 쓰러져 있는 상황에서 시험삼아 조정에 나가 관청을 출입하며 묘시(卯時)에 출근하고 유시(酉時)에 퇴근하는 관리의 일을 생각해보니 아득히 가망이 없었습니다. 이는 참으로 절름발이가 태산을 오르려는 기대를 하는 것과 같은지라, 이 때문에 밤낮 눈물을 흘리며 기원하여 오직 밝으신 성상께서 속히 살펴주시기를 바랐습니다.

동료 재상이 언제 출사할지 아직 정해지지 않고 비국의 사무가 폐기된 지 지금 몇 개월인지라 여러 가지 복품(覆稟)하는 일이 대부분 때에 맞추어 거행되지 않고 있으니 일이 매우 우려가 됩니다. 신이 일찍이 옛 일을 보건대, 상신(相臣)이 모두 변고가 있는 때에는 혹 성상의 하교를 통하거나 혹 대신의 진달을 통하여 비국의 당상들로 하여금 본사(本司)와 함께 모여서 시급한 공무를 서로 논의하여 복주(覆奏)하게 하였으니, 전후로 이미 시행한 사례가 여러 번 있습니다. 이는 변통에 있어 마땅하니 살펴주시기 바랍니다. 신은 황송하여 감히 가슴속의 생각을 아뢰었습니다. 재결해 주십시오.

다시 영의정에 제수되어 사면을 청하는 두 번째 차자 4월

復拜領議政辭免再箚 四月

"삼가 아룁니다. 신이 함부로 간절한 뜻을 아뢰어 우러러 불쌍히 여기고 살펴주시기를 기대하였는데, 삼가 비답을 받아보니 돈유하고 면려함이 융숭하여 미천한 신하가 감히 감당할 바가 아니었습니다. 신이 삼가 읽고는 감격하고 황송하여 눈물이 주룩 흘렀습니다. 신은 본직에 대해서 비록 결코 감당할 수 없으나 이미 어리석음을 무릅쓰고 명을 받든 지 해를 넘겼습니다. 지금 재차 제수하는 명이 내림에 다시 감히 죽음을 무릅쓰고 힘써 사직한다면 능히 사양하는 아름다운 명성을 꾸민 것과 관계되니, 또한 신하로서 은혜에 감격하여 책무를 맡는 의리가 아닐 듯합니다. 신이 비록 우매하지만 어찌 감히 이런 일을 하려고 하겠습니까. 삼가 간절한 심정으로 위로 국사를 염려하고 아래로 개인적은 분수를 헤아려봄에 실로 그만둘 수 없는 간절하고 절박한 사정이 있기에 거듭 토로하여 부모와 같으신 성상께 번거롭게 아뢰니 신의 죄는 만 번 죽어도 마땅합니다.

삼가 생각건대 의정부의 직임 가운데 수석(首席 영의정)이 가장 위중한데 신이 일전에 함부로 이 자리를 차지하였습니다. 요동치는 일을 진정시키고 어지럽게 얽힌 정사를 풀어내는 것은 본디 신이 감히 기대할 수 있는 바가 아니지만, 시위소찬하며 계책을 내어 시행하는 것이 없을 뿐만 아니라 재결하고 처리하는 것은 졸렬하여 항상 여러 공무를 지체시켜 걸핏하면 망치고 잘못된 일이 뒤따르고 있으니 회한을 금치 못하겠습니다. 특히 외방의 일을 익숙히 알지 못하여 논의를 주도하지 못하고 변경하자는 논의를 쉽게 믿어버려 그간에 도리어 새로운 폐단을 초래한 일이 많았으니 이는 참으로 신이 본래 재능과 식견이 전혀 없는 데에서 연유한 것입니다. 또한 다시 묵은 병이 심해져 정신이 혼미하여 일이 눈앞에 닥치면 손대는 일마다 흐리멍덩하니, 조치하는 사이에 여론이 만족하지 못하여 비방하는 경우가 이미 많습니다. 은혜를 저버리고 직분을 버렸으니 견책을 받아 마땅하건만, 관대하신 성상의 은혜로 마치 피로가 쌓인 대신을 조용하게 직책에서 벗어나게 해주는 것처럼 체직만 되었습니다. 이것이 어찌 다만 미천한 분의에만 다행일 뿐이겠습니까. 재상을 엄중히 선별하여 온갖 일을 엄숙히 시행한다면 실로 공가(公家)에 큰 보탬이 될 것입니다. 그런데 몇 개월이 지나지도 전에 과분한 은혜가 비상하여 신을 다시 그대로 옛 자리에 두시니 조정의 정사가 전도되고 듣는 이들이 모두 의혹하고 있습니다.

삼가 생각건대 밝으신 성상께서 이런 상황을 필시 모두 알고 계실 터인데, 어찌하여 미천한 신이 직임을 감당할 수 없는 것을 걱정하지 않고 국사를 무너지는 대로 방치하는 듯이 하십니까. 세상에 없는 군부의 은혜를 입었으니, 돌이켜 성찰해봄에 비록 이 직임에 걸맞지 않음을 알지만 감격하는 마음이 더욱 깊어 노력하고 더욱 힘써서 생사를 잊고 은혜에 보답하고자 하는 것이 인지상정이요 신하의 의리상 마땅한 바입니다. 신이 비록 보잘 것 없으나 감히 이러한 의리를 어찌 잊겠습니까. 다만 신이 혹 다시 무릅쓰고 나아간다면 필시 위로는 군덕(君德)을 보좌하지 못하고 아래로는 조정의 분위기를 안정시키지 못하여 직무를 제대로 수행하지 못하여 나라를 병들게 하는 것은 이전과 똑같을 것이요, 정무를 폐기하고 법도를 무너뜨려 조치하는 일이 마땅함을 잃어서 사방으로 하여금 조정을 경시하게 만드는 것도 이전과 똑같을 것입니다. 명에 달려가 분의를 다했다고 스스로 말하더라도 국사를 이 지경으로 만든다면 그 죄는 더욱 어떠하겠습니까. 비록 죽더라도 어찌 속죄할 수 있겠습니까. 차라리 명을 거스른 죄로 견책을 받더라도 성상이 인재를 등용하는 밝음에 보탬이 되기를 깊이 바랍니다. 이는 보잘것없는 신이 이에 대하여 이미 스스로 잘 헤아린 것입니다.

게다가 신은 병세와 쇠약함이 나날이 심해져 몸은 마르고 기운은 고갈되어 오랫동안 신음하면서 고통스러워하고 있습니다. 담이 올라 어지럽고 속이 허하여 땀을 쏟는 등의 증세로 불시에 목숨을 끊어질 듯하니 경연에 나가고 입대하는 일에 방해가 될 것입니다. 지금 비록 마음을 다해 책려하고 싶지만 묘시(卯時)에 출근하고 신시(申時)에 퇴근하는 근력을 또한 아득히 기대할 수 없으니, 산처럼 무거운 성상의 은혜를 무슨 수로 보답하겠습니까. 이러한 생각이 가슴에 맺혀 땅에 엎드려 눈물만 흘릴 뿐입니다.

아! 오늘날 국가의 어렵고 위태로운 형세가 비단 백 가지 만이 아니니, 비유하자면 큰 집이 무너져 손을 쓸 방도가 없는 것과 같습니다. 오직 믿을 것이라곤 밝으신 성상께서 윗자리에 계신 것뿐이니, 성상께서는 응당 더욱 걱정하며 부지런히 경동(警動)하시어 밤낮으로 삼가고 두려워하여 우선 근본을 바르게 하는 공부에 힘쓰되 군도(君道)와 시무 가운데 급박하고 중대한 것을 계속해서 강구하여 하루라도 나태하지 않아야 하며 또한 응당 재상의 적임자를 선발하여 아래에서 도움을 구해야 합니다. 임명되어 직무를 맡은 자가 가령 큰 명망과 통달한 재주를 지닌 옛사람과 같은 인물이라도 또한 널리 구제하여 성상의 마음에 부응하기 어려울 것인데, 이러한 때에 신을 그 사이에 두시니 이것이 난장이에게 천 균의 짐을 지고서 빨리 달리게 강요하는 것과 무엇이 다르겠습니까.

신이 밤낮으로 근심하고 답답하여 백번 천번 헤아려도 끝내 감히 명을 받들 생각을 할 수 없는지라 두려워하고 방황하며 마음속에 애가 타니 그 정상이 절절하다고 할 만합니다. 지금 신의 짧은 말은 모두 충정에서 나온 것으로 실상이 아님이 없으니, 신이 어찌 감히 일월처럼 밝게 비추시는 성상을 속일 수 있겠습니까. 삼가 바라건대 자애로운 성상께서 특별히 밝게 살피시어 이러한 시대의 재상엔 더욱 더 시대의 명망 있는 사람을 의지하여 쓰지 않을 수 없음을 깊이 유념하십시오. 체모에 구애되지 마시고 속히 이전의 명을 고쳐서 미천한 신으로 하여금 한산한 벼슬로 돌아가 큰 죄에 빠지지 않아 생성시켜주는 성상의 은택을 잘 마치게 해주신다면 천만다행입니다. 재결해 주십시오."

하니, 답하기를,

"차자를 살펴보고 경의 간절한 뜻을 잘 알았다. 이전에 차자에서 면직되기를 바란 것은 본디 이미 지나친 것인데, 지금 또 차자를 올리니 더욱 놀라울 따름이다. 이러한 때에 이러한 직임은 경이 실로 훌륭히 해낼 수 있으니 지나치게 스스로 겸양하여 지극한 나의 뜻을 저버리지 말아야 하는 것이 분명하다. 진달한 경계가 매우 절실하니 내가 응당 유념하겠다. 경은 한 몸이 되어 서로 의지하는 군신의 의리를 깊이 생각하여 즉시 일어나 일을 보아 어려운 시대를 널리 구제하도록 해라."

하였다.

이세덕의 일[14]을 논한 차자 9월

論李世德事箚 九月

“삼가 아룁니다. 못나고 미천한 신이 임금의 잘못을 바로잡는 자리에 있는데 성상께서 대신(臺臣)을 쫓아내는 일을 보았습니다. 이는 성덕(盛德)에 매우 잘못된 일이라 감히 침묵할 수 없어 무릅쓰고 마음속의 생각을 아뢰니 헤아리고 살펴주시기를 우러러 바랍니다.

신이 일전에 연석에서 성상의 하교가 지극히 엄하여 상소를 올린 헌신(憲臣) 이세덕(李世德)을 멀리 유배시키라는 명을 내렸다는 소식을 듣고는 놀랍고 두려운 마음을 금할 수 없었습니다. 이어서 이세덕의 상소를 구하여 보았는데 그 말이 헤아려 가린 바가 없고 중신(重臣)을 논척한 것에 참으로 지나친 말이 있었습니다. 삼가 생각건

14 이세덕의 일 : 1712년(숙종38) 봄에 정시(庭試)의 시관에 의망된 이돈(李墪)이 과시 하루 전 패초를 받고 입궐하였다가 규례를 어기고 다시 궐 밖으로 나가 응시생 오수원(吳遂元) 등의 집에 들르고 밤이 되어서야 돌아온 일이 있었는데, 오수원이 이 시험에서 급제하자 이돈이 응시생들에게 미리 시제를 알려준 것이라는 소문이 떠들썩하게 일었다. 결국 이를 두고 조정의 논의가 들끓어 관련자들을 모두 잡아다 조사하여 이돈은 아산현(牙山縣)에 중도부처하고 오수원은 양재역(良才驛)에 도배하였다. 《肅宗實錄 38年 5月 25日》 이후 9월에 지평 이세덕이 상소하여 이돈을 위해 변론하면서 임오년(1702, 숙종28)의 일을 거론하며 아뢰기를 “이번의 과시가 비록 잡란하여 엄하지 못했다는 말이 있기는 하지만 그래도 지난번에 말이 많았던 과시처럼 고관의 지친이 선발에 드는 일은 없었는데, 지금 유언비어를 선동해 중외에 떠들썩하게 전파하며 앞에서 주창하고 뒤에서 호응하여 마침내 큰 옥사를 일으켰습니다.”라고 하였다. 《肅宗實錄 38年 9月 5日》

대 성상의 마음은 그의 의도가 시관(試官)을 구원하는 한편 일을 조사한 사람을 쫓아내는데 있다고 먼저 의심하여 이처럼 격노하신 것이라 생각됩니다. 성상의 도량은 깊고 넓으셔서 어떤 말이든 들어 주시는데, 어찌 오늘날 대각의 말에 대해서만 조금도 살피지 않고 엄급(嚴急)하고 과중한 처분이 이러한 지경에 이른 것입니까. 이번의 과옥(科獄)을 조사하는 일은 사체(事體)가 지극히 엄중하니 명을 받은 신하가 진실로 엄중하게 조사해야 합니다. 다만 금오와 형조에서 추핵하여 죄를 의논한 자들을 보건대 거조와 의향에 완급의 치우침이 있어 공평한 마음으로 심문하는 체모에 어긋남이 많았으니 신이 평소에 그 마음가짐을 믿었던 것과 몹시 어긋났습니다. 이에 신은 실망스러워 어찌할 바를 모르겠으며 의심이 일고 당혹스럽습니다.

게다가 듣건대 이로 인해 여론이 들끓어 불평하고 세상에서 공의를 지닌 자들 또한 이 때문에 탄식하니 이것이 대각의 말이 나오게 된 까닭입니다만, 그 말에서 임오년(1702, 숙종28) 과옥[15]을 함께 언급한 것은 매우 어처구니없습니다. 또 그 말이 참으로 과격한 점이 많지만, 대각의 말을 어찌 과격하다고 해서 무거운 죄로 삼겠습니까. 그 말이 맞지 않으면 시비를 분명하게 보일 뿐입니다. 혹 견책을

15 임오년 과옥 : 3월에 시행한 알성 문과에서 이희태(李喜泰), 홍우서(洪禹瑞), 조도빈(趙道彬), 임방(任埅), 이재(李縡), 김만근(金萬謹), 한영조(韓永祚), 홍만우(洪萬遇), 이해조(李海朝) 등 총 9인을 선발하였는데, 같은 해 8월에 충주(忠州) 유학(幼學) 최세일(崔世鎰)이 상소하여 알성 문과 급제자들 중 이희태를 제외한 8명의 사람이 모두 고관(考官)들과 지친(至親)인 점을 들어 시험에 부정이 자행되었다고 의심하고는 해당 시험을 파방(罷榜)할 것을 청하여 논란이 된 일을 말한다.《肅宗實錄 28年 8月 19日》

가한다면 이미 너그러이 용납하는 도가 아니고, 대번에 중한 형벌을 시행한다면 결코 태평성대에 있을 일이 아닙니다.

일전에 김시환(金始煥)의 상소는 조사가 한창인 때에 나온 것이라 신이 참으로 비난하였습니다. 지금 이세덕의 상소가 또 나와 조사가 더욱 다시 지체되어 조정이 텅 비고 안정될 기약이 없으니 신은 참으로 불행한 일이라 생각하여 우려가 더욱 심해집니다. 그러나 만약 형옥이 공평함을 잃고 언로가 막혀 성상의 덕에 누가 되고 나라의 체모를 손상시킨다면, 그 근심이 다시 어떠하겠습니까. 지금 논의가 나뉘어져 모든 일을 논할 적마다 먼저 편당이라 의심합니다. 만약 이세덕의 상소가 이세덕과 편당이 다른 사람에게서 나왔다면 밝으신 성상께서 혹 경청하고 조사하는 여러 신하들도 또한 필시 놀라서 반성하는 바가 있을 것입니다. 이웃사람의 경우에는 의심한다[16]는 옛 말이 거의 이와 비슷합니다. 만약 밝으신 성상께서 선입견을 마음에 두지 않고 마음을 비우고 모두 들으시고 서로 엇갈리는 의견들 사이에서 차분하게 묵묵히 살피신다면, 성상의 마음이 거울처럼 텅 비고 저울처럼 공평해져 필시 실정을 알게 될 것입니다.

신이 비록 어리석고 식견은 없으나 평소 시둘고 느슨하여 특별히 치우치게 남을 좋아하거나 미워함이 없었으니, 어찌 감히 죽음을 앞둔 나이에 한 명의 대신(臺臣)을 위해서 위로 성상의 귀를 속이겠

16 이웃사람의 경우에는 의심한다 : 《한비자》 〈세난(說難)〉에 이와 관련하여 비슷한 고사가 보인다. 송(宋)나라에 부자가 있었는데, 비가 내려 담장이 무너지자 그의 아들이 말하기를 "다시 담장을 쌓지 않으면 필시 도둑이 들 것입니다."라고 하였고, 이웃집 노인도 그렇게 말하였다. 그날 밤에 과연 재물을 크게 도둑맞았는데, 그 집안에서는 자신의 아들은 매우 지혜롭게 여겼지만 이웃집 노인은 의심하였다.

습니까. 신이 며칠 전에 고모의 중상(重喪)을 만난 터라 즉시 문자로 논열하지 못했으니 직임을 저버림이 많습니다. 지금 비록 때는 늦었지만 감히 이렇게 우러러 번거롭게 아뢰오니, 급히 쓰느라 신의 생각을 다 말할 수 없습니다. 삼가 바라건대 성상께서는 우레와 같은 위엄을 조금 거두시어 대신(臺臣)을 견책하는 명을 환수하시고, 혹 헤아려 가벼운 견책을 내려 사방의 여론을 놀라지 않게 하시고 또한 특별히 예념(睿念)을 더해 처분하여 조사하는 일이 지체되지 않고 속히 완료되게 하신다면 매우 다행이겠습니다.

이어 생각건대 오늘날 조정의 분위기가 분열되고 모든 일이 방치되어 수습할 수가 없으니, 또 어떠한 지경에 이를지도 알 수 없습니다. 이것은 모두 모자란 신이 함부로 결코 감당할 수 없는 직임에 있어서 위로 보좌하고 아래로 안정시키는 데에 조금이라도 직분의 성과를 내지 못하여 초래한 것이니, 결코 계속 이 자리에 그대로 무릅쓰고 있을 수 없습니다. 또한 속히 신을 물리치시어 국사를 다행하게 해주시길 바랍니다. 재결해 주십시오."

하니, 답하기를,

"차자를 살펴보고 잘 알았다. 이세덕의 상소는 그 뜻이 음험하니 유배의 형벌이 본디 과중하지 않고, 조사한 신하에 대해서는 나는 그가 완급에 치우침이 있어 공평한 마음으로 심문하는 체모에 어긋남이 많은 것을 보지 못했다. 과옥은 지극히 엄중하니 끝까지 반드시 명백하게 조사한 뒤에나 끝날 것이니 결코 지레 먼저 처분해서는 안 된다. 경은 안심하여 사직하지 말고 속히 나와 공무를 행하라."

하였다.

존호를 받지 말 것을 청하는 차자 계사년(1713, 숙종39) 1월

請勿受尊號箚 癸巳正月

원임(原任)으로 있을 때이다.

"삼가 아뢵니다. 일전에 조참(朝參)할 때에 대신이 존호를 올리는 일[17]에 관하여 각자 소견을 아뢰어 품청하였는데, 성상께서는 초심을 견지하여 받아들이지 않으셨으니, 어리석은 신의 생각에 이것이 더욱 성덕의 아름다움이 된다고 여겼습니다. 이러한 논의가 일어난 지 몇 년이 되었습니다. 신이 앞에서는 말을 꺼내어 분명하게 진술하지 못했지만 속으로는 일찍이 오늘의 시세가 위태로우니 일은 비록 시행할 만하지만 결코 성대한 의식을 거행해서는 안 된다고 감히 생각하였습니다. 성상의 뜻이 겸손하시어 심지어 손수 지은 시편에 그 뜻을 드러내셨으니 매우 성대한 덕입니다. 온 나라가 흠송(欽誦)하고 있으니, 신하의 의리상 본디 우러러 찬송하고 뜻을 받들어 따라야 마땅합니다. 게다가 사마광(司馬光)이 존호를 받지 말 것을 자신의 군주에게 권유한 것을 보건대 충애가 독실하여 모범으로 삼을 만하니, 신은 거듭거듭 읽으며 감탄하지 않은 적이 없습니다. 이미

17 존호(尊號)를 올리는 일 : 1713년(숙종39) 1월 5일에 부왕인 숙종이 즉위 40년을 맞아 숭정문(崇政門)에서 백관의 조참(朝參)을 행하고, 즉위 40년을 기념하는 존호는 올리지 말고 칭경(稱慶)만 하도록 한 바가 있었다. 그런데 당시 연잉군(延礽君)인 영조와 여러 신하들의 요청으로 결국 3월 9일에 '현의광륜 예성영렬(顯義光倫睿聖英烈)'이라는 존호를 받았다. 《肅宗實錄 39年 1月 5日》《肅宗實錄 39年 3月 9日》 저자는 이 차자를 1713년(숙종39) 1월 10일에 올렸다.

이러한 생각을 마음에 두고 또 매번 남들과 얘기하는 가운데 말하였습니다. 지금 이미 성상께서 나라를 다스린 햇수를 칭송하고 경하했는데도 이러한 논의가 계속 나와 대신(大臣) 이하의 신하들이 합사(合辭)하여 청하고 있습니다. 중대한 거조에 대해 미천한 신이 구구하게 어찌 홀로 군주를 높이고 칭송하는 정성이 없겠습니까마는 초심을 돌아보고 감히 바꿀 수 없었기 때문에 끝내 따라 나아가 반열에 참석할 수 없었습니다.

송(宋)나라 치평(治平 영종(英宗)의 연호) 연간에 조정의 신하가 존호를 올리기를 청하자 사마광은 여러 번 차자를 올려 존호를 받지 말 것을 청하였습니다. 희령(熙寧 신종(神宗)의 연호) 초에 또 이러한 청이 있자 사마광이 또 차자를 올렸는데, 그 말은 대체로 다음과 같습니다.

'겸손한 덕의 아름다움은 높아질수록 더욱 광채나 나고 이를 신인(神人)에게 펼치면 모두들 기뻐합니다. 폐하의 총명과 예지, 온유하고 공순한 덕으로 성대한 존호를 향유함이 어찌 불가하겠습니까. 다만 근래 오곡이 피폐해지고 백성이 생업을 잃어 탄식하는 소리가 길에 가득하니, 폐하께서는 깊이 스스로 절제하고 덜어내어 하늘의 견책을 받들어야 합니다. 더군다나 존호는 옛날의 법식이 아닙니다. 존호를 받아 지닌다면 성스런 공을 포창하여 크게 드러낼 수 없지만, 이를 미루어 자처하지 않으면 성대한 덕을 충분히 드러낼 수 있습니다.'

또한 재이(災異)가 계속해 일어나고 변방을 걱정할 만한 상황을 진술하고서 말하기를

'성상의 체후가 건강하여 정화(政化)가 유통하고 천시(天時)가 알

맞고 풍년이 들어 인심이 기뻐하기를 기다린 연후에 아름다운 칭호를 추숭하더라도 어찌 늦겠습니까. 폐하께서 지난번에 존호를 사양하여 받지 않으시자, 천하 사람들이 지금까지도 성대한 덕을 칭송하고 그치지 않고 있습니다. 이는 헛된 명성을 버리고 실제적인 명성을 얻으시며 헛된 아름다움을 버리고 실제적인 아름다움을 취하신 것이니, 폐하에게 무슨 손상이 되겠습니까.'

하였으니, 그 말은 이치가 분명하고 말이 간절하여 지극한 정성에서 나왔습니다.

삼가 생각건대 밝으신 성상의 성대한 덕의 아름다움이 조종(祖宗)을 빛내고 전대(前代)를 뛰어넘은 것이 조정의 안팎에 빛나 모두 기뻐하고 있으니, 존호를 받는 것이 실제로 부족하거나 부끄러울 게 없습니다. 게다가 존호가 고대의 아름다운 법이 아니라고 비록 말하지만 이미 국조(國朝)에서 한두 번의 거행한 고사가 있으니 그렇다면 또한 오늘 처음 청하는 것은 아닙니다.

다만 오늘날 하늘의 경계와 변방의 우환으로 조정의 분위기와 백성의 어려움이 모두 극에 달했으니, 이는 조종의 시대와 다릅니다. 성상께서는 응당 아침저녁으로 근신하고 경계하여 더욱 스스로를 자중하고 원대한 계책에 힘써야지, 어찌 태평성대의 아름다운 외관에만 안주하여 당송(唐宋)의 말세의 전철을 밟아서야 되겠습니까. 성학(聖學)의 고명함으로 우뚝하게 널리 고찰하여 옛 현신의 충정을 깊이 살피시어 더욱 성스런 뜻을 견지하여 겸손한 덕을 더욱 아름답게 하신다면 이것이 미천한 신하가 몹시 바라는 바입니다.

우리 조정의 세종(世宗)과 성종(成宗) 두 조정에서 공업이 크고 잘 다스려져 최고로 융성한 시대로 일컬어졌지만 별도로 존호를 올리는 예가 없었습니다. 그런데도 명성과 공렬이 찬란하여 백대토록 광채를 드리워 성조(聖朝)의 성대한 덕을 지닌 군주가 되시고, 일찍이 존호의 유무로 아름다운 덕이 가감된 적이 없었으니, 이를 통해서 알 수 있습니다. 못난 신이 천지와 같은 성상의 은혜에 만분의 일도 보답하지 못하고서 죽음이 가까운 날에 그저 성상의 덕을 칭송하는 것만 일삼고 있습니다. 실로 본심은 아니지만 이렇게 온 조정이 존호를 청하는 날에 반열에 나란히 서서 대궐 섬돌에 머리를 조아리며 함께 정성을 바치지 못하였으니, 두려워 죄를 기다리는 지극한 심정을 금할 수 없습니다. 재결해 주십시오."

하니, 답하기를,

"차자를 살펴보고 경의 간절한 뜻을 잘 알았다. 누누이 경계한 말이 참으로 충애의 마음에서 나왔고 인용한 송나라 신하의 말은 더욱 간절하여 감탄이 그치지 않으니 유념하지 않을 수 있겠는가. 경은 안심하고 죄를 기다리지 말라."

하였다.

다시 영의정에 제수되어 돈유를 받은 후에 다시 올린 사직 상소 갑오년(1714, 숙종40) 10월

復拜領議政敦諭後復辭疏 甲午十月

"삼가 아룁니다. 일전에 승지가 와서 비답을 전하였는데 열 줄의 윤음에 말과 뜻이 간곡하고 위로와 면려가 매우 깊었으니 보기 드문 특별한 대우였습니다. 어찌 어리석고 미천한 신에게 쉽게 베풀어질 줄 생각이나 했겠습니까. 신이 놀랍고 황공하여 눈물을 흘리고 마음이 무너질 듯하여 차라리 죽고 싶었으나 그럴 수 없었습니다. 신의 간절하고 지극한 실정을 거의 모두 아뢰었으나 아직도 해와 달처럼 밝으신 성상께서 빠뜨리고 살펴주지 않으시니, 이는 참으로 신의 정성이 얕고 글이 졸렬한 죄입니다. 신이 조정에 올라 배양하여 길러주시는 성상의 큰 은혜를 입은 지 지금 삼십여 년이 되었습니다. 역임한 자리가 모두 분수에 지나쳤음에도 총애를 탐하고 분의에 어두워 감히 힘써 사직한 적이 없으니, 어찌 유독 직분이 외람되게 삼사(三事)의 관직에 오른 이후에 오늘에 이르러 반드시 죽음을 각오하고 물러나려는 계책을 세우겠습니까.

신이 병든 폐인의 몸으로 뜻밖에 성상의 보살핌을 잘못 입었습니다. 스스로 돌아보건대 쇠약하고 혼미함이 특히 근년보다 심하니 하루라도 무릅쓰고 차지할 수 없음을 분명히 알고 있습니다. 그러므로 고통스런 마음과 지극한 정성이 안으로 가슴속에 맺혀 비록 스스로 힘을 내고자 하지만 전혀 방법이 없습니다. 걱정하고 두려워하는 신의 이 마음이 어찌 단지 신 자신만을 위한 것이겠습니까. 지금의 시사는 더욱 어려워 조정의 계책이 더욱 중한데 조정의 논의가 더욱 어그러지는 것을 신이 어찌 안정시킬 수 있겠으며, 갖가지 일이 대부분 해이해진 것을 신이 어찌 엄하게 다스릴 수 있겠으며, 백성의 곤궁이 날로 심해진 것을 신이 어찌 구제하는 정사를 우러러 도울 수 있겠습니까. 진실로 계책을 내어 시행하고자 하더라도 기력이 쇠잔하여 할 수 없습니다. 정성은 혹 힘쓸 수 있으나 모자란 재능은 억지로 할 수 없으니, 만일 이전처럼 흐리멍덩하다면 이전에 시위소찬한 죄가 층층이 쌓여 더욱 깊어지니 이것이 어찌 우리 성상께서 직무를 맡긴 뜻이겠습니까. 신은 마른 나무와 같아서 비록 비와 이슬과 같은 성상의 은혜를 입더라도 생기가 이미 다하였으며, 신은 들판에 버려진 둔마와 같아서 비록 채찍질과 같은 성상의 독려를 받더라도 일어나 달릴 수 없습니다. 신 또한 스스로 생각하기에 슬프고 안타까운 마음을 어찌 감당하겠습니까. 헛되이 중한 직임을 맡고서 융숭한 은혜를 저버려 신하된 의리가 폐해졌으니, 죄가 만 번 죽음을 당하기에 합당합니다. 밤낮으로 하늘의 태양에 호소하고 기원하는 것은 오직 성상께서 가련하게 여겨 국사를 생각하고 신의 마음을 살펴 명을 바꾸어주시는 것뿐입니다. 신은 병으로 정신이 혼미하여 가까스로 글을 지었지만 말에 조리가 없으니 더욱 황공합니다. 삼가 바라건대 천지와 부모 같은 성상께서 신의 절박한 심정을 굽어 살피시어 신의 사직을 윤허하고 이어서 엄한 견책을 내려주십시오."

하니, 답하기를,

"상소를 살펴보고 경의 간절한 뜻을 잘 알았다. 내 마음에서 우러나온 말이 이미 다 말랐거늘 이렇게까지 사양하니 이것이 어찌 애초에 생각했던 바이겠는가. 몹시 놀라 차라리 아무 말도 하고 싶지 않다.

아! 이번에 거듭 제수하는 것은 우연한 뜻이 아니니, 나라를 제 몸처럼 생각하는 정성을 지닌 경으로서 한결같이 떠나려고만 해서는 안 됨이 분명하다. 내가 경이 조정에 나오기를 기다리는 것은 큰 가문에 단비를 기다리는 정도일 뿐만이 아니니, 경은 겸손을 고집하지 말고 즉시 일어나 정사를 논하여 목마르게 바라는 나의 뜻에 부응하라."

하였다.

여덟 번째 차자

第八箚

"삼가 아룁니다. 조정에 있는 신하가 더러는 성상의 은혜로운 명을 힘써 사직하여 차라리 견책을 받을지언정 끝내 감히 나아가지 않는 경우가 있습니다. 비록 정세와 병세가 실로 억지로 나아가기 어려운 점이 있더라도 그 자취는 거만함에 가까우니 분의를 잊고 은혜를 저버린 두려움이 어찌 끝이 있겠습니까. 그러나 그 사정이 매우 간절하면 끝내 뜻을 고치지 않았으니, 성스런 조정에서 또한 그 사정을 살펴서 윤허하기도 하고 혹 파직시켜 경계하기도 합니다. 이는 신하를 보살피는 어진 마음에서 나온 것이니, 또한 성인이 천하의 일을 통하는 뜻입니다.

지금 미천한 신이 숙배하기도 전에 먼저 급한 사정을 청하는 것은 이미 사직을 청하는 일반적인 절도가 아니며, 이 직임에 처음으로 제수된 것도 아닌데 죽어도 감히 받들지 않는 것은 또한 겸양으로 꾸미는 데 가깝습니다. 은혜가 망극하여 전후로 책려하심이 아비가 자식을 타이르는 듯하시니 감격스러운 마음이 가슴속에 맺히어 죽고자한들 방도가 없습니다. 승지가 이미 여러 번 왔고 근래에 또 사관이 지키고 있어 그 비상한 은혜가 신의 미천한 분수에 지극히 외람되지만, 오히려 이렇게 감히 명을 받들지 않고 그저 그칠 줄 모르고 호소하기만 일삼으니, 아 이것이 어찌 신이 감히 할 일이겠습니까. 참으로 매우 간절한 사정에서 나왔지만 분의를 잊고 은혜를 저버린 죄는 만 번 죽더라도 모자랄 것입니다. 평소 간절한 정성이 임금에게 신임을 받지 못해 신하를 보살피고 긍휼하게 살피는 은혜를 유독 받지 못하니, 신은 지극히 통탄스럽습니다. 성상께서 관대하여 신하를 대우함이 항상 대부분 용서하고 지나치게 감싸주시는데, 특히 신의 직책이 일반적인 자리가 아니라는 이유로 지금까지도 엄한 견책이 내리지 않았습니다. 신의 분의에 있어 두렵고 황공함이 날마다 심해지고 있으니, 공공연하게 엄한 주벌을 받은 이후에나 조금 편안해질 수 있을 것입니다.

신이 예전에 직임을 맡아 일을 그르친 죄를 지금에 와서 비록 낱낱이 거론하기는 어렵지만 두렵고 부끄러운 마음이 있으니 대중의 논의를 알 만합니다. 삼가 생각건대 밝으신 성상께서 혹 깊이 생각하신다면 이처럼 책임이 더욱 막중한 때에 어찌 다시 기왓장이나 깨고 장식한 담장을 망치는[18] 신하를 구해서야 되겠습니까. 신의 우매함으로도 그렇지 않다는 것을 분명히 알고 있습니다. 지금 신이 심신이 혼매하고 병으로 거의 죽어가 결코 직임을 감당할 수 없는 처지임을 신이 이미 모두 드러내어 아뢰어 더 이상 할 말이 없습니다. 감히 매번 번거롭게 아뢸 수 없기에 다만 명을 거슬러 쌓인 죄

18 기왓장이나……망치는 : 남이 해놓은 일에 해만 끼치게 되는 것을 뜻한다. 팽경(彭更)이 수십 대의 수레와 수백 명의 종자들을 거느리고 제후들에게 유세하러 다니는 맹자에게 무위도식 한다고 비꼬자, 맹자가 선왕(先王)의 도를 전파하러 다니는 자신의 공로에 대해 설명한 뒤, 목수들처럼 하찮은 사람들은 인정하면서 자신처럼 큰 공로를 세우는 사람을 몰라본다고 나무랐다. 팽경이 이에 당신도 목수들처럼 그 뜻이 호구지책에 있냐고 말꼬리를 물고 늘어지자, 이에 맹자는 미장공을 예로 들어 호구지책을 위해 일을 한다면서 서툴러서 기와를 부수고 장식한 벽을 망쳐 놓는다면 보수를 받을 수 없는 법이니, 결국 모든 일은 그 사람의 공로에 따라 합당한 대우를 받는 셈이 된다. 따라서 그 사람의 뜻이 어떠한가를 따질 필요는 없다고 설파하였다. 《孟子 藤文公 下》

가 마땅히 주벌을 받아야 한다는 대체만을 거론하였는데, 다시 고통을 호소하여 부모와 같은 성상의 자애로움을 우러러 기대하니 그 슬프고 간절한 마음이 지극하다고 할 만합니다. 사관이 오랫동안 머물러 있어 나라의 체모가 손상되었으니, 신의 병든 목숨이 더욱이 때문에 밤낮으로 애가 타서 생기가 다하였습니다. 우러러 바라보며 기원하여 속히 환수하는 명이 내리기만 바라면서 자리에 엎드려 눈물을 흘리며 엄한 명을 기다리고 있습니다. 삼가 바라건대 밝으신 성상께서는 특별히 밝게 들어주시어 신의 사직을 허락하시고 신의 죄를 따져 견책을 내리십시오. 재결해 주십시오."

하니, 답하기를,

"차자를 살펴보고 경의 간절한 뜻을 잘 알았다. 아, 임금과 신하는 아비와 자식과 같으니 부자지간에 어찌 마음과 뜻이 통하지 않음이 있겠는가. 지금 경의 질병이 위중한 상태라면 어찌 독촉하기만 일삼고 대신(大臣)을 예우하는 도를 생각하지 않겠는가. 경에게는 이미 억지로 나가기 어려운 질병도 없고 또 편안히 있기 어려운 일도 없건만, 정승의 직임에 미처 숙배하기도 전에 급한 사정을 청하는 상소를 대번에 올리니 참으로 의외의 일이다. 이것이 내가 이미 승지를 보내어 돈유하고 계속해서 사관을 보내어 비답을 전하여 반드시 함께 오기를 기대한 이유이다. 그런데 경은 나의 간절한 뜻을 깨닫지 못하고 지나치게 겸양하여 사직하는 상소를 그치지 않으니, 어찌 이리도 마음과 뜻이 단절되어 이 지경에 이르렀단 말인가. 놀라고 부끄러워 무슨 말을 할지 모르겠다. 지금에 거듭 임명한 것에서 내가 더욱 독실하게 의지하고 믿어서 결코 경을 버려둘 수 없었음을 생각할 수 있다. 경은 나라를 제 몸처럼 여겨서 충정이 깊으니 또한 어찌 차마 나를 버리겠는가. 자세히 생각하면 물러나기를 청할 의리가 없을 것이다. 경은 왕실의 많은 어려움과 군신의 큰 의리를 생각하여 속히 상소를 그만 올리고 즉시 조정에 나와 아침저녁으로 늘 생각하는 나의 마음을 위로하라."

하였다.

일을 논한 차자 을미년(1715, 숙종41) 11월

論事箚 乙未十一月

"삼가 아룁니다. 곧은 말을 아뢰는 것은 바로 기탄없이 말하는 것이니 조정의 아름다운 일입니다. 생각한 바가 있으면 반드시 진달하는 것은 비록 보통의 관직에 있더라도 당연한데, 더구나 지금 밝으신 성상께서 재위하시고 몸이 대신(大臣)의 지위에 있는 사람이라면 말해 무엇 하겠습니까. 근래 우의정 신 김우항(金宇杭)이 거듭 차자를 올리자[19] 여러 논의가 떠들썩하여 조금도 꺼리지 않고 상소를

19 우의정……올리자 : 1715년(숙종41) 10월 15일에 김우항(金宇杭)이 이돈(李墩)의 일로 상소하였는데, 이돈을 두둔한 내용이었다. 상소 가운데 핵심적인 내용은 다음과 같다. "이돈의 일이 있은 뒤로 용서하자는 논의를 들어 보지 못했습니다. 그러나 신은 생각하건대 이돈이 참으로 사정(私情)을 행할 마음이 있었다면, 오로지 가리어 숨기기에 겨를이 없을까 두려워하였을 것인데, 대낮에 벽제(辟除)하여 호위 받으며 거자(擧子)들을 두루 찾아 다녔다는 것은 반드시 이치에 없는 일입니다. 두루 찾아다녔다는 말은 원한을 품은 사람에게서 나왔고, 한두 어리석은 아이들에게서 증거가 이루어졌으니, 여러 종들이 이돈을 위하여 삶을 버린다는 것도 지극히 어려운 일입니다.…… 그리고 정시(庭試)와 알성시(謁聖試)는 본래 시관(試官)이 상피(相避)하는 법이 없으므로, 고관(考官)의 친속이 비록 선발된 속에 있더라도 만약 잡을 만한 단서가 없으면, 마땅히 의심을 두지 않아야 합니다. 설사 이돈이 두루 찾아다녔다고 하더라도 사정을 쓴 허실을 핵실하지 않은 채 억지로 사정을 쓴 자취가 그 가운데에 있다고 말하는 것을 신은 참으로 옳은지 모르겠습니다. 그리고 시취(試取)한 전말을 핵실하고자 한다면, 시관을 버려두고 어디에 물어 볼 수 있겠습니까? 저 사람이 함문(緘問)하는 것을 그르다 하면서, 급급히 그만두기를 청하고 있으니, 그가 힘써 막아 가리려는 뜻을 신은 참으로 이해하지 못하겠습니다."

올려 번갈아 공격하고 있습니다. 우의정이 이 때문에 편안하지 못하여 끝내 사직상소로 면직을 청하는 지경에 이르렀습니다. 이제 한 달이 되었는데 성상께서 여러 번 위로하고 면려하셨지만 내내 힘써 사직하기만 하고 명을 따르는 뜻이 있지 않으니 신은 개탄스런 마음을 금할 수 없습니다. 우의정의 차자의 말은 자신이 직접 본 것에서 나왔고 또 사리로 헤아려보건대 지적한 말들이 명확하고 실정을 깊이 얻었습니다. 신이 듣건대 그의 의견은 애초에 이와 같았다는데 지금은 동요하지 않고 뜻을 바꾸지 않아 홀로 직언을 올렸으니, 자신이 온갖 책임을 맡는 자리에 거하여 시세를 돌아보지 않고 국가를 위해 공적인 말을 다한 것입니다. 우의정은 평소 풍격과 지취가 너그럽고 공평한데 지금 힘쓰는 바에서 우리 성명하신 성상의 특별한 지우를 저버리지 않았다고 할 만합니다. 그런데 이상성(李相成)의 상소는 제멋대로 비방을 가하고 사체(事體)를 매우 손상시켰습니다. 또 인척(姻親) 사이라고 말한 것은 또한 매우 잘못된 것입니다. 우의정은 본성이 굳세고 단단한 사람인데, 집안끼리 관계를 맺은 사적인 친분 때문에 실제로 보지 않은 말을 군부에게 거짓으로 고하는 것이 어찌 사리에 가깝겠습니까. 오늘날 조정의 의론이 한쪽으로 치우치고 가려짐이 어찌 이리도 심합니까. 삼가 보건대 성상께서는 전후로 타이르고 마음을 풀어주심이 이미 지극하고 특별히 승지까지 보내셨으니 은혜가 비상합니다. 그러나 우매한 신의 구구한 바람은 성명하신 성상께서 더욱 돈유하고 면려하여 그로 하여금 속히 출사하여 공평하게 정사를 논하게 하는 것이니, 대신이 조정에 있으면서 조정의 논의를 안정시킨다면 국가의 큰 다행일 것입니다. 상신(相臣)이 일을 논함이 충심에서 나왔을지라도 그것이 시세에 어긋나면 비방하고 배척하는 말이 분분하여 거의 죄를 주려고 하니, 신은 삼가 국체(國體)를 위해 매우 걱정합니다. 우매한 신의 정성이 간절하여 조용히 조섭하시는 성상께 감히 이렇게 번거롭게 아뢰니 황공한 마음을 금할 수 없습니다. 재결해 주십시오."

하니, 답하기를,

"차자를 살펴보고 경의 간절한 뜻을 잘 알았다. 우의정의 차자에서 논한 것은 생각한 바가 있으면 반드시 진달한려는 뜻에서 나온 것이니, 뜻밖의 남의 말은 혐의할 것이 못된다. 이에 반드시 돈면하려 출사시키려 하였으니 내 뜻이 본래 이러하였다. 지금 경이 차자에서 아뢴 말은 진실로 나라를 위하는 정성에서 나온 것이니, 유념하지 않을 수 있겠는가."

하였다.

일을 논한 차자 12월

論事箚 十二月

좌의정과 연명으로

"삼가 아룁니다. 궐문(闕門)에 괘서(掛書)한 변고[20]는 지극히 참혹한 일입니다. 괘서한 흉인을 잡아들이는 일로 엄한 하교가 여러 번 내렸는데 지금까지 시일이 지나도록 아직 소득이 없으니 여론이 분개하여 왕법(王法)을 속히 거행하지 않음을 더욱 개탄하고 있습니다. 경기감사 최석항(崔錫恒), 행 사직 윤덕준(尹德駿), 병조 판서 윤지인(尹趾仁) 이하의 이름이 흉서에 들어있기에 여러 재신들이 도성 밖으로 달려갔으니, 비록 누차 타이르고 마음을 풀어주는 비답을 받았지만 모두 감히 들어와 공무를 행하지 못하고 있습니다. 윤지인은 본병(本兵)의 직임에 있는데 도성 밖에 나간 지 이미 10일에 가까우니, 일의 습니다. 일의 형편에 있어 더욱 몹시 온당하지 못합

20 궐문(闕門)에 괘서(掛書)한 변고 : 《숙종실록(肅宗實錄)》 41년(1715) 11월 1일조에 이와 관련된 기사가 보인다. 어떤 사람이 궐문(闕門)에 괘서(掛書)하여 윤지인(尹趾仁)·최석항(崔錫恒)·윤덕준(尹德駿)·오명준(吳命峻)·이야(李壄)·송정명(宋正明)·이천근(李天根)·이기좌(李箕佐) 등을 흉역모반(兇逆謀反)으로 무고했는데, 수문(守門)하던 군졸이 서로 전하여 그것을 궐내로 들여오라는 명이 있었다. 당시에 윤지인이 바야흐로 병조 판서를 맡고 있었으므로 도성 밖에 나가 진소(陳疏)하여 대죄하고 최석항 등 여러 사람들도 모두 진소하니, 임금이 모두 위유(慰諭)하였다. 그리고 포도청에 명하여 각별히 엿보아 괘서한 사람을 잡아들이라고 하였다. 이 뒤에 장령 최경식(崔慶湜)이 논계하여 수문장(守門將)의 파직(罷職)을 청하고, 좌우 포장은 성명(成命)을 내렸는데, 아직 포착한 거조가 없어 추고하기를 청하였다.

니다.

그러나 생각건대 이번에 발생한 전에 없던 변고는 단지 흉악한 한 사람이 저지른 일로 본디 입에 올리기에도 부족하지만 이미 흉악한 악명을 여러 신하들에게 더해졌으니, 그 심정을 생각해보건대 대번에 반열에 들어오고 싶지 않고 직임에서 풀려나 스스로 편안하려는 계책을 세울 듯합니다. 그러나 이는 조정의 사체(事體)에 있어 응당 더욱 책유(責諭)할 일이지 직명을 체직하기를 허락할 이치는 전혀 없습니다. 흉인이 아직 체포되지 않았으니 지금 이후로 자신들의 원한과 유감을 가지고 조정의 신하들을 뒤섞어 거론하여 무함하고 욕보이는 사악한 부류들이 두려워할 바가 없을 것입니다. 무고를 당한 사람을 혹 벼슬을 그만두게 하여 마침내 그들의 사사로운 정을 이루어준다면 한밤중에 쪽지 하나 걸어서 일을 맡은 신하를 쫓아내려 도모하는 자들이 잇달아 나오지 않는다고 보장할 수 없으니, 사람이 어찌 편안하게 있겠으며, 나라가 어찌 나라답겠습니까. 신들은 세도를 위해 걱정과 탄식을 금할 수 없습니다.

지금 처분하는 도리는 명을 기다리는 여러 신하들에게 일절 벼슬을 그만두는 것을 허락하지 않아서 나라의 체모를 높이고 흉악한 계책을 이루지 못하게 해야 하니 이것이 실로 사리에 합당합니다. 삼가 생각건대 성상께서는 이 일에 대해서 이미 깊이 생각하여 굳게 결정한 바가 있을 것입니다만, 신들의 구구한 정성으로 감히 이렇게 고요히 조섭하시는 성상께 아뢰니 살펴주시기 바랍니다.

또 삼가 비망기를 보건대 괘서한 사람을 즉시 잡아들이지 못한 일로 포도청의 두 대장을 파직하라는 명을 내리셨으니 엄하게 처분하려는 성상의 뜻입니다. 제때에 잡아들이지 못한 것은 비록 죄를 줄

만하지만 그 직임을 맡은 자가 어찌 감히 직무를 소홀히 해서 그런 것이겠습니까. 엄한 하교로도 또한 신칙할 만하니 지금 우선 앞서 내린 명령을 환수하시고 앞으로의 상황을 다시 살펴서 처분함이 마땅할 듯합니다. 감히 이처럼 덧붙여 아룁니다. 재결해 주십시오."

하니, 답하기를,

"차자를 살펴보고 경의 간절한 뜻을 잘 알았다. 지금 아뢴 것은 참으로 매우 온당하고 나의 뜻도 이와 같으니 유념하지 않겠는가. 근래 흉인을 잡아들이는 일로 여러 번 엄하게 신칙하였는데 포도청은 전혀 두려워하며 받들어 시행하지 않고 있으니 참으로 한심스러워 중한 벌을 내리지 않을 수 없다."

하였다.

권응의 일을 논한 차자 병신년(1716, 숙종42) 5월

論權曆事箚 丙申五月

"삼가 아룁니다. 신이 일전에 삼가 수인(囚人) 권응(權曆)에게 형신(刑訊)을 청한[21] 의금부 헌계(讞啓)에 대한 판하(判下)를 보니, 권응이 누차 문초해도 자복하지 않으니 왕부(王府 의금부)는 엄중히 하라고 하셨습니다. 이것은 옥사의 체례(體例)에서 나온 것입니다만, 미천한 신은 이 일에 대해서 삼가 구구하게 어두운 견해가 있습

21 수인(囚人)……청한 : 권응(權曆)은 임진년(1712, 숙종38) 정시(庭試) 때에 거자(擧子)로 시장(試場)에 들어가다가 돈화문(敦化門)이 닫히지 않아 상(床)을 인 어린아이가 그 문을 거쳐 들어가는 것을 보고 사사로이 친한 벗과 얘기한 일이 있었다. 그런데 마침내 과옥(科獄)이 발생하여 드디어 나문(拿問)받게 되어서 사실대로 대답하고 풀려났다. 이후에 병신년(1716, 숙종42)에 이르러 정권이 바뀌자 그때의 과안(科案)을 뒤집으려고 다시 궐문에 관한 일을 사핵(査覈)하였는데, 권응에게 분노하는 것이 매우 깊어서 나문하기를 청하고 이어서 고문하기에 이르렀다. 이른바 임진년 과옥은 1712년(숙종38) 2월에 시행된 정시(庭試) 때에 부정행위로 야기되었던 옥사를 가리킨다. 이때 시행된 정시는 왕비의 종기가 나은 것을 축하하기 위한 것으로서 양정호(梁廷虎) 등 19명을 뽑았다. 그런데 당시의 시관 이돈(李敦) 등이 오수원(吳遂元), 이헌영(李獻英)·이헌장(李獻章) 형제, 이빈흥(李賓興), 윤팽수(尹彭叟) 등 자기 친구의 아들과 가까운 친지에게 미리 시제(試題)를 가르쳐 주어 합격시켰다. 그리하여 당시의 시관인 김창집(金昌集)·이돈을 비롯하여 정몽선(鄭夢先)·김진규(金鎭圭) 등 수십 명의 연루자가 심문을 받게 되었다. 그 뒤 김창집은 파면되었으며, 이돈은 여러 차례의 문초를 받고 죄가 드러나게 되어 아산현에 유배되었으며, 오수원 역시 양산역(良山驛)에 유배되는 등 많은 연루자들이 형벌을 받게 되었다. 그러다가 1713년(숙종39)에 다시 사건의 진상을 철저히 규명하여야 된다는 여론 및 상소로 인하여 여러 차례의 심문 과정을 거친 결과, 마침내 이돈·오수원·이진급 등이 처형당하면서 일단락되었다.

니다. 이날의 시장(試場)이 비록 몹시 분란하긴 했지만 이미 돈화문(敦化門)의 개폐(開閉) 시간을 뒤로 물린 이후였으니, 문이 종일 닫히지 않았다는 것은 실로 사리에 맞지 않고, 이 일을 오늘 다시 상세히 조사하여 분란을 초래할 필요가 없습니다. 권응이 여러 차례 작성한 진술서 가운데 사실대로 대답하지 않은 것이 있는 듯하니 이는 본디 죄가 있습니다. 그러나 권응이 애당초에 조정에 망언을 아뢴 것이 아니고, 또한 말을 만들어 남을 무함한 것도 아닙니다. 단지 사사로이 말할 일을 가지고 처음에는 수문(囚問)을 받다가 일이 확대되어 형신을 받는 지경에 이르렀습니다. 고문을 받는 선비가 비록 반드시 모두 죽는 것은 아니지만 죽음을 면하는 것은 요행일 뿐입니다. 이 일이 원래 국가의 중대한 사안과 관계되지 않는 일인데, 선비가 혹 형구 아래에서 목숨을 잃는다면 어찌 매우 불쌍하고 인성(仁聖)의 정사에 누가 되지 않겠습니까.

깊이 바라건대 밝으신 성상께서 특별히 관대한 처분을 내리신다면 아마도 마땅함을 얻으실 것입니다. 신이 권응과 면식이 없지만 성스런 조정의 지나친 형정(刑政)을 깊이 염려하기에 이 때문에 걱정스러워 아뢰고자 하였는데, 지금 듣건대 권응이 어제 이미 형신을 받았다고 하니 때늦은 것이 매우 개탄스럽습니다. 비록 이 말이 법례를 벗어난 것임을 알지만 이미 생각한 바가 있기에 감히 고요히 조섭하시는 성상께 이렇게 번거롭게 아뢰니 황공한 마음을 금할 수 없습니다. 재결해 주십시오."

하니, 답하기를,

"차자를 살펴보고 경의 간절한 뜻을 잘 알았다. 권응이 처음부터 끝까지 자복하지 않은 것은 미워할 만하니, 한 번 신문하는 것은 그만둘 수 없다. 다만 이번 일이 국가의 중대한 사안과는 관계되지 않는다는 말은 참으로 경의 말대로이니, 유념하지 않을 수 있겠는가."

하였다.

일을 논한 차자 6월

論事箚 六月

"삼가 아뢰니다. 지금 이 과옥(科獄)을 다시 조사하라고 명한 것은 이돈(李墪)의 억울함을 풀어주려는 뜻에서 나온 것이 아닙니다. 애당초 조사할 때에 아이를 끌어대고 종복을 신문하여 증거로 삼아서 구성하였으므로 혹 그것이 공정함을 잃었을까 의심하여 국론이 지금까지 시끄럽기에 거듭 자세히 캐묻도록 명한 것이니 실로 실정을 찾아내어 세상의 의혹을 풀려는 것입니다. 수개월 동안 조사하여 이제 거의 끝나가는데 갑자기 내버려두라는 명이 있으시니, 만약 그 사증(詞證)이 모두 믿을 만하다고 여긴다면 애당초 어찌 다시 조사할 필요가 있겠으며, 혹 의심할 만한 단서가 있다고 생각한다면 어찌 그지 그만둘 수 있겠습니까. 죄수들이 이전의 증언을 완전히 뒤집어 비록 의심할 만한 듯하나, 죄수의 지친(至親)들 사이에서 서로 회유한 흔적이 낭자합니다. 지금 형벌에 위협받는 것이 아닌데도 전혀 꺼리는 바가 없으니 이는 더욱 인지상정에 가깝지 않습니다. 어찌 한차례 조사하여 신문하지 않고 지레 처분을 내려서야 되겠습니까. 비록 필부로서 죄망(罪網)에 걸린 자도 조정에서 반드시 명백하게 분별하여 억울한 마음을 품지 않도록 하는데, 더구나 경재(卿宰)인 신하가 가볍지 않은 죄명을 받았으니, 진실로 상세히 조사하여 그 허실을 밝혀서 죄를 범했으면 죄를 내리고 죄가 없으면 억울함을 풀어주어 조정의 처치를 명백하게 해야 합니다. 그런데 지금 조사가 끝나기도 전에 해조(該曹)에서 죄를 헤아려 아뢰기를 기다리지 않고서 증인이 말을 바꾸어 믿을 만하지 못하다고 하교하시고 일체 분명하지 않은 죄과에 두어 미결 사건으로 만드시니, 여론이 더욱 억울해할 뿐만 아니라, 형정(刑政)이 마땅함을 잃고 사체(事體)가 전도된 것은 작은 일이 아닙니다.

문왕(文王)은 감히 여러 옥사를 감히 알지 못했습니다.[22] 문왕처럼 밝고 성스러운 임금도 형옥에 관여하지 않고 유사(有司)에게 일임한 것은 이를 천하의 공적인 것으로 여겼기 삼았기 때문입니다. 지금 형관(刑官) 등은 참판의 신분으로 일을 맡았습니다. 처음에는 비록 사직 상소를 올리느라 지체하였으나 이렇게 온 이목이 집중하는 일을 맡아 어찌 조사하고 다스리는 사이에 사정을 용납할 수 있겠습니까. 조사한 내용이 설혹 바뀌더라도 어찌 처음 명을 받아 조사한 신하에게 책임을 따질 수 있겠습니까. 이는 참으로 지난날 성상의 하교와 같습니다.

이제 성상께서 미리 마음속에 의심을 두지 말고 한결같이 확 트인 공평한 마음으로 처분하시고, 이어서 해조에 명하여 반드시 상세히 살피고 한결같이 공적인 증거에 따라 조사하여 처리하게 하시는 것이 신의 구구한 바람입니다. 지난해에 행 판부사 김우항(金宇杭)이 차자를 올려 시소(試所)에서 직접 본 것과 두루 다녔는지에 대한 조사에 의심스러운 정황을 아뢰었는데, 소신이 감히 어리석은 견해를 아뢰어 그 차자의 말이 명백하고 확실하여 몹시 실정을 얻었다고 하였습니다. 지금 엎드려 생각해보건대 성상께서는 믿지 못한 바가 있어 허황된 말로 여기셨을 것이니, 삼가 매우 송구하고 부끄러워

22 문왕(文王)은……못했습니다 : 268쪽 주6 참조.

죄를 기다리는 심정이 깊습니다. 신이 약 시중을 들며 근심하는 처지라 심신이 혼몽하여 본디 일을 논할 겨를이 없지만, 며칠 동안 어리석은 신의 정성이 간절하여 고요히 조섭하는 성상께 감히 이렇게 번거롭게 아뢰니 더욱 두렵습니다."

하니, 답하기를,

"차자를 살펴보고 경의 간절한 뜻을 잘 알았다. 비단 과옥뿐만 아니라, 다시 조사하여 논할 만한 단서가 없으면 모두 내버려두는 것이 본시 일상적인 일이니, 지금의 처분이 불가한 줄은 끝내 모르겠다. 차자의 말미에 인혐한 것은 실로 너무 지나치니 경은 안심하고 대죄하지 말라."

하였다.

네 번째 올린 사직상소에 대한 특유을 받은 후에 올린 사직상소 7월

四度呈辭特諭後辭疏 七月

"삼가 아룁니다. 신이 일전에 상소를 올려 소명을 어긴 죄를 우러러 청하려고 하였습니다. 이러한 때에 삼가 성상께서 신이 네 번째 올린 긴 상소에 대해 특별히 타이르는 말씀을 내려 근신이 와서 전하였는데, 신의 마음을 풀어주고 돈면하는 뜻이 마치 자애로운 아버지가 자식을 가르치는 것처럼 온화하였습니다. 신은 아홉 번 조아리며 두려움에 떨고 오정(五情)이 모두 어긋나 저도 모르게 눈물이 쏟아 내렸습니다.

삼가 생각건대 신은 기운이 쇠잔하고 정신이 혼미하며 정치한 식견이 전혀 없는 탓에 약원의 직임을 수개월 동안 맡으면서도 의원의 말을 절충하고 좋은 약제를 선별하여 직임을 제대로 수행하지 못하였으니, 그 나머지 서툴고 잘못한 일은 많을 뿐만이 아닙니다. 성상의 여러 병세가 아직까지 조금도 줄어들지 않아 건강이 회복되는 경사가 지체된 데에는 신의 죄가 으뜸이라 죽는 것으로도 부족하니, 그저 절절한 근심 걱정으로 밤낮 마음이 타는 듯합니다.

일전에 듣건대 성상의 하교가 지극히 엄한데도 엄중한 견책을 내리지 않으셨으니, 이는 성상의 도량이 넓어서 미혹된 이를 긍휼히 용서하시는 지극한 마음에서 나온 것입니다. 신은 지금까지도 마음이 얼어붙고 정신이 두려운데도 그 직명이 그대로 있고 또 이렇게 특별히 돈유하여 은혜가 매우 융숭하니 상설(霜雪)과 같은 위엄과 우로(雨露)와 같은 은택이 만물을 생성시키는 지극한 인자함 아닌 것이 없습니다. 신이 비록 우매하지만 어찌 감격하여 삼가 받들 생각을 하지 않겠습니까. 그런데 외람되이 성상을 보호하는 자리를 차지하여 잘못된 일이 이미 무거우니 비록 군부의 너그러운 은혜를 입더라도 어찌 감히 조정의 반열에 나아갈 생각을 하여 신하의 죄를 보태겠습니까. 게다가 신은 온갖 일에 어두워 중한 직책을 감당할 수 없으니 오래전에 물러났어야 마땅합니다. 이렇게 재해가 극심하여 온 나라가 경황이 없고 성상께서 노심초사하여 비상하게 책려하시는 때에, 묘당의 계획과 모의는 절대로 미천한 신하가 힘쓸 수 있는 바가 아니니, 비록 죄를 지은 것이 아닐지라도 진실로 속히 물리쳐서 재능과 덕을 갖춘 인물로 바꾸어 임명하시기를 신은 진실로 지극히 바랍니다. 신이 거의 죽어가는 병든 목숨으로 산처럼 무거운 성상의 은혜에 보답할 길이 없는데 지금 또 소명을 거스르는 죄를 보태었으니, 대궐을 우러러 바라봄에 마음이 답답하여 무슨 말을 아뢸지 모르겠습니다. 삼가 바라건대 자애로운 성상께서는 신의 지극히 간절한 심정을 살피시어 속히 신의 직책을 파직시키고 이어서 무거운 벌을 내려 나라의 체모를 엄격히 하십시오."

하니, 답하기를,

"상소를 살펴보고 경의 간절한 뜻을 잘 알았다. 어제 긴 사직 상소에 대한 비답에서 이미 지극한 나의 뜻을 다 말하였는데, 경은 어찌 헤아리지 않고 또 사직 상소를 올리는가. 더욱 마음이 서운하여 할 말이 없다. 경은 국사를 깊이 생각하여 속히 멀리 떠나려는 마음을 돌려 빨리 나와서 일을 보아 나의 기대에 부응하라."

하였다.

문경공 윤 선거 유집의 판본을 헐라는 명을 거두기를 청하는 차자 9월○원임 시절

請寢文敬公尹 宣擧 遺集毁板之命箚 九月○原任時

"삼가 아룁니다. 일전에 대신(大臣)이 차자를 올려 청한 일로 인해 갑자기 문경공(文敬公) 윤선거(尹宣擧)의 유집(遺集)의 판본(板本)을 헐라는 명이 있었습니다. 신은 삼가 놀라고 탄식하는 마음을 금치 못하였으니, 참으로 지금 우리 성명(聖明)의 조정에 이러한 일이 생길 줄 생각하지 못하였습니다.

윤선거는 사림의 종사(宗師)로서 처음부터 끝가지 두 조정에서 융성한 예우를 받았고, 그 도덕의 순수함과 출처의 올바름은 이제까지 온 세상의 공경과 신임을 받고 있습니다. 그의 아들 우의정 신 윤증(尹拯)이 사문(師門)에 사달을 일으킨[23] 이후로 윤증을 공격하

23 윤증(尹拯)이……일으킨 : 회니시비(懷尼是非)를 이른다. 송시열(宋時烈)과 윤증(尹拯) 사이에 일어난 사제 간의 대립인데, 이후 1715년(숙종41)《가례원류(家禮源流)》의 발간을 둘러싸고 노론과 소론 사이의 분쟁으로 증폭되었다.《가례원류》는 원래 서인 유계(兪棨)와 윤선거(尹宣擧)가 함께 집필하고 윤증이 증보한 것인데, 1711년에 유계의 손자인 노론 측의 유상기(兪相基)가 이 책을 간행하면서 유계의 단독 편술로 주장하자 윤증이 속해 있던 소론 측에서 크게 반발하였다. 특히 정호(鄭澔)의 발문 가운데 윤증이 송시열을 욕되게 하고 당쟁을 조장하였다는 내용이 들어 있어서 커다란 파문을 불러일으켰다. 소론 측의 전라도 유생 유규(柳奎) 등 800명이 상소하여 권상하(權尙夏)의 서문과 정호의 발문을 삭제할 것을 요구하자, 태학생 윤지술(尹志述)과 박광세(朴光世) 등 팔도의 노론 유생들도 각기 상소하여 유규를 비난하고 정호와 권상하를 옹호하였다.《肅宗實錄 41年 11月 10日, 26日》

는 자가 당사자만 논척할 뿐 아니라 미루어 그의 부친에게 까지 미쳤습니다. 윤선거의 유집이 간행되었을 적에 미워하는 무리들이 글속의 어구를 들추어내어 마구 무함하더니, 마침내 신구(申球)의 상소가 나오기에 이르러서는 말뜻이 매우 패악하여 곧장 망측한 죄과로 내몰았습니다. 다행스럽게도 성명하신 성상께서 재위하신 덕분에 그들의 간사한 마음을 간파하여 즉시 여러 신하들의 상소의 비답에서 놀랍고 한탄스럽다는 하교를 내리셨습니다.

성명하신 성상께서 이미 그 시비를 명백히 내보이셨으니 조정에서는 반드시 그 남을 무함한 죄를 바로잡는 자가 있어서 참소하는 말이 다시는 행해지지 못하리라 신은 생각하였는데, 이제 대신(大臣)이 그 죄를 청하지 않을 뿐 아니라 도리어 그 논의를 세차게 일으켰습니다.

대저 글을 주워 모아 죄안을 날조하여 만들고 따라서 그 글을 불살라 없앤 경우가 예전에도 혹 있었으나 실로 태평성세의 아름다운 일이 아닌데, 대신이 어찌하여 차마 이런 말을 합니까. 삼가 생각건대 성상의 감식안이 지극히 밝으시니 또한 어찌 이를 살피지 않고 마침내 그들의 청을 따라주시겠습니까. 윤선거의 단안으로 심은 것이 신구가 상소에서 한 말을 부연한 것에 불과하여 마침내 윤선거에 대해서는 죽은 뒤에 논척해서는 안 된다고 하고 또 신구에 대해서는 성조(聖祖)를 위하여 무함한 것을 밝혔다고 말하니, 아 이것이 무슨 말입니까. 윤선거가 적은 것이 과연 무함하여 헐뜯은 데에 관련된다면 어찌 다만 그 판본만을 헐 뿐이겠으며, 그렇지 않다고 생각한다면 어찌 남을 역률로 무함한 그 죄를 다스리지 않을 수 있겠습니까. 윤선거의 원집(原集)을 이미 성상의 예람(睿覽)을 거쳤으니 그 평생의 뜻을 아셨을 것이고, 여러 신하들이 상소를 올려 분별하여 또한 이미 밝혀졌습니다. 임금을 무함하여 헐뜯는 것이 어떠한 악역(惡逆)인데, 윤선거와 같은 유현(儒賢)이 어찌 그가 말한 바와 조금이라도 비슷한 것이 있겠습니까. 유감 때문에 남을 무함하는 일이 예전부터 어찌 한정이 있었겠습니까마는, 이렇게 전혀 말도 안 되는 참언을 성상에게 하소연하고 유현에게 가했다는 말은 듣지 못하였습니다. 오늘날 세변(世變)이 이렇게 심한 지경에 이르렀으니, 장차 무슨 일이 없겠습니까. 신은 삼가 한심하고 또한 매우 두렵습니다.

심지어 송(宋)나라 조정의 일을 인용한 것[24]은 적신(賊臣) 윤휴(尹鑴)의 말에서 나온 것으로 윤선거와는 무관한데도, '즐겨 듣고〔喜聞〕', '그 말을 받아들였다〔入其說〕'는 따위의 말로 억측하고 억지로 판단하는 말을 하였습니다. 윤선거가 스스로 인책하여 종신토록 예우하는 초빙에 응하지 않았던 것은 평소의 소신이 있어서이니, 바위처럼 확고한 마음을 여러 차례 상소에서 드러낼 뿐만이 아니었습니다. 이는 성상께서도 굽어 살피시는 바이고 온 세상 사람들이 모두 아는 바이니, 즐겨 들었다고 말하는 것이 또한 어찌 비슷한 말이겠습니까. '망발(妄發)'이라고 하고서 또 '참망(僭妄)'이라고 말하였으니,

24 송(宋)나라……것 : 윤휴(尹鑴)는 강왕(康王)의 일을 거론하며, "금(金)나라 군사가 강을 건너 쳐들어올 때 강왕은 실로 그 군중에 있었다.〔北師渡江, 康王實在軍前.〕"라고 하였다. 이 내용이 청나라 군사가 침입하였을 때 당시 대군이었던 효종은 아무것도 하지 못하고 청나라 군사의 포로가 되었던 것을 비꼰 말이라는 혐의를 받았다. 《肅宗實錄 42年 7月 25日》 참고로 강왕은 송(宋)나라 고종(高宗)으로, 흠종(欽宗) 때 금나라 군사가 침입하여 화의를 요구하자, 당시 강왕이었던 고종이 몸소 원수(元帥)가 되어 군사를 거느리고서 싸웠다.

그 판단의 근거는 대개 그 마음이 무함하고 헐뜯는 데서 나오지는 않았더라도 그 말은 절로 무함하고 헐뜯는 것으로 귀결되었다고 생각한 것입니다. 이에 마침내 그 판본을 헐기를 청하는 데에 이르렀으니, 이는 무함하고 헐뜯은 죄로 처치한 것입니다. 이렇게 하고서 비록 그 마음을 곡진하게 용서한다고 말한들 어찌 될 수 있겠습니까. 대신이 이에 대해 깊이 생각하지 않은 것입니다.

아, 오늘날 세도가 점점 쇠퇴하고 조정의 논의가 날로 어지러워져 위로 성상께 한밤중까지 근심 걱정하는 수고를 끼쳤습니다. 대신이 근거 없이 떠드는 말을 진정시키고 거짓으로 죄를 날조하는 것을 막지는 못하더라도, 어찌하여 자신이 조장하여 임금에게 전에 없던 잘못이 있게 한단 말입니까.

신은 상소를 봉입하지 말기를 청한 것에 대하여 더욱이 개탄스런 바가 있습니다. 조정의 처사에 대해서 크고 작은 것을 막론하고 조정의 신하들이 쟁론하고 초야의 선비들이 직언하는 것은 공공의 논의를 가려서 광명정대한 지경으로 귀결되는 데 힘쓰기 위해서입니다. 지금은 이미 한 가지 일을 행하고 나서 먼저 여러 사람들의 비난을 염려하여 언로를 막으니, 신은 이것이 어찌 태평성세의 거조이겠으며, 훗날의 폐단이 응당 어떠할지 두렵습니다. 성상께서는 더욱 깊이 생각하시어 이번에 내린 명을 모두 거두어 선비들의 마음에 진정되는 바가 있고 변괴에 두려워 금하는 바가 있게 하십시오.

국가가 태평스런 복을 누리는 것은 신이 구구하게 간절히 기원하고 바라는 바입니다. 소신이 엄중한 죄를 지은 몸으로 다시 감히 중요한 자리에 함부로 차지하여 근심으로 애가 타고 두려워 위축된 가운데 또 병으로 혼미함이 심하여 모든 일에 생각을 끊었으니 어찌 성상께 진언할 때이겠습니까. 그러나 이 일이 성상의 덕과 나라의 체모에 관계됨이 크기에 며칠 동안 걱정하다가 감히 고요히 조섭하시는 성상께 우러러 아뢰니, 황공한 마음을 더욱 금할 수 없습니다. 삼가 바라건대 성명하신 성상께서는 유념하고 밝게 살피시며 이어서 망언한 신의 죄를 다스려 주십시오. 재결해 주십시오."

하니, 답하기를,

"차자를 살펴보고 경의 간절한 뜻을 잘 알았다. 지난번 좌의정이 올린 차자의 뜻은 대체로 진정시키려는 의도에서 나온 것이지, 그 논의를 세차게 일으키고 조장하는 것이 결코 그의 본정이 아니며 또한 윤선거를 무함하고 헐뜯는 데로 귀결시킨 것도 아니다. 일전에 대신의 차자에 대한 비답에서 이미 나의 뜻을 말하였으니, 시비가 한번 정해진 뒤에는 변경할 수 없다. 경은 안심하고 대죄하지 말라."

하였다.

죄를 인책하는 상소
引罪疏

"삼가 아룁니다. 소신의 처지가 도리어 어찌 감히 일을 논할 수 있겠습니까마는 지난번 차자에서 아뢴 것은 걱정하고 개탄하는 진심에서 나온 것으로, 위로는 성상의 덕을 보좌하고 아래로는 뭇 사람들의 마음을 안정시키며, 또한 현신을 예로 대우하여 황천에서 원통함을 품는데 이르지 않도록 하기를 바란 것입니다. 삼가 비답을 받아보니 신은 참으로 황공하여 몸 둘 바를 모르겠습니다. 신의 망령된 말이 대신(大臣)의 본심이 아니라니, 신의 말은 결국 대신을 무함한 것으로 감히 하루도 스스로 편안히 있을 수 없습니다. 근래에 성상의 병세가 심해져 약원의 신하들이 더욱 마음을 졸이며 걱정하고 있습니다. 이러한 때에 다시 번거롭게 아뢰어 죄를 청하거나 지레 도성 밖으로 나가 견책을 기다리는 것은 모두 감히 할 수 없는 일이기에 두려운 마음을 품고서 스스로 용납할 바가 없습니다.

일전에 참판 이대성(李大成)의 상소에 대해 내린 비답[25]을 보았는

25 참판……비답 : 이대성(李大成)의 상소는 윤선거(尹宣擧)의 문집을 훼철하라는 명을 취소해 달라고 청한 상소인데, 이에 대해 숙종이 말도 되지 않는 상소라고 엄한 비답을 내린 것을 말한다.《肅宗實錄 42年 9月 12日》이에 앞서 경기·충청·전라 세 도의 유생 신구(申球) 등 60인이 상소를 올려 윤선거의 문집에 송시열을 무함하고 효종을 헐뜯은 내용이 있다며 문집을 가져다 대조해보고 조처할 것을 청하여 찬반논의가 일어났는데, 숙종이 문집을 대조해 보고 처음에는 신구 등의 말을 받아들이지 않았으나 나중에 좌의정 김창집(金昌集)의 상차(上箚)로 인해 마침내 윤선거의 문집을 훼철

데, 신이 이에 더욱 지극히 두려운 마음을 금할 수 없었습니다. 아, 신하로서 군부를 무함하고 헐뜯은 경우를 만고의 천하에서 찾더라도 결코 이러한 이치는 없을 것입니다. 망측하게 날조하여 죄를 만들어내는 일이 처음 나와 신하들이 상소를 올려 밝힐 적에 성상께서는 본집(本集)의 문자가 신구(申球)의 상소의 내용과 비슷하지 않다고 하교하셨습니다. 사단이 층층으로 생겨 지금에 이르러선 참망(僭妄)하다고 결론을 내리고 마침내 판본을 헐라는 명이 있게 되었습니다. 대개 유현의 뜻과 말은 모두 충성스럽고 간절한 마음에서 나와 분발하시는 우리 성조(聖朝)의 큰 뜻을 돕고자 한 것이니, 이것이 그 말에 매번 자신의 강도(江都)의 일[26]은 말하지 않을 수 없다고 한 이유입니다. 공평한 마음으로 글을 본다면 참으로 곡절이 있음을 알 수 있습니다. 대저 판본을 허는 일은 이전에 없는 거조이니 태평성세에 있어서는 안 될 일입니다. 이것이 신이 몽매함을 무릅쓰고 우러러 아뢰는 이유입니다. 미혹되고 우매한 견해가 이미 가납을 받지 못하였고, 지금 성상의 하교가 지극히 엄하여 심지어 '관계가 어떠한가',[27] '반드시 인쇄하여 전하려고 한다.'라는 하교를 내리셨

하라는 명을 내렸으므로 이러한 상소가 있게 된 것이다.《肅宗實錄 42年 7月 25日 · 29日, 8月 24日》

26 강도(江都)의 일 : 1636년(인조14) 병자호란 때 윤선거는 아내와 아들들을 데리고 강화도에 들어갔고, 이듬해에 권순장(權順長), 김익겸(金益兼), 김상용(金尙容) 등과 성(城)을 사수하기로 약속하였으나 성이 함락되자 홀로 빠져나와 남한산성으로 간 일을 가리킨다. 권순장, 김익겸 등은 자결하였고, 윤선거의 아내도 자결하였다. 윤선거는 자기 혼자 살아남은 것 때문에 관직에 나가지 않았다.

27 관계가 어떠한가 : 이 일에 대해 김창집이 올린 상소에 "선현의 일과 관계된 것도

습니다. 신이 이미 판본을 헐라는 명을 중지하기를 청하였으니 실로 신이 엄한 교지를 받은 것과 다를 바가 없으니 그 죄가 만 번 죽어도 피할 수 없음을 더욱 알겠습니다. 신의 지은 죄가 이와 같으니 결코 감히 편안하게 막중한 자리에 있을 수 없습니다. 지금 분분한 상소로 고요히 조섭하시는데 몹시 방해하였으나 마음이 너무도 답답하여 상소를 올려 스스로 논열하지 않을 수 없습니다. 삼가 바라건대 성명하신 성상께서는 속히 파직을 명하시어 나라의 체모를 엄히 하십시오."

하니, 답하기를,

"상소를 살펴보고 경의 간절한 뜻을 잘 알았다. 낯을 바꾸어 번갈아 나온다는 등의 말은 본디 대신을 지적하여 논척한 것이 아닌데, 어찌하여 이렇게까지 인책하는가. 경은 안심하여 사직하지 말고 속히 나와 공무를 행하라."

하였다.

오히려 이와 같아야 하는데, 지금 선조와 관계된 일에 대하여 반드시 인쇄하여 전하고자 하는 것은 또한 유독 무슨 마음입니까."라고 한 것으로 보면, 여기서의 관계는 선조와 관련된 됨이 중하다는 뜻인 것 같다.

약원 도제조의 체직을 청하는 상소 10월

乞遞藥院都提調疏 十月

"삼가 아룁니다. 약원(藥院)의 신하들이 현재 모두 입직하면서 똑같은 심정으로 애태우는데 궐문을 나가 여러 날을 지냈으니 이는 참으로 신하로서 결코 할 수 없는 일입니다. 상소하여 논한 여러 신하들에게 내린 성상의 비답은 그 말뜻이 지극히 엄하였습니다. 신하가 되어 그저 당을 감쌀 줄만 알고 관계됨이 지극히 중함은 생각하지 않는다면 이것이 어떠한 죄명이겠습니까. 그 마음이 응당 죽고 싶어도 죽을 곳이 없는 심정이어야 할 것입니다. 그런데도 여전히 직명(職名)을 지니고서 약 시중드는 것을 핑계 삼아 두려워할 줄 모르고 맑은 조정의 대부들 사이에서 편안하게 지낸다면 그 방종함이 어떠하겠습니까. 이 또한 결코 신하로서 감히 할 수 없는 일입니다.

오늘날 소신의 절박한 심정은 이 두 가지 모두 감히 할 수 없는 처지를 당하여 앞의 일도 죄가 되고 뒤의 일도 죄가 되기에 불안하고 답답한 심정으로 몸 둘 바를 모르겠습니다. 앞의 일은 비록 매우 분수를 범하고 또 신하로서 정성을 다하는 마음이 매우 결여되었지만 이미 죄를 진 몸인 만큼 한번 체직되어 다른 사람으로 교체되어야 마땅합니다. 뒤의 일은 위로는 신하의 막대한 죄로 질책하시는 성상의 지엄한 하교가 두렵고 아래로는 여론이 더욱 준엄하고 층층이 생겨나 더욱 심해지니, 훗날의 논감(論勘)이 어떠한 지경에 이를지 알 수 없습니다. 게다가 세상에서 보고 듣는 이들이 모두 신이 오랫동안 중요한 자리에 있는 것에 놀라고 또 밝으신 성상의 처분이 늦어지는 것을 이상한 일로 여기고 있습니다. 삼가 생간건대 밝으신 성상께서 미처 이러한 상황을 다 살피지 못하신 듯합니다.

신은 아침저녁으로 두려워 떨며 심신이 안정되지 못합니다. 이와 같은데도 그저 단편적인 분의의 중함만을 생각하여 편안하게 벼슬을 하면서 명을 따르는 것을 공손함으로 여긴다면, 세상에 어찌 이러한 사람이 있겠습니까. 더군다나 신은 일전에 죄를 범한 것 외에도 흠결과 허물이 근래에 또 더해졌으니, 뻔뻔하게 조정의 윗자리에 나아가는 것은 실로 감히 할 수 없는 바입니다. 이 또한 신이 나아갈 수 없는 점입니다. 숙직을 비운 지 오래라 마음이 답답하고 다급하기에 견책을 청하는 상소를 일전에 또 다섯 차례 올렸으나 삼가 비답을 받아보니 엄한 견책은 내리지 않고, 마치 신의 절박한 심정을 미처 알지 못하는 것처럼 성상의 윤허는 아득하기만 하였습니다. 신이 감격스러운 마음은 더욱 지극하지만, 신의 얕은 정성이 부모처럼 사랑해주시는 성상께 이르지 못한 것이 애통하여 자리에 엎드려 눈물을 흘리며 마음을 태웠습니다. 신은 결코 무릅쓰고 나아갈 이치가 없고 지금의 사체는 실로 하루라도 지체해서는 안 될 형편입니다. 이에 감히 성상을 번거롭게 하는 일을 마다하지 않고 고요히 조섭하시는 성상께 피를 쏟으며 호소하여 연일 번거롭게 상소를 읽게 하였으니 신의 죄가 만 번 죽어 마땅합니다. 신은 질병이 위중하고 정신이 모두 소진되어 다 드러내지 못하고 우러러 대궐을 바라보며 엄한 견책을 기다립니다.

삼가 바라건대, 밝으신 성상께서 특별히 널리 살피시어 신의 죄를 끝내 과분한 은혜로 너그러이 용서할 수 없음을 살피시고 신의 처지가 어리석음을 무릅쓰고 다시 나갈 수 없음을 불쌍히 여기소서. 여론과 시의(時議) 또한 억지로 거스르고 지체시킬 수 없으니, 속히 엄중한 견책을 내려 나라의 체모를 엄히 하십시오."

하니, 답하기를,

"상소를 살펴보고 경의 간절한 뜻을 잘 알았다. 이렇게까지 사직하니 억지로 다그치기 어렵구나. 약원의 도제조의 일은 지금은 우선 허락하여 경의 마음을 편안히 해주겠다."

하였다.

겸직의 해임을 청하고 또 견책을 청하는 상소 정유년(1717, 숙종43) 6월

乞解兼帶且請譴疏 丁酉六月

"삼가 아룁니다. 신이 전후로 감히 밝은 명을 받들지 못한 것이 여러 번이니 응당 스스로 논열하여 견책을 청해야 하는데, 게다가 신은 세 가지 직임을 겸임하여 지금도 여전히 그 속에 매여 있습니다. 호위의 직임은 특히 도성에서 멀리 떨어져 있는 몸으로 하루도 그대로 지니고 있을 자리가 아닙니다. 신이 근래 여러 번 이러한 마음을 간절하게 아뢰었으나 성상께서는 살펴서 허락하지 않으셨습니다. 신이 비록 조금도 편안한 적이 없었지만 성상을 번거롭게 하는 것이 두려워 내내 침묵을 지킨 것이 지금 몇 개월에 이르렀으니 이것은 모두 신의 죄입니다.

수백 명의 군사를 통솔함에 규찰하고 무예를 시험하는 일이 있고, 직임이 변란을 대비하는 것이라 그 책임이 매우 중합니다. 이에 조정에서 이전부터 반드시 서울에 있는 상신(相臣)에게 제수하였으니 사체가 그러합니다. 지금 신은 지극히 쇠약하고 묵은 병이 위독하여 심신이 모두 소진되어 조만간 목숨이 끊어질 지경입니다. 비록 한산한 관사의 일이라도 실로 밝게 살필 수 없는 처지인데 하물며 이러한 임무를 맡을 수 있겠습니까. 근래 성상의 병세가 차도를 보이지 않고 때때로 더욱 심해지시니 몹시 걱정스러워 문안을 여쭈기 위해 성교(城郊) 사이에서 머뭇거리고 있습니다. 그러나 죄를 짓고 은거하는 신의 처지로 영원히 다시 도성에 들어갈 날이 없을 것인데 여전히 그대로 직함만 지니고 있어 행해야 할 일을 폐한 것이 많습니다. 공적인 체모와 사적인 분의에 있어서 어찌 대단히 온당치 못한 것이 아니겠습니까. 삼가 바라건대 성상께서는 옛 전례를 깊이 생각하시어 지극히 답답하고 절박한 신의 심정을 굽어 살펴주시어 호위의 직임을 속히 체차시켜 주신다면 매우 다행이겠습니다.

군문(軍門)의 제조(提調)는 신이 외람되이 겸대한 지 십 년이 넘었는데 항상 시위소찬하고 있는 것이 부끄러웠고 고과하는 일을 대부분 폐한 것도 매우 온당치 못하니 이는 진실로 체직되어야 합니다. 사역원 제조는 비록 두 번 역임하였으나 본디 신이 감당할 수 있는 자리가 아니었습니다. 임명된 초기부터 뜻이 반드시 체차되는데 있었기에 지금 1년이 넘도록 본원(本院)의 문서에 한 글자도 서명한 적이 없습니다. 또한 매우 편안히 있기 어려운 단서가 있어 결코 구차하게 그대로 있을 수 없고, 과시(課試) 등과 같은 긴요한 직무가 신으로 인해 폐해진 것이 많아 또한 몹시 폐단이 생겼으니, 이 직임도 아울러 체직시켜주시는 것이 신의 구구한 바람입니다.

신은 또 흠결과 허물이 첩첩이 드러나 처지가 더욱 움츠러들었습니다. 신이 이전 가을에 올린 차자의 말이 비록 매우 거칠었으나 실로 성상을 바로잡아 구제하는 충심에서 나온 것입니다. 신의 의견이 받아들여지지는 못했으나 엄한 견책은 면하였습니다. 근래에 삼가 듣건대 예우했던 옛 유신(儒臣) 부자(父子)[28]를 모두 삭탈관직하라는 명을 내리시어 처분이 지극히 엄하였습니다. 신이 이전에 논변한 말이 결국 위로 군부를 속인 것이 되고 말았으니 그 죄가 어떠하

28 옛 유신(儒臣) 부자(父子) : 윤선거(尹宣擧)와 윤증(尹拯)을 가리킨다.

겠습니까. 두려운 마음이 간절하여 스스로를 용납할 바가 없으니, 응당 거듭 책벌을 내리시어 망언한 죄를 밝혀야 합니다. 충성에 독실한 옛 사람은 비록 물러나 있더라도 조정의 잘못을 들으면 근심이 얼굴에 드러나고 반드시 진심을 피력하여 아뢰어 보탬이 되기를 바랐습니다. 지금 신이 비록 보잘 것 없지만 어찌 이러한 의리를 잊겠습니까. 그러나 상소가 막히고 또한 죄를 기다리고 있는 처지라 감히 번번이 진심을 아뢰지 못하여 성상의 은혜를 크게 저버렸습니다. 삼가 생각건대 성상께서는 도량이 인후하고 관대하시며 은혜가 무젖지 않음이 없으시니, 만약 고요히 조섭하여 정신이 맑아지신 사이에 확연하게 두루 살펴 왕도(王道)의 크고 넓음[29]과 성인이 너무 심한 일은 하지 않은 것[30]을 깊이 체득하셨을 것이니, 어찌 성덕에 빛이 있지 않겠습니까. 신은 석고대죄하며 두려움 속에 간절히 기원하는 심정을 가누지 못하겠습니다."

하니, 답하기를,

"상소를 살펴보고 경의 간절한 뜻을 잘 알았다. 사직한 겸임은 결코 윤허하기 어렵지만 사역원의 제조는 지금 우선 경의 뜻을 따라주겠다. 지금의 일은 시비가 분명한 만큼 처분이 엄하지 않을 수 없다. 경은 나의 뜻을 헤아려 안심하고 사직하지 말며 또한 대죄하지 말고

29 왕도(王道)의 크고 넓음 : 《서경》 〈홍범(洪範)〉에 "편벽됨이 없고 편당을 짓지 않으면 왕도가 광대해지며, 편당을 짓지 않고 편벽됨이 없으면 왕도가 평평해지며, 상도(常道)에 어긋남이 없고 치우침이 없으면 왕도가 정직해질 것이다.〔無偏無黨, 王道蕩蕩, 無黨無偏, 王道平平, 無反無側, 王道正直.〕"라고 한 데서 나온 말이다.

30 성인(聖人)이……것 : 《맹자》 〈이루 하(離婁下)〉에 맹자가 말하기를 "공자께서는 너무 심한 것은 하지 않으셨다〔仲尼不爲已甚者〕"라고 한 데서 나온 말이다.

응당 속히 도성에 들어와야 할 것이다."

하였다.

소회를 아뢰고 또 견책을 청하는 상소 7월

陳懷且請譴疏 七月

“삼가 아룁니다. 며칠 전에 삼가 비망기를 보니 왕세자로 하여금 청정(聽政)하라는 명이 있었습니다. 삼가 생각건대 성상의 병환이 오래되고 근래에는 눈병이 심해져 만기(萬機)를 수행하기가 더욱 어려워졌으니 신하들의 걱정이 더욱 지극합니다. 지금의 성상의 하교는 전대의 성대한 모범과 우리 조정의 고사를 따라서 위로는 성상의 체후를 조섭하는 일과 아래로는 정무가 지체되는 일에 모두 유익함이 있으니, 실로 국가와 신민의 큰 다행입니다. 그러나 삼가 들으니, 세 명의 대신(大臣)이 입대했을 적에 성상의 말씀 가운데 감히 들을 수 없는 하교가 있었는데, 대신들이 지극히 갖추어 아뢰어 성상께서 이처럼 올바른 처분을 내렸다고 하였습니다. 신이 뒤늦게서야 전해지는 말을 조금 들었고 하루가 지나 옥당의 차자와 여러 상소들을 보고서 그 대략을 알았는데, 근심스럽고 놀라 떨리는 마음을 진정할 수 없었습니다.

생각건대 우리 왕세자께서는 저궁(儲宮)에서 덕을 배양한 지가 이제 30년이 되었습니다. 총명한 자질이 일찍부터 빼어나 온화하고 문아한 학문이 이미 통달하고 궁정에서의 효성이 신명을 감동시킴을 안팎에서 함께 들었으니, 신인(神人)이 기대하고 바라며 팔도의 사람들이 사랑하고 떠받들어 다함께 종사(宗社)의 억만년 무궁한 경사를 경축하고 있습니다. 성상께서 평소 가르치고 보호하신 방도가 매우 깊고 독실하였습니다마는, 지자(止慈)의 정[31]으로 인하여 기대가 끝이 없어서 이미 성스러운데도 더 성스럽기를 요구하셨습니다. 우리 신하들이 누군들 성상의 뜻을 우러러 깨닫지 못하겠습니까마는 먼 외방에서 듣기에는 놀라고 의혹하기 쉬우니 이보다 더한 걱정스러움이 어디 있겠습니까. 삼가 생각건대 성학(聖學)의 고명한 식견으로 고금의 안위의 이유를 깊이 통달하고 계실 것입니다. 비록 한때 내리신 말씀에 잘못이 있었지만 지금 이미 연석의 하교를 거두시고 잘못을 뉘우치는 단서를 보이신 만큼 진실로 다른 염려가 결코 없음을 알고 있으면서도 신이 다 죽어가는 목숨으로 망령되게 지나치게 걱정했는데, 어찌 우리 태평성세에 홀연 이와 같은 말을 들을 줄 생각이나 했겠습니까. 저도 모르게 한밤중에 눈물이 흘러내렸습니다. 이에 만 번 죽음을 무릅쓰고 감히 고요히 조섭하시는 성상께 번거롭게 아룁니다. 삼가 바라건대 말의 잘못을 깊이 뉘우치시고 종사를 맡기는 중대함을 더욱 돈독히 하시어 차분히 지시하여 결단하는 일을 모두 고실(故實)과 같게 하여 안팎을 편안하게 하고 대중의 두려움을 안정시켜 성조(聖朝)의 복이 더욱 공고하게 하여 온 나라의 기대에 부응하십시오. 신은 간절하게 기원하는 마음을 금할 수 없습니다.

일전에 갑자기 교외에 우거하고 있는 신에게 패초가 내려 신은 참으로 의아하여 그 연유를 알 수 없었으나, 신에게까지 미친 것으로

31 지자(止慈)의 정 : 부모가 자녀를 사랑하는 마음을 뜻한다. 《대학장구》 전 3장에 "《시경》에 이르기를 '깊고 원대하신 문왕이여, 아, 광명하고 공경하여 그치시다.' 하였으니, 문왕께서는 임금이 되어서는 인에 그치고, 신하가 되어서는 공경에 그치고, 자식이 되어서는 효에 그치고, 아버지가 되어서는 인자함에 그치고, 나라 사람들과 사귈 때는 신에 그치었다."라고 한 데서 온 말이다.

보아 사단이 필시 엄중함을 생각할 수 있었습니다. 그러나 신은 죄를 짓고 밖에 있은 지 이미 오래고 병들어 시들하게 누워있는 터라 영원히 조정에 달려갈 생각이 없어 당황하고 머뭇거리며 명을 따르지 못했습니다. 전후로 연석에서 하신 말씀을 아득히 알지 못했으니, 지대한 국사가 있어 이런 소명이 있는 줄 알았다면 어찌 감히 죽음을 무릅쓰고 나아가 여러 대신들의 뒤를 따라 들어갈 생각을 하지 않았겠습니까. 마음이 몹시 두려워 스스로를 용납할 바가 없습니다. 일전에 대각의 상소 가운데 소명을 어긴 신의 죄를 논척한 것을 보았는데 말이 매우 매서웠으니, 사체로 논하면 질책하는 것이 마땅합니다. 신은 거듭 엄한 견책을 받아야 마땅하니 석고대죄하며 기다립니다. 바라건대 파직을 명하시어 대각의 말에 대답하십시오."

하니, 답하기를,

"상소를 살펴보고 경의 간절한 뜻을 잘 알았다. 일전에 소명에 나오지 않은 것은 연석의 내화를 전혀 몰랐기 때문이니, 대신(臺臣)이 올린 상소의 말을 어찌 깊이 혐의할 필요가 있겠는가. 상소 가운데 아뢴 말은 참으로 걱정하고 사랑하는 충심에서 나온 것이니 유념하지 않겠는가. 방금 특별히 비망기를 내려 안팎의 신히들로 하여금 나의 뜻을 분명히 알게 하였다. 경은 나의 지극한 뜻을 깨달고 안심하여 사직하지 말고 속히 출사하여 공무를 행하라."

하였다.

빈궁 삼도감[32] 도제조의 해임을 청하는 상소 무술년(1718, 숙종44) 2월

殯宮三都監都提調乞解上書 戊戌二月

"삼가 아룁니다. 빈궁(嬪宮)의 상사(喪事)[33]는 실로 너무도 뜻밖의 일이니 신하들의 놀라운 마음을 어떻게 말로 다 할 수 있겠습니까. 삼가 생각건대 저하께서 약 시중을 들며 근심스러워하는 가운데 이렇게 마음 아픈 일이 생겼으니, 조정에 있는 신하들이 지극히 걱정스러운 마음을 더욱 금할 수 없을 것입니다. 신은 죄를 지은 몸으로 교외로 물러나 있는지라 오랫동안 문후의 반열에 나가지 못하여 인정과 도리상 하루도 편안한 날이 없는데, 병증마저 심해져 아침저녁으로 죽을 날만 기다리고 있습니다. 곡을 하기 위해 성 밖으로 나아갔다가 갑자기 도감 도제조에 차임하는 명을 들었습니다. 달리 회피할 길이 없어 감히 나아가 무릅쓰고 맡지 않을 수 없었지만, 하는 일마다 흐리멍덩하게 잘못 처리하여 두려운 심정만 몹시 간절합니다. 구구한 저의 계획은 다만 두 도감의 회의에 함께 자리한 연후에 도성 밖으로 나와 엎드려 호소하고 자처하는 것입니다.

어제 사관이 《실록》을 고출(考出)한 후에 올린 장계를 보았는데,

32 삼도감(三都監) : 국상(國喪) 때 설치하는 세 도감으로 국장도감, 빈전·혼전도감, 산릉도감을 말한다.

33 빈궁(嬪宮)의 상사(喪事) : 경종(景宗)의 원비(元妃)인 단의왕후(端懿王后) 심씨(沈氏)를 말한다. 경종 즉위 2년 전인 1718년 2월에 승하하였다. 1720년 경종이 즉위하자 혜릉(惠陵)의 능호와 영휘(永徽)의 전호를 받고 단의왕후로 추봉되었다.

조종(祖宗) 두 조정의 빈궁의 상례에 모든 의식과 절차가 지금과는 달랐으니, 단지 하나의 도감만 설치하고 또한 도제조를 차출하는 일이 없었습니다. 장계 속에 '뒤이어 상세히 갖추어 모두 베껴서 올리겠다'는 말이 있었습니다. 지금의 상례(喪禮)는 성상의 하교에 따라 비록 을유년(1645, 인조23)의 전례[34]를 참고하였지만, 삼가 생각건대 사체가 을유년과는 차이가 있어야 할 듯합니다. 게다가 조종조에 이미 행한 전례가 분명히 근거할 만한 것이 있으니, 이번에 세 개의 도감을 함께 설치한 것은 변통하는 절차가 있어야 할 듯하며 도제조는 또한 그대로 두어서는 안 됩니다. 이 때문에 감히 지레 회동하는 자리를 만들지 않고서 두 도감의 제조와 함께 상의하였으니, 그들의 소견도 똑같았습니다. 이에 신이 마침내 물러나 돌아가서 조만간 사관이 돌아오기를 기다렸습니다. 시행해야 할 중요한 일이 이 때문에 지체되었으니 신은 황송하고 걱정스런 마음을 금할 수 없습니다. 신의 사정에 감히 그대로 명을 받들 수 없는 상황이 있는 점은 말할 필요도 없이 차임한 도제조는 옛 전례를 살펴 즉시 없애야 마땅합니다. 삼가 바라건대 밝으신 저하께서는 더욱 밝게 살피시어 속히 신이 맡은 도제조의 직임을 체차시켜 막중한 일들이 지체됨이 없도록 하십시오."

하니, 답하기를,

"상소를 살펴보고 경의 간절한 뜻을 잘 알았다. 도감의 도제조를 사직하려는 것은 지나치다. 나의 뜻을 헤아려 안심하고 사직하지

34 을유년의 전례 : 1645년(인조23) 4월 26일 인조(仁祖)의 장자 소현세자(昭顯世子)의 초상을 가리킨다.

말고 즉시 공무를 행하라."

하였다.

민희빈[35] 시책문 제술관을 사직하는 차자 5월

愍懷嬪諡冊製述辭箚 五月

"삼가 아룁니다. 일전에 선시 도감(宣諡都監)의 초기(草記)를 보았는데, 체차된 시책 제술관(諡冊製述官)의 대임(大任)으로 신을 달하(達下)[36]하였다고 하였습니다. 이는 너무도 뜻밖의 일이라 신은 지극히 두렵고 놀라운 마음을 금할 수 없습니다.

삼가 생각건대 신은 겨우 실오라기 같은 목숨만 부지한 채 칠십에 가까운 나이로 병들어 쇠약한 지 이미 오래되었으니 아침저녁으로 죽을 날만 기다리며 인사가 모두 끊어졌습니다. 이런 신에게 중대한 글을 지어 올리는 일을 요구하니, 실로 이는 조정의 체모에 있어서도 큰 잘못이고 미천한 신에게 있어서도 어찌 절대 실정과 가깝지 않은 일이 아니겠습니까. 도감에서 갑자기 신을 구차하고 소홀하게 대신 차임한 것에 대해 참으로 그 뜻을 알 수 없습니다.

신은 죄와 허물이 중첩되었는데도 오히려 엄한 견책을 면하였기

35 민희빈(愍懷嬪) : 소현세자(昭顯世子) 빈(嬪) 강씨(姜氏)이다. 우의정 석기(碩期)의 딸로 인조 5년(1627) 가례(嘉禮)를 올렸으나 인조 29년 세자가 인조의 미움을 받다가 죽은 뒤 소의(昭儀) 조씨(趙氏)의 무고로 인해 조씨를 저주한 사건의 배후자로 지목된 데다가, 이듬해 어선(御膳)에 독약을 넣은 사건이 일어나자 그 소행의 장본인이라는 무고로 폐서인이 되어 후원의 별당에 유폐된 후 사사되었다. 숙종 41년(1718)에 신원되고 민회(愍懷)라는 시호를 받았다.

36 달하(達下) : 왕세자가 대리(代理)할 때 신하가 아뢴 문서를 왕세자가 보고 결정하여 내리는 것을 말한다. 임금이 재결하여 내리는 것은 '계하(啓下)'라고 한다.

에 항상 두려운 마음으로 죄를 기다리고 있는 처지입니다. 지난달에 함부로 돈장(敦匠)의 직임을 받아 우러러 중대하고 급박한 상례를 생각하여 염치를 무릅쓰고 명을 받들었으나 흐리멍덩하게 일을 그르쳐 여러 사람들의 비웃음을 샀습니다. 근래에 도성 밖으로 나가서 성상의 문후를 받들기 위하여 객사에 머물고 있는데, 묵은 병들이 빈틈을 타고 모두 일어나 기력이 쇠진하여 생기가 날로 사라지고 정신은 혼미하여 사물을 분간하지 못하고 있습니다. 신이 비록 관각의 벼슬을 역임했으나 본래 글재주가 서툽니다. 근래에 더욱 혼미하고 고갈되어 몇 줄의 평범한 글도 짓지 못하는데, 하물며 이렇게 중대한 글을 짓는데 어찌 조금이라도 마음을 먹겠습니까.

조정의 고사에 일찍이 전책(典冊)을 찬술하는 일을 상신(相臣)에게 맡긴 적이 없습니다. 일찍이 존호를 올리는 성대한 예식과 능침(陵寢)을 복호(復號)할 때에 더러 지어 올린 일이 있지만, 처음부터 차임된 경우는 있어도 관각에 누차 탈이 생긴 후에 마지막으로 대신 채워진 경우는 듣지 못했습니다. 아마도 조정에서 그 사체를 보존하여 그런 듯합니다. 지금 신이 응제할 가망이 없는 것이 단지 늙고 병들었기 때문이니 또 이런 말을 하는 것이 진실로 온당치 못하다는 것은 알지만 사례는 이러합니다. 일찍이 을유년(1645, 인조23)과 신사년(1701, 숙종27)[37] 그리고 이번에 도감의 지문(誌文)과 시책문(諡冊文)은 대제학이 모두 지어 올렸습니다. 지금 제술관에 탈이 생겼다면 마땅히 이러한 전례를 따라서 그 일을 중하게 해야 하지

37 을유년과 신사년 : 1645년(인조23) 소현세자의 초상과 1701년(숙종27) 인현왕후 민씨(閔氏)의 초상을 가리킨다.

않겠습니까. 신은 오직 죄를 기다리고 있어 실로 스스로 힘쓰기가 어렵습니다. 삼가 바라건대 밝으신 저하께서는 병이 극심하여 혼미한 신의 상황을 밝게 살피시어 속히 변통시켜 조정의 큰 일이 군색하고 급박해지는 우환이 없게 하신다면 천만다행이겠습니다.

일전에 미천한 신의 봉록을 하교에 따라 창고 관리가 재차 실어왔으니 신은 황송하여 어찌할 바를 모르겠습니다. 신은 본디 조정에 있는 사람이 아니니, 벼슬을 그만두었다면 감히 평상적인 봉록을 받을 수 없습니다. 의례(義例)는 준엄하니 조정에서 또한 잘못된 은혜를 내려 전헌(典憲)을 무너뜨려서는 안 됩니다. 또한 바라건대 저하께서는 지극히 간절한 신의 마음을 굽어 살피시어 이전의 하교를 중지시켜 미천한 신의 분수를 편안하게 해주십시오."

하니, 답하기를,

"차자를 살펴보고 경의 간절한 뜻을 잘 알았다. 시책문을 제술하는 지임을 지나치게 사양해서는 안 되니 속히 찬진하라. 평상적인 봉록은 더욱 사양할 의리가 없으니 안심하고 받도록 하여라."

하였다.

돈유를 받은 후 죄를 청하는 차자 9월

敦諭後請罪箚 九月

"삼가 아룁니다. 성상의 여러 병세가 한결같이 차도가 없고 때때로 혹 심해지니, 신하로서 어찌 간절히 걱정하는 마음을 이길 수 있겠습니까마는 신은 홀로 반열에 나아가 문후하지 못하였습니다. 근래 가례(嘉禮)[38]가 예법대로 거행되어 온 나라가 기뻐하고 조정 신하들이 하례하는데도 신은 홀로 기뻐하며 춤추는 반열에 참여하지 못했습니다. 명색이 대신(大臣)의 지위에 있으면서 신하된 의리를 폐하였으니, 비록 병들어 누워 혼미한 속에서도 밤낮 대궐을 바라보며 지극히 축원하고 두려운 심정을 금할 수 없습니다.

어제 갑자기 근신(近臣)이 와서 전한 휘교(徽教 왕세자의 하교)를 받드니, 신을 들어오라고 교유하시며 책면하는 뜻이 엄하면서도 온화하였습니다. 융숭한 은혜가 어떻게 죄를 짓고 물러난 신하에게까지 아울러 미쳤는지 모르겠으니, 절하고 조아리며 두려움에 떨려 정신이 달아날 듯하였습니다. 신이 비록 매우 불초하나 산과 같은 융숭한 은혜를 입었으니 실낱같은 목숨이 끊어지지 않는 한 어찌 감히 스스로 태평성세를 멀리하여 편히 지내며 편리함을 구할 생각을 하겠습니까. 참으로 지난날 첩첩이 지은 죄에 대하여 비록 관대한

38 가례(嘉禮) : 1718년(숙종44)에 경종의 세자빈(世子嬪)인 단의빈(端懿嬪) 심씨(沈氏)가 죽자, 어유귀(魚有龜)의 딸이 14세의 나이로 세자빈에 책봉되어 가례(嘉禮)를 올렸고, 경종이 즉위한 뒤에 선의왕후(宣懿王后)에 책봉되었다.

은혜를 입어 견책은 면했지만 신의 개인적인 의리상 굽어보고 우러러보아도 두려워 깊이 죄인으로 자처하면서 오직 멀리 숨어 살며 목숨을 마치기를 기필해야지, 결코 다시 관직을 받아 대신의 뒤에 끼여서는 안 되기 때문입니다.

지난달 슬프고 경황없는 때에 외람되이 지엄한 명을 받아 감히 뻔뻔스런 얼굴로 명을 받들고서 다시 도성을 나왔지만 신의 죄는 그대로입니다. 신의 죄와 허물에 대해서는 신이 전후의 차자에서 대략 거론하였으나 이제 감히 죽음을 무릅쓰고 거듭 아뢰겠습니다.

고(故) 유신(儒臣) 윤선거(尹宣擧)에 대해서는 신이 그보다 뒤에 태어나 만난 적이 없었으니 어찌 일찍이 평소의 교분이 있었겠습니까. 신이 어려서부터 듣기로 온 세상의 논의가 모두들 그를 현인군자라고 하였고, 명성이 동시대 덕이 훌륭한 분들과 나란하였습니다. 지난번 그 문집 판본을 헐[39] 적에 신이 차자를 올려 대략 논하여 그 도학(道學)을 칭찬하였는데 그 후에 성상의 하교가 지극히 엄준하였으니, 신이 만약 직접 하교를 받았다면 심골(心骨)이 모두 송연해졌을 것입니다. 근래에는 윤선거의 죄가 성조(聖祖 효종)를 무함하고 헐뜯은 것으로 점차 이루어져 처벌이 지극히 무거웠습니다. 신하로서 군부를 무함하고 헐뜯었다면 죽음을 당해도 그 죄가 남음이 있을 것입니다. 신이 지난번에 그를 칭찬한 것이 결국 완전히 성상을 기망한 것이 되고 말았으니 신의 죄는 죽어 마땅합니다.

작년에 도당(都堂)의 신록(新錄)[40]은 신이 본디 감당할 수 없었기

39 지난번……헐 : 320쪽 주23 참조.

40 도당(都堂)의 신록(新錄) : 의정부에 모여 홍문관의 교리나 수찬을 새로 뽑는 것

에 뒤늦게 마지못해 명을 받들었는데, 의정부에서 명령을 내리는 것만 알고 대제학이 전적으로 주관하는 것은 몰랐습니다. 권점을 찍어 완록(完錄)[41]할 때에 신이 수석(首席)을 맡았는데 조정에서 그 기록이 잘못되었다고 하여 모두 없애고 다시 기록하였으니, 신이 일을 맡아 어둡고 미혹하여 국조 이래로 있지 않았던 일을 초래하였습니다. 홍문록(弘文錄)은 국가의 막중한 선발인데 이렇게까지 일을 그르쳤으니, 이는 다른 죄에 비할 바가 아닌 만큼 또한 영원히 폐기시켜 그 죄를 엄히 다스려야 합니다.

신이 본래 쇠약하고 병이 있는데 지금 나이가 칠십에 가까워 정신과 기운이 모두 소진되고 몸은 앙상해졌습니다. 갖가지 질병이 번갈아 일어나 기운이 쇠잔하고 먹고 자는 것이 여의치 않아 조만간 죽을 날만 기다리는 처지이니, 가령 신이 조정에 있더라도 어찌 조금이라도 국사를 보조할 수 있겠습니까. 조정의 잘못에 대해 신이 모두 침묵하여 바로잡아 구제하는 말을 올리지 못했으니 신이 성상의 은혜를 저버린 것이 큽니다. 그 죄를 어찌 이루다 말하겠습니까.

신은 시골에 돌아가 숨어살며 그저 대궐을 우러러 생각하여 머뭇

을 말한다. 홍문관의 7품 이하 관원이 후보자의 명단을 작성하면, 홍문관 부제학 이하 여러 사람이 각자 추천하는 사람의 성명 위에 권점을 찍어 홍문록(弘文錄)을 만든다. 그런 다음 의정・찬성・참찬과 이조의 판서・참판・참의 등이 의정부에 모여 홍문록에 오른 명단에서 적합한 사람의 이름 위에 권점을 찍어 도당록(都堂錄)을 만들어 임금에게 올리면, 임금이 차점 이상의 득점자를 교리나 수찬에 임명하였다.

41 완록(完錄) : 의정부에서 홍문관의 교리・수찬을 선임하기 위한 제2차의 추천 기록이다. 의정과 이조의 판서・참찬・참의 등이 모여 홍문록에 오른 명단에서 적합한 사람의 이름 위에 권점을 찍어 그 찬반을 보이며, 이 결과를 임금에게 올리면 득점 순위대로 교리와 수찬에 임명하였다.

거리며 지내야 마땅합니다. 무릅쓰고 나아갈 수 없는 사정과 병들어 거의 죽어가는 상황이 위에서 아뢴 것과 같은데도 성상께서는 '편안하기 어려운 점이 달리 없다.'고 말씀하시기에 감히 이렇게 진심을 토로합니다. 신명이 밝게 비추고 있으니 신이 어찌 감히 한 마디라도 거짓으로 꾸미겠습니까. 은혜로운 유지(諭旨)가 특별히 내렸지만 명을 받들 가망이 없는지라 땅에 엎드려 두려움에 떨며 감격의 눈물을 흘립니다. 삼가 바라건대 저하께서는 굽어 살피시어 속히 소명을 거두고 다시는 신을 기억하지 마시고 신의 직임을 깎아내고 신의 죄를 다스려 조정의 법도를 밝히고 미천한 신의 분수를 편안하게 해주십시오."

하니, 답하기를,

"차자를 살펴보고 경의 간절한 뜻을 잘 알았다. 차자에서 두 가지의 일을 자신의 책임으로 끌어와 한결같이 깊이 혐의하니 실로 너무 지나치다. 다시는 정세(情勢)를 이유로 사직하지 말고 안심하고 도성에 들어와 지극한 나의 기대에 부응하라."

하였다.

만정당집

제9권

계사 啓辭

서계 書啓

계사 啓辭

사간원에서 피혐한 계사[1] 계해년(1683, 숙종9)

諫院避嫌啓辭 癸亥

헌납으로 있을 때이다.

사헌부의 신하들이 전 정언 박태유(朴泰維)를 논계한 일[2]로 서로 인피하여 처치가 본원으로 귀속되었습니다. 신이 함부로 생각하기에, 박태유는 간원의 직임에 있으니 만약 태묘(太廟 종묘)에 시호를 올리는 예가 온당하지 않다고 여긴다면 시비를 분명히 말하여 성대한 의식을 거행하기 전에 주장하여 막중한 전례가 지당한 곳으로 귀결되도록 힘쓰더라도 본디 안 될 것이 없습니다. 그런데 그가 한 말은 단지 일을 먼저 제기한 유현(儒賢 송시열)을 논죄하고, 의논하여 결정한

1 사간원에서 피혐한 계사 : 이 글은 1683년(숙종9) 윤6월 23일 저자가 박태유의 상소 내용을 이유로 피혐하며 올린 계사이다. 《승정원일기》에 실려 있다. 《承政院日記 9年 閏6月 23日》

2 사헌부의……귀속되었습니다 : 당시 태조(太祖)와 태종(太宗)의 시호를 더하자는 논의가 제기되었는데, 박태유가 반대하는 상소를 올리려 하다가 결국 올리지 못하였다. 그러나 그 상소의 내용이 전파되자, 박태유에 대한 처벌을 두고 사헌부 관원 사이에 논란이 있었다. 《肅宗實錄 9年 6月 12日》

신하들을 공격하는 내용이었으니, 마치 옆에서 보던 외간 사람이 뒤늦게 비난한 것과 같습니다. 지적한 말도 잘못되어 사람들을 의심하고 놀라게 하였습니다. 그러나 그 상소를 중간에 고치는 바람에 아뢴 적은 없으니, 지금 전하는 글을 억지로 찾아내어 대각에서 탄핵하기까지 하고 이 때문에 논죄하는 것은 실로 태평성대의 관대한 풍도에 어긋납니다. 그러므로 얼마 전 대청에서 사헌부의 신하와 대략 주고받은 말이 있습니다.

다만 신은 예전에 관직(館職)에 있었을 때 종묘의 예를 헌의하는 반열에 참여했습니다. 이번에 박태유가 올리지 못한 상소의 내용에 '서로 따지느라 사이가 어긋났으며 작은 혐의를 멀리하려 한다.'라고 하고, 끝에 '조처가 구차하여 사람들의 마음에 맞지 않는다.'라는 따위의 말로 심하게 배척하였으니, 신은 이에 감히 가부를 말할 수 없는 혐의가 있습니다. 어찌 감히 대각의 자리에 그대로 있겠습니까. 신의 직임을 체차하라고 명하소서.

사헌부에서 호조 참의에 특별히 제수하라는 명을 도로 거두어들이도록 청한 계사[3] 병인년(1686, 숙종12) 1월

憲府請還收戶曹參議特除之命啓 丙寅正月

집의로 있을 때이다.

왕자가 관직을 내리는 법은 반드시 여러 사람의 천거를 따라야 하며, 우리나라에서 사람을 등용하는 규례는 본디 정해진 제도가 있습니다. 만약 사적인 경로가 그 사이에 섞여 정해진 제도가 흔들린다면, 천하에 공명정대함을 보일 수 없고 관직이 따라서 문란해질 것이니, 그 걱정을 이루 말할 수 없습니다.

김석연(金錫衍)[4]은 단지 가까운 외척으로 음사(蔭仕)로 관직에 나왔으니, 애당초 특별히 등용할 대상이 아닙니다. 호조 참의는 하대부(下大夫)의 높은 직질로, 국가의 공적인 물건입니다. 이번에 중비(中批)[5]로 특별히 제수한 것은 전적으로 사적인 은혜에서 나왔으니, 사사로이 가까운 사람에게 관직을 주면 안 된다는 깊은 경계[6]를 어기고 선발하는

3 사헌부에서……계사 : 이 글은 1686년(숙종12) 1월 15일 저자가 김석연을 호조 참의에 제수하라는 명을 도로 거두도록 청하며 올린 계사이다. 《승정원일기》에 실려 있다. 《承政院日記 肅宗 12年 1月 15日》

4 김석연(金錫衍) : 1648~1723. 본관은 청풍(淸風), 자는 여백(汝伯)으로 부친은 김우명(金佑明)이며, 현종비 명성왕후(明聖王后)의 동생이다.

5 중비(中批) : 이조나 병조의 전형을 거치지 않고 국왕이 특명으로 제수하는 것을 말한다.

6 사사로이……경계 : 《서경》 〈열명 중(說命中)〉의 "관직은 사사로이 친한 이에게

일반적인 격식에서 크게 어긋났습니다.

전하께서는 비록 외가라는 이유로 융숭한 은전을 베풀고자 하시지만, 은혜를 헤아려 베푸는 데는 원래 다른 방도가 있습니다. 어찌 중대한 한계를 함부로 무너뜨리며 갑자기 이처럼 전에 없는 조처를 하십니까. 성상의 덕에 누를 끼치고 여론을 놀라게 하기가 이보다 심한 일이 없습니다. 김석연을 호조 참의에 특별히 제수하라는 명을 도로 거두어 들이소서.

주지 말고 오직 그 능력에 따라 준다.〔官不及私昵, 惟其賢.〕"라는 말을 인용한 것이다.

사헌부에서 네 가지 일을 논한 계사[7] 4월

憲府論四事啓 四月

집의로 있을 때이다.

엊그제 춘당대(春塘臺)에 친림하셨을 때 과녁에 화살을 자주 맞추었다는 이유로 지사 신여철(申汝哲)과 능평군(綾平君) 구일(具鎰)에게 특별히 가자(加資)하라고 명을 내리셨는데, 신은 삼가 잘못이라고 여깁니다.

가자하는 은전은 중요한 상에 관계되니, 본디 함부로 시행해서는 안 됩니다. 더구나 높은 품계로 올려 주는 것은 일의 체모가 더욱 자별한데, 어떻게 일시적으로 기예를 시험한 일로 덕 있는 자에게 벼슬을 내리는 은전을 하찮게 만들 수 있겠습니까.

옛적 당 선종(唐宣宗)은 행차할 때마다 자금어대(紫金魚袋)를 몇 개씩 가지고 다녔는데, 간혹 일년 내내 하나도 쓰지 않는 경우도 있었습니다. 송(宋)나라에서 무신(武臣)에게 관작을 줄 때는 반드시 변방에서 공을 세우기를 요구하였으며, 남다른 공훈이 아니면 단계를 뛰어넘을 수 없었습니다. 나라에서 상을 신중히 하는 방도는 본디 이와 같아야 합니다.

7 사헌부에서……계사 : 이 글은 1686년(숙종12) 4월 11일, 신여철(申汝哲)과 구일(具鎰)을 가자하라는 명을 거두어 달라는 일, 송사의 해결을 청한 정홍주(鄭興周)를 처벌하는 일, 태복시 관원을 꾸짖은 환관을 처벌하는 일, 양주 목사(楊州牧使)의 추고를 청한 환관을 처벌하는 일로 올린 계사이다. 《승정원일기》에 실려 있다. 《승정원일기 肅宗 12年 4月 11日》

지금 편안하고 아무 일 없는 날에 우연히 활쏘기를 본 일로 인하여 화살 몇 개가 과녁에 맞았다는 이유로 우대하고 총애하는 은전을 베풀어 품계를 높여주었는데, 만약 사변을 만나 비상한 군공을 세우면 전하께서는 무엇으로 상을 주시겠습니까. 모두 중신(重臣)으로서 장수의 직임을 맡고 있었으니, 밝으신 성상의 의도가 따로 있었더라도 이보다 앞서 이러한 상전은 말을 하사하는 정도를 벗어나지 않았습니다. 은혜가 지나치고 참람하여 국법을 크게 벗어났으니, 지사 신여철과 능평군 구일에게 가자하라는 명을 도로 거두어들이소서.

근래 나라의 기강이 무너지고 백성의 마음이 태만하여 분수를 넘어서는 폐단을 이루 셀 수가 없으니, 식자들의 우려가 참으로 깊습니다. 엊그제 춘당대에 친림하셨을 때 무식한 거자(擧子)들이 잡다한 말로 참람하고 외람되게 청을 아뢰었으니 이미 지극히 경악스러운 일입니다. 심지어 선산(善山) 사람 정흥주(鄭興周)라는 자는 사사로운 송사에 관계된 일을 번거롭게 성상께 아뢰며 속히 처결해달라고 청하기까지 하였으니, 신은 지극히 놀라운 마음을 견디지 못하겠습니다.

친림하는 과장(科場)은 일의 체모가 지극히 엄격합니다. 또 어좌가 지척에 있으니 얼마나 존경해야 하는 곳입니까. 그에게 정말로 원통한 일이 있다면 어가 앞에서 상언(上言)하거나 등문고(登聞鼓)를 울려 원통함을 풀 길이 없지 않습니다. 어찌 감히 방자하게 이처럼 놀라운 짓을 하는 것입니까. 그가 아뢴 송사의 시비를 가리는 일은 우선 놓아두고 논하지 않더라도, 만약 거자라는 이유로 내버려둔다면 훗날의 폐단과 크게 관계되며 윗사람을 업신여기는 버릇을 기르게 됩니다.

선산 사람 정홍주를 담당 관사로 하여금 수금하여 엄하게 죄를 정하게 하소서.

신이 들으니 며칠 전 능을 전배(展拜)하고 환궁하는 날, 열무(閱武)하기 위해 교련장에 어가를 멈추었는데, 사복시 정이 다시 채찍을 올리기 위해 어소(御所) 근처로 나아가자 일개 어린 환관 하나가 길을 비키라며 기세를 높여 꾸짖었는데, 마치 하인처럼 대했다고 합니다. 그러다가 그가 조정 관원이라는 사실을 알고 나서도 조금도 굴하지 않고 밀어서 좇아 거의 땅에 쓰러질 뻔하였습니다. 설령 태복시의 관원이 서 있으면 안 될 자리에 서 있었더라도 타일러 물러나라고 하면 됩니다. 그는 일개 어린 환관으로서 어찌 감히 조정 관원을 멸시하고 이처럼 모욕하는 것입니까. 당시 액정 하인 중에 보고 알게 된 자가 많으니, 그 패악하고 오만한 버릇을 징계하지 않으면 안 됩니다. 해당 내관을 담당 관사로 하여금 조사하게 하여 적발하여 죄를 정하게 하소서.

신이 들으니 얼마 전 황창부위(黃昌副尉) 변광보(邊光輔)의 집에서 장사지낼 때 호상(護喪)한 중사(中使)가 어떤 일을 계기로 서계(書啓)하여 양주 목사(楊州牧使)를 추고하라고 청하였다고 합니다. 비록 명을 받들었더라도 내관이 조정 관원을 추고하라고 청한 것은 예전에 없던 일입니다. 해당 고을의 수령이 만일 태만하고 소홀한 일이 있었다면 사실대로 아뢰어 성상의 처분을 기다리는 것은 그래도 괜찮습니다. 어찌 감히 버젓이 사신의 명령을 받았다고 스스로를 높이며 법제를 뛰어넘어 조정 관원을 경시하기를 이처럼 무엄하게 할 수 있겠습니까.

우리나라의 가법은 중관이 법제를 뛰어넘을 수 없으니, 이 한 가지가 가장 아름다운 제도이며 종묘사직이 오래가는 것도 여기에 의지합니다. 그런데 오늘날에 이르러 이것까지 실추되었으니, 그 우려는 이루 말할 수 없습니다. 옛날에 중관이 나라에 화란을 끼쳤던 것은 모두 처음 싹텄을 때 미리 막지 못했기 때문입니다. 어찌 깊이 염려할 일이 아니겠습니까. 나라의 체모가 달려 있고 들은 사람들이 모두 놀라고 있으니, 그 교만하고 방자한 버릇을 통렬히 징계하지 않으면 안 됩니다. 당시 호상한 해당 내관을 파직하고 서용하지 마소서.

동지 사신을 논죄하라는 계사

論罪冬至使臣啓

신하가 명을 받들고 국경을 나가면 일을 전담할 수 있으니, 뜻밖의 변고가 생기는 상황을 만나도 반드시 마음과 힘을 다해 직분을 저버리지 말아야 합니다. 만약 그 이해득실을 먼저 헤아리고 어찌할 수 없는 일이라고 핑계를 대며 더 이상 쟁론하지 않고 힘쓰지 않는다면, 전대(專對)하는 뜻이 어디에 있겠습니까.

이번에 동지사가 가지고 돌아온 문서는 말이 몹시 패악하여 나라의 수치가 망극하니, 신하가 차마 들을 수 있는 것이 아닙니다. 혈기가 있는 사람이라면 모두 분개하며 죽으려 할 것입니다. 그런데 사신들은 미리 꺾는다는 말에 지레 겁을 먹고 진주사의 행차를 지나치게 걱정하여 끝내 통렬히 변론하는 말을 한 마디도 하지 못한 채 문서를 지니고 돌아오면서도 조금도 어려워하지 않았으니, 사명을 받든 자의 도리가 어찌 이와 같을 수 있겠습니까. 사신의 직분이 무너지고 여러 사람이 분통을 터뜨리고 있으니, 동지 정사와 부사, 서장관을 모두 삭탈관작하라고 명하소서.

피혐하는 계사[8]

避嫌啓辭

신이 며칠 전 입시하였을 때, 마침 병조 판서 이숙(李䎘)이 무신(武臣) 오도홍(吳道弘)의 일을 아뢰는 모습을 보았는데, 낙점을 오랫동안 미루고 있는 일에 의혹을 품고, 성상의 뜻이 무엇인지 여쭈었습니다.[9] 이는 비록 인재를 아까워하는 뜻에서 나온 것이지만, 신의 생각에 오도홍의 일은 비록 원통한 사정이 있더라도 이는 일을 논하다가 성상의 뜻을 거스르는 것과는 차이가 있습니다. 만약 재주가 있다면 전형을 주관하는 사람이 곧장 수용하기를 청해도 안 될 것이 없습니다. 만약 사람에 따라 사안에 따라 번번이 감히 성상의 뜻을 탐문한다면, 일의 체모에 있어서 참으로 온당치 않습니다. 그러므로 우연히 상소의 말미에 언급한 것입니다.

방금 삼가 이숙의 상소를 보니, 말이 장황하고 여러 가지 비유를 허비하여 신이 말한 뜻과는 크게 상반되니, 신은 실로 깨닫지 못하겠습니다. 성상의 뜻을 미리 헤아려 따르고 군주의 의향을 정탐하는 것은 과연 간사하고 아첨하는 행태입니다. 오도홍은 성상의 뜻을 거슬렀는데 이숙이 그 원통함을 아뢰고 등용하고자 하였으니, 이는 성상의 뜻을

8 피혐하는 계사 : 이 글은 1686년(숙종12) 4월 18일, 저자가 이숙(李䎘)의 상소로 비난을 받았다는 이유로 피혐한 계사이다. 《승정원일기》에 실려 있다. 《承政院日記 肅宗 12年 4月 18日》

9 병조……여쭈었습니다 : 1686년(숙종12) 4월 12일, 이숙은 숙종에게 오도홍(吳道弘)이 쓸만한 인물인데 등용하지 않는 이유를 물었다. 《肅宗實錄 12年 4月 12日》

미리 헤아려 따르는 것과는 참으로 같지 않습니다. 어찌 신의 본뜻을 헤아리지 못하고 이렇게까지 의심하고 성내는 것입니까. 신의 상소 내용은 한때의 소견을 우연히 언급한 것에 불과합니다. 그런데 이숙은 그의 평생을 거론하며 너무 심하게 인책하고, 심지어 간신의 비난을 받았다고 말하였으니, 신은 실로 개탄스럽습니다. 신은 이미 중신에게 비난을 받았으니 대각의 자리에 그대로 있을 수 없습니다. 신의 직임을 체차하라고 명하소서.

함경 감사를 파직하도록 청한 계사[10]

請罷咸鏡監司啓

신이 들으니 함경도에서 이번 4월에 진상하는 물목 중에 새로 출산한 숙의방(淑儀房)에 봉진(封進)하는 수량이 중궁전에 진상하는 물건 종류와 조금도 차등이 없다고 합니다. 또 각 전(殿)과 더불어 가장 윗줄에 나란히 썼으니, 지극히 놀라운 마음을 이기지 못하겠습니다. 명분의 등급을 나누는 때와 의식을 늘리고 줄이는 사이는 그 체모가 지극히 엄격합니다. 아무리 사소한 절차라도 모두 법도가 있어 조금도 혼동해서는 안 됩니다. 옛사람은 여기에 대해서 반드시 터럭만큼 작은 것도 조심하였으니, 이유가 있었던 것입니다.

본도에서 만약 근거삼을 봉진의 전례가 없다면 이것을 가지고 예조에 문의하여 그 격식을 정해 분부하기를 기다려야 마땅합니다. 그런데 이번에는 곧장 일체 봉진하였고, 또 입계하는 문자를 조심하지 않았으니, 일의 체모를 크게 상실하였습니다. 비록 문비(問備)하라는 명이 이미 내렸으나 관계된 바가 작지 않아 들은 사람들이 모두 놀라고 있습니다. 착오에서 나왔다는 이유로 끝내 경계하는 방도가 없어서는 안 됩니다. 해당 감사를 파직하라고 명하소서.

10 함경……계사 : 이 글은 1686년(숙종12) 4월 9일 함경 감사가 봉진을 잘못하였다는 이유로 파직을 청한 계사이다. 《승정원일기》에 실려 있다. 《承政院日記 12年 4月 9日》

처치하는 계사
處置啓辭

권지(權持)가 책제(策題) 때문에 논박을 받은 일은 억측에서 나온 것으로 본디 가혹하게 법을 적용한 것입니다. 게다가 전혀 실상과 맞지 않으니, 다시 청요직에 서용하는 것이 참으로 마땅합니다. 조정에 공론이 있기 마련인데, 권지의 피혐 계사는 비단 사실에 근거하여 스스로 변론한 것만이 아니었습니다. 전하는 말을 지나치게 듣고서 분개한 말투로 자신을 논박한 사람을 되레 논척하며 전적으로 의도적인 모함이라고 치부하며 일의 체모를 손상시켰으니, 몹시 온당치 않습니다. 그의 억울함은 풀어주어야 하지만, 이 피혐 계사의 잘못을 이유로 체직을 청하더라도 본디 안 될 것이 없으니, 연석의 신하가 그 처치가 잘못되었다고 아뢰는 것은 괜찮습니다. 그러나 합사하여 논척하며 반드시 책제 때문에 죄를 주어야 한다고 하면 이는 참으로 너무 심한 논의입니다.

홍수헌(洪受瀗)의 잘못은 소회를 아뢰지 않은 것이 아닙니다. 밖에 있는 관각의 동료에게 의논하지 않고 지레 차자를 올려 체직하기에 급급하였으니, 조처가 가볍고 갑작스러워 규례에 몹시 어긋납니다. 이것으로 한 번 서로 경계하는 것은 기이한 일이 아니지만, 체직을 청한 계사에서 애초에 그의 진언을 허물하지 않았으니, 이번 사헌부 관원의 상소 내용은 본디 심한 논의가 아니므로 혐의할 필요가 없습니다. 다만 승지의 직임은 본디 경연의 직함을 지니고 있으므로, 만약 소회가 있으면 사안에 따라 아뢰어야 하니, 삼사의 책임도 겸하고 있습니다. 그런데 사헌부 관원이 당초 추고를 청한 계사에서 그 말의 시비를 분명히 하지 않고 옥당 관원과 현격히 구분하며 마치 그의 말이 직분을 벗어나 나온 것처럼 여기니, 그의 고집도 끝내 잘못된 것입니다. 장령 임환(林渙)을 출사시키고 조의징(趙儀徵)을 체차하소서.

승정원에서 전라 감사의 추고를 청한 계사[11] 병인년(1686, 숙종12) 가을

政院請推全羅監司啓辭 丙寅秋

승지로 있을 때이다.

임기가 찬 수령을 잉임하도록 계청하는 것조차 변함없는 국법에 어긋나거늘, 하물며 곤수의 직임은 더욱 수령에 비할 바가 아닙니다. 그런데 이번에 전라 감사 김진귀(金鎭龜)의 장계는 맞이하고 전송하는 폐단이 있다는 이유로 본도의 우수사 최운서(崔雲瑞)를 잉임하도록 청하였으니, 이는 근래에 드문 일입니다.

올해 본도의 재해가 극심하고, 또 비록 임인년(1662, 현종3) 이전의 일을 근거로 삼았지만, 감사의 체모를 헤아리면 끝내 온당치 않습니다. 훗날의 폐단에도 관계되니, 김진귀를 추고하는 것이 어떻겠습니까?

11 승정원에서……계사 : 이 글은 전라 우수사 최운서(崔雲瑞)의 잉임을 청한 전라 감사 김진귀(金鎭龜)의 추고를 청한 계사이다. 《승정원일기》에는 실려 있지 않다.

김 귀인의 작질을 올리는 일을 중지하도록 청한 계사[12]

병인년(1686, 숙종12) 11월

請寢金貴人進秩啓辭 丙寅十一月

승지로 있을 때이다.

신들이 방금 삼가 비망기를 보니, 소의 김씨(昭儀金氏)를 귀인(貴人)으로 삼으라는 명이 있었습니다. 신들은 삼가 온당치 못하다고 여깁니다. 신들이 우러러 생각건대, 이렇게 대왕대비전께서 탄생하신 날을 맞이하였으니, 경사와 복이 더욱 늘어나 성상께서 더욱 기뻐하여 궁궐 안에 이렇게 추은(推恩)하는 조처를 내리셨습니다.

다만 생각건대, 소의가 입궁한 지 겨우 몇 달이 지났을 뿐입니다. 풍정(豐呈)[13]하고 축수하는 날 이미 작질을 올리는 은전을 내렸으니, 앞으로 품계를 순서대로 올리는 일은 세월을 기약해야 마땅합니다. 어찌 이렇게 급급히 여기며 갑자기 올리고야 말 필요가 있겠습니까. 삼가 생각건대, 조종조의 옛일은 이와 같지 않은 듯합니다. 이것은 조정의 관작과는 차이가 있으니 신들이 감히 함부로 논할 일은 아닙니다. 그러나 밝으신 성상께서 조처를 늦추어 은혜가 중도에 맞게 하여 옛사람이 내지(內旨)를 봉하여 돌려준 의리[14]를 따르고자 합니다. 구구

12 김……계사 : 이 글은 소의 김씨(昭儀金氏)를 귀인(貴人)으로 삼으라는 명을 거두어 달라고 청한 계사이다. 《승정원일기》에 따르면 소의 김씨를 귀인으로 삼은 것은 1686년(숙종12) 11월 6일의 일이며, 《숙종실록》에 따르면 하루 전이다. 이 계사는 《승정원일기》에 실려 있지 않고, 《숙종실록》에 일부가 실려 있다.

13 풍정(豐呈) : 대규모의 궁중 연회이다.

한 소회를 황공한 마음으로 감히 아룁니다.

14 옛사람이……의리 : 송(宋)나라 두연(杜衍)이 이부 시랑(吏部侍郞)으로 있으면서 인종(仁宗)이 내린 내지를 시행하지 않고 놓아두었다가 십수 장이 모이면 봉하여 돌려주었다. 《宋史 卷310 杜衍列傳》

소강 첨사 조세웅을 추고하도록 청한 계사[15]

請推所江僉使趙世雄啓辭

방금 황해도 수군방어사(黃海道水軍防禦使) 조세웅(趙世雄)이 본진의 주사(舟師) 사초(司哨)를 마련하는 일로 청한 계본을 삼가 보니, 비단 말이 잡스러울 뿐만 아니라, '분명히 효과가 있으니, 국가가 의지할 날을 기대할 수 있습니다.'라는 따위의 말은 공로와 능력을 과시하고 자랑하려는 뜻이 있습니다. 외방의 신하가 올리는 장계의 모양이 전혀 아니니, 참으로 놀랍습니다. 번방(藩邦)의 곤수(閫帥)는 일의 체모상 비록 군무 사이에 한때 수행한 일이 있더라도 그저 사실에 근거하여 아뢰어야 할 뿐입니다. 조정에서 만약 논의하여 칭찬한다면 괜찮지만, 어찌 감히 스스로 늘어놓기를 이처럼 외람되게 할 수 있겠습니까.

삼가 보니 근래 곤수들이 장계에 병서(兵書)를 잡다하게 인용하여 어지러이 이야기합니다. 어떤 이는 업무를 수행하였다고 열거하고, 어떤 이는 부하의 재주가 뛰어나다고 지나치게 칭찬하며 능력을 자랑하고 상을 바라는 태도가 현격합니다. 이와 같은 부류는 드러나는대로 경책하여 조정의 체모를 엄하게 하지 않으면 안 됩니다. 조세웅을 추고하소서.

15 소강……계사 : 이 글은 황해도 수군방어사 조세웅의 계본이 외람되다는 이유로 추고를 청한 계사이다. 《승정원일기》에는 보이지 않는다.

경기 감사 김덕원을 추고하도록 청한 계사[16] 무진년(1688, 숙종14) 5월

請推京畿監司金德遠啓辭 戊辰五月

승지로 있을 때이다.

신이 삼가 경기 감사(京畿監司) 김덕원(金德遠)의 장계를 보니, 열성(列聖)의 어제(御製)를 널리 구하도록 통지한 일로 인하여 인천부(仁川府)에 거주하는 전 현감 홍정(洪淨)의 집에 소장된 인조대왕(仁祖大王)이 잠저(潛邸)에 계실 때의 군호(君號)를 새긴 인장 1매를 그의 집에서 본관(本官)으로 와서 바쳤으므로 우선 객사에 봉안하게 하고 봉진하는 절차를 종부시로 하여금 성상께 여쭈어 처리하게 하라는 뜻으로 치계(馳啓)하였습니다.

근래 조정에서 널리 구하는 것은 열성의 어제 문자뿐이며, 어필로 말하자면 봉입하지 말라는 하교가 있었습니다. 이 인장은 비록 선조께서 사용하던 물건이지만 조정의 명령이 아닌데도 이렇게 마음대로 번거롭게 아뢰었으니, 일의 체모에 있어서 몹시 온당치 않습니다. 또 조정의 명령을 듣기 전에 지레 전패(殿牌)[17]의 감실(龕室)에 봉인하였으니, 조처가 몹시 가볍고 성급합니다. 이 장계는 도로 물러 보내고, 감사 김덕원을 추고하소서.

16 경기……계사 : 이 글은 1688년(숙종14) 6월 14일 어필을 봉입하지 말라는 하교를 어긴 경기 감사 김덕원을 추고하도록 청한 계사이다. 《승정원일기》에 실려 있다. 《承政院日記 14年 6月 14日》

17 전패(殿牌) : '전(殿)' 자를 새긴 위패로 국왕을 상징하며 각 고을의 객사에 봉안한다.

두 대신을 안치하고 이조 판서에게 내린 엄한 전지를 도로 거두도록 청한 두 번째 계사[18] 7월

請還收兩大臣安置吏曹判書處嚴旨再啓 七月

승지로 있을 때이다.

신들은 전에 없던 군주의 지나친 행동을 목격하고 어리석은 충성에 격동되어 함부로 아뢰었으나, 성의가 얕아 성상의 마음을 감동시켜 돌리지 못하고 도리어 참으로 한심하다는 하교를 받았습니다.[19] 신들은 머리를 맞대고 두려워하며 몸둘 곳을 모르겠습니다. 신들은 다시 이렇게 번거롭게 해 드리면 죄를 더한다는 것을 잘 알지만, 만약 지엄한 위엄이 두려워 침묵하고 만다면, 이는 결국 군주의 잘못을 이루어 전하를 크게 저버리는 것입니다.

지금 남구만(南九萬)과 여성제(呂聖齊) 등이 성상과 가까운 자리에서 아뢴 내용은 그 말에 참으로 잘못되고 망녕된 점이 있습니다.[20] 그러나 그 본심을 따져보면 단연코 다른 뜻이 없습니다. 저 종척(宗戚)의

18 두……계사 : 이 글은 1688년(숙종14) 7월 16일, 저자가 남구만(南九萬), 여성제(呂聖齊)에 대한 조치가 지나치고 박세채(朴世采)에게 내린 전지가 지나치다고 아뢴 계사이다. 《승정원일기》에 실려 있다. 《承政院日記 14年 7月 16日》

19 신들은……받았습니다 : 이 계사를 올리기 하루 전, 승정원에서 남구만과 여성제를 유배하라는 명을 거두고 박세채에 대해 내린 비망기를 고쳐달라고 하였으나 숙종에게 '참으로 한심하다.'라는 전교를 받았다. 《承政院日記 14年 7月 15日》

20 지금……있습니다 : 남구만과 여성제는 동평군(東平君) 이항(李杭)을 혜민서 제조에 임명한 것은 외람되니 체직하라고 청하였다가 숙종의 진노를 사서 유배되었다. 《肅宗實錄 14年 7月 14日》

신하와 원래 원한이 없는데 공연히 방자하게 해를 끼치며 번거롭게 성상께 아뢰기까지 하였다면, 이것이 과연 인지상정에 가깝겠으며 천하에 어찌 이런 이치가 있겠습니까.

이는 비단 신하들이 모두 알고 있을 뿐만 아니라 삼가 생각건대 전하께서도 필시 헤아리고 계실 것입니다. 그런데 억지로 죄안을 만들어 곧장 무함한 죄로 몰아넣었습니다. 지금 비록 미천한 필부라도 조정의 벌이 실상을 벗어나 나왔다면, 그 잘못되고 억울하기가 형정을 문란하게 하기에 충분합니다. 더구나 보좌하는 대신으로 평소에 예우하던 자이겠습니까. 인대(引對)를 파하자마자 갑자기 변방으로 쫓아내었습니다. 풍상을 겪으며 위리안치되어 고단하고 위태하기가 이루 형용할 수 없습니다. 안개와 이슬에 젖고 길에서 고생하여 죽음과의 거리가 멀지 않게 된다면, 어찌 전하의 어진 덕을 손상하지 않겠습니가. 그리고 우리 조종의 관대한 은택도 장차 오늘에 이르러 무너질 것입니다.

또 박세채의 도학과 명망은 우선 놓아두고 논하지 않더라도, 전하께서 예전에 예우하고 접대한 정도가 어떠하였습니까. 그가 아뢴 말은 필시 초야에서 나라에 충성하고 임금을 사랑하는 정성에서 나왔을 것이니, 전하께서 만약 채택하여 시행하지 않는다면 내버려 둘 뿐입니다. 비록 그 사람과 함께 쓰지 않더라도 예의를 지켜 물러나게 하여 처음과 끝이 다르다는 비난을 받지 말아야 합니다. 그런데 지금은 욕하고 꾸짖으며 조금도 돌아보지 않고, '괴이한 물건을 불러들이고 마음씀이 바르지 않다.'[21]라는 등의 하교를 전지(傳旨)에 연달아 언급하셨으니, 아,

21 괴이한……않다 : 숙종이 내린 비망기에 박세채를 두고 "내가 형편 없어 조정에 한 괴물을 불러들였다.〔因予之無狀, 招致一怪物於朝廷.〕"라는 내용을 말한다. 나중에

너무합니다. 중도에 맞고 너그러운 도량을 지니신 전하께서 한때의 격노로 인하여 어찌하여 이 지경으로 말을 가리지 않는 것입니까.

어제는 유현으로 대접하고 빈번히 예우하며 무릎 위에 앉히는 정도에 그치지 않았는데, 하룻사이에 몹시 싫어하며 버리고 갑자기 좋지 않은 죄목을 덮어씌웠습니다. 이는 박세채가 애당초 어질었다가 아첨했다가 하는 차이가 있었던 것이 아니니, 그로서는 본디 손해될 것이 없으나 성상의 덕에는 큰 누가 됩니다. 이와 같은 조처는 비단 나라의 체모가 크게 손상될 뿐만 아니라 역사책에 전파될 것이니, 후세의 비난하는 논의가 오늘날을 어떤 시대라고 하겠습니까.

신들은 이 하교를 본 뒤로 서글피 걱정하고 벌벌 떨면서 두려운 마음이니 실로 나랏일이 끝내 어디에 그칠지 모르겠습니다. 바람과 우레의 유익함[22]을 유념하고 해와 달이 바뀌는 모습[23]을 보여주어 뒤집듯 태도를 바꾸는 것은 실로 오늘에 달려 있습니다. 전하께서 참으로 여기에 유의하신다면 어찌 성덕이 빛나지 않겠습니까. 신들은 또렷한 정성으로 밤이 깊은 뒤 다시 번거롭게 아뢰는 일을 면하지 못하였으니 더욱 지극히 황송한 마음을 견디지 못하겠습니다. 감히 아룁니다.

'괴물(怪物)'을 '부정(不正)'으로 고치고, 다시 '소활(踈闊)'로 고쳤다.《肅宗實錄 14年 7月 15日》

22 바람과 우레의 유익함 :《주역》〈익괘(益卦) 상사(象辭)〉의 "바람과 우뢰가 익(益)이니, 군자는 이 점괘를 보고서 선을 보면 옮겨 가고 허물이 있으면 고친다.〔風雷益, 君子以, 見善則遷, 有過則改.〕"라는 말을 인용한 것이다.

23 해와……모습 :《논어》〈자장(子張)〉의 "군자의 허물은 일식이나 월식과 같아서, 허물이 있으면 사람들이 모두 보고, 고치면 사람들이 모두 우러러본다.〔君子之過也, 如日月之食焉. 過也, 人皆見之, 更也, 人皆仰之.〕"라는 말을 인용한 것이다.

예조의 계사 을해년(1695, 숙종21) 7월

禮曹啓辭 乙亥七月

참판으로 있을 때이다.

전교하기를,

"내간에서 영정(影幀)을 그릴 일이 있는데, 이곳은 중관(中官)과 화사(畫師)가 들어와 참석할 자리가 아니니, 임창군(臨昌君) 이혼(李焜)과 전 응교 김진규(金鎭圭)를 대궐 내에 출입하게 하라고 해당 조(曹)에 말하라."

하셨습니다. 이번 성상의 전교는 천만 뜻밖에 나왔습니다. 조정의 대체에 관계되니, 감히 묵묵히 명을 받들 수는 없습니다.

내간에서 그림을 그리는 일이 얼마나 긴밀하고 중요한지는 감히 모르겠으나, 엄격하고 은밀한 곳에서 사적으로 신료를 만나며 수시로 출입하게 하는 것은 조종조의 옛 제도가 전혀 아닙니다. 이 길이 한 번 열리면 후세의 폐단 역시 이루 말할 수 없을 것입니다.

더구나 이 종친과 외척의 신하[24]는 옛일로 말하자면 혐의가 있어 법으로 더욱 엄격히 금지하였으니, 나라의 체모를 손상하며 보고 듣는 사람들을 놀라게 하는 정도가 또 어떻겠습니까. 삼가 생각건대, 밝으신 성상께서 혹시 이 점에 대하여 미처 깊이 생각하지 못하고 이 전교를 내리신 것입니까. 담당하는 신하는 비록 내린 명령을 받들어 시행하는

24 종친과 외척의 신하 : 이혼은 소현세자의 손자이며, 김진규는 숙종 비 인경왕후(仁敬王后)의 오빠이다.

것이 직분이지만 조처가 몹시 괴이하니, 필시 성상의 덕에 큰 누를 끼칠 것인지라 감히 구차하게 명을 받들 수 없습니다. 구구한 소회를 황공한 마음으로 감히 아룁니다.

사헌부에서 피혐한 계사[25] 임오년(1702, 숙종28)

憲府避嫌啓辭 壬午

대사헌으로 있을 때이다.

신은 담당한 시험의 일을 마친 뒤 즉시 남쪽으로 갔는데,[26] 길에서 삼가 들으니 사헌부에 제수하는 명이 내려 황공하고 낭패스러워 어찌할 줄 몰랐습니다. 분의가 있고 복명(復命)하는 일이 중요하니, 감히 병든 몸을 억지로 이끌고 조정으로 달려가 염치를 무릅쓰고 공경히 숙배하지 않을 수 없었습니다. 그러나 신은 병들어 죽어가는 사람으로 사람의 이치가 모두 다하였습니다. 이처럼 볼품없는 몸으로 어찌 대사헌의 자리를 거듭 더럽힐 수 있겠습니까.

또 신은 오늘날 세 대신에 대한 합계[27]에 삼가 개탄하는 점이 있습니다. 사람을 살피려면 평소의 행동을 보아야 하고, 사람을 논하려면 본심을 찾아야 합니다. 평범하고 낮은 사람이라도 이와 같이 해야 하는

25 사헌부에서 피혐한 계사 : 이 글은 저자가 대사헌으로 재직 중이던 1702년(숙종 28) 5월 10일, 남구만(南九萬)에 대한 처벌이 지나치다는 이유로 올린 피혐 계사이다. 《승정원일기》에 실려 있다. 《承政院日記 肅宗 28年 5月 10日》

26 신은……갔는데 : 서종태는 이해 1월 11일 함경도 별견시관(咸鏡道別遣試官)으로 임명되어 함경도 길주(吉州)로 가서 별시(別試)를 시행하고 돌아오다가 4월 25일 대사헌에 임명되었다. 《承政院日記 肅宗 28年 1月 11日, 4月 25日》

27 세……합계 : 이해 1월 16일부터 사헌부와 사간원이 합계하여 남구만(南九萬)과 유상운(柳尙運)을 멀리 유배하고 윤지완(尹趾完)을 파직하도록 청하였다. 《承政院日記 肅宗 28年 1月 16日》

데, 하물며 조정에서 예전에 대우했던 원로 대신은 어떻겠습니까. 남구만(南九萬)은 얼마 전 중대한 옥사를 다스렸는데,[28] 참으로 일을 맡아 착오를 저지르는 잘못을 하였습니다. 다만 그가 평소 수립한 것을 보면 화복 때문에 마음이 흔들리지 않았고, 그 본심을 찾아보면 나라를 위하는 한결같은 마음으로 깊이 우려하고 지나치게 염려한 것 뿐입니다. 성상께서도 이미 그의 심사를 통촉하고 계실 것입니다.

국가가 불행하여 생각지도 않게 작년의 화변[29]이 일어났습니다. 이 때문에 뒤늦게 그의 죄를 따지며 당시의 마음을 조금도 헤아리지 않았습니다. 처음 논계의 내용[30]이 이미 사람들을 놀라고 두렵게 하였는데, 죄율이 점차 더해져 지금은 유배를 청하기에 이르렀습니다. 이것이 과연 오로지 의리를 지키고 공평한 마음으로 일을 논하는 공정한 태도에서 나온 것입니까. 영돈녕부사 윤지완(尹趾完)의 파직을 청한 계사는 당초에 죄목의 긴요한 말로 삼은 것이 이미 실상과 어긋났고,[31] 여러 대간들이 인피하는데도 논죄하기를 그치지 않으며 반드시 죄를 만들고자 합니다. 오늘날 대각은 오직 자기 하고 싶은 대로 한다고 하겠습니다.

28 남구만(南九萬)은……다스렸는데 : 1694년(숙종20) 남구만이 장희재(張希載)의 옥사를 맡아 그가 세자의 외삼촌이므로 처형하지 말도록 청한 일을 가리킨다.《肅宗實錄 20年 5月 20日》

29 작년의 화변 : 인현왕후의 승하를 말한다.《肅宗實錄 27年 8月 14日》

30 처음 논계의 내용 : 1701년(숙종27) 사헌부와 사간원이 합계하여 남구만의 파직을 청한 일을 말한다.《肅宗實錄 27年 10月 22日》

31 당초에……어긋났고 : 사헌부와 사간원에서 윤지완의 파직을 청하며 "사사로운 편지의 말뜻을 끌어다 곧장 상소에 올렸다."라고 하였는데, 나중에 그런 일은 없었고 윤지완이 남구만과 편지를 주고받았을 뿐이라는 사실이 밝혀졌다.《肅宗實錄 27年 11月 5日, 6日》

유상운(柳尙運)은 신의 5촌 숙부이니 법률상 피혐할 수는 없으나, 신의 사적인 의리에 있어서 어찌 그에게 죄를 주어야 한다는 논의를 어찌 들을 수 있겠습니까. 신이 예전에 들으니, 유상운은 옥사에 관여하였기 때문에 몹시 불안한 마음을 품었다고 합니다. 몇해 전에는 스스로 논열하는 상소를 지었는데, 비록 올리지는 못했으나 그 상소의 초고를 본 경재(卿宰)들이 있습니다. 어찌 오늘날 마음의 자취 때문에 의심을 받을 줄 생각이나 했겠습니까. 아, 조금이라도 사람의 마음이 있는 자는 필시 차마 이렇게 하지 못할 것이니, 오늘날 세도는 험난하고도 야박하다고 하겠습니다.

신은 참으로 어리석어 한 가지 장점도 없습니다. 단지 평생의 본뜻은 편벽하고 각박한 논의를 조장하여 전하의 조정을 손상하지 않으려는 것이었습니다. 지금 조만간 죽게 되었으나 차마 그 본심을 바꾸어 시세를 따르지 못하겠습니다. 어리석은 견해는 이와 같아 끝내 구차히 동의할 수 없으니, 어찌 감히 하루라도 대차(臺次)에 그대로 있을 수 있겠습니까. 신의 직임을 파직하라고 명하소서.

비변사에서 사간원의 계사로 인하여 품처한 계사[32]

備局因院啓稟處啓辭

얼마 전 사간원이 계사를 올려, 작년에 원임 대신이 각 군문의 대장에게 사고가 있으면 도제조가 습진(習陣)을 대신하도록 청한 일을 두고 옛제도가 아니라고 하며 이미 내린 명령을 중지하라고 청하였습니다. 그러자 성상께서 비지를 내려 묘당으로 하여금 성상께 여쭈어 처리하도록 하셨습니다.[33]

훈련도감은 설치한 지 이제 백 년이 넘었고, 어영청은 계해년(1623, 인조1) 중흥(中興)한 초기에 설치하였으며, 금위영은 근래에 설치하였습니다. 훈련도감과 어영청을 설치한 이래로 과거에 습조(習操)한 일은 비록 자세히 알 수 없으나, 이미 도제조를 두어 관할하게 하였으니, 주장(主將)에게 사고가 있을 때에는 필시 오래지 않아 중지하였을 것입니다. 지난 기유년(1669, 현종10) 훈련도감 도제조를 겸임한 정승이 습진을 대신 시행하였고, 어영청은 무오년(1678, 숙종4) 성상께서

32 비변사에서……계사 : 이 글은 1716년(숙종42) 6월 2일 비변사에서 올린 계사로 《승정원일기》에 실려 있다. 《承政院日記 肅宗 42年 6月 2日》

33 얼마……하셨습니다 : 여기서 원임 대신은 이이명(李頤命)이다. 그는 1715년 2월 21일 입시한 자리에서 금위영에는 대장에게 사고가 있으면 도제조가 대신 습조를 행하는 규례가 있으나 훈련도감과 어영청에는 없다며 세 군문이 똑같이 대장에게 사고가 있으면 도제조가 대신 습조를 행하도록 청하였다. 이후 1716년 윤3월 22일 정언 송진명(宋眞明)이 계사를 올려 중지를 청하였다. 그러자 숙종이 비변사에서 품처(稟處)하라고 하였다. 《承政院日記 肅宗 41年 2月 21日, 42年 閏3月 22日》

하교하여 신군(新軍)과 구군(舊軍)이 합동 습조할 때 대장에게 사고가 있으면 도제조가 가서 시행하라고 명령을 내리셨습니다. 그 뒤 경신년(1680) 이래로 도제조가 대신 시행한 적이 많았습니다. 금위영은 신유년(1681) 이후로 도제조가 대신 시행한 적이 자주 있었던 정도에 그치지 않습니다.

그러다가 경인년에 이르러 연석에서 금위대장을 따로 둘지 여부를 논의하였는데, 성상께서 금위영의 습조는 간혹 대장에게 사고가 있으면 도제조가 거행하여 거르지 않도록 하라고 하교하셨습니다. 금위영은 이때부터 그대로 정식으로 삼았습니다. 그러나 훈련도감과 어영청은 도제조가 습조하는 일을 근래 거르는 경우가 많습니다. 작년에 원임 대신이 삼군문 도제조가 대신 거행하는 일을 일체 정식으로 삼도록 청한 것은 여러 군문의 규례에 차이가 있으면 안 되기 때문이었습니다.

그러나 군문의 도제조는 군문의 정사를 총괄하여 살피니, 훈련장에서 습조를 시행하는 것은 본디 그의 직임이 아닙니다. 또 금위대장은 병조 판서로서 인혐하고 들어가는 때가 항상 많으나 훈련도감과 어영청은 일의 형세가 이와는 조금 차이가 있습니다. 그러나 금위영과 어영청이 여러 달 습조를 거르면, 번(番)을 서기 위해 올라온 군병이 습조를 경험하지 못한 채 돌아가기도 합니다. 조정에서 이전부터 대신 시행하게 한 것은 군정이 소홀해질까 염려해서이니, 임시로 변통하는 제도에서 나온 것으로 그 유래가 오래되었습니다.

지금 사간원 신하의 계사는 마치 모두 옛일이 아니며 대신이 아뢴 말이 처음 만들어낸 것처럼 말하였는데, 이것은 자세히 살피지 못한 소치인 듯합니다. 그러나 그가 말한 '체통이 손상된다.'라는 말은 소견이 없지 않습니다. 다만 지금 도제조가 대신 시행하는 것이 이미 규례가 되었고, 훈련도감과 어영청 역시 옛일을 인순(因循)한 일을 계기로 성상의 하교를 따라 거듭 밝혔습니다. 여러 군문의 조련하는 정사는 이로 인해 오랫동안 거르는 폐단이 없었으니, 이 규례를 지금 혁파하는 것은 부당합니다.

다만 작년에 정식으로 삼은 뒤로 여러 군문에서 습조할 차례를 맞이한 대장이 우연히 며칠 동안 사고가 있으면 군문에서 와서 도제조가 대신 행하도록 청하고는 이어서 탈계(頉啓)에서 제조까지 함께 거론하여 말하였습니다. 이것은 일의 체모가 끝내 불편하며 논하는 자도 그렇게 말하였습니다. 훈련도감은 다른 군영과 차이가 있으니 여러 달 습조를 정지하는 경우, 그리고 두 영은 연달아 습조를 정지하는 경우 및 신군과 구군의 합동 습조를 거르게 되는 경우에는 도제조가 곧장 조련을 시행하는 것이 마땅합니다. 지금부터 이대로 거행하는 것이 어떻겠습니까?

비변사에서 전교로 인하여 올린 회계[34]

備局因傳敎回啓

……라는 일로 명을 내리셨습니다. 형옥(刑獄)과 전곡(錢穀)에 관한 임무는 직임을 오래 맡은 뒤에야 성과를 요구할 수 있습니다. 백성을 다스리는 관원은 자주 바꾸어서는 더욱 안 되니, 반드시 오랫동안 맡아 다스린 뒤에야 백성의 일을 두루 알 수 있으며 관청의 업무를 익숙히 살필 수 있습니다. 이로 말미암아 계획하여 시행할 수 있으니, 오래 임명하는 것이 유익하다는 점은 참으로 분명합니다. 근래 자주 체직하는 것은 옛제도와 몹시 어긋납니다. 제수된 지 1년 정도 지나면 옮겨 승진하는 자도 있고, 병을 핑계로 체직을 도모하는 자도 있습니다. 비단 수령을 맞이하고 전송하는 것이 고을 백성의 큰 폐단이 될 뿐만 아니라, 관청의 일이 흐지부지해져 수습할 수 없는 것도 이 때문이니, 신들은 참으로 이미 걱정하고 있었습니다.

지금 성상께서 깊이 유념하여 이렇게 특교를 내리셨는데, 삼사의 관원과 양사를 출입한 사람은 외직에 임명되면 2년을 채우기 선에는 옮기지 못하도록 이미 을해년(1695, 숙종21) 하교하여 정식으로 삼은 것이 있으니, 거듭 밝혀 시행해야 마땅합니다. 비록 외직에 오래 있다가 내직에 의망된 옥당이라도 성상께서 헤아려 처분하는 것이 마땅할

34 비변사에서……회계 : 이 글은 1715년(숙종41) 8월 1일, 수령을 오래 임명하고 함부로 바꾸지 말라는 내용으로 올린 계사이다. 《승정원일기》에 실려 있다. 《承政院日記 肅宗 41年 8月 1日》

듯합니다. 그밖에 다스리지 못하고 법을 지키지 않는 부류는 저절로 규찰과 탄핵을 받을 것입니다. 치적이 뚜렷이 드러나 온 도의 으뜸이라서 승진하기에 합당한 자 외에는 성상의 하교대로 절대 함부로 체직하여 옮기지 말도록 별도로 정식으로 삼아 양전(兩銓) 및 여러 도의 감사를 엄히 신칙하는 것이 어떻겠습니까?

비변사에서 청나라 자문으로 인하여 마땅한 조처를 논하여 올린 계사[35] 경인년(1710, 숙종36) 10월

備局因北咨論措處事宜啓辭 庚寅十月

일단 청나라 자문이 온 뒤로는 민간에서 사정이 어떠한지 자세히 알지 못하고 지나치게 놀라고 두려워하며 소란이 갈수록 심해지고 있습니다. 지방의 경우는 퍼지는 소문이 소란을 보태기가 도성에 비해 몇 배 정도로 그치지 않으니, 촌락에 거의 안도하는 자가 없습니다. 조만간 사변이 닥칠 것이라 생각하여 더 이상 생업을 아끼는 뜻이 없습니다. 저축을 전부 털어 날마다 술과 음식을 일삼으니, 닭과 개도 남은 것이 없습니다. 지금 같은 흉년에 낭비하는 것이 이와 같으니, 장차 굶주리고 흩어지는 우환은 형세상 반드시 닥힐 것입니다. 나라의 근본이 한 번 흔들리면 그 걱정은 말하기 어려우니, 지금의 계책은 각별히 타이르고 편안히 모여살게 하는 일이 없을 수 없습니다.

본사(本司 비변사)에서는 청나라 자문이 눈앞의 경보와는 다르다고 여기니, 조정에서 순무사를 차임하여 보내는 것은 비단 바다의 방비를 신칙하기 위해서만은 아닙니다. 장차 백성의 질고를 수집하고 백성의 마음을 위로하기 위해서이니, 이 때문에 갑자기 놀라 움직여서는 안

35 비변사에서……계사 : 1710년(숙종36) 9월 28일, 청나라 예부(禮部)에서 자문(咨文)을 보내어 해적이 배를 타고 달아났으니 조선의 연해 지방은 방어에 유의하라고 전하였다. 이 글은 이해 10월 19일 비변사에서 대책을 마련하여 올린 계사이다. 《승정원일기》에 실려 있다. 《肅宗實錄 36年 9月 28日》《承政院日記 肅宗 36年 10月 19日》

됩니다. 각 도의 감사에게 따로 관문(關文)을 보내어 각 고을에 통지하게 하고, 백성을 명백히 깨우쳐 진정하게 하는 것이 어떻겠습니까?

또 올린 계사[36] 11월

又 十一月

"봉조하 남구만(南九萬)의 헌의(獻議)에 '정예의 돌격 기병을 선발하여 바다를 건너 육지에 내리는 적의 보병을 막아야 합니다.'라는 말이 참으로 나의 뜻에 맞다. 급히 강구하여 거행하지 않으면 안 되니, 우선 속히 의논하여 처리하라."

라고 명을 내리셨습니다. 이른바 해적이 반드시 올 형세임은 보지 못했으나 조정에서 이미 이를 걱정하고 있으니, 막을 방책을 참으로 먼저 조처해야 마땅합니다. 그런데 지금까지 한 가지 일도 건의하여 설치한 것이 없으니, 황공한 마음을 견딜 수 없습니다.

삼가 생각건대 해적이 만약 침범하러 오는 일이 있으면 바람을 타고 단숨에 내달려 바다를 육지처럼 건널 것이니, 연해의 고을과 진(鎭)에 있는 약간의 전함과 얼마 안 되는 속오군으로 어찌 막을 수 있는 가망이 있겠습니까. 불행히 해안에 오르면 미리 기병을 준비해 둔 뒤에야 그들이 멀리 내달리는 것을 공격하여 막을 수 있으니, 그 형세가 그러합니다. 우리나라 지방의 기병은 한갓 명목만 남아 있고 거의 다 피폐하니, 필시 전투에서 사용하도록 준비할 수 없을 것입니다.

작년에 함경도에 신설한 친기위(親騎衛)는 남관(南關)과 북관(北

36 또 올린 계사 : 이 글은 1710년(숙종36) 11월 14일 저자가 비변사에서 친기위(親騎衛)를 조용(調用)하고 전마(戰馬)를 지급하도록 청하며 올린 계사이다.《承政院日記 肅宗 36年 11月 14日》

關)에 각 3백 인을 두었으니 법제가 몹시 잘 갖추어졌으며 선발한 것도 정예입니다. 병사는 날래고 말은 튼튼하니, 급한 때 쓸 수 있습니다. 그런데 근래 들으니 그 제도가 몹시 해이해져 점차 예전 같지 않다고 하니, 헌의에서 청한대로 본도의 감사 및 남병사와 북병사에게 분부하여 직접 점검한 뒤에 속히 늙고 나약한 자를 태거(汰去)하고 다시 정예롭고 건장한 자를 모집하여 예전의 액수를 채워야 합니다. 그리고 그들이 타는 노둔하고 약한 말 역시 물리치도록 하여 때에 따라 징발하여 사용할 바탕으로 삼아야 합니다.

평안도는 감영과 병영에 소속된 기병의 수가 수천이고, 그들이 타는 말 역시 스스로 마련한 것으로, 달릴 수 있는 것이 드무니, 이는 믿기 어려울 듯합니다. 역시 본도의 감사와 병사에게 분부하여 한결같이 친기위의 절목대로 도내의 재주 있고 용맹한 병사를 따로 뽑아 때때로 훈련하여 갑작스러운 상황에 대비하게 하되, 그 액수는 6, 7백 명으로 한정하여 일의 형세를 헤아려 시행하고, 거행한 상황은 우선 장계로 보고하게 해야 합니다.

황해도에는 어영청 별마대와 금위영 별효위 각 8백여 명의 군병이 있으니, 모두 제법 건장하며 무예도 뛰어납니다. 그러나 타는 말이 본디 몹시 노둔하니, 이는 각별히 잘 조처한 뒤에야 힘을 얻을 수 있습니다. 본 군문과 감영, 병영으로 하여금 함께 상의하여 예전의 것을 바탕으로 추가로 뽑거나 하되 오로지 정예롭고 건장하기에 힘써 적을 맞이하는 곳에서 징발하여 쓰도록 해야 합니다.

친기위의 제도는 매년 시재(試才)하여 우등한 자는 반드시 조용하니, 권면하는 바탕으로 삼기 위해서입니다. 그런데 근래 먼 지방의 무사들이 실망하고 억울해하니, 설립한 본뜻이 아닙니다. 앞으로는 함경도의 친기위와 평안도의 친기위를 신설한 뒤 우등한 자를 뽑아 따로 조용하는 일을 당초의 절목대로 일체 시행해야 합니다.

또 생각건대, 전마(戰馬)는 본디 몹시 드물어 외방의 군사는 비록 힘을 다해 준비하더라도 대부분 달리기를 감당할 수 없을 것이니, 이 일이 가장 몹시 난처합니다. 만약 여러 목장의 말을 나누어주어 전마를 채운다면 일이 몹시 편리하고 좋을 듯하지만 목장 말의 수량은 두루 나누어주기 어려울 듯합니다. 그러나 생각건대, 한때 나누어 준 것을 그대로 훗날의 전례로 삼을 수 없고, 긴요하고 절실한 일에 관계되니, 아까워해서는 안 됩니다. 참으로 사복시로 하여금 성상의 뜻을 여쭈어 처리하게 하는 것이 마땅합니다. 감히 아룁니다.

비변사에서 봉황성에 모여 조사하는 일로 인하여 대응할 마땅한 방법을 논하여 올린 계사[37] 신묘년(1711, 숙종37) 4월

備局因鳳城會査論策應事宜啓辭 辛卯四月

어제 어전에 나왔을 때, 임신년(1692, 숙종18)에 우리나라와 청나라가 주고받은 자문의 초고를 베껴서 참핵사(參覈使)에게 보내어 사관(査官)에게 보여주고, 전례에 근거하여 설명하게 하라고 이미 결정하여 분부를 내리셨습니다.

청나라에서 만약 들어주지 않으면 중강(中江)에 나와 있는 사람을 시종일관 저지하기 어려울 듯합니다. 위원(渭原)은 청나라에서 조사할 지역이라는 점을 주장의 근거로 삼는데, 참핵사가 올린 장계의 내용으로 보건대, 청나라의 뜻은 강역 안으로 뚫고 지나가는 데 그치지 않는 듯합니다. 과연 길을 돌려 백두산(白頭山)으로 갈 생각이 있다면, 이 일은 자문과 칙서가 없으니 결코 강역 안으로 뚫고 지나가게 내버려 둘 수 없습니다. 마땅히 이치에 근거하여 힘껏 쟁론하여 금지하기를 기약해야 합니다. 그러나 참핵사의 업무는 조사하는 일 뿐이니, 원임 대신의 차자 내용대로 조정에서 따로 사신을 차임하여 그 일의 체모를 중시한 뒤에야 힘을 얻기를 기약할 수 있습니다.

37 비변사에서……계사 : 이 글은 1711년(숙종37) 4월 24일 저자가 비변사에서 청나라 사관(査官)을 대처하는 문제와 관련하여 올린 계사이다. 한 해 전, 평안도 위원(渭原) 사람들이 삼을 캐러 국경을 넘었다가 청나라 사람을 살해한 일이 벌어졌는데, 이로 인해 청나라에서 사관을 파견하여 사건을 조사하고 아울러 국경을 살피려 하였다. 《肅宗實錄 36年 11月 9日》《承政院日記 肅宗 37年 4月 24日》

차임하여 보낼 때는 하루가 급한데, 평안도 순무사(平安道巡撫使) 윤지완(尹趾仁)이 이미 본도(本道 평안도)를 떠났다고 들었는데 아직 조정에 돌아오지 않았으니, 별견 대신(別遣宰臣)이라는 호칭으로 서둘러 의주(義州)에 가도록 하여 한편으로는 위로하고, 한편으로는 타이러야 합니다. 만약 그의 행차를 저지하지 못하면 그대로 위원까지 따라가서 그의 동정을 보고, 과연 염려한 바와 같다면 여러 가지 방법으로 잘 타일러 우리 경내를 거쳐 가지 못하게 해야 합니다. 본도의 감사에게 이미 국경 근처에 가서 머물라고 하였으니, 역시 재신(宰臣)이 도착한 곳으로 나아가 그와 함께 상의하여 일을 같이하는 것이 마땅합니다. 모두에게 이러한 뜻으로 속히 분부하는 것이 어떻겠습니까?

또 올린 계사[38] 5월

又 五月

사관(査官)이 위원(渭原)에 도착한 뒤 길을 돌려 백두산(白頭山)으로 가려는 생각이 있을 수 있다는 점은 이미 염려하였습니다. 지금 참핵사(參覈使) 송정명(宋正明)의 장계를 보니,

"사관이 조사를 마친 뒤 다시 의논할 일이 있으니 그때 가서 말하겠다고 하였다고 하였습니다."

하였습니다. 비록 분명히 알 수는 없으나 위원에 도착한 뒤 장차 백두산으로 가서 살펴보려는 뜻인 듯합니다. 사관이 과연 이렇게 말하였다면 지금 간 재신(宰臣)과 관찰사는,

"이것은 자문(咨文)과 황지(皇旨)에서 언급한 적 없는데, 사관이 임의로 속국(屬國 조선)의 강역을 지나가는 것은 사리상 결코 안 됩니다."

라는 뜻으로 이치에 근거하여 막아야 합니다. 또 임신년(1692, 숙종 18) 자문의 일을 인용하여,

"길이 몹시 험하여 가기 어려우니, 비록 출발하더라도 필시 낭패를 당할 것입니다."

라고 말해야 합니다. 그러나 저쪽에서 혹시 또 유지(諭旨)를 꺼내 보여주는 일이 있으면 다시 논쟁하기 어렵습니다. 근래 평안도 관찰사

38 또 올린 계사 : 이 글은 1711년(숙종37) 5월 4일 저자가 비변사에서 청나라 사관(査官)을 대처하는 문제와 관련하여 올린 계사이다. 《承政院日記 肅宗 37年 5月 4日》

가 보고한 장계에,

"임신년 병우후(兵虞候)가 적간(摘奸)한 문서를 살펴보니, 만포(滿浦)에서 후주(厚州) 경계까지 690리 사이에 고갯길과 강가 길 중에 통행할 수 없는 곳이 몹시 많다고 하였습니다."

하였으니, 이는 실상입니다. 이것으로 말을 잘 만들어 분명히 설명하고, 저쪽이 그래도 들어주지 않으면 폐사군(廢四郡)의 강가를 따라 길을 인도하고, 저쪽에서 몹시 험하여 가기 어려운 광경을 보면, 응당 저쪽 편으로 넘어가서 갈 듯합니다.

설한령(雪罕嶺)에서 함경도까지 본디 지름길이 있는데, 저쪽이 비록 듣고서 그 길로 가겠다고 생각한다면 이는 국경 안쪽에 속하니 절대 허락할 수 없습니다. 일의 기미를 자세히 살펴 여러 가지 방법으로 주선하라는 뜻을 재신에게 말하고, 또한 관찰사에게도 분부하는 것이 어떻겠습니까?

또 올린 계사[39]
又

엊그제 연석에서 별견 재신(別遣宰臣)은 사관(查官) 등의 행차를 저지한 뒤 올라오고, 함경도의 경우는 함경도 관찰사로 하여금 모든 일을 담당하게 하라는 뜻으로 결정하였습니다. 그러나 나른 이야기가 많아 변고에 대처할 방법을 미처 자세히 여쭈어 정하지 못하였습니다.

사관이 만약 위원(渭原)에서 북쪽으로 가려는 생각을 멈추고 도로 압록강을 건넌다면 본디 따질 것 없지만, 만약 끝내 증명할 만한 문서도 갖고 있지 않으면서 억지로 사군(四郡)의 강가 길을 따라 가서 험난한 길을 꺼리지 않고 반드시 길을 돌려 함경도로 가고자 한다면, 함경도 관찰사는 직분상 미리 본도의 경계에 나와 있어야 합니다. 사관의 행차가 불행히 함경도 경계에 도착하면, 위로하고 대접하는 일에 있어서는 비록 주인과 손님의 예를 폐할 수 없으나, 길을 안내하여 인도하는 일은 함부로 허락할 수 없습니다.

"전해 들으니 대국(大國)이 사관을 보낸 이유는 단지 살해한 지역을 조사하기 위해서이며, 몹시 멀리 떨어진 다른 도(道)는 관계가 없습니다. 오늘의 이 행차는 본국에 분부한 자문(咨文)과 칙서(勅書)가 없으니, 본국에서도 인도하여 길을 안내하라고 본도에 분부하지 않았습니다. 관찰사의 입장에서는 조정의 명령 외에는 감히 제멋대로

39 또 올린 계사 : 이 글은 1711년(숙종37) 5월 29일 저자가 비변사에서 청나라 사관(查官)을 대처하는 문제와 관련하여 올린 계사이다. 《承政院日記 肅宗 37年 5月 29日》

하기 어렵습니다."

라고 말해야 합니다. 또,

"본도의 강가 길은 평안도에 비해 더욱 몹시 험하여 사람과 말이 통행할 수 없습니다. 설령 명령이 내렸더라도 안내할 길이 없습니다."

라고 말하여 한편으로는 힘껏 그 행차를 저지하고, 한편으로는 일에 따라 급히 아뢰되, 일의 형세가 끝내 막기 어려우면 일에 따라 잘 대처하여 마찰이 생기는 우환이 없도록 해야 마땅합니다. 이러한 내용으로 관문(關文)을 보내어 급히 통지하여 그로 하여금 밤낮을 가리지 말고 앞으로 나아가 형세를 보아 변고에 대응하게 하는 것이 어떻겠습니까?

또 올린 계사[40] 6월

又 六月

문위대신(問慰宰臣), 평안도 관찰사(平安道觀察使), 참핵사(參覈使)가 그간 올린 장계를 삼가 보니,

"사관(査官) 등이 위원(渭原) 관사(館舍)에 도착한 뒤, 단지 따르는 사람들만 오로량(吾老梁)의 살해한 지역으로 가서 살펴보게 하고, 모여서 조사하는 일은 천천히 하겠다고 하였습니다. 미루면서 즉시 조사를 마치려는 기색이 없고, 역관들을 불러 또 이번 행차를 떠나며 강계(江界)에서 길을 돌아 경원(慶源)으로 가겠다고 말하였습니다. 사관이 처음에는 살해한 지역을 조사하겠다고 말하였는데, 그 지역에 도착한 뒤에는 또 강가의 길을 따라 가지 않고 내지(內地)로 들어가고자 하니, 의도를 헤아릴 수 없어 사단이 범상치 않습니다."

하였습니다.

대저 사관들이 하는 말이 그간 누차 바뀌었는데, 이번에는 또 경원의 개시(開市)하는 곳에 가서 살펴보겠다는 말을 꺼냈습니다. 위원에서 경원까지 여정을 계산하면 천여 리가 넘을 것인데, 강가를 따라 가지 않고 내지로 간다면 이것은 이른바 '피차의 경계를 넘나들며 강가를 조사한다.'라는 말과 어긋나는 정도가 아닙니다. 그는 조사하는 지역을 핑계로 삼고 있지만, 일부러 머물고 지체하면서 반드시 곧장 함경도로

40 또 올린 계사 : 이 글은 1711년(숙종37) 6월 2일 저자가 비변사에서 청나라 사관(査官)을 대처하는 문제와 관련하여 올린 계사이다.《承政院日記 肅宗 37年 6月 2日》

가려고 하니, 그 의도는 실로 헤아리기 어렵습니다.

지금 만약 폐사군을 경유하지 않고 강계(江界)의 내지에서 곧장 경원으로 간다면, 함경도의 내지 역시 지나가는 길에 있을 것이니, 이는 일의 체모와 도리에 있어서 지극히 터무니없습니다. 재신과 도신이 지금 이치에 근거하여 막고 있지만, 사관 등이 혹시 굴복하여 들어주지 않는다면, 급히 조정에 보고하고 상국(上國)에 자문을 보내겠다는 뜻으로 반복하여 타일러 기필코 그 행차를 중지시키는 것이 마땅합니다. 이러한 내용으로 급히 재신, 도신, 참핵사에게 분부하는 것이 어떻겠습니까?

또 올린 계사[41]

又

국경을 넘은 사람의 일을 봉황성(鳳凰城)에서 다시 조사한다는 소식을 들었으니, 죄인의 결안(結案)을 마치는 일을 지레 먼저 제기할 수는 없습니다. 그러므로 재자관(賫咨官)을 보내는 일을 우선 정지하라는 뜻을 엊그제 이미 아뢰어 윤허를 받았습니다.

신들이 다시 상의하니, 이번에 자문을 보낸 것은 비단 죄인을 감률하여 처리하는 한 가지 일을 위한 것이 아닙니다. 사관(查官)이 처음 왔을 때는 그가 황지(皇旨)를 받들고 왔다는 사실을 몰랐으므로 의주를 건너와 함경도로 가는 행차를 시종일관 저지하였습니다. 우리 쪽에서는 비록 고집하는 이유가 있었으나 앞으로 사단이 어떻게 될지 모르겠습니다. 이러한 뜻을 필시 일찌감치 북경(北京)에 아뢰었을 것이므로 자문의 내용은 이를 중요한 근거로 삼았습니다.

이번에 봉황성에서 다시 조사한 뒤, 사관이 만약 곧장 북경으로 돌아가 더 이상 강가를 살펴볼 생각을 하지 않는다면, 설령 죄인을 완결하는 일로 자문을 보내는 일이 있더라도, 처음에 길을 막은 곡절 및 마지막에 강가의 길을 안내한 연유는 이미 지난 일이니, 형세상 자문에서 뒤늦게 논하기 어려울 것입니다. 그렇다면 그간의 사실을 끝내 아뢸 수 없으니, 이는 염려하지 않으면 안 됩니다. 지금 만약,

41 또 올린 계사 : 이 글은 1711년(숙종37) 6월 20일 저자가 비변사에서 청나라 사관(查官)을 대처하는 문제와 관련하여 올린 계사이다.《承政院日記 肅宗 37年 6月 20日》

“죄인의 결안을 제멋대로 마칠 수 없고, 강가의 몰래 넘어가는 길을 안내하여 조사한 사연에 대해 따로 재자관을 정하여 바야흐로 보내려고 하는 차에 다시 조사한다는 소식을 들었습니다. 특명으로 품계가 높은 법관을 급히 차출하여 죄인을 데리고 봉황성에 가서 조사에 참여하겠습니다.”

라는 뜻으로 말을 만들어 보태 넣고, 재자관은 당초에 결정한 대로 그대로 속히 들여보내는 것이 사리상 마땅할 듯합니다. 이렇게 거행하는 것이 어떻겠습니까?

또 올린 계사[42]

又

접반사(接伴使) 유집일(兪集一)과 평안도 관찰사(平安道觀察使) 이제(李濟)는 모두 대간의 논계를 받고 있는 중이니 곧장 장계를 보낼 수 없어, 도차사원(都差使員) 중화 부사(中和府使) 양익명(梁益命)으로 하여금 대신 본사(本司 비변사)에 보고하게 하였습니다. 그 보고한 글을 별폭에 베껴 써서 들입니다. 그 보고한 글을 보니,

"역관들로 하여금 자문이 격식에 어긋나 조정에서 회답 자문을 보내지 않았다는 뜻으로 사관(查官)에게 말하며 이치에 근거하여 타일렀습니다. 또 지난날 동보(佟保)와 단대(丹代)[43] 두 칙사(勅使)의 자문을 보여주었더니, 사관이 몹시 두려워하며 '우리들은 문서의 격식에 익숙하지 않아 이러한 착오를 저질렀으니, 자문을 속히 돌려보내면 결국 고쳐 보내겠다.'라고 하였습니다."

하였습니다. 보고한 글에 또,

"사관이 처음에는 원래 답변할 생각이 없었으나 접반사가 조정에서 예부(禮部)에 자문을 보낼 것이라는 뜻을 이미 사관에게 말하였습니다. 이번에 게첩(揭帖)을 내려보낸 일은 뜻밖에 나왔는데, 다섯 사

42 또 올린 계사 : 이 글은 1711년(숙종37) 6월 29일 저자가 비변사에서 청나라 사관(查官)을 제대로 대처하지 못한 접반사(接伴使) 유집일(兪集一)과 평안도 관찰사(平安道觀察使) 이제(李濟)의 추고를 청하며 올린 계사이다.《承政院日記 肅宗 37年 6月 29日》

43 동보(佟保)와 단대(丹代) : 1685년(숙종11) 청나라에서 파견한 칙사이다.

관에게 각기 어첩(御帖)을 보내는 것은 일의 체모가 지극히 온당하지 않습니다. 게첩은 우선 전해주지 않고 조정의 명령을 기다리니, 속히 성상의 뜻을 여쭈어 분부해 주십시오."

하였습니다. 이로 보건대 어쪽의 자문은 감히 자신을 높이는 오만한 뜻이 있는 것이 아니라 전적으로 문서의 규식에 익숙하지 않은 소치입니다. 보내온 자문은 그 말대로 도로 내려보내어 다시 보내온 것을 받은 뒤 규례대로 회답 자문을 보내도 안 될 것이 없을 듯합니다.

다만 그 자문 격식이 지극히 놀라우나, 저쪽에서 이미 부끄러워 사과한다는 말을 하였으니, 그 뜻을 알 수 있습니다. 처음에 즉시 돌려주고 서식을 고치게 했어야 마땅한데, 이미 조정에 올린 뒤 오래 지나서야 돌려주고 고쳐 보내게 한다면, 이는 비록 그들의 청을 따르는 것이지만 접대하는 도리에 있어서는 예절에 관한 일로 인하여 문서를 물러 보내는 일은 불편한 점이 있으며, 포용하는 방도에도 흠이 되는 듯합니다. 전에 보내온 자문은 돌려보내지 말고, 접반사와 관찰사에게,

"사신이 사관이 한 말 때문에 자문을 돌려보내겠다는 뜻으로 급히 조정에 아뢰었더니, 성상께서 '대국의 사신이 하는 말에 비록 격식에 어긋나는 일이 있더라도 돌려보내고 고치기를 청하는 것은 온당치 않은 점이 있다.'라고 말씀하셨습니다."

라는 뜻으로 말을 잘 만들어 언급하고, 또 자신의 뜻으로,

"봉황성에 도착하여 다시 조사한 뒤 자문을 보내는 일이 있을 듯하니, 그때 만약 을축년(1685, 숙종11) 동보와 단대 두 칙사의 자문 격식대로 짓는다면 지난날의 잘못을 만회할 수 있을 것입니다."

라고 한다면, 저 사람이 비록 무식하지만 필시 조정의 처분이 관대하다는 것을 알고 부끄러워 감복하는 마음이 더할 것입니다.

당초에 게첩을 만들어 보냈을 때 그것이 구차하다는 점을 모르지 않았으나, 비단 저쪽에서 보낸 자문의 말에 전혀 답변하지 않을 수가 없었기 때문만은 아니었습니다. 강가의 도로로 가도록 허락해준 일로 말하자면, 사관으로 하여금 그것이 조정의 뜻에서 나왔다는 것을 분명히 알게 하고자 한다면, 지난번에 내려보낸 게첩을 도로 중지할 수는 없으니 그대로 전해주어야 합니다. 그리고 우두머리 사관이 만약 이미 봉황성으로 출발했다면 그가 도착한 곳에 뒤따라가서 전해주는 것이 마땅합니다. 보고한 글에 또,

"함경도로 가는 행차를 요행히 막았고, 지금 차사원을 정하여 강가를 따라 길을 안내하라는 명이 내렸으니, 만약 이 말을 언급한다면 우두머리 사관이 필시 펄쩍 뛰며 기뻐할 것입니다. 비록 철수하여 봉황성으로 돌아가더라도 반드시 행차를 나누어 함경도로 가려고 할 것이니, 나랏일이 걱정스럽습니다."

하였습니다. 근래의 장계를 보니, 우두머리 사관이 다급히 험한 길을 가려 하면서 마치 생사를 잊은 것 같으니, 그가 황지(皇旨)를 받았다는 것을 알 수 있습니다. 재자관이 봉황성에 있으면서 보낸 수본(手本)에,

"뒤늦게 온 사관들이 '사관이 백두산을 보고 난 뒤 흥경(興京)으로 돌아왔는데, 백두산의 진면목을 보지 못하였다는 말을 여기서 어떻게 보태 쓰겠습니까. '돌아가 아뢴다〔歸奏〕는 두 글자를 삭제한 뒤에 복명(復命)하겠습니다.'라고 하였습니다."

하였으니, 저들은 사관이 반드시 길을 돌려 함경도로 갈 것이라고 여겨 그러한 것입니다.

저쪽에서 과연 황상의 뜻이라는 이유로 기필코 함경도로 가고자 한

다면, 그 진퇴는 게첩을 전해주는지 여부와는 관계가 없을 듯합니다. 설령 행차를 나누어 함경도로 가는 일이 있더라도 강가를 따라 길을 안내하겠다는 뜻을 이미 엊그제 들여보낸 자문에 넣었으니, 지금 와서 막기는 어렵습니다. 차사원을 정하여 길을 안내하는 일은 예전에 분부한대로 거행하게 하는 것이 마땅합니다.

지금 사안이 변방과 관계되어 관건이 긴급한데, 명을 받은 신하와 도를 다스리는 신하가 비록 논핵을 받고 있어 그 사정을 참작하면 감히 편안히 있을 수 없는 점이 있습니다. 그러나 일을 마치기 전에는 본디 그 직무를 방기해서는 안 됩니다. 게다가 조정에서 명을 내려 직임을 살피게 하였는데 모두 인혐하고 급히 장계를 올리지 않으며 단지 차사원에게 논보하게 하여 일의 체모를 크게 잃었으니, 참으로 몹시 온당치 않습니다. 유집일과 이제는 모두 엄하게 추고하고, 즉시 직임을 살피게 하는 것이 어떻겠습니까.

비변사에서 통신사의 서계를 다시 보내는 일을 논하여 올린 계사[44] 6월

備局論信使書契改送事啓辭 六月

엊그제 연석에서 성상께서 이르시기를,

"왜인(倭人)이 서식(書式)을 고쳐달라고 한 일에 대해 처음에는 엄준히 배척하는 하교를 내렸으나, 지금 재신(宰臣)이 아뢰는 말을 들으면 역시 일리가 있으니, 들어주어도 안 될 것 없을 듯하다. 다시 논의하여 아뢰라."

라고 하교하셨습니다. 신들은 처음의 견해 외에는 창졸간이라 다시 생각하여 아뢰지 못하였습니다. 또 영부사 윤지완(尹趾完)에게 물어 의논하라는 명을 내리셨으니, 그가 어떻게 대답하는가를 보고서 아뢰고자 하였습니다. 신들이 물러나온 뒤 다시 생각하고, 또 당상들과 상의하니, 이번의 서식을 고쳐달라는 청을 조정에서 들어주기 어려운 이유가 세 가지 있습니다.

70여 년 동안 일컫던 절차를 지금 와서 갑자기 고치기는 어렵습니다. 저 나라에서 복호(復號)한 곡절을 아뢰지 않고 곧장 서식을 고치도록 청하며 마치 지시하듯 하였는데, 우리가 매사를 곧장 따르면 약한 모습을 보이는 것입니다. 국서(國書)를 이미 완성하여 사행(使行)이 출발

44 비변사에서……계사 : 이 글은 1711년(숙종37) 6월 1일 저자가 비변사에서 통신사의 서계(書契)에서 일본 국왕에 대한 호칭을 고치도록 청하며 올린 계사이다. 《承政院日記 肅宗 37年 6月 1日》

하였는데 이제야 갑자기 청하였으니 일의 체모가 전도된 것입니다. 이러한 이유로 허락하지 않으면 우리에게는 할 말이 있습니다.

다만 그동안 통신사가 가져온 강호(江戶 에도 막부)의 회답하는 서식에는 비록 간혹 스스로 '국왕'이라고 쓰지는 않았더라도, 을해년(1695, 숙종21) 이전에는 우리나라의 서식에 연달아 '일본국왕(日本國王)'이라고 썼으니, 이번 요청은 예전의 서식을 따르고자 한 것이며 참람하고 거짓된 짓에 비할 바 아닙니다. 그 의도가 반드시 오만한 데서 나왔다고 단정할 수는 없을 듯합니다.

새로운 호칭이나 예전의 호칭이나 우리나라의 체모에 있어서는 애당초 손해될 것이 없고, 그쪽의 말이 이와 같으니 곧장 따른다고 혐의할 필요는 없습니다. 갑작스럽고 전도되었다고 고집하여 말하는 것으로는 저쪽의 뜻을 꺾기 부족합니다. 영부사 윤지완의 뜻은 국서를 고쳐 보내도 무방하다는 것이었고, 서울에 있는 두 원임 대신도 모두 말하기를,

"매사를 들어주는 것이 꺼려지기는 하지만, 저들의 요청은 예전의 서식을 따르도록 청한 것이니, 지금 비록 들어주더라도 무방할 듯합니다."

하였습니다.

신들의 얕은 소견으로도 조정이 특별히 허락하여 들어주어 그들의 바람에 부응하더라도 무방할 듯하였습니다. 그러므로 서계의 '대군(大君)' 두 글자를 '국왕'으로 고쳐 마땅하다는 뜻으로 어제 계사를 지어내어 여러 당상들에게 돌려보이는데, 그때 영부사 윤지완이 소회를 써서 들인 계사로 인하여,

"영부사의 말이 참으로 옳으니 어려워할 필요 없다. 국서를 고쳐

보내라."

라고 하교하셨습니다.

대마도의 서계는 이미 동래 부사(東萊府使)에게 올려보내라고 하였으니, 회답하는 서계를 승문원으로 하여금 말을 만들어 지어내게 하고, 통신사가 가지고 가는 서계의 서식에 '대군' 두 글자를 '국왕'으로 고쳐 쓰고, 따로 금군(禁軍)을 지정하고 말을 주어 내려보내는 것이 어떻겠습니까?

비변사에서 좌의정이 일을 논한 차자에 대해 성상의 뜻을 여쭈어 처리하는 일로 올린 계사[45]

備局因左相論事箚子稟處啓辭

좌의정 김창집(金昌集)이 차자를 올려 몇해 전 능관(陵官)을 다시 추가한 새로운 제도를 논하며 그 폐단이 네 가지 있으니 이번 도목 정사에서 편의대로 변통해야 한다고 하였습니다. 또 품계가 법식에 맞지 않는데 번번이 시호(諡號)를 내려달라고 청하는 것은 옛제도를 무너뜨린다고 논하였습니다. 성상께서 비답을 내려 묘당으로 하여금 성상께 여쭈어 처리하게 하라고 명을 내리셨습니다.

음관(蔭官) 참하관(參下官)이 적체되는 폐단은 변통하는 방도가 있어야 마땅합니다. 얼마 전 고(故) 판서 신(臣) 이인엽(李寅燁)이 아뢴 일로 인하여 묘당에서 따로 강구하여, 여덟 곳 능의 능관 각 2원 중에 1원을 직장(直長)으로 바꾸고, 열한 곳 능의 능관 각 2원 중에 1원을 봉사(奉事)로 바꾸는 일을 아뢰이 윤허를 받아 정해진 제도로 삼아 지금까지 시행하고 있습니다. 이때부터 참하관이 승진하여 옮기는 시름길이 소통되어 조금도 적체되지 않으니, 효과가 있다고 하겠습니다.

다만 시행한 지 조금 오래되자 새로운 폐단이 늘어났습니다. 예컨대 능관을 정밀히 가려뽑기 어렵고, 사일(仕日)을 계산할 적에 착오가 생기는 것을 면하지 못합니다. 그밖에 비록 삭수(朔數)를 채우지 못했

45 비변사에서……계사 : 이 글은 1711년(숙종37) 6월 26일 저자가 비변사에서 능관의 직제 개편을 청하며 올린 계사이다. 《承政院日記 肅宗 37年 6月 26日》

는데 지레 6품으로 옮기고, 등용해야 하는 음관이 많아져 산관(散官)이 된 사람이 몹시 많은데 수습할 방법이 없어 분경(奔競)하는 버릇을 더하게 만들었습니다. 이러한 폐단은 참으로 대신이 차자로 아뢴 말과 같고, 논하는 자들도 이렇게 말하는 경우가 많습니다. 일의 체모로 헤아리면 관제(官制)를 잠시 시행하다가 곧바로 고치는 것이 비록 전도된 일이지만, 결국에는 막혀서 그 폐단이 이와 같으니, 능관의 새로운 제도는 지금 차자의 내용대로 변통하여 옛날대로 하는 것이 마땅한 듯합니다.

빙고 별제(氷庫別提) 2원, 전설사 별제(典設司別提) 2원은 도로 별검으로 삼고, 전설사 별제 1원, 의금부 도사 2원과 합쳐 일곱 자리는 처음 벼슬하는 자리로 삼지 말고, 모두 참봉으로서 사일(仕日)이 차서 옮기는 단계로 삼는 것이 그 당시 중신이 청한 내용입니다. 별검은 잡직(雜織)이며, 참하 도사(參下都事)는 녹봉이 없는 관직입니다. 정식 관원인 참봉이 승진하여 옮긴다면 조종조의 관직을 옮기는 옛규례에 어긋나니, 당초에 능관의 제도를 고칠 적에 중신이 시행할 수 없다고 한 것은 참으로 이유가 있습니다.

그러나 지금 일의 형세는 끝내 소통하는 방도가 없을 수 없고, 차자의 내용 역시 시행할 수 있으며 폐단이 없다고 하였습니다. 이 일곱 자리를 처음 벼슬하는 사람이 승진하여 옮기는 단계로 만들도록 정식으로 삼아 준행하는 것이 마땅합니다.

시호를 내려주는 은전으로 말하자면, 증직으로 인하여 규정을 벗어나 얻은 자는 오직 도학자 및 나라를 위해 죽은 사람뿐입니다. 그런데 근래 이름난 재신(宰臣) 몇 사람에 대해 품계가 맞지 않는데도 특별히 시호를 내려주하도록 허락한 일이 있습니다. 그 절개와 공업이 비록 마땅히 표창하여 드러내어야 하지만, 국법이 엄격하니 번번이 인용하여 전례로 삼아 함부로 청해서는 안 됩니다. 지금부터 신칙하고 또한 이러한 내용으로 아울러 분부하는 것이 어떻겠습니까?

비변사에서 양역을 변통할 마땅할 방법을 논하여 올린 계사[46] 12월

備局論良役變通事宜啓辭 十二月

얼마 전 행 판중추부사 이이명(李頤命)이 탑전(榻前)에서 아뢰기를,

"이번에 양역을 변통하는 것은 이웃과 친족의 폐단을 제거하기 위해서이니, 한편으로는 그 궐액(闕額)을 채우면서 한편으로는 이웃과 친족을 침징하면 백성을 위해 변통한 뜻이 전혀 아닙니다. 신묘년(1711, 숙종37) 이전에 도망하거나 죽은 자의 신포(身布)를 이웃과 친족에게 침징한 것을 분명히 조사하게 하고 특별히 탕감하도록 하여 덕스러운 뜻을 베푸소서."

라고 청하였습니다. 입시한 경재(卿宰) 중에 어떤 이가 아뢰기를,

"죽은 사람들을 조사하여 사실로 밝혀지면 모두 탕감해 주는 것이 참으로 마땅하지만, 도망간 자는 대부분 허위로 모록(冒錄)[47]한 것이니, 아직 기한이 차지 않은 도망간 자[48]의 신포까지 모두 탕감한다면 그 수가 적지 않을 것입니다. 그 신역도 대신 지정하지 않을 수 없는데, 한정(閑丁)을 얻기가 예전보다 훨씬 어렵습니다. 근래 호서

46 비변사에서……계사 : 이 글은 1711년(숙종37) 12월 22일 저자가 비변사에서 이해 이전의 군포와 신포로 이웃과 침족에게 침징하는 것을 탕감하도록 청하며 올린 계사이다. 《承政院日記 肅宗 37年 12月 22日》

47 모록(冒錄) : 거짓으로 등록하는 것이다.

48 아직……자 : 상번군(上番軍)은 도망한 지 10년이 지나야 탈(頉)로 처리하고 대신 지정하는데, 아직 이 기한이 되지 않은 자를 말한다. 《大典會通 兵典 番上》

에서 새로 변통한대로 노비와 군병 중에 도망간 지 5년 이상 되는 자의 2년치 신공(身貢)과 3년치 번포(番布)를 감면하도록 허락한 규례에 따라, 여러 도(道)에서 도망갔으나 아직 기한이 차지 않은 자는 햇수를 한정하여 신포를 감면하되 우선 대신 지정하지는 말고, 노비 역시 일체 시행하는 것이 마땅합니다."

하였습니다. 또 어떤 이는 아뢰기를,

"도망간 자가 반드시 정말로 도망간 것은 아니니, 만약 햇수의 길고 짧음을 헤아리지 않고 모두 탕감한다면 10년을 기한으로 정한 본뜻이 전혀 아닙니다."

하니, 성상께서 묘당으로 하여금 상의하고 성상께 여쭈어 처리하게 하라고 하교하셨습니다.

백성이 신포의 역으로 곤란이 극에 달하여 이로 인해 거짓과 허위가 늘어나고 있습니다. 도망간 자에게는 부득이 햇수를 한정하는 법을 두었기에 거두지 못한 침징이 해마다 늘어나고 있습니다. 허위로 모록한 자들은 그 일이 몹시 가증스럽지만, 그 사정을 따져보면 역시 불쌍합니다. 더구나 이웃과 친족이 느닷없이 침탈을 받아 고통을 겪는 경우는 어떻겠습니까.

지금 원임 대신이 아뢴 뜻은 다음과 같습니다. 대개 양역을 변통하는 것은 참으로 부득이한 조처이지만, 찾아내거나 태거(汰去)하여 바로잡는 사이에 반드시 소란과 원망을 일으키는 일을 초래할 것입니다. 이미 이웃과 친족에게 침징하는 궐액을 보충해노고, 일시에 침징하는 정사를 함께 시행한다면 불편한 일입니다. 또 봄을 맞이하여 혜택을 베푸는 때에 백성이 근심하며 마치 가뭄에 비를 바라듯 하고 있으니, 조정에서 특별히 큰 은혜를 베풀어 쌓인 포흠(逋欠)을 침징하는 바람에 원망하는 백성을 조금 소생하게 하고 다시 새롭게 한다면, 이것이 어진 정사의 한 가지가 될 것입니다. 비록 적발을 당하고 은혜를 받는 사람은 각기 다르지만, 필시 감동하고 기뻐할 것입니다. 양역을 변통하는 일은 본디 백성의 고통을 깊이 염려한 데서 나왔으니, 소요하는 마음 또한 조금 진정시킬 수 있을 것입니다.

경재와 두 신하의 말은 도망한 자의 햇수를 따지지 않고 모두 탕감을 허락하면 탕감한 신포가 너무 많고, 신포를 탕감한 뒤에 대신 지정할 양정(良丁)을 얻기 어렵다고 걱정한 것입니다. 이는 참으로 일리가 없지 않습니다. 다만 거두지 못한 신포는 한갓 장부에 남아 있을 뿐이니, 본디 뒤늦게 거두기 어렵습니다. 조정에서 비록 이렇게 탕감한 일을 계기로 손실이 있다 하더라도 여러 아문의 경비는 절약하여 지탱할 수도 있습니다. 앞으로 변통하여 양정(良丁)을 얻는 길을 넓히면 저절로 궐원을 채우기 충분할 것입니다. 신포를 탕감하도록 허락한 뒤에는 자연히 대신 지정할 것이고, 대신 지정하는 것은 각 고을에서 어려워하는 일이니, 수령이 도망가거나 죽은 자를 조사하는 일을 반드시 자세히 할 것입니다.

이번에 특별히 탕감해주는 것은 늘 있는 은혜가 아닙니다. 대체에 있어서는 사소한 허위가 그 사이에 섞이는 것은 고려해서는 안 될 듯합니다. 또 어찌 햇수를 한정하여 신포를 탕감한 호서의 규례에 구차하게 맞출 필요가 있겠습니까. 도망하거나 죽은 노비의 신공을 이웃과 친족에게 침징하는 원망과 고통은 군포와 마찬가지입니다. 재신이 아뢴 말이 참으로 몹시 마땅합니다. 대신이 아뢴 대로 성상께서 특별히 분명한 전지를 내려, 여러 도의 신묘년 이전에 도망하거나 죽은 군병과 노비의 신포를 이웃과 친족에게 침징하는 것은 모두 탕감하고, 본사(本

司)에서 여러 도에 분부하여 자세히 조사하여 논보(論報)하게 한 뒤에 거행하게 하겠습니다. 양역을 변통한 뒤 얻은 양정은 내년 가을까지 전부 대신 지정하고, 그 뒤에 도망한 자는 10년을 기한으로 삼는 법을 예전처럼 시행하는 것이 마땅합니다.

또 예전부터 조정에서 비록 탕감하는 명을 내리더라도 이미 민간에서 거두었으나 중간에 사라진 것이 그 사이에 섞여들어가는 경우가 많아 백성이 은혜를 입지 못하고 한갓 간사한 자들의 이익이 될 뿐입니다. 다시 이러한 폐단이 있으면 해당 고을의 수령을 논죄해야 합니다. 이러한 내용으로 해당 관사와 여러 도에 모두 분부하는 것이 어떻겠습니까?

비변사에서 응사군을 혁파하고 산꿩의 공물을 변통하는 일을 논하여 올린 계사[49] 을미년(1715, 숙종41) 12월

備局論革罷鷹師軍變通生雉貢物事啓辭 乙未十二月

응사(鷹師)는 본디 법전에 실려 있으나 중간에 백성의 폐단을 유념하여 특별히 응방(鷹房)을 혁파하고, 응사군 1,800명에게 매년 각기 산꿩 여덟 마리를 마치게 하였습니다. 또 서울에 응사군 24명이 있어 꿩을 기르는 부역을 제공합니다. 연전에 한 사람이 여덟 마리를 바치니 그 부역이 너무 괴롭다는 이유로 각기 세 마리를 줄여주었습니다. 그리고 그 세 마리의 대가는 선혜청에서 쌀로 계산하여 지급하였습니다. 얼마 전 또 한 마리를 줄여달라고 청하였기에 또 선혜청으로 하여금 쌀을 지급하게 하였으니, 그간 지급한 쌀이 도합 2,100섬입니다.

신들이 다시 문서를 자세히 살펴보니, 1년에 공상(供上)과 제향(祭享)에 봉진(封進)하는 꿩이 도합 4,060마리입니다. 쌀 2,100섬으로 계산하면 꿩 한 마리의 가격이 거의 8말에 달합니다. 경기에서 공상하는 산꿩의 공물가와 비교해도 역시 너무 지나칩니다. 비록 응사군이 신역(身役)으로 바치는 돈이 없더라도 그 값을 채우고도 남음이 있습니다. 내년부터 응사군을 혁파하고, 단지 선혜청의 쌀 2,100섬을 지급하면, 비단 법대로 공상하는 일의 체모가 마땅함을 얻을 뿐만 아니라

49 비변사에서……계사 : 이 글은 1715년(숙종41) 12월 3일 저자가 비변사에서 응사군(鷹師軍)의 혁파를 청하며 올린 계사이다. 응사군은 매 사냥으로 꿩을 잡아 대궐에 진상하는 사람이다. 《承政院日記 肅宗 41年 12月 3日》

폐단을 없애고 비용을 줄이는 도리에 있어서도 실로 도움이 적지 않습니다.

또 응사군의 패두(牌頭)와 장무(掌務)를 급료를 주는 군직에 부직(付職)하는 것은 매사냥 할 때의 옛 규례에서 나온 것입니다. 응사군을 혁파한 뒤에 공물의 모양처럼 바꾸고서도 이러한 명색을 그대로 두는 것은 전혀 의미가 없습니다. 응사 패두는 줄이고, 장무 등은 더 이상 급료를 주지 말며, 한결같이 생선을 공상하는 규례에 따라 곧장 진배(進排)하게 하는 것이 마땅할 듯합니다. 각 해당 관사에 분부하여 이대로 거행하게 하는 것이 어떻겠습니까?

서계 書啓

데리러 온 사관이 돈유한 뒤 올린 서계[50] 병술년(1706, 숙종32) 1월

偕來承旨敦諭後書啓 丙戌正月

신은 엊그제 남은 목숨을 억지로 일으켜 속마음을 전부 토로하여 성상께 아뢰었습니다. 번거롭게 해 드린 일로 따지자면 엄한 벌이 내리는 것이 마땅하고, 정리로 따지자면 불쌍히 여겨 허락해주시기를 바랐습니다. 신이 삼가 엎드려 기다리고 있는데 방금 전 승지가 또다시 와서 성상의 전지를 선유(宣諭)하며 승지와 함께 나오라고 신을 재촉하였습니다. 융숭하고 남다른 은혜가 갈수록 극에 달하니, 현명하신 성상께서는 어찌 조정을 위해 애석해 여기시지 않고 일의 체모가 여기에 이르도록 하시는 것입니까. 신은 명을 듣자 놀라고 두려워 마음이 찢어지는 듯하고 달아날 곳이 없으니, 죽고 싶지만 그럴 수도 없습니다.

50 데리러……서계 : 이 글은 1706년(숙종32) 1월 9일 우의정이었던 저자가 우부승지 원성유(元聖兪)가 선유한 비답을 받고 올린 계사이다. 당시 저자는 서빙고촌(西氷庫村)에 있었다. 《承政院日記 肅宗 32年 1月 9日》

신하의 분의에 있어서는 비록 너무도 편안히 있기 어려운 사정이 있더라도 이 지경에 이르렀으니 감히 다시 다른 말을 하지 말아야 합니다. 다만 신이 구구하게 지키는 필부의 뜻을 어리석게도 바꿀 줄 모르니, 삼가 나라를 위해 몹시 두려워하는 점이 있기 때문입니다. 이것이 어찌 다만 미천한 신 한 사람의 사사로운 분의에 그치겠습니까. 비록 지극히 두려우나 다른 도리가 없으니, 명을 어긴 죄는 만 번 죽어도 달게 받겠습니다.

미천한 신의 병이 근래 날이 갈수록 위독해져 초라한 집에 몸을 눕힌 채 인사불성으로 죽어가고 있습니다. 사지가 마비되어 반 걸음도 움직이기 어려우니, 도성 밖으로 나아가 엎드려 조금이나마 미천한 분의를 펴는 일을 다할 수도 없습니다. 다행히 성상의 은택을 입어 죽어가는 목숨이 혹시라도 조금 연장된다면, 다시 글을 갖추어 엄한 주벌을 청하고자 합니다. 이와 같은 신하가 있으니 어찌 스스로 용납하겠습니까. 하늘 같은 성상을 바라보며 그저 땅에 엎드려 눈물을 흘릴 뿐입니다.

어찰을 전하여 선포한 뒤 올린 서계[51]
御札傳宣後書啓

방금 천만 뜻밖에 꿈에도 생각지도 않게 승지가 또다시 멀리서 와서 특별히 내리신 성상의 전교를 하사하였으니, 어찰이 휘황찬란하고 일반적인 규례를 훨씬 뛰어넘었습니다. 신은 지금 정신 없이 죽어가는 중에 홀연 이처럼 범상치 않은 은혜를 입고서 땅에 엎드려 공경히 받들고 머리를 아홉 번 조아리니, 마음이 떨리고 넋이 두려워하며 오장(五臟)이 모두 제자리를 잃어 곧장 죽어 없어지고 싶지만 그렇게 하지 못하고 있습니다.

삼가 성상의 전지를 보니, 시국의 어려움을 하유하시고, 또 한밤중에 잠을 이루지 못하여 마음이 근심스럽고 답답하다고 말씀하셨습니다. 신하된 자가 어찌 감히 이런 말을 들을 수 있겠습니까. 성상께서 돌아보시고 기대하는 것은 모두 어리석고 미천한 신이 감히 받들 수 있는 것이 아니니, 신은 그저 송구하고 지극히 감격하여 눈물을 흘릴 뿐입니다.

개미처럼 미천한 신이 우리 현명하신 성상을 속여 외람되게 큰 은혜를 입었으나, 재주가 없어 감히 맡을 수 없고, 수치가 커서 감히 나아갈 수 없습니다. 지금 또 병들어 죽음이 가깝고 남은 목숨이 실낱 같은데 일찌감치 죽지 않아 결국 이처럼 너무도 감당할 수 없는 은혜로운 명령

51 어찰을……서계 : 이 글은 1706년(숙종32) 1월 12일 우의정이었던 저자가 동부승지 심극(沈極)이 선유한 어찰을 받고 올린 계사이다. 《承政院日記 肅宗 32年 1月 12日》

을 받았으니, 이는 모두 신의 죄입니다.

오늘날 성상께서 잘못 내리신 은혜가 여기에 이르러 더욱 극에 달하였고, 미천한 신이 분수를 잊고 명령을 어긴 죄가 여기에 이르러 더욱 커졌습니다. 그러나 성상께서는 너그러이 용납하시고 주벌을 내리지 않으시니, 비와 이슬 같은 은혜만 있고 서리와 눈 같은 위엄이 없어 나라의 법이 무너지고 신하의 분의가 다하였습니다. 어찌 감히 살아 숨쉬기를 바랄 수 있겠습니까.

신의 구구한 뜻은 실로 위로 나라의 체모를 유념하고 아래로 공론을 두려워하는 데서 나왔으니, 속마음이 실로 또렷하여 천지신명이 와서 볼 것입니다. 참으로 감히 고개를 들 생각을 할 수 없으나, 이 지경에 이르렀으니 미천한 신의 생사를 헤아릴 겨를이 없습니다. 위태로운 목숨을 들것에 싣고 도성 가까운 곳으로 나아와 다시 간절한 진심을 아뢰고 주벌을 받기를 청하니, 이것이 신이 마음 속으로 또렷이 생각하는 것입니다. 답답하고 두려워 아뢸 말을 모르겠습니다.

데리러 온 사관이 선유한 뒤 올린 서계[52] 정해년(1707, 숙종33) 5월

偕來史官宣諭後書啓 丁亥五月

성상께서 지극히 관대하지만 오늘날 미천한 신이 명을 어긴 죄는 엄한 주벌을 받은 뒤에야 나라의 체모가 높아질 수 있습니다. 그리하여 감히 다시 번거롭게 아뢴 뒤에 석고대죄하고 두려워하며 공경히 엄한 벌을 기다렸습니다.

방금 삼가 윤음을 받아보니 비단 벌을 내리지 않으셨을 뿐만 아니라 말뜻이 융숭하고 간곡하며 가르침과 꾸짖음이 몹시 간절하니, 비록 원로 대신이 이를 받더라도 참으로 감히 편안히 있을 수 없을 것입니다. 더구나 신처럼 불초하고 쓸모 없는 자가 어떻게 현명하신 성상께 이러한 대접을 받을 수 있겠습니까. 황공하고 두려워 떨려 마음이 땅에 떨어진 것 같고, 이어서 감격하여 눈물이 마구 쏟아집니다.

임금이 부르면 수레에 멍에 매기를 기다리지 않고 가는 것이 신하가 윗사람을 공경하는 본연의 도리입니다.[53] 지은 죄가 이미 크고 지극히 심한 말을 들었으니, 비록 분수에 넘치는 잘못된 은혜를 받았으나, 의리상 나아갈 수 없으면 나아가지 않는 것이 공손한 것이며,[54] 또한

52 데리러……서계 : 이 글은 1707년(숙종33) 6월 2일 우의정이었던 저자가 가주서 홍상빈(洪尙賓)이 선유한 비답을 받고 올린 계사이다. 《承政院日記 肅宗 33年 6月 2日》

53 임금이……도리입니다 : 《논어》 〈향당(鄕黨)〉의 "임금의 명으로 부르면 수레에 멍에 매기를 기다리지 않고 간다.〔君命召, 不俟駕行矣.〕"라는 말을 인용한 것이다.

국가를 두려워하는 것입니다. 불초한 신도 이 말을 들은 적이 있습니다. 그러나 외람되게도 누차 내리신 은혜로운 하유를 받들었고, 성상의 뜻이 부지런하고 간곡하여 미물도 감동시킬 수 있으니, 신이 비록 어리석으나 어찌 감히 완고하게 움직이지 않으면서 스스로 참람하고 분의를 멸시한 벌을 받고자 하겠습니까.

지금 병세가 위독하여 거의 살아 있는 사람의 모양이 아닙니다. 비록 다급히 달려가 명을 받들고자 하여도 실로 제 힘으로 지탱할 수가 없으니, 이처럼 위태롭고 불쌍한 정상을 성상께서 어떻게 전부 통촉하시겠습니까. 그저 신이 평소 성상을 형편없이 섬겨 진심에서 우러나온 간절한 심정을 아뢰었으나 하늘처럼 덮어주는 어진 성상의 귀에 닿지 못하는 것이 한스러울 뿐입니다. 땅에 엎드려 답답해 하며 곧장 죽고 싶습니다. 은혜와 지우를 저버려 신의 죄가 여기에 이르렀으니, 더욱 만 번 죽어 마땅합니다. 침상에 누워 있는 중이라 어지러워 대답할 말을 모르고 처지가 답답하여 밤낮으로 애태우고 있습니다. 만약 시종신이 돌아가고 속히 벌이 내린다면 실낱같은 목숨이 다하더라도 스스로 편안히 여길 수 있을 것입니다.

54 의리상……것이며 : 맹자의 "존귀한 자가 물건을 주거든 받는 자가 그 물건을 대하고서 그가 이것을 취한 것이 의(義)에 맞았는가 의(義)에 맞지 않았는가를 생각해서, 의(義)에 맞은 뒤에야 받는다면, 이것을 불공(不恭)이라 한다. 그러므로 물리치지 않는 것이다."라고 한 말을 인용한 것이다. 《孟子 萬章下》

승지가 돈유한 뒤 올린 서계[55] 11월

承旨敦諭後書啓 十一月

신이 또 죽음을 무릅쓰고 번거롭게 아뢰어 간절한 진심이 위로 성상의 귀에 닿기를 바랐습니다. 그런데 생각지도 않게 윤허하는 말씀이 아득히 들리지 않고, 특별히 승지가 와서 선유하며 위로하고 혐의를 풀어주며 가르치고 꾸짖으시는 말씀이 갈수록 더욱 도탑고 간절하였습니다. 이처럼 드문 은혜를 어찌 미천한 신이 감히 받을 수 있겠습니까. 신은 이에 놀라고 감격하여 땅에 엎드려 눈물을 흘립니다.

신이 비록 형편없으나 국궁진췌(鞠躬盡瘁)하는 신하의 의리는 익숙히 강론하였습니다. 이번에 새로 제수하는 명이 비록 조정에 있어서는 잘못된 정사이며 미천한 신에게는 분수에 넘치는 일이지만 은혜로 말하자면 몹시 큽니다. 신에게 재주가 없고 죄가 있다는 실상은 다 아뢰었는데도 여전히 허락을 받지 못하였으니, 감히 염치를 무릅쓰고 공경히 받들지 않을 수 없는 것이 신의 의리입니다. 누차 성상의 전지를 거역하여 스스로 오만하게 명을 어긴 죄를 저지르는 것이 어찌 이치에 맞겠습니까.

다만 너무나도 나아가기 어려운 의리는 실로 선비의 절개와 조정의 체모에 관계되는데, 현명하신 성상께서 아직도 불쌍히 여겨 살피지

55 승지가……서계 : 이 글은 1707년(숙종33) 11월 19일 우의정이었던 저자가 좌부승지 박필명(朴弼明)이 선유한 비답을 받고 올린 계사이다. 《承政院日記 肅宗 33年 11月 19日》

않으시고 남다른 은혜만 잘못 내리시니, 신의 원통하고 근심스러운 진심을 어디에 아뢰어야겠습니까. 곧장 하늘에 호소하고 싶지만 방법이 없습니다. 병으로 누워 혼미하여 아뢸 말을 모르겠으니, 그저 몸을 숙이고 엎드려 마음 아파하며 공경히 엄한 벌을 기다립니다.

승지가 돈유한 뒤 올린 서계[56] 무자년(1708, 숙종34) 3월
承旨敦諭後書啓 戊子三月

지금 미천한 신은 반드시 면직되어야 하고 반드시 벌을 받아야 합니다. 이것은 신이 하는 말이 아니라 실로 나라 사람들의 여론입니다. 그런데 진심을 아뢰었으나 정성이 성상께 닿지 않아 승지가 명을 받들고 엄숙히 찾아왔으니, 은혜가 무겁고 책려가 엄격하여 마치 상례를 따라 휴가 중에 있어 억지로 출사할 수 있는 정승에게 하유하는 것 같았습니다. 신은 감격하고 두려운 마음에 땅에 엎드려 눈물을 흘리며 일어나지 못하겠습니다.

신이 그간 저지른 죄가 드러났고, 소장으로 전부 아뢰었습니다. 지금 또 상을 당한 사람의 상소[57] 내용을 보니 편안히 있기 어려운 사정은 갈수록 심해집니다. 은혜로운 전지가 내렸으나 다시 무슨 말로 아뢰겠습니까. 신처럼 불초한 자가 정승 자리에 잘못 앉아 허물을 저질렀는데, 또 즉시 해직하지도 못하여 이처럼 근심스러운 일을 당하자 자리를 비우고서 오랫동안 어진 이가 나오는 길을 방해하여 그 죄를 보태었습니다. 이것이 어찌 소신의 불행에 그치겠습니까. 신이 여기에 대해

56 승지가……서계 : 이 글은 1708년(숙종34) 3월 15일 우의정이었던 저자가 좌승지 유명웅(兪命雄)이 선유한 비답을 받고 올린 계사이다. 《承政院日記 肅宗 34年 3月 15日》

57 상을……상소 : 신성하(申聖夏)와 신정하(申靖夏)의 상소를 말한다. 이들은 부친 신완(申琓)이 민암(閔黯)의 친족을 연좌하지 말도록 청한 일이 없다고 상소하였다. 《肅宗實錄 34年 3月 14日》

어떻게 처신해야겠습니까. 그저 하늘 같은 성상을 바라보며 성상께서 생각을 바꾸어 신의 지극히 간절하고 괴로운 사정을 불쌍히 여겨 일찍 처분을 내리시기를 몹시 기원합니다. 시종신이 지키고 있은 지 지금 벌써 한 달이 넘었으나 신은 그저 석고대죄할 뿐이니, 신하의 의리가 무너졌습니다. 밤낮으로 두려워하고 애태우고 있으니 죽어도 남은 죄가 있습니다. 병들어 숨을 겨우 잇느라 말을 이루지 못하니 더욱 지극히 슬프고 답답한 마음을 견디지 못하겠습니다.

데리러 온 사관이 전유한 뒤 올린 서계[58]

偕來史官傳諭後書啓

신이 참으로 형편없어 또 하늘처럼 지극히 어지신 성상께서 아랫사람을 불쌍히 여기는 은혜를 입지 못하여 방금 삼가 비답을 받아보니 윤허하는 명이 없었습니다. 그러나 깨우치고 타이르는 성상의 전지가 몹시 간곡하였습니다. 보필하는 신하로서 진퇴가 조정에 관계된 자라면 행여 이러한 대접을 받을 수 있겠으나, 어찌 죄를 지은 미천한 신이 감히 받을 수 있는 것이겠습니까. 신은 땅에 엎드려 감격하니 눈물이 줄줄 흐릅니다.

생각건대, 신은 재주가 졸렬하고 몸이 약하여 병들어 폐인이 되었으니, 근심하고 근로하며 진작하려는 우리 성상의 정사를 도울 수 없습니다. 마땅히 물리쳐야 하는 상황은 사리상 분명한데, 지금에 이르도록 성상께서 엄한 꾸짖음을 내리지 않으시고 도리어 잘못된 은혜를 거듭 내리시니, 나라의 체모가 몹시 손상되고 국법이 심하게 어그러졌습니다. 신의 처지로는 어찌할 바를 몰라 그저 두려워하고 애태우며 차라리 죽어 없어지고 싶을 뿐입니다. 이는 신의 지극히 간절한 진심이니, 귀신이 내려다보고 있을 것입니다. 조만간 죽을 목숨으로 그저 속히 견책을 받아 시골로 물러나 숨어 성상의 장수를 기원하며 결초보은하

58 데리러……서계 : 이 글은 1708년(숙종34) 3월 23일 우의정이었던 저자가 가주서 김계환(金啓煥)이 선유한 비답을 받고 올린 계사이다. 《承政院日記 肅宗 34年 3月 23日》

여 산 같은 은혜를 조금이나마 보답하고자 합니다. 마음이 답답하여 아뢸 말을 모르겠습니다.

데리러 온 사관이 전유한 뒤 올린 서계[59] 4월

偕來史官傳諭後書啓 四月

미천한 신이 오늘날까지 아직도 직명을 지니고 있는 것은 신이 강력히 사직하지 못하였기 때문이며, 또한 성상의 처분이 너무 관대하기 때문이기도 합니다. 근래부터 더욱 황공하여 묵묵히 명을 기다리다가 다시 감히 염치를 무릅쓰고 간절한 사정을 아뢰고 삼가 윤허를 받기를 바랐습니다. 그런데 삼가 성상의 비답을 받으니 허락하지 않고 더욱 격려하셨으니, 이는 또 신의 성의가 얕고 말이 서툴러 부모처럼 자애로운 성상의 마음을 감동시키지 못했기 때문입니다. 송구하고 답답하여 할 말을 모르겠습니다.

지금 성상께서 근심하고 수고하시는 날, 일을 맡아 직분을 다하는 것이 비록 미천한 신이 감히 바랄 수 있는 것은 아니지만, 은혜가 산처럼 크고 조만간 죽을 목숨이니, 몸이 가루가 되도록 보답하려는 소원은 간절합니다. 그러나 보답할 곳이 없으니, 어찌 감히 성상의 뜻을 거역하고 스스로 분의를 잊은 벌을 받고자 하겠습니까. 참으로 나라의 기강과 사사로운 분의를 돌아보면 염치를 무릅쓰고 나올 이치가 전혀 없고 받아야 하는 벌이 분명히 있기 때문입니다. 삼가 생각건대, 해와 달처럼 밝으신 성상께서 어찌 통촉하지 못하시겠습니까. 그러나 급박한

59 데리러……서계 : 이 글은 1708년(숙종34) 3월 10일 우의정이었던 저자가 가주서 김계환(金啓煥)이 선유한 비답을 받고 올린 계사이다. 《承政院日記 肅宗 34年 3月 10日》

사정을 불쌍히 여겨주시지 않으시니, 신의 참으로 원통하고 답답한 마음이 어찌 끝이 있겠습니까. 사신으로 가라는 명이 지체되고 있으나 아직까지 거두는 말씀이 없으시니, 신은 이 때문에 더욱 지극히 근심스럽고 두려워 속이 타는 듯합니다. 땅에 엎드려 눈물을 흘리며 그저 벌이 내리기를 기다릴 뿐입니다.

또 올린 서계[60]

又

신이 삼가 비지를 받드니, 무거운 견책을 내리지 않으시고 엄한 책망을 내리지도 않으며 하유하는 말씀이 또 간곡하였습니다. 그러나 윤허하는 말씀은 아직 들리지 않고 성상의 뜻은 아득하여 마치 소신의 사정을 조금도 불쌍히 여기는 것 같지 않으니, 신은 두렵고 답답하여 잃어버린 듯한 마음으로 그저 눈물을 쏟을 뿐입니다.

신의 오늘날 처지는 너무도 곤궁한 상황에 떠밀려 왔습니다. 단지 분의로 말하자면 이것은 신하에게 반드시 없어야 하는 일입니다. 신이 비록 형편없으나 어찌 이를 편안히 여기겠습니까. 구구한 진심은 조정을 존중하고 두려워하는 데서 나왔으니, 비단 염의의 단서를 지킬 뿐만 아니라 감히 미혹된 소견을 고집하며 고칠 줄 모르는 것도 아닙니다. 궁하면 변하는 것이 당연한 사리입니다. 그런데 조정에서는 아직도 변통하는 방도가 없어 그저 나라의 체모를 크게 손상시킬 뿐이니, 신은 참으로 지금부터 반드시 명을 어긴 엄한 벌을 받고 말아야 합니다. 다시 무슨 말을 하겠습니까.

다만 생각건대, 군부의 은혜와 지우가 지극히 융숭하여 분수를 넘었는데, 미천한 신이 끝내 공경히 받들 수 없으니, 신은 이에 대해 무슨

60 또 올린 서계 : 이 글은 1708년(숙종34) 4월 12일 우의정이었던 저자가 가주서 김계환(金啓煥)이 선유한 비답을 받고 올린 계사이다. 《承政院日記 肅宗 37年 11月 2日》

마음이겠으며 또 어찌 살기를 바라겠습니까. 엎드린 채 두려워 떨며 그저 벌을 내리라는 엄한 명을 기다릴 뿐입니다.

데리러 온 사관이 선유한 뒤 올린 서계[61] 신묘년(1711, 숙종37) 10월

偕來史官宣諭後書啓 辛卯十月

신의 황공하고 위축된 마음과 걱정스럽고 다급한 정세를 어쩔 수 없이 죽음을 무릅쓰고 다시 소장에 드러내었으니, 번거롭게 해 드린 죄는 비록 엄한 벌을 받아야 마땅하나, 그래도 해와 달처럼 밝으신 성상께서 굽어 살펴 살 수 있는 길을 얻게 해 주시기를 바랐습니다.

방금 사관이 성상의 비답을 선유하였는데, 또 윤허하는 명을 얻지 못하였습니다. 꾸짖고 타이르며 혐의를 풀어주시는 뜻이 엄격하고 온화하니, 마치 자애로운 아버지가 아들에게 일러주는 정도에 그치지 않았습니다. 신이 아홉 번 머리를 조아리며 엄숙히 외니, 오장(五臟)이 진동하고 이어서 감격이 극에 달하여 눈물이 흘렀습니다. 정성이 얕고 글이 서툴러 어진 하늘 같은 성상께 닿지 못한 것이 몹시 한스러우니, 이는 모두 신의 죄입니다.

신은 본직에 대해서 이미 염치를 무릅쓰고 명을 받았으나 본디 오랫동안 머물러 있어서는 안 됩니다. 지금 허물이 셀 수 없이 많고 공론이 엄격한데다 질병까지 심해져 몸을 일으킬 길이 없는데, 이처럼 지극히 융숭한 은혜를 받았으니 미천한 분수에 있어서 참람하고 지나칩니다.

61 데리러……서계 : 이 글은 1711년(숙종37) 11월 2일 영의정이었던 저자가 기사관 이만유(李萬維)가 선유한 비답을 받고 올린 계사이다. 《承政院日記 肅宗 37年 11月 2日》

삼가 스스로 생각건대 신의 오늘날 의리와 명을 어긴 죄는 그래도 한 몸에 그치지만 억지로 번거롭게 염치를 무릅쓰고 나아간다면 필시 거듭 나랏일을 그르칠 것이니, 그 죄는 더욱 커집니다. 죽더라도 감히 명에 응하여 나아갈 수 없는 것은 실로 위로 국가를 염려해서입니다.

신의 평소 미천한 뜻은 참으로 높은 관원이 자주 바로잡아주는 말을 듣는 것을 아름다운 일로 여겼습니다. 그러나 지금 대각의 말이 몹시 엄중하여 반성하면 위태롭고 두려우니, 어찌 감히 옛 현인의 말로 스스로 용서하면서 마치 평범한 잘못으로 여기며 정사를 논하는 자리에 태연히 있을 수 있겠습니까. 미천한 신의 병이 또 근래 설사병과 가슴 통증 등의 증상이 몸이 허한 틈을 타고 모두 심해졌습니다. 침상을 뒹굴며 숨이 끊어질 듯하니, 정신이 조금 진정되기를 기다려 다시 진심을 아뢰고 엄한 벌을 청하겠습니다. 성상의 은혜를 헛되이 욕보였으니, 죽어도 남은 죄가 있습니다. 땅에 엎드려 답답해하며 아뢸 말을 모르겠습니다.

승지가 돈유한 뒤 올린 서계[62] 임진년(1712, 숙종38) 10월

承旨敦諭後書啓 壬辰十月

신은 죄가 깊고 병이 위독하여 하루도 그대로 자리를 차지할 수 없으니, 이는 나라 사람들이 모두 아는 사실입니다. 방황하며 애타고 다급한 마음으로 날마다 윤허하는 명을 바라고 있었는데, 방금 천만 뜻밖에 성상의 비답이 특별히 내려 근시가 와서 선유하였는데, 열 줄의 윤음에 꾸짖고 권면하는 말씀이 엄숙하고 온화하였습니다. 융성한 은혜가 거듭되어 보통을 훨씬 뛰어넘으니, 미천한 신이 감히 받들 수 있는 것이 아니었습니다. 신이 땅에 엎드려 공경히 외니, 오장(五臟)이 진동하여 몸둘 바를 모르겠습니다.

신이 삼가 스스로 생각하건대, 나라의 은혜가 산과 같으니, 신의 목숨이 조금이라도 남아 있으면 스스로 편의를 도모하는 것은 분의상 감히 할 수 없는 일입니다. 성내지 않는 하교는 신칙하고 면려하는 데서 나왔으니, 신하로서는 참으로 감동하고 두려워하며 스스로 반성하기에 겨를이 없어야 합니다. 어찌 감히 성상의 시대에 갑자기 하직할 생각을 할 수 있겠습니까. 신이 비록 형편 없으나 어찌 감히 이러한 의리를 유념하지 않겠습니까.

다만 신은 오랫동안 분수에 맞지 않는 직임을 차지하여 나랏일을

62 승지가……서계 : 이 글은 1712년(숙종38) 10월 26일 좌의정이었던 저자가 좌승지 김덕기(金德基)가 선유한 비답을 받고 올린 계사이다. 《承政院日記 肅宗 38年 10月 26日》

이 지경으로 만들었고, 그릇되고 망녕된 말을 하여 과옥(科獄)을 조사하는 일을 더욱 지체하였으니, 모두 신의 죄입니다. 생각할 때마다 두려워 몸둘 바를 모르겠습니다. 그밖의 위축된 정세도 한두 가지가 아니니, 결코 고개를 들고 직차에 있을 이치가 없습니다. 이는 나라의 체모와 관계되고, 여론이 지금까지 계속해서 몹시 놀라고 있는 이유입니다. 그러나 이는 우선 논하지 않더라도 신이 오랫동안 앓는 병이 근래 더욱 위독해져 형체와 정신이 변하고 기력이 소진되었습니다. 화병이 더욱 치성하여 밤마다 잠을 이루지 못하니, 이 때문에 항상 정신이 어지러워 실성한 사람과 같습니다. 이와 같은 병세로는 조만간 곧 죽을 것이니, 어찌 조금이라도 스스로 힘을 낼 가망이 있겠습니까.

은혜로운 하유가 내렸는데도 결코 공경히 받들 수 없으니, 명을 어긴 죄가 더욱 큽니다. 정세가 극에 달하여 몸을 움직일 길이 없으니, 자리에 엎드려 눈물을 흘리며 그저 빨리 죽어 없어지기를 원할 뿐입니다. 신은 자리에 누워 숨을 헐떡이며 두렵고 혼미하여 마음을 다하여 대답하지 못합니다. 삼가 조금 진정되기를 기다려 감히 글을 올리고 엄한 벌을 청하고자 합니다.

지은이 **서종태(徐宗泰)**

본관은 달성(達城), 자는 노망(魯望), 군망(君望), 호는 만정당(晩靜堂), 서곡(瑞谷), 송애(松厓)이다. 부친은 서문상(徐文尙), 모친은 이명한(李明漢)의 딸이다. 1652년(효종3) 태어나 1675년(숙종1) 생원시와 진사시에 모두 합격하고 1680년(숙종6) 문과에 급제하였다. 예문관 검열, 홍문관 정자를 거쳐 사가독서(賜暇讀書)하였다. 이조 좌랑, 홍문관 수찬을 거쳐 1684년(숙종10)금성 현령(錦城縣令)에 임명되어 금강산을 유람하였다. 이후 홍문관 교리, 사헌부 집의, 승지, 대사간, 대사성, 부제학, 이조 판서, 대제학을 역임하였다. 1705년(숙종31) 우의정에 임명되고 1711년(숙종37) 영의정에 올랐다. 1719년(숙종45) 2월 21일 세상을 떠났다. 문집《만정당집(晩靜堂集)》과 자편고(自編稿)《잡고(雜稿)》등의 저술이 전한다.

옮긴이

최예심(崔禮心)

1967년 충북 제천 출생. 민족문화추진회 국역연수원 연수부 및 상임연구부를 졸업하였다. 민족문화추진회를 거쳐 단국대학교 동양학연구원 연구교수로 재직 중이다.《승정원일기》(공역),《월정집》(공역),《용주유고》(공역),《어우집》(공역) 등을 번역하였다.

장유승(張裕昇)

1976년 서울 출생. 성균관대학교 한문학과를 졸업하고, 한국학중앙연구원 한국학대학원을 거쳐 서울대학교 국어국문학과에서 〈조선후기 서북지역 문인 연구〉로 박사학위를 받았다. 한국고전번역원 고전번역교육원 전문과정을 마치고 한국고전번역원 번역위원을 거쳐 현재 단국대학교 동양학연구원 연구교수로 재직 중이다.《정조어찰첩》(공역),《영조 승정원일기》(공역),《동국세시기》,《현고기》,《한국산문선》(공역) 등을 번역하였다.

권진옥(權津鈺)

1979년 경북 영천 출생. 고려대학교 한문학과를 졸업하고, 동 대학교 국어국문학과에서 〈택당 이식의 변문·고문 연찬과 산문 창작의 실제〉로 석사학위를 받고 〈귤산 이유원의 학문 성향과 유서·필기 편찬에 관한 연구〉로 박사학위를 받았다. 고려대학교 민족문화연구원과 단국대학교 동양학연구원 연구원을 거쳐, 현재 단국대학교 국어국문학과 조교수로 재직 중이다. 《낙전당집》(공역), 《어우집》(공역), 《한비자집해》(공역), 《오천집》 등을 번역하였다.

이승용(李承容)

1981년 경북 의성 출생. 영남대학교 한문교육과를 졸업하고, 성균관대학교 한문학과에서 《조선후기 강화학파 한시연구》로 박사학위를 받았다. 한국고전번역원 고전번역교육원 연수과정과 전문과정을 마치고 단국대학교 동양학연구원 선임연구원으로 재직 중이다. 《완구유집》, 《정관정요》(공역), 《낙전당집》(공역), 《완역정본 택리지》(공역) 등을 번역하였다.

권역별거점연구소협동번역사업 연구진

연구책임자 김문식(단국대학교 사학과)
공동연구원 윤재환(단국대학교 국어국문학과)
김우정(단국대학교 한문교육과)
책임연구원 허호구(단국대학교 동양학연구원)
장유승(단국대학교 동양학연구원)
최예심(단국대학교 동양학연구원)
선임연구원 이라나(단국대학교 동양학연구원)
이승용(단국대학교 동양학연구원)
연구보조원 유명석(단국대학교 동양학연구원)

만정당집 3

서종태 지음 | 최예심 · 장유승 · 권진옥 · 이승용 옮김
2021년 12월 31일 초판 1쇄 발행
편집 · 발행 학자원
등록 2011.4.6 제2011-14호
주소 (05355) 서울시 강동구 천호대로 1121
전화 02-6403-1000 | 팩스 02-6338-1001 | 이메일 hakjaone@daum.net

값 35,000원
ISBN 979-11-6247-241-5 94810
979-11-6247-194-4 (세트)